福州大学 21 世纪海上丝绸之路核心区建设研究院研究成果

海上丝绸之路与中国海洋强国战略丛书

2015 年主题出版重点出版物

总主编／苏文菁

海上丝绸之路与中国海洋强国战略丛书

环苏门答腊岛的海洋贸易与华商网络

杨宏云 著

社会科学文献出版社

SOCIAL SCIENCES ACADEMIC PRESS (CHINA)

"海上丝绸之路与中国海洋强国战略丛书"
编委会

"海上丝绸之路与中国海洋强国战略丛书"总序

　　中国是欧亚大陆上的重要国家，也是向太平洋开放的海洋大国。长期以来，中国以灿烂的内陆农耕文化对世界文明产生了巨大的影响。近百年来，由于崛起于海洋的欧洲文明对世界秩序的强烈影响，来自黑格尔的"中国没有海洋文明""中国与海不发生关系"的论调在学术界应者甚众。这种来自西方权威的论断加上历史上农耕文化的强大，聚焦"中原"而忽略"沿海"已是中国学术界的常态。在教育体系与学科建设领域，更是形成了一个"中""外"壁垒森严、"中国"在世界之外的封闭体系。十八大提出了包括建设海洋强国在内的中华民族全面复兴的宏伟目标。2013 年以来，习总书记提出以建设"一带一路"作为实现该宏伟目标的现阶段任务的重要战略构想。国家战略的转移需要新的理论、新的知识体系与新的话语体系，对于农业文明高度发达的中国而言，建设富有中国气质的、与海洋强国相适应的新知识体系、新话语体系、新理论更是刻不容缓。

　　从地球的角度看，海洋占据了其表面的约70.8%，而陆地面积占比不到30%，陆域成了被海洋分割、包围的岛屿。从人类发展的角度看，突破海洋对陆域的分割、探索海洋那一边的世界、把生产生活活动延伸至海洋，是人类亘古不变的追求。而人类对海洋的探索主要经历了四个不同的阶段。

第一阶段是远古至公元 8 世纪，滨海族群主要在近海区域活动。受生产力，特别是造船能力的影响，滨海人民只能进行小范围的梯度航行，进行近海的捕捞活动。除了无潮汐与季风的地中海之外，其他滨海区域的人民尚无法进行远程的跨文化交换与贸易。目前的知识体系还不足以让我们准确了解该阶段的发展状况，但我们仍然可以从各学科的发现与研究中大致确定海洋文化较为发达的区域，它们是环中国海区域、环印度洋区域、环北冰洋区域，当然也包括环地中海区域。在这一阶段，滨海区域开始出现与其地理环境相应的航海工具与技术，这是各地滨海族群为即将到来的大规模航海储备力量的阶段。

第二阶段是 8 世纪至 15 世纪，滨海族群逐渐拓展自己的海洋活动空间。随着技术的不断发展，他们由近海走向远洋，串联起数个"海"而进入"洋"。海上交通由断断续续的"点"链接成为区域性、规模化的"路"。环中国海的"点"逐渐向西扩展，与印度洋进行连接；印度洋西部阿拉伯海区域的"点"向地中海及其周边水域渗透。由此，海上丝绸之路"水陆兼程"地与地中海地区连接在一起，形成了跨越中国海、南洋、印度洋、红海、地中海的贸易与交通的海洋通道。从中国的历史看，该阶段的起点就是唐代中叶，其中，市舶司的设立是中国政府开始对海洋贸易实施管理的代表性事件。这一阶段，是中国人与阿拉伯人共同主导亚洲海洋的时代，中国的瓷器、丝绸以及南洋的各种物产是主要的贸易产品。

第三阶段是 15 世纪至 19 世纪中叶，东西方的海洋族群在太平洋上实现了汇合。这是海上丝绸之路由欧亚板块边缘海域向全球绝大部分海域拓展的时代。在这一阶段，欧洲的海洋族群积极开拓新航线，葡萄牙人沿非洲大陆南下，绕过好望角进入印度洋；西班牙人向西跨越大西洋，踏上美洲大陆。葡萄牙人过印度洋，据马六甲城，进入季风地带，融入亚洲海洋的核心区域；西班牙人以美洲的黄金白银为后发优势，从太平洋东岸跨海而来，占据东亚海域重要

环苏门答腊岛的海洋贸易与华商网络

的交通与贸易"点"——吕宋。"大航海"初期，葡萄牙、西班牙的海商是第一波赶赴亚洲海洋最为繁忙的贸易圈的欧洲人，紧接着是荷兰人、英国人、法国人。环中国海以及东南亚海域成为海洋贸易与交通最重要的地区。但遗憾的是，中国海洋族群的海洋活动正受到内在制度的限制。

第四阶段是19世纪下半叶至当代，欧洲的工业革命使得人类不再只能依靠自然的力量航海；人类依靠木质帆船和自然力航海的海洋活动也即将走到尽头；中国的海洋族群逐渐走向没落。"鸦片战争"之后，中国海关系统被英国等控制，世界上以东方物产为主要贸易物品的历史终结了，包括中国在内的广大东方区域沦为欧洲工业品的消费市场。

由上述分析，我们能够充分感受到海上丝绸之路的全球属性。在逾千年的历史过程中，海上丝绸之路唯一不变的就是"变化"：航线与滨海区域港口城市在变化；交换的物产在变化；人民及政府对海洋贸易的态度在变化……但是，由海上丝绸之路带来的物产交换与文化交融的大趋势从未改变。因此，对于不同的区域、不同的时间、不同的族群而言，海上丝绸之路的故事是不同的。对于非西方国家而言，对海上丝绸之路进行研究，特别是梳理前工业时代东方文明的影响力，是一种回击欧洲文明优越论的文化策略。从中国的历史发展来看，传统海上丝绸之路是以农耕时代中国物产为中心的世界文化大交流，从其相关历史文化中可汲取支撑我们继续前行的力量。

福州大学"21世纪海上丝绸之路核心区建设研究院"在多年研究中国海洋文化的基础上，依托中国著名的出版机构——社会科学文献出版社，策划设计了本丛书。本丛书在全球化的视野下，通过挖掘本民族海洋文化基因，探索中国与海上丝绸之路沿线国家历史、经济、文化的关联，建设具有中国气质的海洋文化理论知识体系。丛书第一批于2015年获批为"2015年主题出版重点出版物"。

丛书第一批共十三本，研究从四个方面展开。

第一，以三本专著从人类新文化、新知识的角度，对海洋金融网、海底沉船进行研究，全景式地展现了人类的海洋文化发展。《海洋与人类文明的生产》从全球的角度理解人类从陆域进入海域之后的文明变化。《海洋移民、贸易与金融网络——以侨批业为中心》以2013年入选世界记忆遗产的侨批档案为中心，对中国海洋族群在海洋移民、贸易中形成的国际金融网络进行分析。如果说侨批是由跨海成功的海洋族群编织起来的"货币"与"情感"的网络的话，那么，人类在海洋上"未完成"的航行也同样留下了证物，《沉船、瓷器与海上丝绸之路》为我们整理出一条"水下"的海上丝绸之路。

第二，早在欧洲人还被大西洋阻隔的时代，亚洲的海洋族群就编织起亚洲的"海洋网络"。由中国滨海区域向东海、南海延伸的海洋通道逐步形成。从中国沿海出发，有到琉球、日本、菲律宾、印度尼西亚、中南半岛、新加坡、环苏门答腊岛区域、新西兰等的航线。中国南海由此有了"亚洲地中海"之称，成为海上丝绸之路的核心区域，而我国东南沿海的海洋族群一直是这些海洋交通网络中贸易的主体。本丛书有五本专著从不同的方面讨论了"亚洲地中海"这一世界海洋贸易核心区的不同专题。《东海海域移民与汉文化的传播——以琉球闽人三十六姓为中心》以明清近六百年的"琉球闽人三十六姓"为研究对象，"三十六姓"及其后裔在向琉球人传播中国文化与生产技术的同时，也在逐渐地琉球化，最终完全融入琉球社会，从而实现了与琉球社会的互动与融合。《从龙牙门到新加坡：东西海洋文化交汇点》、《环苏门答腊岛的海洋贸易与华商网络》和《19世纪槟城华商五大姓的崛起与没落》三本著作从不同的时间与空间来讨论印度洋、太平洋交汇海域的移民、文化与贸易。《历史影像中的新西兰华人》（中英文对照）则以图文并茂的方式呈现更加丰厚的内涵，100余幅来自新西兰的新老照片，让我们在不同历史的瞬间串连起新西兰华侨华人长达 175 年的历史。

第三，以三部专著从海洋的角度"审视"中国。《海上看中国》以 12 个专题展现以海洋为视角的"陌生"中国。在人类文明发展的进程中，传统文化、外来文化与民间亚文化一直是必不可少的资源。就中国的海洋文化知识体系建设来说，这三种资源有着不同的意义。中国的传统文化历来就有重中原、轻边疆的特点，只在唐代中叶之后，才对东南沿海区域有了关注。然而，在此期间形成了海洋个性的东南沿海人民，在明朝的海禁政策下陷入茫然、挣扎以至于反抗之中；同时，欧洲人将海洋贸易推进到中国沿海区域，无疑强化了东南沿海区域的海洋个性。明清交替之际，清廷的海禁政策更为严苛；清末，中国东南沿海的人民汇流于 17 世纪以来的全球移民浪潮之中。由此可见，对明清保守的海洋政策的反思以及批判是我们继承传统的现实需求。而《朝贡贸易与仗剑经商：全球经济视角下的明清外贸政策》与《明清海盗（海商）的兴衰：基于全球经济发展的视角》就从两个不同的层面来审视传统中华主流文化中保守的海洋政策与民间海商阶层对此的应对，从中可以看出，当时国家海洋政策的失误及其造成的严重后果；此外，在对中西海商（海盗）进行对比的同时，为中国海商翻案，指出对待海商（海盗）的态度或许是中国走向衰落而西方超越的原因。

第四，主要是战略与对策研究。我们知道，今天的国际法源于欧洲人对海洋的经略，那么，这种国际法就有了学理上的缺陷：其仅仅是解决欧洲人纷争的法规，只是欧洲区域的经验，并不具备国际化与全球化的资质。东方国家有权力在 21 世纪努力建设国际法新命题，而中国主权货币的区域化同理。《国际法新命题：基于 21 世纪海上丝绸之路建设的背景》与《人民币区域化法律问题研究——基于海上丝绸之路建设的背景》就对此展开了研究。

从全球的视野看，海上丝绸之路是人类在突破海洋的限制后，以海洋为通道进行物产的交流、思想的碰撞、文化的融合进而产生新的文明的重要平台。我们相信，围绕海上丝绸之路，世界不同文化背景的学者都有言说的兴趣。而对中国而言，传统海上丝绸之路是以农耕时代中国物产为中心的世界文化大交流，源于汉唐乃至先秦时期，繁荣于唐宋元时期，衰落于明清时期，并终结于1840年。今天，"21世纪海上丝绸之路"建设是重返世界舞台中心的中国寻找话语权的努力，在相同的文化语境之中，不同的学科与专业都有融入海洋话语时代的责任。欢迎不同领域与学科的专家继续关注我们的讨论、加入我们的航船：齐心协力、各抒其才。海洋足够辽阔，容得下多元的话语。

苏文菁

2016 年 12 月

环苏门答腊岛的海洋贸易与华商网络

内容提要

21 世纪是"海洋的世纪",这已成为人类的共识。沿海国家和地区纷纷将竞争的视野转向海洋,加快调整海洋战略,制定海洋开发政策,促进海洋经济可持续发展,从而掀起新的一轮海洋探索、海洋创业热潮。由此,2012 年,中共十八大报告提出建设海洋强国的战略目标。继之,2013 年,中国政府又提出建设"丝绸之路经济带"与"21 世纪海上丝绸之路"(简称"一带一路")的重大倡议,宣告了向海洋强国目标迈进的具体策略。同时,为应对经济转型升级而提出的"大众创业、万众创新",更是助推了中国全民性的海洋发展、海洋创业。面向海洋崛起已成不可逆之势。

历史上,中国的海洋活动,无论是从黄海、东海到南海,抑或面向太平洋走向印度洋,苏门答腊岛及其周边地域因丰富的资源性产品,始终是中国历代商人孜孜以求之地。同时,它又扼守着海洋要津——马六甲海峡,是中国帆船驻泊地、补给处,自始至终是中国海洋张力的落脚点。可以说,不论是经济价值还是战略地位,苏门答腊岛及其周边地域对中国海洋强国战略,以及建设"21 世纪海上丝绸之路"的支撑皆无与伦比。因而,梳理苏门答腊岛及其周边地域的中国海洋活动,厘清中国商人在此区域的海洋贸易与创业经营,从而将"大众创业、万众创新"的精神植入海洋强国建设的全过程,具有重要的时代意义。

除导论与结语外，本书分为六章。第一章分析以巨港为中心的苏门答腊岛南部区域海洋贸易与中国人活动。第二章阐述马六甲港口及其王国的海洋贸易与华商网络。第三章梳理巴达维亚港口崛起的海洋贸易与华商网络。第四章阐释槟榔屿、新加坡港口崛起的海洋贸易与华商网络。第五章叙述棉兰城市崛起后的海洋贸易与华商网络。第六章则综合性地论述环苏门答腊岛的港口变迁、海洋贸易、华商网络与海洋中国。

本书是一部针对中国海洋强国战略、"21世纪海上丝绸之路"建设历史史实和理论建构的开创性工作。在撰写过程中，作者有幸接触到福州大学经济与管理学院苏世彬老师倡导的"三加一"创新创业教育模式。他提出海外华商奋斗史就是一部海洋创业的历史。因而，高校创新创业教育要从关注境内创业向关注境外转变，对福建省来说，则应主要关注台湾创业、"21世纪海上丝绸之路"沿线国家或地区创业。这一思路与本书主题十分契合，也使笔者深受启发。由此，本书的具体内容与主题思路充分采纳和借鉴了苏世彬老师的建议，对华商围绕海洋创业的过程与内涵予以阐释，以此印证建设"21世纪海上丝绸之路"、走向海洋强国的现实价值。

目　录

导　论

一　苏门答腊岛及其周边地域概论

地球约 70% 为海洋所覆盖。海洋对于人类的重要意义毋庸置疑。海洋因其开放与开阔性，不像陆地那样被山川分割，被国界隔离，而是一个互联互通的整体。

中国是一个陆海兼备的大国，既有广袤的大陆，也有蜿蜒曲折的海岸线，群星散落的海岛，蕴含着丰富的海洋资源。沿海居民靠海吃海，依海而生，有着长期经略海洋的习惯。官方海洋活动自不必赘言，民间涉海经济活动亦源远流长。据考证，自汉代开始，中国沿海居民已经扬帆出海，"自东而南、一路向西"，或向北、向东，零星但未间断地推进海洋文化交流、海洋商贸交往和海洋探险活动。隋唐时代，中国人已经小规模地远涉重洋，推进海洋贸易，并开始寓居海外，由此奠定今日之"唐人""唐人街"的特定称谓。宋元朝时期则为中国海洋事业的高峰，海洋活动甚为活跃。近百个沿海国家或港口城市与中国有着通商和人文往来。一系列的海洋通道已经贯通，海贸航线全方位拓展，海洋贸易商品种类也数不胜数。特别是明朝时期，郑和船队七下西洋，船队之大，航程之远，中国的海洋力量显赫一时，无与伦比。有清一代，虽然国势倾颓，但对海洋的经略、对海洋的利用以及历经挫折后对海洋的认识仍是竭尽所能，然历史大势已去，失去海洋的清王朝最终难逃覆灭之命运。昔日海洋中国自绝于海洋世界，陷入困顿和挫折之中。

纵览中国经略海洋的历史脉络，我们可以发现，自汉代以来，中国历朝历代的海洋活动，"自东而南、一路向西"的海洋行进方向始终为主流。虽然晚明向东而达美洲的"大帆船贸易"盛极一时，但也是为数不多的现象。越过太平洋而达印度洋，始终需要逾越横亘于马六甲海峡或巽他海峡（Sunda Strait）的苏门答腊岛。可以说苏门答腊岛既是中国开展远洋活动、一路向西的必经之地，也是自古以来中国航向印度洋的重要补给地。更重要的，苏门答腊岛及其周边地域所蕴藏的丰厚资源，亦是中国参与、构建世界海洋经济活动的必要支撑。当然，中国海洋文化也以苏门答腊岛而成为世界海洋文化的组成要素，譬如海洋移民、海神信仰、海洋科技等。苏门答腊岛亦是中国海洋活动不可或缺的战略支点。太平洋与印度洋，中国与阿拉伯、东西方世界之间的海洋人文、海洋贸易及国家间关系，在此地域多元交汇，纵横捭阖。

苏门答腊岛，作为世界第六大岛、印度尼西亚（以下简称印尼）第一大岛屿的苏门答腊岛，面积仅次于加里曼丹岛（也译作婆罗洲，下同），经济地位仅次于爪哇岛。它东北隔马六甲海峡与马来半岛相望，西濒印度洋，东临南海和爪哇岛，东南与爪哇岛遥接。南北长1790公里，东西最宽处为435公里。面积为43.4万平方公里，包括属岛约47.5万平方公里，占印尼国土地面积的1/4。岛屿所蕴含的地理机制及其岛上的丰富资源，呈现较大张力，影响、塑造着周边地域的海洋人文和海洋经贸，譬如马来半岛、爪哇岛、邦加岛、泰国南部及缅甸南部，甚至印度南部也都因其而成为岛屿辐射范围。

关于苏门答腊岛名称来源有两种说法：一说岛名来源于梵文Samudra Dvipa，Samudra意为"海"，Dvipa意为"岛屿"，故苏门答腊古时曾叫苏瓦纳布米（Sumutrabhumi），意为"光辉绮丽的乡

土"，这个名字的同义词即苏门答腊布米，苏门答腊即从苏门答腊

布米演变而来。苏门答腊古称安达拉斯，此名源于阿拉伯语。中国
文献中称苏门答腊岛为"金洲"，马来语称之为 Pulaw Emas，也指
金洲之意。显然，这是因为自古以来苏门答腊山区出产黄金之故。
16 世纪时，苏门答腊岛因"金洲"之名，曾吸引不少葡萄牙探险
家远来寻金。数百年前，该岛广泛种植橡胶树，人们便把它别称为
"帕齐亚"，印尼语即"橡胶岛"。印尼独立后，该岛又赢得"希望
之岛"的美称。而今苏门答腊岛的印尼语写作 Sumatera，英语习惯
拼作 Samudra。

我国古籍中有关苏门答腊岛一些港口、古代城邦国家的记载很
早就有，并有双方往来的记录。而对于苏门答腊这一名称，则以
《元史·世祖纪》著录最早。其中记述了公元 1282 年苏木都剌国遣
使来朝。苏木都剌即我国史籍中对该岛的最早译名。嗣后它的名字
屡屡见于我国的正史和多种典籍中，只是译名不甚统一而已，到了
清代改译名为苏门答腊，近代图书就沿袭这一译名至今。

苏门答腊岛呈西北—东南走向，在中间与赤道相交叉，由两个
地区组成：西部巴里散山脉（Barisan Mountains）和东部的沼泽地。
高峻的巴里散山脉呈西北—东南走向，绵亘 1600 公里（1000 哩），
其中葛林芝（Kerinci）山海拔达 3800 公尺（12467 呎）。山脉以东
为冲积平原，南宽北窄，最宽处有 100 公里以上，有许多河流蜿蜒
经过，当中以哈里（Hari）河最长，可通航 480 公里（300 哩）。岛
上的多巴湖面积为 1140 平方公里（440 平方哩），是亚洲诸多火山
湖中最大者之一。岛上常年高温多雨，各地温差不大，降雨则有明
显差异。西海岸年降水量约为 3000 毫米，山区为 4500～6000 毫米；
山脉东坡至沿海平原年降水量为 2000～3000 毫米，岛的南北两端
年降水量为 1500～1700 毫米。河流众多，主要有穆西河、巴当哈
里河、因德拉吉里（又译作英得拉吉利）河、甘巴河等，多能通
航。重要城市有棉兰、巴东、巨港等。

苏门答腊岛是一个名副其实的宝库。岛上覆盖着茂密的热带森林，覆盖率达60%，蕴藏着巨大的森林资源。岛上有石油、煤、铁、金、铜、钙等矿藏。火山所喷发的矿物质使得土壤肥沃，农产品十分丰富，其中以稻米、咖啡、橡胶、茶叶、油棕、烟草、椰子等为主。巴里散山脉纵贯地区还发现了煤、黄金矿床等。山脉景象优美而迷人，如多巴湖（Lake Toba）周围区域。岛屿东部地区，因强大河流把淤泥带到下游，形成了辽阔的平地，遍布沼泽和湖泊。虽然该地区宜耕土地少，对农耕业不利，但适宜在该地区种植的经济作物，如烟草、椰子、橡胶、棕榈等，且对印尼经济发展具有不可低估的重要性。当地流传一句话，"地上出产油，地下也出产油"，即指该地所产的棕榈油和石油。

作为"西洋要会"①的苏门答腊，古代曾有许多港口小国依次出现，但未出现过独立统一全岛的王朝。后期的室利佛逝、苏门答腊、八昔、亚齐、那孤儿、黎代古国等，也只是占据大半部分，且多为松散联合。因而，这些独立港口小国，如末罗瑜、诃陵等，为了生存，各自开展与中国的海洋贸易与人文交往，出现在中国史载中。到公元5~6世纪，中国南北朝（420~589年）时期，则有干陀利国；继此而于7世纪中叶，即中国唐永徽元年（650年）左右，室利佛逝国取代干陀利国而兴起，都城位于现今巨港一带。这个佛教王国在7~9世纪独霸一方，通过贸易交往和武力征服，在苏门答腊岛、马来半岛、加里曼丹西部传播马来文化。10世纪初又改为三佛齐，仍以淳林邦（今巨港）为首都。元祐五年（1091年）三佛齐遣使来贡时，三佛齐旧都淳林邦已经被东爪哇国侵占，三佛齐国都迁往占碑（后又迁回今巨港）。14世纪末叶明洪武三十年（1397年），三佛齐被爪哇满者伯夷国王灭。但此时不久，苏门答腊岛北部出现过苏门答腊国，在元代时候被称为"须文达那国"，

① 《明史》卷325，"苏门答剌传"。

位于今日苏门答腊岛北部八昔河口,现在那里还有一个名叫须文达那的小村。到 19 世纪,苏门答腊岛上的王国一个接着一个被荷兰殖民者打败。唯有亚齐酋长国维持独立。为了占领这个酋长国,荷兰人付出了惨重的代价,打了几场昂贵的亚齐战争(1870~1905年),最后于 20 世纪初才最终占领了整个苏门答腊岛。①

丰富的自然资源,坐拥马六甲海峡门户,扼守太平洋通往印度洋之要冲的苏门答腊,及其辐射周边地域的影响力,具有极其重要的商贸价值和战略地位。它自古就是东西方交往、古代海上丝绸之路的必经之地,到今天仍是如此。

与此同时,它也是世界上最早的海洋贸易聚集中心,古罗马帝国、波斯帝国、阿拉伯帝国以及西方世界和中国的海洋贸易,都是经由这条远洋航线扩散开来。印度商人、阿拉伯商人、波斯商人等汇聚于此,开展互通有无的海洋贸易,同时与中国商人在此对接,实现东方帝国与西方帝国的商贸交往和人文交流。由此,环绕该区域的各国家或港口直接或间接地参与进来,诸如印度南部城市,古代锡兰(今斯里兰卡),南海的苏门答腊、马来半岛、加里曼丹岛,泰国的南部城市等,都成为沟通东西方海洋贸易的中转环节。因而,苏门答腊岛及其上述周边地域的商贸港口,很早就已经记录在中国的海洋活动史籍中。而且,中国人的身影,也未曾间断地出现在这一区域,从小规模显现,发展到大规模群居,乃至长久定居并成为当今所在国家的公民。中国以及中国人(主要指华侨华人或华商)在苏门答腊岛及其周边地域(以下行文称之为"环苏门答腊岛地区")的海洋经贸、文化交往活动从未间断。

二 中国与苏门答腊岛及其周边地域的历史往来

18 世纪中叶以前,印度洋与中国往来的航线主要有两条,一条

---

① 〔印尼〕《印华日报》2015 年 7 月 14 日。

经马六甲海峡，另一条经巽他海峡。① 前一条航线绕过苏门答腊北端，环绕苏门答腊岛东岸，经马六甲海峡，然后沿越南南部沿海最终抵达中国海岸。第二条航线穿越苏门答腊与爪哇之间的巽他海峡，再向北经邦加海峡（Banca Straits），然后沿苏门答腊和马来西亚东海岸航行抵中国。无论怎样，梵文名为"金洲"（亦作金岛）的苏门答腊及其周边地域，一直处于航线的要道，是海洋贸易的必经之地、古代船只航行的停驻地。由此，苏门答腊岛及其周边区域因海洋贸易而依次崛起了许多港口城市或城邦国家。这些不同时期，因不同消费要素而兴起的海洋贸易港口或王朝，与印度洋、阿拉伯海、中国南海和印尼内部海洋以及周围其他海洋一起，起到了与地中海相似的作用，只是运输距离更远、贸易规模更大。一时间，货物在印度、中国和东南亚内部大量运转，然后这些地区的产品在印度西海岸与西亚、地中海与北欧进行贸易。② 苏门答腊岛及周边地域就成为海洋贸易网络的重要构成。

　　大约在公元初年，这里是印度航海者纷纷扬帆而往的黄金地。几个世纪之后，对阿拉伯人和欧洲人来说，该地区（尤其是马来群岛）成了香料、樟脑和香木之国，后变成橡胶、锡和石油的最大生产地之一。在交通上，它又是印度和中国之间的海洋性商人必经的中途停靠地。由此，正如赛代斯所说，因为东印度群岛（主要涵盖环苏门答腊岛区域）有着丰富的自然资源和极为便捷的交通条件，自公元1世纪始，印度、阿拉伯、中国以及西欧的商人便纷至沓来，成为早期开发东印度群岛的生力军。③ 而靠近既定贸易路线和航线的苏门答腊岛及其周边区域，如马六甲海峡和巽他海峡，因具

---

① 〔美〕范岱克（Paul A. Van Dyke）:《18世纪广州的新航线与中国政府海上贸易的失控》，孙岳译，载《全球史评论》第3辑，中国社会科学出版社，2010，第301~302页。

② 〔澳〕史蒂文·德拉克雷:《印度尼西亚史》，郭子林译，商务印书馆，2009，第10页。

③ 〔法〕G. 赛代斯:《东南亚的印度化国家》，蔡华、杨保筠译，商务印书馆，2008，第1~2页。

备控制周围水域的能力，被称为"阻塞点"，① 遂成为商船必经之地。这种地理特征，使得控制水域和靠近贸易线路变成两个重要因素，导致很多重要贸易的国家或港口出现在这些海峡的海岸上或附近达数个世纪之久。

自汉代（公元前 206 ~ 公元 220 年）之始，中国已经开辟了与东南亚和印度、斯里兰卡的海上交通线。既然中国与东南亚国家、印度的海上交通航线已经打通，而苏门答腊（包括其周围的许多岛屿）又处在这条航线上，那么，公元前后，中国与印尼发生交往的可能性是不能完全被排除的。而在印尼出土的大量中国汉代陶器，既有日常生活用具，如锅、碟、灯座、盒盘，也有祭祀用的香炉、酒瓮和匙勺，也从一个侧面证实了《汉书·地理志》中有关中国与东南亚诸国、印度之间海上交通的记载，以及《后汉书》中有关叶调（可能是爪哇或苏门答腊）国王遣使来华记载的可靠性。②

到公元 5 世纪为止，环境和地理因素浑然融合，这使印尼群岛处于中国与印度之间大规模海上贸易的十字路口。印尼群岛的贸易商与他们的产品，一起变成了区域海洋贸易网络的主要参与者。③与此同时，中国南方与北方的敌对使中国陆路通商贸易被阻断，从而刺激了中国南方与该片区域的海洋贸易。这是中国商人逐渐走向海洋贸易的驱动因素之一。到公元 607 年（隋大业三年），隋炀帝遣常骏等出使赤土——一个大概位于今马来半岛东部地区的古国。他们的航行记载暗示，公元 7 世纪的林邑以及占婆岛，是连接中南半岛和马来港口的一个主要的补给站。这个时候，从整个东南亚和穿过孟加拉湾而来的商人，已经进到南海（中国广州）进行贸易。但究竟有无中国商人前往则语焉不详，无从证实。

---

① 〔澳〕史蒂文·德拉克雷：《印度尼西亚史》，郭子林译，商务印书馆，2009，第12页。
② 孔远志：《从印尼的中国陶瓷看中印（尼）文化交流》，《东南亚》1990年第3期，第56~57页。
③ 〔澳〕史蒂文·德拉克雷：《印度尼西亚史》，郭子林译，商务印书馆，2009，第10页。

大约公元 800 年，唐朝地理学家贾耽（730～805 年）记录了如下路线：广州东南海行，二百里至屯门山，乃帆风西行，二日至九州石。又南二日至象石。又西南三日行，至占不劳山，山在环王国东二百里海中。又南二日行至陵山。又一日行，至门毒国。又一日行，至古笪国。又半日行，至奔陀浪洲。又两日行，到军突弄山。又五日行至海峡，蕃人谓之"质"，南北百里，北岸则罗越国，南岸则佛逝国。佛逝国东水行四五日，至诃陵国，南中洲之最大者。又西出硤，三日至葛葛僧祇国，在佛逝西北隅之别岛，国人多钞暴，乘舶者畏惮之。其北岸则箇罗国，箇罗西则哥谷罗国。又从葛葛僧祇四五日行，至胜邓洲……①这些文字记述了公元 9 世纪时从中国南部沿岸，经东南亚和南亚到达波斯湾的海洋航线。航线的一部分连接了中南半岛和马来世界的一段。中南半岛供船只航行和停泊的港口包括占婆岛的占婆港口、今越南广义、芽庄、藩朗以及今昆仑岛。这条航线越过大洋，将这些占城地区与新加坡海峡、马六甲海峡、罗越国、苏门答腊岛的室利佛逝、爪哇和其他马来政权直接联系起来。②由此思考，中国人或中国商人肯定已经熟悉了这条航线，出现在这些商贸港口从事海洋贸易应不容置疑。

而里德（著作有《东南亚的贸易时代：1450～1680 年》）所称的"风下之地"——环苏门答腊岛地域海洋贸易的兴盛，则尤为适应风帆时代对避风港、补给站、贸易地及商品集散地的需要。因而，环苏门答腊的空间地理范围，很早就进入中国帆船贸易的目的地。因而，中国海商在此与印度商人、阿拉伯商人等贸易联结应十分热络。由于中国前往印度洋西岸，也就是由南中国海进入印度洋，都必须面临季风转换的问题。自宋朝（960～1279 年）以来，中国船只往往选择在苏门答腊岛的蓝无里（又称蓝里、兰无理、蓝

---

① 《新唐书》卷 43 下，"地理七下"，中华书局，1975，第 1153 页。
② 〔澳〕韦杰夫（Geoff Wadde）：《18 世纪以前中南半岛与马来世界之间的海上航线》，杨芹译，载《海洋史研究》第五辑，社会科学文献出版社，2013，第 74～75 页。

巫理等，今亚齐境内）待风。13世纪马可波罗西行时，也是这么做的。郑和下西洋的第一次、第二次也都在蓝无里待风，然后再前进到古里（印度南部）。① 因而，苏门答腊及其周边海港，既是停留待风之地，也是船员补给之地，更是"梯次航行"贸易交易之地。而到14世纪末15世纪初以后，中国市场所需之外国产品，主要产于东南亚。尤其是苏门答腊生产胡椒后更是如此。中国社会经济之所需，盖以苏木、胡椒为主后，且马拉巴尔（印度南部城市）胡椒的重要性也被苏门答腊产品取代，中国航海家就失去了进入印度洋的动机。而少量的西亚、南洋产品本来就可以在东南亚取得，何必远航呢？于是，自1433年以后，中国船只几乎完全在印度洋绝迹。② 中国商船不再进出印度洋，因为在东南亚即可找到所需商品，而东南亚邦国欲与中国贸易，或者待中国商人前来，或者搭乘中国船舶前往中国贸易，故环苏门答腊岛周边的海港城市，成为东西方商人与货物的主要产地、汇聚地，吸引着大批的商贾前来贸易。

因应贸易和宣扬国威的双重目的，郑和率领庞大的中国船队出使西洋，三十余年间七次横渡太平洋和印度洋，苏门答腊岛及其周边地域格外受到重视，通过郑和的努力，中国与东南亚国家的关系也骤然密切起来。据《明史》记载，苏门答腊和渤泥两国（苏门答腊的近邻小国，有说是今天的文莱，有说是今天加里曼达岛上某国家）先后在永乐三年、七年、八年、九年、十年、十三年、十四年、十六年、十八年、十九年、二十年、二十一年共12次向明朝入贡；宣德元年、六年、八年、九年共4次入贡；成化十六年仅有1次入贡，尔后终明一代不再贡。明朝政府曾给予苏门答腊使团以

---

① 陈国栋：《东亚海域一千年：历史上的海洋中国与对外贸易》，山东画报出版社，2006，第99页。

② 陈国栋：《东亚海域一千年：历史上的海洋中国与对外贸易》，山东画报出版社，2006，第100页。

崇高的政治待遇和优厚的物质赏赐，加封苏门答腊王子为王。① 在该时期，中国短暂地获得了东南亚、印度洋的海上优势，但也只是昙花一现。② 很明显，郑和的船队在这个时期与马来世界的许多地区发生了联系，并向它们宣示明朝的力量。这为控制马六甲和苏门答腊的海峡打好了基础，从而为中国商人前往贸易起到了很好的广告效应。因而，中国商人、华人移民深受各国家重视和期待，推动了东南亚与中国，以及区域内海洋贸易的繁荣。

特别是 16 世纪，随着周边国家和地区对中国的朝贡贸易及互市贸易等官营海洋贸易的经营发展，前往东南亚的民间海洋贸易也不断扩大，帆船贸易和官营海洋贸易一起形成了亚洲区域内的多边贸易网。③ 多边贸易网络流动的商品则以中国的茶叶、生丝、土布，日本的贵金属、海产品，泰国的米，印度的棉花以及菲律宾的砂糖等为主。④ 16~17 世纪中国商船每年 1 月来到苏门答腊、马六甲和文莱，带来大量的各地需要的生活用品，换回胡椒、槟榔等商品，不仅本地人，而且连后续到来的英国、荷兰的商人，也需要依靠中国船贸易取得一切必需的生活用品。中国帆船定期来航是他们可靠的提供者。⑤ 很明显，东来的欧洲人，他们不得不嵌入亚洲的贸易网络方能生存、获益。英国人把孟加拉的棉布运至东印度群岛，再从东印度群岛装胡椒、香料到中国，换取中国的丝绸、瓷器运销日本，把东南亚的胡椒、豆蔻以及各种药材运销中国和日本，从中获取可观的利润，以此

环苏门答腊岛的海洋贸易与华商网络

---

① 赵新图：《明初苏麻离青考》，《西南科技大学学报》（哲学社会科学版）2007 年第 1 期，第 66 页。
② 赵文红：《试论早期东南亚海上贸易的发展与特点》，《东南亚纵横》2009 年第 4 期，第 44 页。
③ 〔日〕滨下武志：《近代中国的国际契机——朝贡贸易体制与近代亚洲经济圈》，中国社会科学出版社，1999，第 11 页。
④ 田汝康：《17~19 世纪中叶中国帆船在东南亚》，载《中国帆船贸易与中国对外关系史论集》，杭州人民出版社，1987。
⑤ 〔英〕巴素：《东南亚之华侨》，郭湘章译，台北"国立"编译馆，1974，第 674 页。

弥补部分收支逆差。① 由此，欧洲人主导的对欧长距离海洋贸易、亚洲区域海洋贸易，主要是向东与中国、日本的海洋贸易，以及东南亚区域内部转口性质的海洋贸易，三者在苏门答腊岛周边区域纵横交织，诠释了近代亚洲海洋经济的精髓。

中国帆船对东南亚地区的贸易活动持续了几个世纪，到 19 世纪初仍然有大量的中国帆船运载生丝、茶叶、陶瓷器等货物航行往来于东南亚各大港埠。但自此以后，随着中国海洋活动的大步退却，环苏门答腊岛地区的海洋贸易体系，唯独面向中国的海洋贸易变得极为虚弱。虽然环苏门答腊区域的转口贸易变得极为突出，但是服从于对欧的长距离海洋贸易。历史上稳定、多元的海洋贸易格局，因世界格局的重新分化而在环苏门答腊岛区域的海洋贸易中得到深刻的体现。虽然中国海洋贸易自此退却，但吊诡的是，对海内外的华人社群来说，其中并未隐含着华人航运能力倒退的意味。中国人或者说东南亚的中国商人一直是环苏门答腊岛区域贸易的主角。

三 环苏门答腊岛的海洋贸易与华人移民

移民是中国和环苏门答腊岛周边地域交流的一个重要方面。自唐代末期即开始有成批的移民定居于该区域。移民主要来自闽粤地区，或是为了躲避唐末黄巢农民起义的战乱，或是为了经商贸易，其中最早的旅居地可能是苏门答腊岛，以南部的巨港人数最多。他们皆自称"唐人"，称祖国为"唐山"，其海外聚居地被称为"唐人街"。当时航行主要靠季风，错过季节只能留居当地。故自宋代开始，逐渐有中国人长住下来，在当地结婚生子，"是岁不还，谓之'住蕃'"。尤其是宋代，中国人因通商贸易频繁等关系，便已经来到苏门答腊岛的东南部（今巨港一带）和西北部（今亚齐一

---

① 张彬村：《十六至十八世纪华人在东亚水域的贸易优势》，载张炎宪主编《中国海洋发展史论文集》第三辑，（台北）"中央研究院"中山人文社会科学研究所，1988，第356页。

带）。到了 14 世纪下半期的元末明初之际，定居巨港一带的华人数量已很多。明代隆庆、万历年间开放海禁后，中国商人更为密集地在苏门答腊中部沿海地带通商贸易。因此，在西方殖民者大规模侵入东南亚之前，环苏门答腊岛周边区域的华侨华人应该已有不少定居者。他们主要聚居于苏门答腊的东南部和爪哇的东部和西部。其次分散定居于加里曼丹的西部和南部，以及马来半岛西部沿岸，隔马六甲海峡与苏门答腊岛对望。早期定居于环苏门答腊岛周边地域的华人是因海洋贸易而渐次移居当地，因此，华人所从事的经济活动一般以商业贸易为主。他们主要出售从中国运来的各种货物，如丝绸、瓷器、茶叶、药材以及漆器等手工制品，收购当地的土特产，如香料、药材、珠宝等。但是长久定居之后，也有从事农业、手工业等各种经济活动的。正是有了华人的定居，华商的海洋往来更有依靠。因而，17 世纪前的亚洲海洋贸易就由具备各种各样功能和鲜明特征的众多港口推进着。

今天在文献中则把其中一些港口定义为所谓的商贸中心（emporia），即外来因素在该地没有持续扰乱供与求的自由游戏，能较长期地在相当稳定和可预测的条件下提供商品让本土和外国商人购买。① 张维华在谈到南洋华人的形成时说："中国商人为了经商的便利，往往把他们一部分同行的人长期安置在南洋，出卖他们带来的商品或采购他们所要带回的东西，因为这样就可以缩短大多商人在南洋停留的时间。这一部分人既然长期居住在南洋，大多就在南洋娶妻生子，成家立业。他们在南洋成家立业之后，也成为南洋的唐人。中国与南洋的关系，基本上是这样构成的。其他各种关系，都是在这种关系的基础上逐渐建立起来的。"②

而从明代到清代，海外华人更是大规模地散居于南洋诸埠，如

---

① 〔德〕普塔克：《1600 至 1750 年前后的华南港口和亚洲海上贸易》，杨芹译，载《海洋史研究》第一辑，社会科学文献出版社，2010，第 241～253 页。

② 张维华：《明代海外贸易简论》，学习生活出版社，1955，第 102 页。

巨港、巴达维亚、泗水、廖内、邦加、马六甲、槟城、吉兰丹、北大年、曼谷、越南会安、加里曼丹、渤泥（文莱）、马尼拉等地方，繁衍生息，成为以血缘、地缘和传承文化相联系的纽带，更为海洋贸易网络的建立奠定基础。因此，这些华人社区与中国贸易商之间保持着频繁的经济来往和其他关系，这一点是东南亚任何一个外来民族的贸易网络都不具备的。① 及至欧洲人东来，他们在东南亚水域的贸易网络已然形成。16 世纪欧洲人到东南亚时，他们在东南亚水域的几乎每一个贸易口岸，如马六甲、马尼拉、万丹、北大年，都看到了华商的身影。他们经营各种生意，且是市场上的主要商人群体。在各港埠，华人水手掌握了主要的市场行销网，不仅是地方性贸易，而且国际性贸易也如此。

居住在东南亚的中国商人在海洋贸易中的中介作用，不仅对中国海商发展南洋贸易有重要意义，而且也为西方商人所重视。中国的丝绸、瓷器、茶叶等商品都是欧洲市场和拉丁美洲市场上的畅销货，贩卖中国商品能收获高额利润。而他们获得中国商品大抵采用两种方式：一是直接运货到中国特许的贸易口岸，由中国港埠垄断商充当市场中介，卖出他们的货物，买进中国的商品。二是招徕中国海商和移民，通过中国海外华商网络与中国间接通商贸易。他们基本上是采用后者，利用华人充当贸易中介，得到中国商品。② 因而，东南亚华人、华商的地位更进一步得以彰显。

其中，特别值得一提的是福建海商在网络中的地位和价值，可以说无人能替代。他们在海外的生存、发展过程中一般有一个共同的特点，即他们不仅会建立起各种不同的亲缘关系来编织其在当地社会的人际网络，而且会沿着传统福建海外贸易的航路向南一路延

---

① Rajeswary Ampalavanar Brown, *Capital and Entrepreneurship in Southeast Asia* (Hampshire Britain: Macmillan Press Ltd., 1994), p. 13.

② 郭立珍：《论明朝后期南洋华侨华人在中国—南洋贸易中的地位和作用》，硕士学位论文，郑州大学，2001，第 32 页。

伸，不断地扩展福建人的这一贸易网络。事实上，在 17 世纪初，亚洲海域确曾存在着一个福建人的经贸关系网。该网络起始于北方的日本九州岛群岛，向南一路延伸至马来群岛，而且早在郑氏家族的海上帝国出现之前，福建人的这一海上贸易网络就已大致成形，而且运作良好。①

英国学者布赛尔在《东南亚的中国人》中曾指出：印尼和马来亚的华侨，特别是爪哇岛最早的中国移民，主要来自闽南，他们多居住在港口、城镇和市郊，除"契约华工"外，大多数从事零售商、手工业或开荒地种植经济作物，而定居马来半岛的华侨多集中于马六甲、槟榔屿和新加坡，是马来亚的拓荒者和流通商业网的主要构成者。② 在近代早期的亚洲海域，福建人所创造的贸易网络使得各地的闽商均可互通信息，同声共气，密切合作。他们作为近代早期亚洲海域最富有胆识和创业精神的商人集团，不仅在东亚水域表现出色，而且在连接东亚与东南亚的航海贸易体系中也起到了十分重要的桥梁作用。③ 从一定意义上说，亚洲的海洋贸易网络基本上等同于福建移民的网络。

18 世纪，中国、欧洲市场对黄金、锡、胡椒等需求飞快高涨，对于此等资源十分丰富的东南亚群岛来说，这是对其经济发展的巨大推动。当地人不善经营的特点和劳动力对领主有人身依附关系的经济生产方式，严重阻碍了商品经济的发展，难以满足前来贸易的各地商人，结果使以福建人为主的华商经营自然地深入到环苏门答腊岛的周边地域，并从贸易向产业渗透。如同种植业一样，整个 18 世纪的采矿业（加里曼丹西部金矿，苏门答腊的锡矿）几乎全依靠

---

① 钱江：《古代亚洲的海洋贸易与闽南商人》，亚平、路熙佳译，《海交史研究》2011 年第 2 期，第 15 页。

② 〔英〕布赛尔：《东南亚的中国人》，徐平、王陆译，《南洋问题资料译丛》2~3 期合刊，厦门大学南洋研究所，1958，第 78 页。

③ 钱江：《古代亚洲的海洋贸易与闽南商人》，亚平、路熙佳译，《海交史研究》2011 年第 2 期，第 41 页。

华侨资金与管理。19 世纪初，华商在上述各种植园和矿区活动，且进一步染指内地贸易。① 截至 19 世纪中后期，东西方贸易和全球资本主义商品市场日益发展扩大，东南亚各殖民政权纷纷推行自由经济政策和门户开放政策，加上西方资本大量流入，群岛地区作为西方工业品生产原料来源地及商品销售市场的地位得到加强，经济生活蓬勃发展。这为华商带来前所未有的机会和巨大利益，使其经营规模、数量日增，有力地促进其面向当地化的转化。而新加坡、马六甲等地华商大力经营橡胶种植和贸易，为华商经济打下雄厚基础。

总的来说，公元 11 ~ 20 世纪上半期，整个世界的海洋贸易或多或少都受到东南亚独有商品元素的兴衰和流动支配。而广阔的大海就像一条高速公路，它把环苏门答腊岛周边地域的居民和港口社会联系起来，通过华商的参与，以海洋贸易构建起区域民族互动、文化交流与经济联系的图景。而苏门答腊在联系阿拉伯、波斯、印度等与中国，马来世界和中南半岛诸政权和港口方面所发挥的作用，有着无可比拟的作用和意义。而华商在其间穿针引线，创业经营，编织出复杂的亚洲海洋贸易网络盛景。

---

① 刘勇：《论 17 世纪初到 19 世纪末南洋群岛华商当地化的进程》，《南洋问题研究》2000 年第 3 期，第 37 页。

第　一　章

以巨港为中心的苏门答腊岛南部区域
海洋贸易与中国人活动

第一节　环苏门答腊岛区域早期的海洋
　　　　　 贸易与中国人活动

一　贸易、航线、港口与中国

　　根据古代文献记载和考古材料，中国东南沿海与东南亚地区的交流或贸易在新石器时代就已经开始。这些交流自战国以后有明显增长趋势，其中西汉时期由于版图延伸至今天的越南北部，与东南亚地区的贸易活动更加频繁。① 但这些大多为陆上贸易。

　　至于海洋贸易，东南亚海上贸易活动在公元前业已存在，主要以马来半岛为界，东南亚向西与印度、波斯等地，向东与中国的海上贸易航线均已开通。当时的海上贸易情景概况是：从中国出发，沿越南南部沿岸航行，然后进入暹罗湾，到达马来半岛北部，在克拉地峡附近卸货，通过陆路穿过克拉地峡，在马来半岛西海岸将货物装船，近苏门答腊岛再转运印度、波斯等地，反之亦然。正由于这种经营特点，起初东南亚与中国、印度等地贸易往来最多的是苏门答腊岛北部、马来半岛北部和越南南部。② 所以《汉书·地理志》也说"蛮夷贾船，转送致之"。另一条贸易航线从海上到马来

---

①　焦天龙：《南海南部地区沉船与中国古代海洋贸易的变迁》，《海交史研究》2014 年第 2 期，第 11 页。

②　赵文红：《试论早期东南亚海上贸易的发展与特点》，《东南亚纵横》2009 年第 4 期，第 41 页。

半岛东部港口登陆，从陆上穿越半岛或稍北的克拉地峡到达马来半岛西部港口，再由海上横渡孟加拉湾经锡兰（今斯里兰卡）或直达南印度。两条路线都需要水陆联运。在当时条件下，商品的一再装卸极为不便，特别是陆上运输工具落后，依靠车载兽驮，在人力、物力、财力上都存在许多困难。[①] 而当时对苏门答腊岛仅是遥指，没有实际登陆。

由于线路漫长、困难，故东南亚各地商人都有参与其中。众多的马来水手以及其他各地逐利群体在此进行着各种贸易。其中，扶南商人经营的是从地中海、印度、中东和非洲进口的乳香、没药、树脂、制造香水和熏香原料等，用以换取中国的丝绸、瓷器等，巽他海峡和印尼西部各港口的水手则利用他们熟知的对华贸易航线，将中国商品带回本地港口，进而通过巽他海峡的货物转运站将这些商品运往印度及西方等地。同时，他们还极力地推销东南亚的特产，如樟脑、沉香、檀香木等。[②] 马来水手主要以巽他海峡为中转地，经营爪哇海地区与扶南王国的香料——沉香、檀香和丁香。他们的贸易活动不仅十分活跃，而且范围广泛，向西远至非洲东海岸，向东则达中国，通过数千公里的航程，将一个地方的特有物产运载到另外一个地方。

大约在公元 1 世纪，以"金洲"出名的苏门答腊岛引起印度商人和希腊地理学家的强烈兴趣。大批印度人从次大陆的南端渡海而来，带着古国文明，来此生息。秦代在越南置郡以后，苏门答腊岛的商舶沿着印度支那半岛航行，到达交州贸易的商舶已逐渐增加。汉代就已开辟了从南海、徐闻出航，沿马来半岛去印度的航道，印尼的苏门答腊岛是这条航道的咽喉，为商船必经之地。晋代高僧法

---

① 顾海：《试论印尼古国室利佛逝的政治、经济及其社会性质》，《厦门大学学报》（哲学社会科学版）1987 年第 2 期，第 66 ~ 67 页。

② 〔新〕尼古拉斯·塔林主编《剑桥东南亚史》第一卷，贺圣达等译，云南人民出版社，2003，第 161 页。

显自印度返国，就是从这条商道搭载商舶辗转回来的。① 因而，在印度人、中国人、马来人及扶南人的带动下，公元 2～3 世纪，包括小巽他群岛、马鲁古、加里曼丹东海岸、爪哇和苏门答腊南端海岸的爪哇海域活跃起来。到 5 世纪，人们开始频繁利用马六甲海峡进行东西方贸易，相当一部分的贸易开始从马来半岛北部转移到马六甲海峡。同时，马六甲海峡逐渐成为运送香料的通道。随着香料贸易的发展，苏门答腊岛东南部成为西加里曼丹、爪哇和东部群岛的贸易中心。总之，东南亚南部岛屿地区的海洋贸易活动逐渐发展起来了。②

其显著代表为得益于"联运航线"而崛起的扶南古国。公元 3～6 世纪的时候，扶南已成为东南亚最强大的海上国家，版图包括今天的越南南部、湄公河中下游、湄南河流域的大半以及马来半岛的大部分地区。根据史料的记载，扶南和中国通使至少 26 次。公元 523 年，梁朝更授予扶南国王"安南将军扶南王"的称号，充分显示出扶南在东南亚的地位，特别是和中国朝贡贸易的频繁。其时扶南不仅以东南亚的特产金、银、铜、锡、沉香木、象牙等去换取中国的丝绸和印度及其以西各国的产品，而且利用在南海商路上的居间地位发展中介贸易。例如，扶南经常把从印度运来的西方产品，如苏合、郁金香、玻璃等转贩于中国，以获得巨额利润。③ 当时，中国人与印度支那以及马来半岛的贸易，要比他们与爪哇—苏门答腊的贸易重要。诃罗单（又作"呵罗单"，下同）的商品，大多数可从扶南和林邑获得，干陀利的商品亦是。④

另在公元 4 世纪末至 5 世纪初时，爪哇—苏门答腊日益变得重要起来，这主要是因为扶南的一些属国动荡不安，迫使商人们改用

① 郑光耀：《中国古代对外贸易史》，广东人民出版社，1985，第 246 页。
② 赵文红：《试论早期东南亚海上贸易的发展与特点》，《东南亚纵横》2009 年第 4 期，第 42 页。
③ 丘濂、刘畅：《穿越马六甲海峡，有船只，还有历史》，《三联生活周刊》2015 年第 30 期，http://www.dooland.com/magazine/article_710508.html。
④ 〔新加坡〕王赓武：《南海贸易与南洋华人》，姚楠编译，香港：中华书局，1988，第 77 页。

较为直接的海上航线。公元4世纪时，扶南的局势动荡是南海贸易中心更向南移的原因之一。马来半岛上的扶南属地可能也陷入这种动乱之中。于是，商贾们发现在前往中国的途中，泊留在苏门答腊（或爪哇、或加里曼丹西岸）较为安全。如法显于公元414年访问了这样一个商业中心，其位于耶婆提国。这也可以从那些由锡兰前往马来群岛的"商人大船"所采用的航线中看到。该商业中心兴起的另一个原因是，人们逐渐熟悉了南中国海的季风与海流情况，从而使船舶有可能在季风时节向东北方流动，用不到五十天的时间就可以从耶婆提国扬帆直航抵达广州。[①] 不过，当克拉地峡地区在公元5世纪恢复和平，而马六甲海峡与新加坡海峡内的海盗愈加猖獗时，商人们又返回到这条古老的横越半岛的路线上去了。这条古老的路线还有另一种吸引力，那就是盘盘、狼牙修和丹丹等国盛产各种香木和染料，此类物品在中国始终是畅销的。[②] 到公元6世纪上半叶，扶南作为南中国海的商业中心之一又重新占有重要地位，这主要是因为扶南与印度之间那条横越半岛的通道又被利用，扶南在马来半岛上的属国顿逊因此而成功地攫取到大量东西方贸易的利润。[③]

　　已故的美国著名东南亚历史学家 O. W. Wolters 在其1967年出版的研究早期印尼群岛贸易的著作中曾指出，在公元6世纪上半叶，东南亚的马来水手和船舶实际上扮演了相当重要的角色，他们将来自西亚"波斯"的奢侈商品辗转运输到中国市场。而室利佛逝时期印尼群岛的贸易之所以能够突然获得发展，是因为中国市场能够接受印尼群岛出产的树脂、安息香，以及产自苏门答腊岛的婆律香（Barus 龙脑香）。换言之，Wolters 认为，早在公元6世纪上半叶，印尼群岛的

环苏门答腊岛的海洋贸易与华商网络

---

① 〔新加坡〕王赓武：《南海贸易与南洋华人》，姚楠编译，香港：中华书局，1988，第55~56页。

② 〔新加坡〕王赓武：《南海贸易与南洋华人》，姚楠编译，香港：中华书局，1988，第77页。

③ 〔新加坡〕王赓武：《南海贸易与南洋华人》，姚楠编译，香港：中华书局，1988，第74页。

马来人就已经垄断了东南亚地区与中国的奢侈品海上贸易。①

晋代以后，南海贸易在数量和商品种类上有所增长，并从完全经营奢侈品的贸易开始转变成主要经营供应全中国涌现出来的无数寺庙的"信徒们"所用商品的贸易。梁武帝在位时和逝世后，情况尤为如此。② 因此，到南朝的刘宋王朝和梁王朝时期，印尼向中国朝贡的情况为：①爪哇中部（或西部）的诃罗单国（Haratan），在刘宋元嘉七年至二十九年（430~452年）来中国朝贡8次，平均近3年一次。③ ②爪哇西部的多罗摩国（Taruma，又译为阇婆婆达国、阇婆达国），在刘宋文帝元嘉十二年（435年）遣使入贡，其使节呈递的国书充满亲善友好之词。④ ③苏门答腊岛东南部的干陀利国（Kandari）⑤ 在刘宋孝武帝孝建二年（455年）遣使朝贡，在梁武帝天监元年（502年）即梁武帝刚建立自己的王朝时，又遣使朝贡，至天监十七年（518年）再来朝贡，普通元年（520年）又献方物（即地方特产）。⑥ ④苏门答腊岛的另一个国家媻皇国（Tulangbawang，又译婆皇国、蒲黄国），在刘宋元嘉十九年（442年）、元嘉二十六年（449年）、元嘉二十八年（451年）皆来朝贡，刘宋孝建三年（456年）、大明三年（459年）、大明八年（464年）、泰始二年（466年）皆来朝贡，在这24年中，共朝贡7次。⑦ 从朝贡的情况可知，南朝时期中国同印尼苏门答腊岛及其周边地域国家

---

① 钱江：《波斯人、阿拉伯商贾、室利佛逝帝国与印尼 Belitung 海底沉船：对唐代海外贸易的观察和讨论》，载《国家航海》第一辑，上海古籍出版社，2012，第89页。

② 〔新加坡〕王赓武：《南海贸易与南洋华人》，姚楠编译，香港：中华书局，1988，第81页。

③ 李延寿：《南史》卷78《海南诸国、西南夷列传》，"呵罗单国"条，中华书局，1975，第1957页。

④ 《宋书》卷97《夷蛮列传》，"阇婆婆达国"条，第2383~2384页。

⑤ 《明史》卷324"三佛齐传"，中华书局，1974，第8406页。"三佛齐，古名干陀利。刘宋孝武帝时，长遣使奉贡。梁武帝时数至。宋名三佛齐，修贡不绝。"

⑥ 姚思廉：《梁书》卷54"诸夷、海南诸过列传"，"干陀利国"条，中华书局，1973，第794页。

⑦ 《宋书》卷5"文帝纪"，第90、97页。媻皇国，一般译作婆皇国，在干陀利国的南部，今楠榜地区，盛产胡椒。

建立了十分友好的关系，并有着积极的海洋贸易往来。

尤其是苏门答腊，它甚至比爪哇更早受到中国人的影响，这一点并不足为奇，因为它位于中国到印度的航道上。早在公元460年，中国就接待过苏门答腊的一个朝贡使节；以后显然也有经常的商业往来（金、银、棉花、樟脑、木棉、象牙、木刻、香料、舫擞品），同时该处许多中国人的居留地也有很大的扩张。[1] 到了梁朝，顿逊并不是马来半岛唯一的商业中心。公元5世纪中叶，有贸易关系的盘盘亦位于马来半岛北部。在梁朝，盘盘的地位更加重要；其时，在盘盘以南还有狼牙修和丹丹两个王国。以下贡品说明了此项贸易的性质。盘盘奉献：牙像及塔，并献沉香、檀香等香数十种，以及佛牙及书塔。绝大多数的物品与佛教宗拜有关。丹丹奉献：牙像及塔各二驱，并献火齐珠、古贝、杂香药等，还有金、银、琉璃、杂宝、香药等物。[2] 这些可窥见以苏门答腊为枢纽的转口贸易在该地域十分兴盛。

而且，我国在公元5世纪初（东晋）造船技术已相当先进，且能制造"八槽船"，能适度开展远航进行贸易。但从世界航海史的角度看，公元1～8世纪（汉代至唐代中期），波斯湾、印度洋至南中国海的海路交通和海上贸易始终是印度人、波斯人、阿拉伯人占优势。公元1～5世纪（西汉末期至南北朝），印度商人在东南亚的贸易活动大为增加，并且在东南亚建立了许多"印度化"国家。公元3～4世纪（三国至两晋），波斯商人经常在中东和远东之间从事贸易活动；公元4～7世纪（两晋至唐初），所有东非、阿拉伯、印度、东南亚输送至中国的货物，通常标明来自波斯，因为那时候来到中国贩卖货物的大多是波斯商人。公元7～8世纪（唐代前中

---

[1] 〔英〕W. J. 凯特：《中国人在荷属东印度的经济地位》（序），黄文端、王云翔等译，《南洋问题资料译丛》1963年第3期，第4页。

[2] 转引自〔新加坡〕王赓武《南海贸易与南洋华人》，姚楠编译，香港：中华书局，1988，第75页。

期），在印尼的苏门答腊岛东南部又兴起一个强大的海上贸易国家——室利佛逝。它控制着马六甲海峡的海上贸易。[1] 在公元671年，义净从广州出发到印度求取佛法，还是需要乘波斯舶，"未隔两旬，果之份逝"，然后再经末罗瑜、揭荼而到印度。他所记述的中国西行求法的僧人六十人，其中取海道前往的过半数，走的就是这条航线。在这条航线上航行的既有波斯舶，还有王舶，证明马六甲海峡已经畅通，已成为当时东西方海上贸易往来的主要通道。[2]

到公元 7 世纪中叶（唐初，高宗永徽、显庆年间），大食国（阿拉伯）崛起于西亚，并由海道向东方推广其商业。公元 8 世纪中叶至 9 世纪中叶（唐代中后期），阿拉伯国家发展到最繁盛时期，尤其是在 8 世纪后半叶，阿拔斯·哈里发建都巴格达之后，阿拉伯商人对海洋贸易的经营不遗余力，常常来往于波斯湾、印度洋、南中国海之间，这种状况一直延续到 15 世纪（明代）西方殖民者东来之前。可以说，"8 世纪时，中西海路交通和海上贸易，还是主要掌握在阿拉伯商人之手"。[3] 这些从阿拉伯等地来广州贸易的商船，终年川流不息。而有不少中国的求法高僧，就是附搭这些商船前往的如并州的常慜禅师，"附舶南征，往诃陵国，从此附舶，往末罗瑜国，复从此国诣中天"；益州的义朗法师，"同附商舶，挂百丈，凌万波，越柯扶南，缀缆郎迦戌"；贞固禅师，"同附商舶，共之佛逝，后与义净同返广府"；义净本人亦于咸亨二年（671 年），随龚州使君冯孝铨至广府，与波斯舶主期会南行。也有一般僧人，从阿拉伯直接搭乘商船到广州，如天宝十年（751 年）随安西节度使高仙芝西征的杜环，在怛罗斯战役中被俘，于阿拉伯居留了 12

---

① 〔日〕桑原骘藏：《蒲寿庚考》，陈裕菁译，中华书局，1954，第 2 ~ 3 页。
② 义净：《大唐求法高僧传》卷下，转引自桂光华《室利佛逝王国兴衰试析》，《南洋问题研究》1992 年第 2 期，第 56 页。
③ 〔日〕桑原骘藏：《蒲寿庚考》，陈裕菁译，中华书局，1954，第2 ~ 3 页。

年，至宝应元年（762 年）才搭乘商船回广州。①

贾耽在《广州通海夷道》中已经明确记录了经马六甲海峡，到达斯里兰卡和印度的交通，并描述锡兰商人经常到苏门答腊的货物集散地去做贸易，他们在与中国的贸易中，主要运来白豆蔻、木兰皮、檀香、丁香、龙脑，来换取陶瓷、丝帛等物。而唐代广州通海夷道的出现，标志着中国远洋航线到了唐代发生了重大变化。两汉以来，中国到印度洋的航线，起先还必须上岸陆行一段再转船；两晋南北朝时，也不过在苏门答腊转船，其远程也只到锡兰和印度南岸。到了唐代，则已沿印度西海岸北上，横渡阿拉伯海而达今天阿拉伯半岛周围地区了。唐代中国向印度洋国家航线的延伸，是历史的必然发展。② 此时中国已经能够制造足以同外国商船相媲美的大海船，又有众多的外国商船停泊在广州，因此，"海上丝绸之路"就是在唐代形成的。③ 到公元 9 世纪（唐代中后期）时，中国的海船也开始在波斯湾、印度洋、南海的航路上称雄，远超外国海船了。④

唐末五代以后，泉州已紧跟广州成为中国的第三大港。公元1087 年，泉州市舶司建立，泉州进入与广州并驾齐驱的历史时期。南宋末年到元代，泉州超过广州，成为东南巨镇和"梯航万国"的都会。其中同泉州交往的国家以东南亚国家最多，而且数量不断增加。南宋时期，赵彦卫所著的《云麓漫钞》（于公元1206 年成书）明确记载了"福建市舶司常到诸国"有 30 国，其中大部分是东南亚国家。公元 1225 年，时任提举福建路市舶司的赵汝适写成《诸蕃志》，所列国家增至 57 国，其中 23 个是东南亚国家。一百多年后，公元 1329 ~ 1345 年，元代航海家汪大渊附乘商舶从泉州港启

① 转引自李金明《唐代中国与阿拉伯的海上贸易》，《南洋问题研究》1996 年第 1 期，第 3 页。

② 郑光耀：《中国古代对外贸易史》，广东人民出版社，1985，第 192 页。

③ 李学民、黄昆章：《印尼华侨史》（古代至 1949 年），广东高等教育出版社，2005，第 21 页。

④ 方豪：《中西交通史》（二），台北：华冈出版公司，1977，第 23 页。

程远航，回国后根据"身所游览，耳目所亲见确"，写成了包括 99 个国家和地区的《岛夷志略》，其中东南亚国家和地区有 64 个。① 这些书对从中国到波斯湾乃至非洲东海岸的港口和政权都有所描述。

因而，至元代，环苏门答腊岛的贸易航线已经基本成型。它主要可划分为：①东洋航路，即通高丽、日本的航线。②南海航路。一条是乘海船抵达安南的云屯港（今海防）；另一条是先泛海至广西，从中越边界入境。宋代船只由泉州港航往菲律宾，必先南航至三佛齐，转东北航至渤泥，约 40 日可达，再由渤泥向东北航，约 30 日才到达菲律宾。到了元代，有船只由漳州或台湾南航直达菲律宾。元代以后，航线上来来往往的商人增多，而且开辟了从泉州经澎湖、琉球至菲律宾的定期航线，以及泉州—澎湖—琉球—麻逸（摩逸）的新航路。元代通航马六甲海峡以东各航区船只增多，船只从泉州或广西西南航经今日越南河内，至今加里曼丹岛而后向东达菲律宾；或由加里曼丹南航至今印尼的泗水。据元代汪大渊《岛夷志略》的记载，仅菲律宾以南、以西各沿海国家和地区即达 97 个之多，比南宋赵汝适《诸蕃志》所载多了 38 个。③西亚、非洲航路。元代以前基本上通过阿拉伯中转，到了元代，泉州港与波斯湾、亚丁湾一带国家和地区直接通商，从泉州或广州的船只航经今泰国曼谷、马来西亚、新加坡、印尼；或由新加坡过马六甲海峡至今缅甸仰光、孟加拉国、印度，至斯里兰卡，再西南行至今马尔代夫群岛；或由斯里兰卡经印度南部，西至当时波斯湾的名港忽里模子（今伊朗阿巴斯港）；由此西行经今阿曼佐法尔，西入亚丁湾的麦加，再西抵开罗；或由佐法尔南行至今东非索马里、坦桑尼亚、直达马达加斯加。④欧洲航路。当时从欧洲来中国的海路有两条，一条是渡地中海至埃及，从埃及出红海东来；另一条是取道巴勒斯

---

① 周中坚：《南海熙熙五百年——古代泉州港兴盛时期与东南亚的往来》，《南洋问题研究》1993 年第 2 期，第 12 页。

坦、叙利亚、伊朗至波斯湾，从波斯湾抵达中国。泉州是中国与欧洲交通的主要口岸，欧洲商品多在此卸货，然后转运中国各地。泉州同波斯湾头的火鲁没思之间的航路，不仅是当时最繁忙的东西贸易通道，而且也是连接中国同阿拉伯，乃至整个西方世界的纽带。[①]

到了公元 14 世纪，联系中南半岛与马来世界之间，以及往中国长距离贸易的多数已经是中国船，间或有东南亚船只。[②] 中国人在东南亚的活动也渐次增多起来。

二　早期中国人在苏门答腊岛及其周边地域的活动

荷兰考古学家奥赛·德·弗玲尼斯在苏门答腊、爪哇、加里曼丹、巴厘和苏拉咸西诸岛都发现了中国汉代（公元前 206～公元 220 年）的陶器。他在西爪哇的万丹发现祭祀用的汉代陶器，认为有此明器（随葬品）的坟墓必是死在当地的中国人的墓冢。他推断远在两千年前，中国人已漂洋过海踏上印尼的国土，有可能在万丹定居下来。[③]

事实上，某些考古学家根据出土文物，也证明了汉代中国确实已经同印尼的三个主要岛屿，即苏门答腊岛、爪哇岛、加里曼丹岛发生经济、文化交往与联系；而且，可能在苏门答腊、爪哇两岛亦有华人定居。1934 年，荷兰考古学家海涅·赫尔德恩（Heine Geldern）在苏门答腊岛南部的帕赛玛（Pasemah）发现了史前时期的石碑雕刻，其风格与中国陕西省兴平县汉武帝时期的大将霍去病（公元前 140～公元前 117 年）之墓前诸石刻有相似之处。他由此而断言，公元前 2 世纪至公元前 1 世纪（即汉武帝时期），中国人的足迹已经到达印尼的苏门答腊岛。又在苏门答腊岛中部西海岸附近

① 苏文菁：《福建海洋文明发展史》，中华书局，2010，第 114～116 页。
② 〔澳〕韦杰夫（Geoff Wadde）：《18 世纪以前中南半岛与马来世界之间的海上航线》，杨芹译，《海洋史研究》第五辑，社会科学文献出版社，2013，第 81 页。
③ 林端志：《爪哇华侨中介商》，《南洋问题资料译丛》1957 年第 4 期，第 24 页。

的科林芝（Korinci）古冢出土的诸明器（即随葬品）中，发现一件陶器，上面写有"初元四年"的字样，证明是西汉元帝初元四年（公元前45年）的制品，由此推知公元前1世纪苏门答腊岛已有中国人定居。① 1938年，巴达维亚（今雅加达）博物院人员在苏门答腊岛中部东岸茵德拉奇利（Indragiri）的关丹（Kwantan，位于占碑北部）地区发现汉代两耳陶钵。该钵所刻的图画具有汉代武氏祠的人物画像作风。②

大量汉代陶瓷是通过官方和私营海上贸易输入苏门答腊岛销售，它证实了两千年前的汉代，中国人已经和苏门答腊岛各地发生了经济与文化联系。《汉书》卷28记载：武帝年间，中国使者已到达今越南南圻、泰国的罗斛及华富里乃至印度进行贸易。据研究，当时中国与东南亚的海上贸易主要由官方主持，同时也有商人和水手参与，贸易物品主要是明珠、璧流离、奇石等奢侈品。③ 东汉时期，中国人因为佛教信仰的追求，开始涉入该区域。

而中国三国时期的东吴，据有江东，以水军立国，并且积极向南方扩展势力。为了适应水战和江河海洋的交通需要，东吴积极发展造船业。造船技术有了重大发展。东吴的海船也经常航行于东海和南中国海。黄武五年（公元226年）至黄龙三年（公元231年），孙权曾派遣朱应、康泰两人访问东南亚五国，他们回国后，把亲身经历和听来的各国情况记录下来，写成《扶南异物志》（朱应撰述）和《吴时外国传》（康泰撰述）。其中，《吴时外国传》提到不少印尼苏门答腊岛和爪哇地名。它提道："诸薄之西有薄叹洲，土地出金，常以采金为业，转卖与贾人，易粮米杂物。"这"薄叹洲"可能是指苏门答腊岛，其梵文名Suvarna-Dvipa，意即"金岛国"，又译为"金洲"。书中还提到"诸薄之

① 苏继庼：《岛夷志略校释》"叙论"，中华书局，1981，第1页。
② 韩槐准：《南洋遗留的中国古代外销陶瓷》，新加坡青年书局，1960，第4页。
③ 李金明、廖大珂：《中国古代海外贸易史》，广西人民出版社，1995，第3~4页。

东南有北栌洲，出锡，转卖外徼"。这"北栌洲"是指产锡的勿里洞岛。它又提到"诸薄之北有巨延洲"，这"巨延洲"是指婆罗洲。从上述描述可以推测，三国时代的东吴与东南亚及苏门答腊的海陆交通和海上贸易关系绝不逊于两汉。[①] 而贸易必然会带来人员的流动散居。

一方面，随着扶南古国的衰落，航运路线由半岛向海岛区域转移，东西方贸易开始突破马来半岛的陆地阻隔。同时，伴随着造船技术和航海水平的不断提高，越来越多的船只和商人改从离岸较远的深海航行，并试图摆脱马来半岛的阻挠而直接穿过马六甲海峡进入印度南部。另一方面，随着中国南朝对外海路和海上贸易关系的发展，以及佛教在中国及东南亚的广为传播，东南亚各国同中国的联系更为紧密。当时出海远洋的中国人，除了外交使节和商人外，还有不少的佛教僧侣。例如，东晋高僧法显曾由印度、斯里兰卡两地求得佛法后取海路回国时遭遇险情。《佛国记》所载路线，一部分史学家认为，正是取道马六甲海峡的深水航线。[②]

此时，东南亚的产品已为世界各地的人们所熟识。早在刘宋孝武帝时期（454～464年），苏门答腊就有一个使者笠留陁，奉王命前往中国，以后又就金银、棉花、樟脑、藤、术棉、象牙、木刻、香料和做品等进行定期的交易。[③] 据中国文献记载，南北朝时"扶南国……出金、银、铜、锡、沉木香、象牙、孔翠、五色鹦鹉"；"林邑国……其有金山，石皆赤色，其中生金。金夜则出飞，状如萤火，又出玳瑁、贝齿、吉贝、沉木香"。[④] 同时，成群结队的印度

环苏门答腊岛的海洋贸易与华商网络

① 李学民、黄昆章：《印尼华侨史》（古代至1949年），广东高等教育出版社，2005，第10~12页。
② 丘濂、刘畅：《穿越马六甲海峡，有船只，还有历史》，《三联生活周刊》2015年第30期，http://www.dooland.com/magazine/article_710508.html。
③ 《梁书》卷54，列传第48，《诸夷》。
④ 《梁书》卷54，列传第48，《诸夷》。

商人每年都在"贸易风"的吹送下来往于他们已经熟悉的港口，中国商人也确定无疑地参与到这一地区的海洋贸易中。早期的西方史料多次指出，波斯商人在古代东方的主要商业据点是地处南亚的锡兰。希腊学者 Cosmas Indicopleustes 在公元 6 世纪初记述说，当时，在锡兰已有大批的波斯商人。不过，根据他的记载，波斯商人当时似乎最远只航行至锡兰，在当地与远道而来的东方商贾交易，包括那些来自中国、马来亚及恒河流域的商人。①

而公元 6 世纪初，福建南部和古代东南亚各主要港埠、王国之间的海上交通和贸易关系已日趋完善，成为常态。当时，在中国传播佛教的印度高僧经常前往梁安郡（即泉州府），以便搭乘大型海舶返回天竺。例如，公元 558 年，一位名为拘那罗陀（Kulanatha）的印度高僧来到梁安郡，旨在搭乘商船前往位于今泰国南部马来半岛北大年（Patani）一带的棱伽修国（Lankasuka）。② 到唐初时，经由马六甲海峡的商道已经完全成熟。从唐代贾耽所著的《广州通海夷道》可以看出，当时航船从中国广州出发后，穿过马六甲海峡，然后进入印度半岛南部。由于这条商道的开辟，中国商船和阿拉伯帝国商船定期往来于中国广州和阿拉伯帝国首都缚达（巴格达）之间，广州和缚达为当时的东西方贸易中心和国际化大都市。③ 中国僧人、中国商人、阿拉伯商人，甚至少量的印度商人，都在这条航线上穿梭，落脚于某个港口。

莱佛士所著《爪哇史》、坎贝尔所著《爪哇的过去和现在》，都有这样的记载：在公元 10 世纪上半叶（即五代十国时期），有一艘中国海船在爪哇三宝垄附近的海上沉没，船员和乘客（中国人）

---

① 钱江：《波斯人、阿拉伯商贾、室利佛逝帝国与印尼 Belitung 海底沉船：对唐代海外贸易的观察和讨论》，载《国家航海》第一辑，上海古籍出版社，2012，第 89 页。

② 转引自钱江《古代亚洲的海洋贸易与闽南商人》，亚平、路熙佳译，《海交史研究》2011 年第 2 期，第 3 页。

③ 丘濂、刘畅：《穿越马六甲海峡，有船只，还有历史》，《三联生活周刊》2015 年第 30 期，http://www.dooland.com/magazine/article_710508.html。

分别在扎巴拉（Japara）、三宝垄、直葛（Tegal）上岸，其管仓者
向直葛土王献上宝石之后，获得土王的许可，定居该地，并且受到
很好的待遇。[①] 这件事说明，继唐代之后的五代十国时期，爪哇中
部地区已经有华侨定居。当然，华侨的活动肯定不仅限于爪哇一
地，而且扩展到其他岛屿，首先是苏门答腊，因为该岛是中国与印
度、波斯商贸、文化交汇的必经要道，应该比爪哇更早受到华侨的
影响。

环苏门答腊岛的海洋贸易与华商网络

---

① 转引自李长傅《中国殖民史》，商务印书馆，1998，第 60 页。

第二节　以巨港为中心的室利佛逝帝国海洋贸易与中国人的活动

室利佛逝（Sriviiaya）及其后继的三佛齐王国是伴随中国与印度、阿拉伯海上贸易的繁荣而登上历史舞台的。它是公元7世纪继扶南王国之后兴起、位于苏门答腊岛的东南亚海上强国。至公元13世纪末才被爪哇的阇婆（新柯沙里王朝）所征服。室利佛逝是东南亚古代史上重要的国家之一，前后存在了六百余年，对东南亚和东西方之间的海上贸易产生过举足轻重的影响。[1] 而室利佛逝王国的政治中心在苏门答腊南部的浡林邦（Palembang，巴邻邦或巨港）、占碑一带。

一　室利佛逝概况

（一）室利佛逝的历史

公元1～2世纪，像柬埔寨和占城一样，苏门答腊浡林邦河流域的室利佛逝为印度殖民地。根据曾居住于巨港的义净描述，一直到公元7世纪，印尼群岛西部（包括爪哇岛西部和苏门答腊岛南部）处于小国林立的状态，这些"国"规模不大，实际上是一些各自独立的部落。而在苏门答腊岛东海岸有三个较强大的部落或部

---

① 廖大珂：《室利佛逝王国社会经济初探》，《南洋问题研究》1993年第2期，第1页。

落联盟，即婆鲁师、末罗瑜（或译作末罗游，Malayu，意为马来地，下同）和室利佛逝。[①] 公元 6 世纪，在今苏门答腊的占碑地区出现的"末罗瑜"王国，它是以苏门答腊岛为据点的第一个印度王国，中心位于占碑。在此之前，以"金洲"著称的苏门答腊岛南部，向来因生产黄金而吸引着印度和各地商舶，因而早期的港口就出现在海峡南岸，亦即在苏门答腊一边。往来于南海、印度洋的船舶，也必定要在马六甲海峡的港湾里停泊，以便取水、贮粮和等候季风。因此在这一时期，末罗瑜成为海峡沿岸最大的港口国家。唐贞观年间，末罗瑜王国曾到中国通好，并带来方物，开启了唐朝与苏门答腊之间的政治经济关系发展。[②]

公元 6 世纪末 7 世纪初，随着印支半岛地区的扶南王国走向衰微，以印尼爪哇岛、苏门答腊岛为主要根据地的古国室利佛逝在今苏门答腊岛东南部的巨港地区逐步形成。不久以后，强盛起来的室利佛逝帝国征服了末罗瑜国和彭家国（Banka），还插足到马来半岛，并和爪哇有密切接触。这个王国在当时是苏门答腊的强国，末罗瑜国变成他的属邦。公元 695 年中国皇帝诏书上曾提及室利佛逝的使者。[③] 室利佛逝国位于适于航行的巨大穆西河上游，相距一段路程，穆西河流入马六甲。河流使马六甲海峡的商船可以靠近大量的森林产品，并给室利佛逝的都城巨港提供了安全的港湾。

根据在苏门答腊南部巨港附近及占碑、邦加岛发现的四块古碑铭文和我国史籍的有关记载，室利佛逝建国的时间，在公元 7 世纪70 ~ 80 年代。[④] 因此，可以基本认为室利佛逝王国是在公元 683 年征服巨港后建立的。随之，王国又征服末罗瑜等小国，并继续向周围地区扩展，又控制马六甲海峡和巽他海峡。在邦加岛门杜克附近

环苏门答腊岛的海洋贸易与华商网络

---

① 义净：《南海寄归内法传》卷 1。
② 郑光耀：《中国古代对外贸易史》，广东人民出版社，1985，第 247 页。
③ E. M. 勒布、R. 汉·格顿：《苏门答腊民族志》，林惠祥译，《南洋问题资料译丛》1960 年第 3 期，第 2 页。
④ 桂光华：《室利佛逝王国兴衰试析》，《南洋问题研究》1992 年第 2 期，第 55 页。

哥打卡普尔（Kota Kapur）和占碑巴当哈里河支流梅朗引河畔的卡朗·勃拉希（Karang Brahi）发现，刻于公元 686 年的两块古碑记载，其范围已扩大到邦加和占碑，并准备讨伐爪哇。公元 686 年以后，室利佛逝帝国已包括苏门答腊岛南半部，并拥有彭加岛，甚至开始向其邻境爪哇岛实施侵略行动，并欲全部占有其岛，抑或占领其岛的一部分。然而，当时遭到阇婆人的奋起抗战。① 而在马来半岛北部六坤的悉摩曼寺（Vat Sema Muang）发现的一块梵文石碑，正面有梵诗十行，是纪念室利佛逝国王建立三座寺院以供奉莲花手、伏魔者和金刚手，记载日期是公元 775 年四月十五日。这表明室利佛逝王国的势力在当时已扩大到马来半岛北部万伦（Baodon）湾附近。它在六坤建立佛寺，就表明它占领该地，掌握克拉地峡的控制权。② 霍尔的研究也指出：其领土包括万伦湾以南的整个马来半岛和西印尼的全部（连西爪哇的异他国在内）。③ 根据《新唐书》记载，室利佛逝曾占领了 14 个城市，而吉打即是其最北的领土。④当唐朝高僧义净泛舶前往天竺求法途经巨港时，室利佛逝已步入鼎盛时期，成为东南亚地区最强大的海上帝国，其版图包括今克拉地峡以南的马来半岛、苏门答腊全岛、加里曼丹岛西部，以及爪哇岛西部，由该海域内数个经济势力雄厚的贸易港埠和海盗群组成。⑤

因其控制范围横跨马六甲海峡，广大的海域为其所控制，故目前许多学者都认为室利佛逝是一个最早以海洋贸易为主的王国。由于波斯人与阿拉伯人成功地成为居间商，说服室利佛逝的君主们集

---

① 〔印度〕K. A. 尼暹干达·沙斯千利：《印度尼西亚古代史上的室利佛逝》（上），韩振华译，《南洋问题资料译丛》1957 年第 2 期，第 93 页。
② 桂光华：《室利佛逝王国兴衰试析》，《南洋问题研究》1992 年第 2 期，第 57 页。
③ 〔英〕霍尔：《东南亚史》，中大东南亚历史研究所译，商务印书馆，1982，第 92 页。
④ 转引自〔马来西亚〕陈秋平《移民与佛教：英殖民时代得槟城佛教》，南方学院出版社，2004，第 58 页。
⑤ 钱江：《波斯人、阿拉伯商贾、室利佛逝帝国与印尼 Belitung 海底沉船：对唐代海外贸易的观察和讨论》，载《国家航海》第一辑，上海古籍出版社，2012，第 87 页。

中全力使巨港成为南海贸易的一个商品集散地。① 因而,自建国以后,室利佛逝便成为马六甲海峡及印尼群岛的宗主国,这确保了外国商品可以持续稳定地进出室利佛逝的港口。与此同时,东南亚海上贸易的发展重心也随之转移到海岛地区。东南亚与中国的贸易往来也开始转移到室利佛逝的港口巨港。马来半岛北部的东西方贸易中转地位相对下降,室利佛逝的控制地区则逐渐取而代之。② 相应地,一些新的商业中心在苏门答腊岛东南和爪哇岛西北沿海崛起。贸易中心的转移在一定程度上应当归功于曾活跃于扶南王国的巽他海峡地区水手,是他们"剥夺了扶南在国际贸易中占据的主导地位",使得"马六甲—巽他海峡地区发展成为在东南亚占据突出地位的海上贸易中心",③ 由此造就了室利佛逝帝国的强盛。聚集在室利佛逝港埠的不仅有众多的东西方商人和大批佛教徒,而且有不断东来的阿拉伯穆斯林商贾。这使得公元 7 世纪中叶后的苏门答腊岛巨港俨然成为当时东方的佛教传播中心和东西方商品的重要集散地。尽管 1025 年在南印度注辇王国（Chola Kingdom）远征军的打击下室利佛逝受到重挫,但其作为古代南海贸易中心的地位一直持续到南宋时期。④

室利佛逝兴起之迅速,基于其地理条件、经济条件与政治条件,三者齐臻于至善。室利佛逝的位置,在当时可以向外航海,与他国交通,且苏门答腊东南岸海口,存在诸多类同的天然良港,海舶巨舟,多以其地作为重添粮食之港口,且其地又为转换船舶之要地,于是海上往来者日众。自从印度海舶向东方作长程航行以后,

① 〔新加坡〕王赓武:《南海贸易与南洋华人》,姚楠编译,香港:中华书局,1988,第 141 页。
② O. W. Wolters, "Early Indonesia Commerce: A Study of the Origins of SirVijaya," *Journal of Asian History* 1 (1969): 30 – 48.
③ 〔新〕尼古拉斯·塔林主编《剑桥东南亚史》第一卷,贺圣达等译,云南人民出版社,2003,第 162 页。
④ 钱江:《波斯人、阿拉伯商贾、室利佛逝帝国与印尼 Belitung 海底沉船:对唐代海外贸易的观察和讨论》,载《国家航海》第一辑,上海古籍出版社,2012,第 88 页。

阿拉伯人由海路至东方贸易。公元 9 世纪时，在广州有阿拉伯人之居留地，因此当时室利佛逝所处地位的重要性自不待言，且自中国唐代兴起以来，中外贸易通畅，其地理位置的重要性更加凸显。①

（二）巨港枢纽地位带动室利佛逝海洋贸易崛起

古代室利佛逝国的繁荣离不开与中国的密切交往。公元 8～9 世纪，中国正值盛唐时期，国强民富。阿拉伯帝国的阿巴斯王朝也正处在鼎盛时期，并大力推动海外贸易。与此同时，地处印尼群岛的室利佛逝帝国积极发展与东亚的中国和西亚的阿拉伯之间的海上贸易，遂成为东西方商贾在东南亚辐辏之贸易重镇。在阿拉伯帝国、室利佛逝帝国和中国这三个当时世界上强大帝国的保障和推动之下，中国与东南亚及波斯湾之间的海上直航贸易迅速发展，成为当时世界上最稳定、路程最长的海上贸易航线。②

其时，室利佛逝王国在中间正好扮演一个贸易枢纽的角色。室利佛逝王国存在于 7～13 世纪，对应中国的唐、宋、元三个朝代。唐朝"安史之乱"前，国力强盛，与海外的贸易形式以朝贡贸易为主。朝贡贸易是中国政府与海外诸国官方的进贡和回赐，讲究"厚往薄来"。宋人马端临在《文献通考》中说："岛夷朝贡不过利于互市赐予，岂真慕义而来。"这句话道破了古代中国与域外诸国关系的实质。《马来西亚史》的作者芭芭拉·安达娅在书中写道："室利佛逝充分理解朝贡贸易体制的价值，为了确保有利可图的贸易使其持续下来，并愿意承认中国为最高宗主。"③ 因而，在朝贡贸易秩序下，室利佛逝成为中国商品的集散地、中国商人的聚集地，从而吸引着阿拉伯商人、印度商人及周边地区的商人趋之若鹜。

---

① 〔印度〕K. A. 尼暹干达·沙斯千利：《印度尼西亚古代史上的室利佛逝》（上），韩振华译，《南洋问题资料译丛》1957 年第 2 期，第 98 页。

② 转引自钱江《波斯人、阿拉伯商贾、室利佛逝帝国与印尼 Belitung 海底沉船：对唐代海外贸易的观察和讨论》，上海古籍出版社，2012，第 92 页。

③ 丘濂、刘畅：《穿越马六甲海峡，有船只，还有历史》，《三联生活周刊》2015 年第 30 期，http://www.dooland.com/magazine/article_710508.html。

与此同时，在西亚，阿拔斯王朝自公元762年定都巴格达后，其疆域不断扩大，海运业日趋发达，通过底格里斯河开始同中国发生贸易联系。因此，一方面，阿拉伯人对东南亚及中国的海上贸易逐渐进入高潮，商人们穿越印度洋后经马六甲海峡前往苏门答腊、爪哇、印支半岛和中国，越来越多的穆斯林商人从此开始在东南亚和中国南方沿海的主要贸易港埠寓居。另一方面，阿拉伯人自公元7世纪后就不断地向北非扩展，其目的是要获取自西非穿越撒哈拉沙漠由骆驼商队运载而来的黄金。随着阿巴斯王朝在埃及的巴格达确立了自己的统治中心，大批产自西非加纳王国的黄金经由定居在北非的阿拉伯穆斯林商贾之手辗转输入阿拉伯半岛，接着再装上颇具特色的阿拉伯远洋帆船，被运往东南亚和中国的市场来交易丝绸和香料。①

两个强大的帝国发生贸易关系，要么是在室利佛逝之地，要么是前往对方的贸易港口直接贸易。但无论怎样，这一时期的室利佛逝都能起到枢纽的作用。而此时，中国的造船技术远未能达到阿拉伯人的造船水平，中国船只最多只能航行到东南亚一带水域。这就决定了唐代的波斯、阿拉伯商船离开印度南部口岸或锡兰之后，大约有三种贸易方式或者说三条航线可以进行。第一条航线：航抵马来半岛克拉地海峡后分道扬镳，沿着马来半岛南下，在马六甲海峡与来自南中国海的商船交易。或者到当时室利佛逝帝国控制下的贸易重镇——苏门答腊的巨港，与来自中国的商人交易，然后随着季风返回印度洋；第二条航线：航抵克拉地海峡西岸后，与那些从马来半岛东岸步行穿越克拉地峡的商人会合，获取来自中国的商品；第三条航线：波斯和阿拉伯人的商船途径一系列的东南亚港埠和淡水汲取岛屿，直接前往中国南方的广州贸易。估计在唐代时期，中

环苏门答腊岛的海洋贸易与华商网络

① C. G. F. Simkin, *The Traditional Trade of Asia* (London: Oxford University Press, 1968), p. 84.

东和西亚的商贾们可能同时使用这三条航线。[①] 唐代是我国历史上较为强盛的朝代之一。唐代统治者以其稳定的政治和繁荣的经济为基础，奉行了一系列较为开明的对外开放政策，鼓励海外商人来华贸易。因而，双方海洋贸易的发展，既促进了室利佛逝经济的繁荣，也使我国沿海的一些港口成为重要的对外贸易港，仅广州一地，"市舶扁集""舟行所聚，洪炯巨舰，千舶万艘，交互往还"，出现了贸易盛世的局面。[②]

共同因素合作之下成就了环苏门答腊岛早期出现最著名的贸易国家——室利佛逝。它是以巨港为中心而崛起的海上帝国。它的兴起与发展，几乎与阿拉伯帝国的兴起与扩张同步进行。同时，它也得益于中国唐代强大的对外贸易能力，吸引着远方商贾循海道而来。得益于经济学的溢出效应，室利佛逝都城巨港的中转贸易地位得到强化，进而带动室利佛逝帝国的长距离海洋贸易和东南亚区间海洋贸易的发展。而贾耽与阿拉伯人都说明了巨港作为一个商品集散地的重要性。尽管他们描述的航线表明，室利佛逝并不在中国与西方之间的那条距离最短、最直接地航线上，但仍可看出，它是一个十分重要的港埠，在大多数情况下，人们必须前往其地。因此，在公元 8 世纪下半叶和 9 世纪，室利佛逝保持着它在南海的商业地位。[③] 可以说，运行港口和市场的需要为国家的发展提供了更大的刺激。[④] 室利佛逝的首都巨港便成为海洋贸易的中转站而崛起。在其辉煌时代，室利佛逝一度发展成一个强大的商业中心，成为来自印度、西亚、中国及当地出产品的销售中心。

---

① 钱江：《波斯人、阿拉伯商贾、室利佛逝帝国与印尼 Belitung 海底沉船：对唐代海外贸易的观察和讨论》，载《国家航海》第一辑，上海古籍出版社，2012，第 92 ~ 93 页。
② 桂光华：《室利佛逝王国兴衰试析》，《南洋问题研究》1992 年第 2 期，第 57 页。
③〔新加坡〕王赓武：《南海贸易与南洋华人》，姚楠编译，香港：中华书局，1988，第 141 ~ 143 页。
④〔澳〕史蒂文·德拉克雷：《印度尼西亚史》，郭子林译，商务印书馆，2009，第 11 页。

二 室利佛逝王国与中国的往来

古代马来群岛（包括马来半岛）上小国林立。由于距离较远，直至魏晋南北朝时期，中国始有与这些国家交往的记载。

自隋唐以来，该地区的小国大都与中国建立了朝贡关系，我国史籍对室利佛逝的记载逐渐多了起来。据《旧唐书》卷三贞观二十二年（648 年）载有："是岁，堕婆登、乙利、鼻林送、都播、羊同石、波斯、康国、吐火罗、阿悉吉等远夷十九国遣使朝贡。"王任叔先生同意这条史料所载的"鼻林送"的"送"字为"进"之误的看法，"鼻林送"实即"鼻林进"，即浡林邦（巨港）的异译。因此，在室利佛逝王国未建立前，巨港已存在。①《新唐书》记载："室利佛逝一曰尸利佛誓。越过军徒弄山二千里，地东西千里，南北四千里而远。咸亨（670~673 年）至开元（713~741 年）间，数遣使者朝。"② 义净的《大唐求法高僧传》关于其于公元 671 年从广州出发经室利佛逝到达印度的记述为："于时咸亨二年（671年），……随至广府，与波斯舶主期会南行。……至十一月，遂乃面翼轸，背番禺，……未隔两旬，果之佛逝。经停六月，渐学声明。王赠支持，送往末罗瑜国。复停两月，转向揭茶。至十二月举帆，渐间东天矣。"由此，公元 6~12 世纪，以苏门答腊南部港口巨港为中心兴起的室利佛逝帝国，利用便利的海上交通位置，迅速发展，并对外扩张，但仍将中国视为宗主，多年进贡。③

室利佛逝国王每年都会向中国皇帝进贡，这使他垄断了与中国的商业机会。④ 公元 670~673 年，它首次遣使到中国，一直到公元

---

① 王任叔：《印度尼西亚古代史》，中国社会科学出版社，1987，第 368~370 页。

② 《新唐书》卷 222 下，"室利佛逝传"。

③ 〔美〕约翰·F. 卡迪：《东南亚历史发展》，姚楠、马宁译，上海译文出版社，1988，第 85 页。

④ 〔马来西亚〕陈秋平：《移民与佛教：英殖民时代得槟城佛教》，南方学院出版社，2004，第 58 页。

695 年前后它征服末罗瑜为止，在这几十年内，室利佛逝"数遣使者朝，表为边吏侵略，有诏广州慰抚"。在唐朝载籍中，这是唯一提及来自南海的使团成功地导致中央政府关注广州商贾的利益。这就证明了室利佛逝当时确为居于优势地位的商业大国，而且已经博得中国人的尊重。[1] 另据《唐会要》卷 100 "占碑国"条记载，大中六年（公元 854 年）十二月占碑国佛邪葛等六人来朝，兼献象；咸通十二年（871 年）二月，复遣使来贡。同书"归降官位"条还记载："天祐元年（904 年）六月，授福建道佛齐国人朝进奉使都番长蒲诃栗宁远将军。"[2] 在宋代开国前，室利佛逝遣来的最后两国使团，一个是在唐朝末年公元 904 年前往福建，另一个是在公元 960 年打算访问后周朝廷。这两个使团或可假定为来自一个商业野心甚至更大的帝国中的某个新王朝的师团。[3] 公元 960～983 年，室利佛逝王国至少派出了 8 个使团出使中国的宫廷。当佛教徒义净朝圣印度的路上到达室利佛逝王国首都的时候，他受到正常应有的礼遇。但是当统治者意识到这位游客来自中国的时候，表现出的尊敬增加了一倍。甚至在公元 1003 年，室利佛逝的使臣到达中国，告诉中国皇帝他们已经建造好一个寺庙，为中国皇帝祈求长寿。应他们的要求，中国皇帝还赐予了庙宇一个名称，并附带了一口钟。[4]

室利佛逝国派往中国的正规外交使团建立了与中国的友好关系，中国更愿意把这种关系视作一种本质上的属邦关系，尽管室利佛逝国可能有更大的野心。但无论这种关系的准确特征是什么，这种安排使室利佛逝国获得了慷慨的回报。因为通过这种安排，持有室利佛逝国特许状的商人、室利佛逝国的同盟和委托人，获得了靠

① 〔新加坡〕王赓武：《南海贸易与南洋华人》，姚楠编译，香港：中华书局，1988，第 141 页。

② 温广益、蔡仁龙等编著《印度尼西亚华侨史》，海洋出版社，1985，第 13 页。

③ 〔新加坡〕王赓武：《南海贸易与南洋华人》，姚楠编译，香港：中华书局，1988，第 141～143 页。

④ 丘濂、刘畅：《穿越马六甲海峡，有船只，还有历史》，《三联生活周刊》2015 年第 30 期，http://www.dooland.com/magazine/article_710508.html。

近获利丰厚的中国贸易的特许权。① 而对上述那种频繁的朝贡所做出的反应，我们认为，这或许是室利佛逝的商人们成为广州外国商界领袖因素之一。

此外，唐初，佛教故乡印度对中国信徒有着巨大的吸引力，随着海上丝绸之路兴起，僧人搭乘商船西行朝圣者众多。商船一般从广州、交州（古地名，包括今越南北部、中部和中国广西的一部分）直航南海，经过室利佛逝、诃陵（也作呵陵，下同）、末罗瑜（南海古国名）等国，再进入印度洋，直抵印度。而来自阿拉伯及波斯湾诸国的商船也是这样，由印度洋经过印尼的室利佛逝驶往广州进行商贸活动。因此，海上丝绸之路几乎是以室利佛逝，即今苏门答腊的巨港为交接站，这里成了贸易、文化交流的桥梁，也是佛教传播的中心。自公元 7 世纪起，我国许多由海道前往印度研究佛学的僧人往往先到室利佛逝学习梵文，然后再去印度，有的还定居苏门答腊和爪哇。据义净《大唐西域求法高僧传》的记载，我国西行求法的僧人有 60 人，其中取海道路经印尼的有 19 人，约占 1/3。②

三 室利佛逝的海洋贸易与中国商人的活动

海上帝国室利佛逝（公元 670～1025 年）的勃兴促进了贸易的发展。室利佛逝帝国势力强大，具有很强的贸易组织能力，控制着对腹地具有很强辐射能力的港口，即巨港，使人们可以用能承载 25～50 人的船只，通过林间小径、苏门答腊岛内地众多的河流支流顺流而下，"将印度尼西亚群岛的农产品、林产品和海产品集中到自己的港口"。同时，室利佛逝与印尼东部的联系加强，东部各地重要的商品也汇集到了王国的贸易港。胡椒部分来自苏门答腊岛，

① 〔澳〕史蒂文·德拉克雷：《印度尼西亚史》，郭子林译，商务印书馆，2009，第 13 页。

② 温广益、蔡仁龙等编著《印度尼西亚华侨史》，海洋出版社，1985，第 13～14 页。

环苏门答腊岛的海洋贸易与华商网络

更多的是通过巽他海峡从爪哇岛运来；非常受欢迎的檀香木来自地处苏门答腊岛以东约2500公里之外的帝汶；"丁香、肉豆蔻和肉豆蔻干皮这些实际上使得这一海上王国最为出名的产品同样是来自其它远在东部的岛屿。"① 阿拉伯历史学家马素迪的著作《黄金牧场与宝石矿山》（成书于956年）记载：室利佛逝出产樟脑、沉香、丁香、檀香、肉豆蔻、小豆蔻、荜澄果和其他许多的物品。② 由此，室利佛逝依靠汇集了所控制区域和印尼东部丰饶的物产，从而为贸易的发展奠定了坚实的基础。

室利佛室的商业中心地位吸引着大量华商前往，同时，公元878年的黄巢起义及其对当时侨居在广州城内的大批波斯、阿拉伯商贾的屠杀，成为唐朝海外贸易史上的分水岭。大批阿拉伯人在南中国海贸易圈内的活动开始逐步地减少、退缩，他们调整了自己对中国的贸易方针，将贸易据点从中国南方沿海港埠撤往印尼苏门答腊岛的巨港。阿拉伯人的远洋帆船再也不愿意像从前那样直接航行到广州港泊靠，而是和东南亚及中国商人达成了合作分工的协议，双方在室利佛逝控制下的马六甲海峡或马来半岛北部的克拉地峡一带进行交易。③ 以巨港为枢纽的室利佛室更成为中国商人汇聚之地。

而中国与室利佛逝之间通过海上丝绸之路进行的主要是市舶贸易。与官方贸易相比，民间商业贸易活动在规模、品种数量和频次上都要远超之，更能反映出两国之间的密切关系。尤其是在两国统治阶层有良好的接触后，贸易的安全性和稳定性得到了保障，民间贸易呈现爆发式增长。早在公元8世纪，福建南部和东南亚各民族之间就已展开了繁盛的海上贸易往来，随着中国人在贸易过程中不

---

① 〔新〕尼古拉斯·塔林主编《剑桥东南亚史》第一卷，贺圣达等译，云南人民出版社，2003，第164页。
② 〔英〕霍尔：《东南亚史》上册，中大东南亚历史研究所译，商务印书馆，1982，第85~86页。
③ 钱江：《波斯人、阿拉伯商贾、室利佛逝帝国与印尼 Belitung 海底沉船：对唐代海外贸易的观察和讨论》，载《国家航海》第一辑，上海古籍出版社，2012，第98页。

断侨居印尼苏门答腊岛及其周边地域，以分享室利佛逝的海洋贸易经济活动。

据唐代一部私人编撰的民间手抄本《西山杂志》记载，"涂公文轩与东石林銮航海直渤泥""崖之北，有陈厝、戴厝，俱从涂之操舟人"。涂文轩和林銮都是海商，渤泥即加里曼丹，厝即福建方言村庄的意思。该书记载说，公元720年，来自东石村的闽南商人林銮带领着一伙同乡族人扬帆海外，依靠着其曾祖父林知慧留传下来的航海针路簿的指引，他们最终航抵渤泥。由此，可见他们的水手主要是陈姓、戴姓，是留居当地的中国人，已在那里建立了陈姓和戴姓村落。东石林氏家族开创的这次远航为泉州和渤泥之间海上贸易活动的发展奠定了基础，大批渤泥人随后接踵而至，来到闽南沿海，用东南亚的香料和热带产品来交易泉州女子手工刺绣的彩色罗衫。① 同一时期，印尼群岛东部的马鲁古群岛，《岛夷志略》中称文老古，每岁有"唐舶贩其地"。② 《岛夷志略》中的古里地闷（今帝汶岛），前去贸易的泉州人很多，"昔泉之吴宅，发舶梢众百有余人到彼贸易"。由于当地疟疾流行，"死者十八九，间存一二，而多底弱乏力，驾舟随风回转"。③

自唐天宝以后的两百年间，中国政局动荡不定。室利佛逝基本上中断了与中国的外交关系。不过民间往来并没有停止，有不少中国劳动者避难迁居室利佛逝。公元943年阿拉伯旅行家麻素提经过苏门答腊时，曾看见"有许多中国人在此岛耕种，而尤以巨港为多，盖避中国黄巢之乱而至者"。④ 到了10世纪（唐末），已有成批的中国移民出现在印尼的苏门答腊东南部。⑤ 随着中国人侨居印

---

① 蔡永兼：《西山杂志》，"林銮观"条，载《安海志》，安海方志办（内部出版），1983。

② （元）汪大渊：《岛夷志略》，"文老古"条。

③ （元）汪大渊：《岛夷志略》，"古里地闷"条。

④ 转引自〔印尼〕吴世磺《印度史话》，椰城世界出版社，1951，第91页。

⑤ 李学民、黄昆章：《印尼华侨史》（古代至1949年），广东高等教育出版社，2005，第17~18页。

环苏门答腊岛的海洋贸易与华商网络

尼，中国制作陶瓷的技术也传至印尼。据考证，印尼自 9 世纪起就仿造中国陶瓷。印尼人还运用中国的陶瓷技术，制出绘有印尼风光的青花瓷盘。印尼学者勃里安·哈里松指出，中国宋瓷受到亚洲各地、中东以及非洲东岸人民的热烈欢迎，它刺激了当时的南苏门答腊室利佛逝王国陶瓷业的发展。① 当地伊斯兰宗教活动需要的一些瓷器，许多是移居该地的华人穆斯林运用传统的中国制瓷技术制造的。可以说，室利佛逝王国的陶瓷制造业传承了来自唐宋时期中国的瓷器制作技术，并且结合自己的特点，不断推出具有自身特色的本地瓷器。②

当然，除以巨港为中心的海洋贸易大为发展外，根据东南亚的考古发掘成果来看，在公元 9 世纪中叶，至少有数十年的时间，克拉地峡东西岸的这两个地方当时也有中国商人和来自西亚地区的阿拉伯商人彼此进行交易记录，马来半岛北部的一些小型港口仍是重要的商品集散地。马苏第的记述亦提及，在公元 9 世纪下半叶时，来自阿曼、室利佛逝等地的阿拉伯商船都在 Killah③ 与中国商船交易。文献记载和考古发现均证实，公元 9 世纪下半叶，东西方商人以马来半岛西岸的 Killah 为各自商业势力范围的分界线。④

唐代中国海外贸易之所以兴盛，不仅有着当时中国经济迅速发展的内部因素，而且还有着不可忽略的外部因素，即波斯湾地区阿拉伯穆斯林商贾经营的海外贸易在阿巴斯王朝时期迅速发展，以及东南亚海岛地区室利佛逝帝国的崛起并成为扼守马六甲海峡和巽他海峡的海上强国。毋庸讳言，古代波斯人和阿拉伯人在印度洋和南

---

① 孔远志：《从印尼的中国陶瓷看中印（尼）文化交流》，《东南亚》1990 年第 3 期，第 58 页。

② 廖国一、郭健新：《从出土出水文物看唐宋时期中国对印尼的影响》，《广西师范大学学报》（哲学社会科学版）2015 年第 4 期，第 2 页。

③ 即在马来半岛的北部泰国境内克拉地峡，东西两岸的 Laem Pho 与 Ko Kho Khao 为重要连接点。

④ 钱江：《波斯人、阿拉伯商贾、室利佛逝帝国与印尼 Belitung 海底沉船：对唐代海外贸易的观察和讨论》，载《国家航海》第一辑，上海古籍出版社，2012，第 94 页。

海贸易圈中十分活跃，他们是唐代海外贸易的主要经营者，为推动当时东西方的经济及文化交往做出了巨大的贡献。[①] 两大帝国的海洋贸易往来，直接或间接地推动了室利佛逝的崛起。而当时东西方海运频繁，室利佛逝以其有利的地理条件成了东西贸易的中转站。由此奠定了室利佛逝的强大和繁荣。"东自阇婆诸国，西自大食、故临（南印度小国）诸国，无不由其境（作者按：三佛齐）而入中国者。"[②] 反之亦然，"华人诣大食室兰佛齐修船，转易货物，远贾辐凑，故号最盛"。[③]

---

① 钱江：《波斯人、阿拉伯商贾、室利佛逝帝国与印尼 Belitung 海底沉船：对唐代海外贸易的观察和讨论》，载《国家航海》第一辑，上海古籍出版社，2012，第86页。
② 《岭外代答》卷2，"三佛齐"条。
③ 《萍洲可谈》卷2。

第三节　三佛齐王朝的海洋贸易与中国商人

一　三佛齐王朝与中国官方往来及其海洋贸易

（一）三佛齐王朝的盛衰

公元 7 世纪下半叶，在苏门答腊岛东南海岸以巨港地区为中心兴起了一个国家，这就是唐代史籍记载的室利佛逝王国。公元 10 世纪之后，中国史籍改称之为三佛齐国。[①] 虽然名称的前后不一，但经历史考证，三佛齐是室利佛逝的延续和继承已确证无疑。且三佛齐仍以巨港为中心，虽曾迁至占碑，但不久又迁回巨港。

室利佛逝通过海上贸易和控制贸易要道及沿线重要港口，成为海上强国。后来自爪哇的山帝王室与室利佛逝的王室联姻，和平地接替了统治权，是为三佛齐国。宋朝的周去非在《岭外代答》中记载："三佛齐国，在南海之中，诸蕃水道之要冲也。东自阇婆诸国，西自大食、故临诸国，无不由其境而入中国者。国无所产，而人习战攻，服药在身，刃不能伤。陆攻水战，奋击无前，以故邻国咸服焉。"[②] 此有夸大描述之嫌。但三佛齐在夏连特拉族统治下，健全制度，严明法律，发展了经济，使三佛齐成为海上贸易帝国，占有贸易要道马六甲海峡。它充分利用交通要道和土特产出口的区位优

---

① 廖大珂：《室利佛逝王国社会经济初探》，《南洋问题研究》1993 年第 2 期，第 1 页。

② 周去非：《岭外代答校注·三佛齐》，杨武泉校注，中华书局，1999，第 60 页。

势，同时吸收印度、中国和阿拉伯三种文化，因而发展最快、占地最宽、势力最大。

三佛齐在强盛时期，领属甚广，今印尼和马来西亚很多地区都为势力范围。因此，成书于公元 1225 年赵汝适的《诸蕃志》也说："三佛齐间于真腊、阇婆之间，管州十有五。……蓬丰（Pahang）、登牙侬（Trenngganu）、凌牙斯加（Lengkasnka，地跨马来半岛东西岸，西至吉陀、东至宋卡）、吉兰丹（Kelantan）、佛罗安（Be-ranang，在马来半岛西岸 Langat 河上）、日罗亭（Yirudingam，在马来半岛中）、潜迈（似为 Khmer 之讹释）、拔沓（疑指苏门答腊岛中的 Battak 部落）、单马令（Tambralinga，今 Ligar）、加罗希（Grahl今 Chaiga）、巴林鹅（Palembaog，又译作巴林冯）、新拖（Sunda，爪哇岛西部）、监篦（KaoPar 苏门答腊省东岸）、蓝无里（Lamuri）、抽兰（Ceylon，又译作细兰）皆其属国也。"①

正如记载所言，"国在海中，扼诸蕃舟车往来之咽喉"，遂能控制这水道要冲，便可以控制往来船舶，集散各地商品，从而掌握东南亚海上商业霸权。同时，三佛齐又是当时中西南海航线的中停站。在航海船舶靠信风行驶时代，船只在这航线上来往，经常在此停留，以待信风航行。从广州开往阿拉伯和印度的船只，一般在其领属蓝无里驻冬，然后继续前往。往阿拉伯地区的麻离拔国，"广州自中冬以后发船，乘北风行约四十日到地名蓝里（即蓝无里）……住至次冬，再乘东北风六十日顺风方到此国"。又赴印度的"故临国……广舶四十日到蓝里住冬，次年再发舶，约一月始达其国"。尤其阿拉伯地区到中国，往返费时两年，在此停留，更是非常必要。②

"大食在泉之西北，去泉州最远，番舶艰于直达。……本国所

① （宋）赵汝适：《诸蕃志校注》，"三佛齐"条，冯承钧校注，中华书局，1956。
② 转引自林家劲《两宋与三佛齐友好关系略述》，《中山大学学报》1962 年第 4 期，第101 页。

产，多运载与三佛齐贸易，贾转贩以至中国。"① 这说明三佛齐是当时东南亚以及印度、阿拉伯等地的商品集散中心。三佛齐（室利佛逝）为东西方商品的重要集散地，也可以从宋代三佛齐与我国经济上的交流得到证实。据《宋史》所载，三佛齐所"贡"方物有：水晶、火油、白金、真珠、象牙、乳香、蔷薇水、婆律、薰陆香、龙脑、万岁裘、偏桃、白砂糖、水晶指环、琉璃瓶、珊瑚树、水晶佛、锦布、梵夹经和昆仑奴等。② 赵汝适则具体地指出：（三佛齐）土地所产，玳瑁、脑子、沉香、速香、暂香、粗熟香、降真香、丁香、植香、豆落外，有真珠、乳香、蔷薇水、栀子花、腽肭脐、没药、芦荟、阿魏、木香、苏合油、象牙、珊瑚树、猫儿睛、虎拍、香布、番剑等，皆大食所产，萃于本国。③ 例如："乳香出大食之麻啰拔、施曷、奴发三国深山穷谷中。……以象辇之，至于大食，大食以舟载易，他货于三佛齐故香聚于三佛齐。""所谓三佛齐有此香者（按指金颜香），特自大食贩运至三佛齐，而商人又自三佛齐贩入中国。"④ 在商业贸易上，三佛齐实行部分产品国家垄断贸易制，"尔地多檀香、乳香以为华货，……近岁三佛齐亦榷檀香，令商就其国主售之，直增数倍。蕃民莫敢私鹰，其政亦有术也。"⑤

　　强大的海上帝国，依靠垄断性的贸易维持，需要付出极大的成本。随着新兴强国的崛起，在他们尽力争夺海上霸权的时候，一直试图垄断海洋贸易而不得人心的三佛齐帝国就受到了极大的冲击。首先，是来自爪哇的新柯沙里王国。公元 1222 年，庚安洛（Ken Angrok）推翻了谏义里王国，建立新柯沙里王国。到第五代国王格尔达纳卡拉（Kertanagara，1268 ~ 1292 年）时，王国力量迅速发

---

①　（宋）赵汝适：《诸蕃志校注》卷上，"大食国"条，冯承钧校注，中华书局，1956。
②　《宋史》卷489，三佛齐传。
③　（宋）赵汝适：《诸蕃志校注》，"三佛齐"条，冯承钧校注，中华书局，1956。
④　（宋）赵汝适：《诸蕃志校注》卷下，"大食国"条，冯承钧校注，中华书局，1956。
⑤　《萍洲可谈》卷2。

展。1275 年便派兵远征苏门答腊和马来半岛，同时又向印尼群岛的东部和西部扩张。1284 年同巴厘发生战争，俘虏了巴厘王；1289 年前后征服异他；格尔达纳卡拉对苏门答腊的远征长达十几年，大约到了 1286 年为止，原属室利佛逝的巴当哈里可流域的首都已完全被征服。三佛齐王国已处于分崩离析的境地了。[①] 由于遭到爪哇的新柯沙里和箱南河流域的速古台这两个强国的全面进攻，有的属国也乘机脱离三佛齐而独立，王国终于因完全失去对马六甲海峡和异他海峡的控制权，几百年来对海上贸易的垄断地位最后崩溃。然而，由于谏义里王族的反抗并推翻了新柯沙里的统治，格尔达纳卡拉对三佛齐的征服，只是为以后兴起的满者伯夷王国奠立了基础。[②] 无论如何，自 12 世纪后期开始，马来半岛开始摆脱三佛齐的统治而逐步独立了。[③]

与此相近的时间，泰国势力又南下控制了马来半岛，亦侵入苏门答腊。三佛齐遂完全丧失了对马六甲和异他两海峡的控制权。到公元 1292 年，当马可波罗来到苏门答腊时，该岛北部已分裂有八个王国，他们也从内部威胁着三佛齐。[④] 在公元 14 世纪，麻喏巴歇兴起于爪哇岛，给予了三佛齐以最后的致命打击。明洪武年间，根据明代档案记载，1397 年，"爪哇已破三佛齐，据其国，改其名曰旧港，三佛齐遂亡，国中大乱，爪哇亦不能尽有其地"。国势"渐致萧索，商舶鲜至其地"。[⑤]

三佛齐帝国崛起的时代，以巨港、占碑为中心港口，成为连接印度洋和西太平洋的各条航线枢纽，扼守着东西方国际贸易的咽喉。因此，各国货物在这里转运，财富在当地汇集。其国家除部分之土产外，其余皆自阿拉伯商人所携带而来，汇集于此，与世界各

① 王任叔：《印度尼西亚古代史》，中国社会科学出版社，1987，第 524 ~ 525 页。
② 桂光华：《室利佛逝王国兴衰试析》，《南洋问题研究》1992 年第 2 期，第 61 页。
③ 池鲁：《室利佛逝古国初探》，《史学月刊》1982 年第 5 期，第 69 页。
④ 池鲁：《室利佛逝古国初探》，《史学月刊》1982 年第 5 期，第 69 页。
⑤ 《明史》卷 324，"三佛齐传"。

国商人再次交易，从而实现了三佛齐的辉煌成就。但到了 12 世纪前后，三佛齐开始显露出颓势。这正是"马来西亚的历史节奏"在起作用——离心力贯穿了室利佛逝到三佛齐王朝发展的始终。自然资源随处可得，处于马六甲海峡贸易线上的地区都有可能在贸易中居于有利地位。这些因素诱使一度向室利佛逝国低头的臣属附庸渴望获得更大的独立性。一个变化的契机是南宋末年至元代（12 世纪晚期至 14 世纪中期），那种只允许以使团朝贡方式进行的贸易模式暂时宣告结束。虽然在此后的 1368 年，明太祖朱元璋又恢复了朝贡体制，禁止民间贸易。期间短暂的贸易松绑却重新造就了一些港口的兴起，比如苏门答腊岛北部的波罗甘巴和巴勒斯，因为商人们可以去到原料产地进行直接采购，而不需要先把货物汇总到像三佛齐巨港或占碑那样的贸易中心，这都对王朝的经济活动造成了威胁。[①] 帝国各岛之间的联系主要是靠各岛港口城市之间的经贸关系，一旦这种商业贸易联系的方向受外来势力的影响而改变，帝国各岛之间仅有的一点联系也就中断了。早已与帝国有异心的各藩属，倚仗外来势力乘机自立，帝国政权无法约束。公元 1497 年之后，郑和出使西洋到达苏门答腊岛，虽仍看到那里是一个繁忙的港口，只是控制者已经是来自中国的海盗头目陈祖义。

（二）三佛齐与中国的官方往来及其带动的海洋贸易

以旧港为中心的三佛齐帝国时代，是中国宋元海洋贸易强盛时期。因而，三佛齐与中国的官方往来，朝贡贸易十分频繁。

可以说，无论中国或阿拉伯的史籍，都记载了三佛齐的昌盛事迹，他的热量曾远及印度南端的注辇、锡兰和菲律宾群岛，商站遍及加里曼丹、苏拉威西、马鲁古群岛，完全控制着南洋的贸易。他的重商主义政策，正和宋朝的依赖海市契合。因此，宋朝和三佛齐

---

① 丘濂、刘畅：《穿越马六甲海峡，有船只，还有历史》，《三联生活周刊》2015 年第 30 期，http://www.dooland.com/magazine/article_710508.html。

之间存在着频繁的贸易关系。公元 1004～1085 年，三佛齐的商使来宋访问和贸易不绝于途。[1]

约在北宋初年，夏连特拉家族统治控制的三佛齐王国，加强了和中国的联系。建隆元年（960 年）九月，其王悉利胡大霞里檀遣使李遮帝来朝贡。二年（961 年）夏，又遣使蒲蔑贡方物。是冬，其王室利乌耶遣使荼野伽、副使末吒朝贡。其国号生留，王李犀林男迷日来亦遣使同至贡方物。三年（962 年）春，室利乌耶又遣使李丽林、副使李鹓末、判官吒吒壁来贡……开宝四年（971 年），遣使李何末以水晶、火油来贡。五年（972 年），又来贡。七年（974 年），又贡象牙、乳香、蔷薇水……八年（975 年），又遣使蒲陁汉等贡方物……太平兴国五年（980 年），其王夏池遣使荼龙眉来……八年（983 年），其王遐至遣使蒲押陁罗来贡水晶佛、锦布、犀牙、香药……端拱元年（988 年），遣使蒲押陁黎贡方物。[2] 咸平六年（1003 年），其王思离朱啰无尼佛麻调华遣使李家排、副使无陁李南悲来贡，且言本国建佛事以祝圣寿，愿赐名及钟。上嘉其意，诏以"承天万寿"为寺额，并铸钟以赐，……大中祥符元年（1008 年），其王思离麻啰皮遣使李眉地、副使蒲婆蓝、判官麻河勿来贡，……天禧元年（1017 年），其王霞迟苏勿吒蒲迷遣使蒲谋西等奉金字表，贡真珠、象牙、梵夹经、昆仑奴，……及还，赐其国诏书、礼物以慰奖之。天圣六年（1028 年）八月，其王室离叠华遣使蒲押陁罗歇及副使、判官亚加卢等来贡方物。……熙宁十年（1077 年），使大首领地华伽啰来，以为保顺慕化大将军，……元丰（1078～1085 年）年间，使至者再，率以白金、真珠，婆律熏陆香备万物。……二年（1079 年），赐钱六万四千缗，银一万五百两，官其使群陀毕罗为宁远将军，官陀旁亚里为保顺郎将。毕罗乞买金带、白金器物，及僧紫衣、师号、牒，皆如所请给之。五年

① 郑光耀：《中国古代对外贸易史》，广东人民出版社，1985，第 248 页。

② 温广益、蔡仁龙等编著《印度尼西亚华侨史》，海洋出版社，1985，第 19 页。

（1082 年），广州南蕃纲首以其主管国事国王之女唐字书，寄龙脑及布与提举市舶司孙迥，迥不敢受，言于朝。诏令估直输之官，悉市帛以报。元祐三年（1088 年），遣使皮袜、副使胡仙、判官地华伽啰来，入见，以金莲花贮真珠、龙脑撒殿。官皮袜为怀远将军，胡仙伽啰为郎将，伽啰还至雍丘病死，赐以绢五十匹。六年（1091 年），又以其使萨打华满为将军，副使罗悉沙文、判官悉理沙文为郎将。绍圣（1094～1098 年）中，再入贡。绍兴二十六年（1156 年），其王悉利麻霞啰陀遣使入贡。……淳熙五年（1178 年），复遣使贡方物，诏免赴阙，馆于泉州。从上述记载，可知三佛齐从宋朝建立（960 年）始，来往十分频繁。据《宋史》等有关史籍记载统计，三佛齐先后遣使到中国达 33 次。[①]

两国间官方政治往来活跃，带动了官方海洋贸易的兴盛。我们知道，宋朝上层社会消费香药食品渐为盛行，不管是公家还是私家，贵族以香药食品为盛礼："会公宴，香药别桌为盛礼，私家亦用之。"[②] 根据宋代洪刍《香谱》、赵汝适《诸蕃志》、徐松《宋会要辑稿》等资料记载，当时香药达一百多种，其中常见的有龙涎香、龙脑香、沉香、乳香、檀香、丁香、苏合香、麝香、木香、茴香、藿香等数十种。香药成为他们生活中不可缺少的消费品，香药消费也成为宋代社会经济中的一个重要消费点。[③] 他们在居室中焚香薰香，芳香宜人，消除浊秽之气，净化空气和居室环境，已成为当时上层社会一种奢侈而又雅致的消费享受。宋朝上层社会在社交聚会时，往往焚名贵香药作为待客之礼。宋朝皇帝遇有宴饮、庆典活动时，会赏赐臣下礼物，而香药往往是其中之一，以示恩宠。[④]

---

① 温广益、蔡仁龙等编著《印度尼西亚华侨史》，海洋出版社，1985，第 19～20 页。
② 戴殖《鼠璞》卷上，文渊阁四库全书本。
③ 夏时华：《宋代上层社会生活中的香药消费》，《云南社会科学》2010 年第 5 期，第 137 页。
④ 夏时华：《宋代上层社会生活中的香药消费》，《云南社会科学》2010 年第 5 期，第 138 页。

同时，宗教仪式和祭祀仪式中使用香料，数量很大。饮食中加入适量香药，可使饮料和食品气味芬芳，可刺激食欲，还可起防腐作用。甚至，有很多为我国宋朝医方中常见的药。

由此，宋朝通过与三佛齐的官方朝贡贸易，大量进口香药，从而保证社会对香药的消费需求。而宋朝进口的香料，主要来自大食、渤泥、三佛齐、阇婆、真腊、占城等国家或地区。在《宋史·食货志》中有如下记载：凡大食、古逻、阇婆、占城、渤泥、麻逸、三佛齐诸番并通货物，以金银、缗钱、铅锡、杂色帛、瓷器、市香药、犀角、珊瑚、琥珀、珠翡、镔铁、龟皮、玳瑁、玛瑙、车渠、水精、蕃布、乌木、苏木等物。[1] 据赵汝适《诸蕃志》卷下志物载：占城出沉香、速暂香、生香、寮香、象牙；真腊出沉香、速暂香、生香、康香、象牙、金颜香、笃褥香、黄熟香、苏木、白豆蔻；阇婆出沉香、檀香、丁香、降真香、白豆蔻、胡椒；渤泥出降真香、术帽；三佛齐出安息香、沉香、檀香、降真香；大食出乳香、没药、血竭、苏合油香、丁香、木香、真珠、象牙、龙涎等。宋朝初年，泉州进口的香药有：木香、槟榔、石脂、硫黄、大腹、龙脑、沉香、檀香、丁香、皮桂、胡椒、阿魏、漪萝、草澄茄、诃子、破故纸，豆蔻花、硼砂、紫矿，胡芦芭、芦会、革拨、益智子、海桐皮、缩砂、高良姜、草豆翘、桂心苗、没药、煎香、黄熟香、乌满木、降真香、琥珀。加上禁榷蕃货 8 种：术帽、象牙、犀角、镔铁、氆皮、珊瑚、玛瑙、乳香，进口蕃货达 44 种以上。[2] 南宋绍兴三年（1133 年）进口香药约 200 种。[3]

上述所载诸香料、香木的产地，遍及东南亚、南亚及西亚各地。其中，东南亚地区的真腊（柬埔寨）所产"黄蜡、犀角、孔

① （元）脱脱：《宋史》卷 186，"食货志下八·互市舶法"，第 4558～4559 页。
② 《宋会要辑稿》职官四四之一，中华书局，1957 年影印本，第 3364 页。
③ 傅宗文：《刺桐港史初探》，《海交史研究》1991 年第 2 期，第 114 页。

环苏门答腊岛的海洋贸易与华商网络

雀、苏木、大枫子、翠羽、冠于各番"。[1] 位于泰国南部北大年附近的龙牙犀角，"地产沈香冠于诸番"。[2] 而吉兰丹则"地产上等沈速香";[3] 旧港"地产黄熟香头、金颜香、木绵花，冠于诸番"。[4] 又如位于波斯湾法尔斯沿海塔黑里一带的挞吉那，"地产安息香、琉璃瓶、硼砂、栀子花尤胜他国"。[5] 这些香料皆汇聚于三佛齐的巨港，透过官方朝贡贸易形式大量出口到中国，从而满足了中国社会对香料的各种需求。由于三佛齐与中国朝贡往来十分频繁，大量的香料出口到中国，甚至出现过国库大量堆积，政府不得不作为公饷发给官员和军人的现象。

胡椒也是当时使用最多的香料之一，其产地的分布也相当广泛。《岛夷志略》中记载出产胡椒的国家和地区有：爪哇、八都马、下里、淡邈、须文那、古里佛等地。其中，以下里最为著名。下里，位于南印度马拉伯尔海岸的科钦附近，"地产胡椒，冠于诸番，不可胜计。椒木满山，蔓衍如藤萝，冬花而夏实，民采而蒸曝，以干为度。……他番之有胡椒者，皆此国流波之余也"。[6] 唐代主要用作药物，仅在"胡盘肉食"时才用来调味。大历十二年（777年）宰相元载因诸子关通货贿被赐死，"籍其家，钟乳五百两，……胡椒至八百石，他物称是"。从此很长一段时期，"胡椒八百石"成为一个描述奢侈富有的传统说法。[7] 而胡椒在中国由珍品变为平常之物则是郑和远洋航行所促成的改变。

三佛齐，作为扼守水道要冲，控制往来船舶，集散各地商品，掌握东南亚海上商业霸权，成为东南亚区域内各地香料的汇聚中

---

① （元）汪大渊：《岛夷志略》，"真腊"条，苏继顷校释，第70页。
② （元）汪大渊：《岛夷志略》，"龙牙犀角"条，苏继顷校释，第181页。
③ （元）汪大渊：《岛夷志略》，"吉兰丹"条，苏继顷校释，第99页。
④ （元）汪大渊：《岛夷志略》，"真腊"条，苏继顷校释，第187页。
⑤ （元）汪大渊：《岛夷志略》，"挞吉那"条，苏继顷校释，第305页。
⑥ （元）汪大渊：《岛夷志略》，"下里"条，苏继顷校释，第267页。
⑦ 转引自田汝康《中国帆船贸易和对外关系史论集》，浙江人民出版社，1987，第115~116页。

心。而其与中国维持极为密切与友好的关系。两国之间，"礼尚往来"，还通过"朝贡"关系进行物资与文化方面的交流。故而大量的香料通过朝贡贸易进入中国，满足了宋代及明代的社会需求。这种进贡和赠赐关系实际上是封建社会里两个国家之间的宫廷贸易关系，是当时对外贸易的一个组成部分和特殊形式。许多随船而来的"贡使"和"番客"也打着"进献方物"的招牌来中国做生意。它是早期中国与东南亚海洋贸易的重要组成部分。公元 10~14 世纪，中国市场作为一个整体，是主导中国东南海上交通迅速发展的最重要力量。而三佛齐（室利佛逝）独有的制海权也使其保持在国际海上贸易的地区优势：将东南亚、印度、中东的产品提供给中国市场，同时将中国和东南亚的商品供给印度洋国家。三佛齐对宋朝的朝贡正是因应这种需要，从而也促使它对于中国任何政治上的变动都十分敏感。在满足中国市场需求的过程中，三佛齐与中国各主要港口，尤其是与广州的联系，成为其中重要的因素，当然还有其居住在中国的代理。不过，自 1028 年以后，由于与爪哇的一系列战争对商业发展的制约，三佛齐向中国派出的官方使节明显减少，以至于停滞。①

海洋贸易既是三佛齐王国的经济基础，也是王国繁荣强盛的主要来源。三佛齐时代以巨港为中心的海洋贸易不仅大大超过唐代，而且商品种类也大为增多。通过"朝贡贸易"，三佛齐的统治者可以本国土产换取其所需的中国商品。而且与中国的官方朝贡贸易，既收获了经济实惠，又获得中国授予的权威，双重效益从而成就了其海上商业霸权。《广州重修天庆观记》的记载印证了双方官方贸易的密切。"治平（1064~1067 年）中，有三佛齐地主都首领地华伽罗遣亲人至罗罗押舶到此，见斯观瓦解"便出资重建，至 1079年才完工。这些都证明三佛齐同中国的经济联系是密切的。

---

① 杨芹：《王添顺〈10~14 世纪中国与马来地区的贸易和外交〉评介》，载《海洋史研究》第四辑，社会科学文献出版社，2012，第 279~283 页。

当然，良好的官方互动，也带动双方民间贸易的盛行。早在五代十国时期，据有福建七州的闽国（897～948年）在王审知的治理下（897～925年），促使文化和经济原来较为落后的福建开始有所发展。他开辟海港（甘棠港），奖励海外贸易，招徕外国商贾，使福州成为当时对外贸易的大商港。他还派人到当时控制着中印之间海上交通要道（马六甲海峡和克拉地峡）的三佛齐国进行贸易。此事对以后福建开展对外贸易和福建商人到东南亚、特别是到苏门答腊和爪哇等处进行贸易，有一定的影响。另据《龙溪县志》的记载，"南唐保大（943～957年）中，有三佛齐国将军李某以香货诣本州易钱，营造普贤院，手书法堂梁上"，足可见当时三佛齐与我国的贸易关系是密切的。① 《宋史》记载："（太平兴国五年）三佛齐国蕃商李甫海乘舶载香药、犀角、象牙至海口，会风势不便，飘船六十日至潮州，其香药悉送广州。雍熙二年（985年），舶主金花茶以方物来献。"② 所谓蕃商、舶主当非国家的使节，必为三佛齐的商贾。三佛齐曾多次遣使向宋廷贡献乳香、水晶、犀象、火油等物。中国皇帝则赐予丝绸、瓷器等名优手工制品。

到了明代早期，三佛齐与我国的交往关系仍是继续。《明史》"三佛齐传"有如下记载："洪武三年（1370年），太祖遣行人赵述诏谕其国。明年（1371年），其王马哈剌札八剌卜遣使奉命金叶表，随入贡黑熊、火鸡、孔雀、五色鹦鹉、诸香、芯布、兜罗被诸物。诏赐大统历及锦绮有差。户部言其货舶至泉州，宜征税，命勿征。六年（1373年），王怛麻沙那阿者遣使朝贡，……七年（1374年），王麻那哈宝林遣使来贡。八年（1375年）正月复贡。九月，王僧伽烈宇兰遣使，随诏谕拂林国朝使入贡。九年（1376年），怛麻沙那阿者卒，子麻那者巫里嗣。明年（1377年）遣使贡犀牛、黑熊、火鸡、白喉、红绿鹦鹉、龟筒及丁香、米脑诸物。……时爪

① 温广益、蔡仁龙等编著《印度尼西亚华侨史》，海洋出版社，1985，第16～17页。
② 《明史》卷324，"三佛齐传"。

哇强，已威服三佛齐而役属之，……其国益衰，贡使遂绝。"从上述记载可知，朱元璋建立明朝后的第三年（1370 年）即派使者到三佛齐，从此两国之间恢复了友好的交往关系。但这种交完关系刚开始不到七年，就因为麻喏巴歇于 1377 年对三佛齐发动进攻而中断了。三佛齐被麻喏巴歇攻破后，故王徙居占碑，此后我国史籍便改成三佛齐为旧港，所以三佛齐从此不再与我国发生交往关系。①

既然三佛齐扼南海航道的要冲，来往于南海的航线无不经其境，又是船舶的停留点，更是南海各地物产的汇集地、货物集散的中心。同时宋代，北方边患无穷，陆路与中亚的贸易来往中断，尤其南宋，苟安于东南，北方的国土尽丧，财政收入受了很大限制，于是为了弥补财政的不足，对南海的贸易非常重视，从中攫取一部分金钱，所谓"东南之利，舶商居其一"。南海等地所出产的香料等特产，又是当时统治阶级非常需要的；三佛齐国以及到其国来贸易的印度阿拉伯等地的商人，又非常需要中国所出产的陶瓷、丝绸、银线等物。且宋朝时对外国使节的来往和贸易给予很多便利和优待，保护他们的正当贸易权益，并在沿海地区，如广州、明州、泉州、杭州等地设市舶司接待。这就必然带来宋朝与三佛齐关系的密切化。② 元朝时期，三佛齐与中国有着持续的往来，到明朝则逐渐丧失其霸主地位，巨港为中心的海洋贸易盛景不再，其与中国的互动也逐渐减少，为后崛起之王朝所取代。

二　三佛齐王朝与中国的民间海洋贸易

中国与印尼苏门答腊岛所属三佛齐之间的海洋贸易，虽然官方性质的海洋贸易，即市舶贸易或称朝贡贸易一直占据主导地位。但因良好的官方往来，以及宋元时期对海洋贸易的鼓励，民间商业贸

① 温广益、蔡仁龙等编著《印度尼西亚华侨史》，海洋出版社，1985，第 29 页。
② 林家劲：《两宋与三佛齐友好关系略述》，《中山大学学报》1962 年第 4 期，第 102 页。

易活动在规模、品种数量和频次上也不逊于官方经贸往来。由此更能反映出两国之间的密切关系。尤其是在两国统治阶层有良好的接触后，贸易的安全性和稳定性得到了保障，民间海洋贸易更是呈现爆发式增长。

1. 三佛齐与中国的民间海洋贸易

宋朝时特别是宋廷南渡之后，与印尼古代诸国的商贸关系，在隋唐的基础上得到进一步发展。首先，双方高层人物对此都很重视，宋朝时由于北方大陆"丝绸之路"受辽夏金元之阻，因而积极拓展东南海上商路。对外贸易的重点，已由过去的陆路转为海路。赵氏王朝鼓励对外互市贸易，并设立市舶司作为常设机构，专门人员管理对外贸易事务，负责征收关税。宋廷还制定政策，欢迎外国商人来华贸易，鼓励国人外出经商。其次，南宋时期，我国政治经济中心逐步南移，沿海各省得到迅速开发，瓷业、纺织业特别发达。城市繁荣，商业亦十分兴隆。此时，泉州对外贸易的发展势头超过广州。当时我国已拥有世界一流、外国无与伦比的航海技术和造船工艺、指南浮针应用在航海上，解决了远航的定向问题。此时我国已能造出长达十余丈、宽二丈、装有多根桅杆和摇橹，可载货数百吨、载人数百的大型海船。中国商船从广州出发，顺风而下，二十多天可达三佛齐，一个月左右即抵阇婆。这样，减少了远航风险，缩短了往返时间，为对外贸易发展提供了更为有利的条件。[①]

因而，宋朝时期，中国与三佛齐的贸易航线，也大为拓展。从广州或泉州出发，利用东北信风，月余航抵凌牙门（今林加），进入苏门答腊的詹毕（占碑）。南宋时期，泉州已经成为东南亚地区最大的出海门户。1274年成书记载临安繁华的《梦粱录》一书说："若欲船泛外国买卖，则自泉州便可出洋。"[②] 泉州前往东南亚的航

① 马冠武：《论华商在宋钱流入印尼古代诸国中的作用》，《广西金融研究》2004年增刊，第53~54页。
② 吴自牧：《梦粱录》卷12。

线大致有三条：

（一）泉州—中南半岛航线。中南半岛是东南亚的大陆部分，位于泉州西南。船只沿海岸航行，可以到达沿岸的所有国家。第一站是交趾"舟行十余程抵占城国"，再到"接占城之南"的真腊。[①]14世纪中期以前，今日泰国也在真腊版图之内；继到马来半岛上的单马令、凌牙斯加、佛罗安等；绕过半岛南端之后，经马六甲海峡北上，可到东南亚最西部、今日缅甸境内的蒲甘。

（二）泉州—印尼群岛航线。东南亚南部是今印尼群岛，位于泉州的西南方向。宋元时期，印尼群岛上主要有三个国家：以苏门答腊岛东南部为中心的三佛齐，爪哇岛上的阇婆，加里曼丹岛上的渤泥。从泉州起航，沿半岛航线经占城真腊，向南到三佛齐，从三佛齐东到阇婆到渤泥。如明洪武三年（1370年）的张敬之、沈秩出使，从泉州先"抵阇婆，又逾月至其国"。[②]

（三）泉州—菲律宾群岛航线。菲律宾群岛位于泉州的东南方向，离泉州最近。从泉州经澎湖、琉球，抵菲律宾群岛的麻里鲁（今吕宋岛）、麻逸（今民多洛）、三屿（今巴拉望等岛），从此向南，也可到达渤泥。根据《岛夷志略》记载的大致顺序，元代汪大渊从泉州附近远航，头一段就是采取这条航线的。[③]

有了这些优越的航海条件，所以中国海舶自广州去莆家龙、自泉州往爪哇都"一月可到"；自广州去三佛齐更"半月可到"。这种交通上的便利，更是促进了两国间的贸易。中国沿海一带出海贸易者，应当不少，尤其是广州和泉州等对外贸易的主要地区。作为南海贸易的中心的三佛齐，往者必更众。宋代屡申私人出海贸易之禁就是很好的说明。

《异域志》上卷载，爪哇长期都和中国"为商往来不绝"。《岛

① （宋）赵汝适：《诸蕃志校注》卷上，"大食国"条，冯承钧校注，中华书局，1956。
② 《明史》卷325，"渤泥传"。
③ 周中坚：《南海熙熙五百年——古代泉州港兴盛时期与东南亚的往来》，《南洋问题研究》1993年第2期，第12~13页。

环苏门答腊岛的海洋贸易与华商网络

夷志略》记载当时中国商船由泉州吴宅港开赴古里地闷（今帝汶岛）的盛况云："发舶梢众，百有余人，到彼贸易"；又同书文老古（今马鲁古）条载："每岁望唐舶贩其地的"心情，"往往以五梅鸡雏出，必唐舶一只来；二鸡雏出，必有二只；以此占之，如响斯应。"① 商贸往来，带来大量中国商品，如丝绸纸品、瓷器、金银器皿大量输入其国，这些物品不但是丰富了其物质的享用，而且作为其国交易的媒介，"番商兴贩（指三佛齐国商人），用金银、瓷器、锦绫、缬绢、糖、铁等博易"。而三佛齐出产的香药和土产，有脑子、沉速、暂香、粗熟香、降真香、丁香、檀香、豆蔻等，而从大食、印度运来的货物，如珍珠、乳香、蔷薇露、栀子花、腽肭脐、没药、芦荟、阿魏、木香、苏合香油、象牙、珊瑚树、猫儿睛、琥珀、番布、番剑等，也皆于此汇集，复运我国广州、泉州。② 值得注意的是，《诸蕃志》列举三佛齐从国外进口的商品中，除了金银和瓷器等手工业品之外，还有大米。而中国其他的记载也提到宋代时中国商船载运大盈的大米，"贩入诸蕃"，由此推测很可能中国出口的大米大部分是销往三佛齐的。③

两国之间的海洋贸易交易，除以货易货之外，宋代亦以金银、铜钱来支付，尤以铜钱为多，因此铜钱也在三佛齐流通。特别值得关注的是赵氏王朝还赠送不少钱币。仅元丰二年（1079 年）一次就赐予铜钱六万四千缗、银一万五百两。④ 当时钱币的输入，为其国所通行使用。因三佛齐无钱币之铸，明黄省曾指出："其交易用中国历代钱。"元代殆无铸钱事，所用历代中国钱多数必为宋钱。⑤ 两宋时期，中国铜钱大量外流，东南亚是一个重要的外流方向，通

---

① （元）汪大渊：《岛夷志略》，"文老古"，中华书局，1981，第 204 页。
② 郑光耀：《中国古代对外贸易史》，广东人民出版社，1985，第 249 页。
③ 廖大珂：《室利佛逝王国社会经济初探》，《南洋问题研究》1993 年第 2 期，第 7 页。
④ 马冠武：《论华商在宋钱流入印尼古代诸国中的作用》，《广西金融研究》2004 年增刊，第 53 页。
⑤ 转引自林家劲《两宋与三佛齐友好关系略述》，《中山大学学报》1962 年第 4 期，第 105 页。

过使节、贸易等途径流入印尼尤多。《宋会要辑稿·刑法》载："入著者非铜钱不往，而著货亦非铜钱不售。"[1] 故中国产铜钱成为了宋代"海上丝绸之路"商贸活动的重要媒介。《宋史》卷一八六《食货志下》记载："凡大食、古逻、阇婆、占城、勃泥、麻逸、三佛齐诸蕃，并通货易。"明代航海家马欢在《瀛涯胜览》一书中说："爪哇国者，古名阇婆国也。"又说："番人殷富者甚多，买卖交易行使中国历代铜钱。"旧港（今印尼苏门答腊东南部之巨港），"即古名三佛齐国是也。……市中交易亦使中国铜钱"。[2] 马欢虽然是明代人，但是其记载历代中国铜钱在当时印尼国内皆有用之，是中国铜钱很早就进入印尼市场的重要佐证。印尼的近代考古发掘也进一步证明了中国铜钱在当地的流通，并且主要是在海上贸易发达的两宋时期。印尼华侨史专家林天佑指出："在爪哇、苏门答腊、巴厘诸岛发现的中国铜钱，除少量是唐代的开元通宝钱以外，大部分为宋代铜钱。"[3]

自 10 世纪早期开始，随着爪哇人口上升，亚洲贸易的繁荣对爪哇商业交易的运行影响日益加剧，货币使用领域不断扩大，小额货币稀缺。最初解决的方法是在市场上就地铸造小额银币，然而成色不稳定和尺寸太小都给交易带来不便。10 世纪之后，从中国进口钱币成为一个可靠的对策。9~11 世纪爪哇财政向货币税制的转变，以及北宋铸币规模的扩张，中国铜币渐渐成为此间贸易的大宗货物之一。[4] 到南宋，中国钱币铸额下降，铜钱仍是香料贸易理想的支付手段。赵汝适说：阇婆"此番胡椒萃聚，商舶利倍徒之获，潜载铜钱博换，朝廷屡行禁止兴贩，番商诡计，易其名曰苏吉丹"，[5] 大

① 徐松：《宋会要辑稿·刑法》，中华书局，1957，第 144 页。
② （明）马欢：《瀛涯胜览校注》，冯承钧校注，中华书局，1955，第 105 页。
③ 〔印尼〕林天佑：《三宝垄历史——自三保时代至华人公馆的撤销》，李学民、陈巽华译，暨南大学华侨研究所，1984，第 126 页。
④ 李昊：《十世纪爪哇海上的世界舞台——对井里汶沉船上金属物资的观察》，《故宫博物院院刊》2007 年第 6 期，第 86 页。
⑤ 赵汝适：《诸蕃志校释》，"婆国"，杨博文校释，中华书局，2000，第 55 页。

量的铜钱外流，引发当时中国的货币短缺。虽然政府采取措施制止，但民间贸易需要，私自运抵东南亚的数额仍是可观。显然政府也无法制止。

特别要指出的是，中国和印尼古代诸国之间物品的优势互补，为双方贸易往来增添了更大的活力。不仅在三佛齐，而且当地商人用中国物品博易，属三佛齐管辖的阇婆，番商兴贩，亦"用夹杂金银及金银器皿、五色缬绢、皂绫、川芎、白芷、朱砂、绿矾、白矾、鹏砂、砒霜、漆器、铁鼎、青白瓷器交易。据说在中国商人运到印尼古国的商品中，除了丝绸、瓷器、铜钱之外，川芎和朱砂也大受欢迎"。因为这个万岛之国，盛产胡椒，而"采椒之人，为辛气薰迫，多患头痛，饵川芎可愈；蛮妇搽抹及妇人染指甲、衣帛之属，多用朱砂。故番商兴贩，率以二物为货。"而华商则在这里"博买苏木、白锡、长白藤"，"香药、犀象、珊瑚、胡椒、丁香等物。这些当地特产贩运回国之后，也很受欢迎。其中部分商品还辗转运到我国北方，进入辽、夏辖区之内。这种互补、互动、互利的异国贸易，不仅使中国和印尼商人受益良多，而且也使两国间的商贸关系持久不衰"。[①]

印尼苏门答腊岛所属三佛齐王朝特殊的位置，众多海岛的国土构成使其成为了"海上丝绸之路"中重要的中转站，是欧洲、南亚、西亚等地与中国货物交流和贸易的集散地。据统计，在广州市舶贸易中，贸易量最大的是阿拉伯，其次是苏门答腊岛和爪哇岛，而阿拉伯船只前往中国都需在三佛齐境内港口中转和补给。因此，"海上丝绸之路"的繁荣使得三佛齐王国与唐宋王朝的交往从质和量上较以往历史时期都有很大的提高。[②] 长期贸易的结果，促进了两国社会生产力的发展，丰富了人民的经济生活。例如，福建、浙

① 马冠武：《论华商在宋钱流入印尼古代诸国中的作用》，《广西金融研究》2004年增刊，第54页。

② 廖国一、郭健新：《从出土出水文物看唐宋时期中国对印尼的影响》，《广西师范大学学报》（哲学社会科学版）2015年第4期，第4页。

江瓷业的大发展，显然同元代泉州、温州等港口贸易的繁盛有关；丝绸对印尼等国的畅销，使元代丝织业扩大了规模，并且从印尼输入的苏木紫矿中，获得了重要的染料，提高了丝织品的质量；印尼进口的硫黄，是元代制造火器必需的原料。当然，双方贸易的往来，印尼受益更为显著。德克尔阐述说：与中国等的贸易收获极大，许多爪哇后裔发了财，它使商港发达，航业进步，经营方法改进，土产业、冶炼业、雕刻业等都很发达，关税收入益多，国富日增。[①]

2. 三佛齐王朝辖域的华商与华人

由于三佛齐是当时中国与印度、阿拉伯交通线上的重要停泊处，同时又是东南亚各地产品的集散地，国际贸易的一个中心，因此中国商人到三佛齐的占碑、巨港贸易频繁，定居当地亦不少。

作为南海交通中心和贸易总汇的三佛齐，经商获利丰厚，吸引很多泉州商人前往。如宋人洪迈所撰《夷坚志甲志》卷7"岛上妇人"条曾记载："泉州僧本俺说，其表兄为海贾，欲往三佛齐。……落焦上，一舟尽溺，此人独得一木，浮水二日，漂至一岛。……一日叙步至海际。适有舟底岸，亦泉人以风羡至者，仍以相识。"[②] 这也是当时有商人往三佛齐经商的例证。又如南宋绍兴八年（1138年）立的福建莆田祥应庙碑记载，12世纪，泉州纲首朱纺舟往三佛齐国，……"舟行迅速，无有艰阻，往返不期年，获利百倍，前后之贾于外蕃者，未尝有是确。"[③]

到南宋时期，中国商人到印尼苏门答腊岛所属三佛齐帝国进行贸易的，比起北宋时期又更为活跃。我们可以从一些记载中看到南宋时不仅中国出境经商的人群不断增加，而且还出现了一些巨商，如"温州张愿""泉州杨客"等。从事外贸活动的不仅有商贾、船

① 江醒东：《元代中国与印度尼西亚的关系》，《学术研究》1986年第2期，第72页。
② 洪迈：《夷坚甲志》卷7。
③ 《一座道观，藏住半部莆田史》，《莆田晚报》2016年10月11日。

主、纲首，而且还有某些"任官"。他们"以钱附纲首商旅，过番买物"，或"以公侯之贵，牟商贾之利"；"发舶舟、招蕃贾、贸易宝货、糜费金钱"。绍兴年间，就有官员揭露泉广等市舶司"遣舟载钱"，参与对外贸易。大将军张俊参与海外经商，谋取暴利更是一个典型的例子。其中有些华商和入籍我国的外商在发展中国与印尼商贸关系和友好往来中亦发挥了重要的作用。① 泉州海商从事香料贸易。泉州杨客，为海贾十余年，致费二万万。绍兴十年（1140年）运抵杭州的沉香、龙脑、珠垂珍异，纳于土库中，他香布、苏木不减十余万缗，皆委之库外。② 公元 992 年，福建建溪富商毛旭率领着一个朝贡使团从阇婆国（位于今爪哇岛）远航而来，之所以如此，皆因毛旭经常前往爪哇贸易，与该国统治者私交甚笃。③ 公元 14 世纪 30 年代，汪大渊附舶泛海，与闽南商人一行航抵古里地闷（今帝汶岛），于当地获悉昔日泉州曾有一吴姓家族率乡族百余人，曾发舶前来该港埠贸易。④

到公元 13 世纪下半期，马可波罗经过苏岛亚齐时，发现那里和马六甲之间的中国商船往来频繁。14 世纪上半叶，阿拉伯旅行家巴梭塔在科利库特发现中国海船多艘，他并乘搭其中一艘去苏门答腊。麻喏巴歇哈奄·务禄时代的宫廷诗人波罗班撰写的史诗《爪哇赞》说："瞻部洲（印度）、中国、阇埔寨……诸国，侨士游客、商贾、沙门……至此如归，舟舶继路。"⑤ 由此，根据符勒克的《印度尼西亚史》记载，13 世纪末，在印尼群岛，尤其是环苏门答腊岛一带，已经有若干确切中国人村落的最早报道。同时根据印尼的史料说："蒙军远征那一年，即 1298 年，在勿里洞也开始有中国

---

① 马冠武：《论华商在宋钱流入印尼古代诸国中的作用》，《广西金融研究》2004 年增刊，第 54 页。
② （宋）洪迈：《夷坚丁志》卷 6，"泉州杨客"，第 2 册，中华书局，1981，第 589 页。
③ 转引自钱江《古代亚洲的海洋贸易与闽南商人》，亚平、路熙佳译，《海交史研究》2011 年第 2 期，第 3 页。
④ （元）汪大渊：《岛夷志略校释》，苏继庼校译，中华书局，1981，第 209 页。
⑤ 〔法〕费琅：《苏门答腊古国考》，冯承钧译，中华书局，1955，第 115 页。

人的村落。"①

　　至于邦加、巴厘诸岛及苏门答腊北部等地，中国史册上也确有一些记载。据周去非《岭外代答》卷三"大食诸国"条的记载，中国商人还与苏门答腊西北角的蓝无里发生贸易关系："广州自中冬以后，发船乘北风行，约四十日到地名蓝里，博买苏木、白锡、长白藤"。② 但是这些地方和中国之间似乎没有密切的接触。而加里曼丹则有过具体的发现。元明之际，据"苏禄王室世系书"的记载，公元 1375 年（洪武八年）有中国人黄森屏率众移居渤泥（表示为加里曼丹或文莱）："黄森到渤泥之时，携带中国人甚多，盖奉王命采龙珠而来者。……黄有女嫁与渤泥苏丹阿哈密（Akhemed）为妻，生一女，赘一亚剌伯人为婿，是为苏丹布克（Berkat）。"关于黄森屏，有人以为可能"一则本为海盗，为官军所逼，思向海外拓展一片地"，"二则本为官军，犯法畏罪，惧而率众遁于海外，苟延生命"。③ 但不管怎样，可见元末明初，已有不少中国人移居加里曼丹的西北部。

　　1972 年德国汉学家傅吾康教授在文莱发现的宋代中文墓碑，为宋代泉州渤泥关系研究增添了极有价值的史料。这是东南亚至今发现的年代最早的中文碑刻。其碑文曰："有宋泉州判院蒲公之墓景定甲子男应甲立。"④ 判院，指知州或通判（助理州事）。这位曾做过宋代泉州知州或通判的蒲公，出使或者移居渤泥并殁于该地，南宋理宗景定甲子（景定五年，公元 1264 年）其子为他树立墓碑。⑤ 蒲公是谁，20 世纪 80 年代发现的《西山杂志》手抄残本记载：沧岑之东有蒲厝，隔江与铺中相望焉。宋绍定间，有进士蒲宗

① 〔印尼〕甫榕·沙勒：《在荷兰东印度公司以前居住印度尼西亚的中国人》，廖崐殿译，《南洋问题资料译丛》1957 年第 2 期，第 85 页。
② 转引自温广益、蔡仁龙等编著《印度尼西亚华侨史》，海洋出版社，1985，第 18 页。
③ 温雄飞：《南洋华侨通史》，上海东方印书馆，1929，第 64~66 页。
④ 傅吾康、陈铁凡：《最近在文莱发现的一块公元 1264 年的中文墓碑的初步报告》，温广益译，《泉州文史》1986 年第 9 期，第 150~154 页。
⑤ 庄为矶：《文莱国宋墓考释》，《华侨华人历史研究》1991 年第 1 期，第 35~37 页。

闽，司温陵通判，后升都察院。端平丙申，奉使安南；嘉熙二年，奉使占城，淳祐七年，再使渤泥，后卒于官也。其子有三人焉；长子应，次子甲，三子烈也。应从之渤泥也，甲司占城西洋转运使，大食、波斯、狮子之邦，蛮人喜之皆托曰："蒲氏。"盖自五代留从效使蒲华子、蒲有良之占城司西洋转运使，波斯人焉，咸喜蒲为号矣。故自宋元以来，泉郡之蒲氏名于天南也。蒲厝宋末背叛蒲寿庚，航海居菲，一曰麻逸国，一曰蒲端国也。[①] 此碑都说明：南宋时期泉州与渤泥的关系已经发展到十分熟稔的程度，即已有包括曾任过泉州知州或通判一类的地方最高官员在内的泉州人侨居彼处。明朝初朝，泉州与渤泥的官方往来一直持续到永乐年间。[②]

由此，大约在元末明初的 14 世纪下半期，定居于苏门答腊及其周边一带的华侨已有不少。据《明史》"三佛齐传"记载："时爪哇已破三佛齐，据其国，改其名曰旧港，三佛齐遂亡。国中大乱，爪哇亦不能尽有其地，华人流域者往往起而据之。有梁道明者，广州南海县人，久居其国。闽、粤军民泛海从之者数千家。"麻喏巴歇攻破三佛齐首都是在公元 1377 年（明洪武十年），可见在这以前移居巨港一带的华侨已达"数千家"。三佛齐为爪哇所攻破后，华商再到这里贸易时，看到该国昔日精华已尽，新都又已不在该处，所以称之为旧港。旧港以后又称巨港，那是闽南语的发音"旧"与"巨"相同的缘故。[③]

三佛齐被攻破后，国中大乱，先后为广东南海华人梁道明，施进卿所据，闽粤军民从者数千家。张琏则占据西爪哇，其领域成为各蕃的要会。[④] 无论是明太祖还是明成祖，都视啸聚一方的华商集

---

① 转引自陆芸《明初我国与东南亚的伊斯兰联系》，《广西社会科学》2005 年第 8 期，第 87～88 页。

② 周中坚：《南海熙熙五百年——古代泉州港兴盛时期与东南亚的往来》，《南洋问题研究》1993 年第 2 期，第 15 页。

③ 温广益、蔡仁龙等编著《印度尼西亚华侨史》，海洋出版社，1985，第 57～58 页。

④ 郑和祥：《南暹和吉兰丹古今纵横谈》，孝恩杂志网，http://www.xiao－en.org/cultural/magazine.asp？cat＝34&loc＝zh－cn&id＝557。

团为眼中钉肉中刺，必欲拔之而后快。洪武年间，明朝政府就谕旨威胁善待华商的三佛齐（南苏门答腊）国王："三佛齐诸国，背大恩而失君臣之礼，据有一丛之土，欲与中国抗衡。倘皇上震怒，使一偏将将十万众，越海问罪，如覆手耳，何不思之甚乎！……或能改过从善，则与诸咸礼遇之如初，勿自疑也。"① 明永乐初年，曾指挥孙铉出使南洋，遇梁道明儿子及二奴，遂将其挟持回国。到明朝郑和下西洋的时候，当时三佛齐国已经解体，巨港无主，祖籍潮州的陈祖义和他的海盗集团在这里劫掠过往商船，祸害一方。郑和的海军在这里生擒了陈祖义并带回京中斩首。② 而继承陈祖义担任旧港中国人首领的人，则是由中国皇帝指派的施进卿。而当 1405 年郑和访问爪哇以后，自 1407 年始，在旧港便逐渐建立起华人回教社区，反映华人、华商已经在该地持久而广泛的生存了。③

环苏门答腊岛的海洋贸易与华商网络

---

① 《明太祖实录》卷 254，第 8408 页。
② 丘濂、刘畅：《穿越马六甲海峡，有船只，还有历史》，《三联生活周刊》2015 年第 30 期，http://www.dooland.com/magazine/article_710508.html。
③ 郑一钧、蒋铁民：《郑和下西洋时期伊斯兰文化的传播对海上丝绸之路的贡献》，《中国海洋大学学报》（社会科学版）1997 年第 2 期，第 8~12 页。

第四节　满者伯夷王朝时代的海洋贸易、华商活动与华人移民

满者伯夷，又名麻喏巴歇，13 世纪兴起于烟波浩渺中的南洋群岛。它是印尼古代史上的黄金时代。麻喏巴歇的开国君主以一村镇为基地，逐步建立起一个帝国，继三佛齐之后，再一次统一了全印尼。满者伯夷是后殖民时期之前存在于印度尼西亚的最强大国家，它经常被视作印度尼西亚共和国的先驱。[①]

一　满者伯夷王朝 (1293–1528 年) 概况

满者伯夷 (Majapahit) 是 13 世纪末兴起的东爪哇王国，创立者罗登·必查耶 (Raden Widjaja)。1350～1389 年哈奄·武禄 (Haiam Wuruk) 统治时期，在首相卡查·马达 (Gaja Mada) 的筹划下建立中央集权，大力发展海军，拓展领土，囊括了现在印尼的大部分地区，成为印尼古代史上一个最为强盛的封建王朝。[②]

满者伯夷源自古代爪哇岛的诃陵国。诃陵原是一个海上大国。从一开始，他就是广州（或交趾）与南印度（或锡兰岛）之间的

[①] 〔澳〕史蒂文·德拉克雷：《印度尼西亚史》，郭子林译，商务印书馆，2009，第 17 页。

[②] 聂德宁：《明朝与满者伯夷王朝的交往关系》，《南洋问题研究》1992 年第 3 期，第 91 页。

一个重要泊所。义净曾描述说，有一位高僧乘坐着一艘"载物既重"的商舶从中国前往诃陵。但在公元666年以后，有整整一个世纪未见提到诃陵与中国的关系。当然，这一长期中断首先与室利佛逝的兴起在时间上相符。显然也和夏连特拉家族的势力向中爪哇扩展相一致。此后，诃陵的势力迅即恢复，公元767年，他两次向中国遣使，其后便开始对安南和占婆的沿海地区进行了一系列袭击，一直持续到8世纪末。公元820以后，诃陵（其后中国人称之为阇婆）似乎又恢复了他在中爪哇的势力，并维持着与中国的贸易关系。可是由于波斯与阿拉伯居间商所采取的航线日益重要，因而上述这些关系相形见绌。中国史料提到诃陵时，称之为"南中洲至最大者"，可他不在主航线上，而是"室利佛逝东水行四五日至诃陵国"。阿拉伯人史料也表明，阇婆不在通往中国的主航道上。西方居间商已经来此居留，结果使诃陵国的南海贸易受到损害。①

中国文献称"阇婆国"，即诃陵国，是从内地农业社会的基础上发展起来的爪哇王国。各种铭文给人的印象是大多数人口居住在各种农业聚落而不是城市中。在营建了宏大的佛教圣地婆罗浮屠和印度教布兰班南神庙之后，10世纪的爪哇政治中心开始向东部沿海迁移，并一直持续到13~14世纪的亚洲贸易高峰。而7世纪在苏门答腊以巨港为地区中心兴起的室利佛逝（904年之后中国文献称为三佛齐）王国是爪哇的近邻。室利佛逝先后征服了苏门答腊、马来半岛的克拉地峡和爪哇西部，发展成东南亚的海上强国。8~9世纪两个国家和平友好地共存，宗教往来频繁，并可能联姻。良好关系的一个原因是两国经济互补，爪哇立国于稻作农业，而室利佛逝依靠国际贸易和相关的经济活动。② 历史上，阇婆国与我国的交往

① 〔新加坡〕王赓武：《南海贸易与南洋华人》，姚楠编译，香港：中华书局，1988，第140~141页。
② 李昊：《十世纪爪哇海上的世界舞台——对井里汶沉船上金属物资的观察》，《故宫博物院刊》2007年第6期，第82页。

远不如三佛齐频繁，仅在公元 10 世纪末和 12 世纪初，两次遣使来中国，其原因，可能有海上交通较三佛齐不便利，但主要是由于国内政局较为动荡所致。原来统治三佛齐的夏连特拉家族曾一度征服中爪哇，并迫使诃陵王族避居于东爪哇。公元 907 年，诃陵王族的后裔巴里栋（Balitung）乘夏连特拉衰微之际，返回中爪哇，并据而有之，建立马打兰王国。[①]

到了公元 928 年，马打兰的统治者辛铎（Sindok），将首都从中爪哇迁移到东爪哇，从此，爪哇的政治和经济中心，便由西部和中部转移到东部。马打兰传位至达尔玛旺夏（Shri Dharmmawang-sha，991～1007 年，《宋史·阇婆列传》作"穆罗茶"）时，开始重视与中国的外交关系。公元 992 年，马打兰派遣使者到中国，并想借此促进两国之间的贸易关系。但是不久马打兰为了争夺海上霸权，对三佛齐发动进攻。公元 1006 年，三佛齐进行报复，派兵攻打东爪哇。摧毁了马打兰的首都，达尔玛旺夏也在此役中阵亡（1007 年）。公元 1023 年，三佛齐受到注辇国的袭击和掠夺，国势大衰，马打兰的后裔艾尔郎卡（Airlangga）便趁机收复失地，统一了东爪哇。艾尔郎卡到了晚年（1048 年）将王国分为两部分，一个叫戎牙路（Janggala），一个叫谏义里（Kediri），分属两个王子所有。不久戎牙路为谏义里所吞并，于是印尼群岛上出现东西对立的两个大国，东部为谏义里所控制，西部仍为三佛齐所控制。[②]

谏义里王国逐渐在 12 世纪晚期和 13 世纪变成了一个强大国家，曾一度控制了西南加里曼丹、巴厘岛和南苏拉威西的主要港口。完成这些事情后，他在哥打拉夜建立了一个新的首都，并将其命名为新柯沙利（新加沙里），这个名称也变成了国家的名字。1292

---

① 温广益、蔡仁龙等编著《印度尼西亚华侨史》，海洋出版社，1985，第 21 页。
② 温广益、蔡仁龙等编著《印度尼西亚华侨史》，海洋出版社，1985，第 21 页。

年，满者伯夷即是从新加沙利国出现。[①] 谏义里到了公元 1109 年才遣使与中国联系。所以《宋史》所指的阇婆，实际上是指领有东爪哇地区的马打兰、谏义里和以后的新柯沙里（公元 1222 年谏义里为庚安洛所推翻，建立了新柯沙里），而到了元朝则改称为"爪哇"。[②] 到了 12 世纪末，满者伯夷兴起的前一个世纪，据说爪哇的"富盛"已经胜过室利佛逝，在与中国有通商关系的"诸蕃"国中，仅次于大食（阿拉伯）而列第二位了。[③]

公元 1331 年，位于爪哇岛上的满者伯夷王朝开始向外扩张，逐步征服了马都拉岛、巴厘岛，势力范围扩展到巴布亚新几内亚。这样满者伯夷就控制了马都拉群岛的香料，然后将爪哇岛出产的稻米换取香料，再运送到马来半岛出售，获得了丰厚的利润。[④] 在哈奄·务录执政的鼎盛时期，他不仅把整个印尼统一管辖起来，而且把势力扩展到马来半岛等地，版图包括苏门答腊、大小巽他群岛、马鲁古群岛、伊里安岛西部以至马来半岛南部。与暹罗、缅甸、柬埔寨、占城、越南、中国、印度的一些地区保持友好的通商关系。

满者伯夷国王比加亚（也被称作克尔塔拉加萨）在满者伯夷建立了他的新首都。满者伯夷位于布兰塔斯河平原，比他的主要先驱马打兰王国的地理位置更优越，更接近海岸，这样更能控制贸易，并借以从贸易中吸取财富。[⑤] 因此，满者伯夷借由贸易迅速地强盛起来。意大利芳济各会的鄂多立克 1326 年前后到了爪哇，他说：爪哇"是现存岛子中第二个最佳者。……此岛的国王有一座堪称奇

① 〔澳〕史蒂文·德拉克雷：《印度尼西亚史》，郭子林译，商务印书馆，2009，第 17 页。
② 温广益、蔡仁龙等编著《印度尼西亚华侨史》，海洋出版社，1985，第 21 页。
③ 池齐：《论麻喏巴歇的兴盛》，《铁道师院学报》（社会科学版）1985 年第 1 期，第 11 页。
④ 丘濂、刘畅：《穿越马六甲海峡，有船只，还有历史》，《三联生活周刊》2015 年第 30 期，http://www.dooland.com/magazine/article_710508.html。
⑤ 〔澳〕史蒂文·德拉克雷：《印度尼西亚史》，郭子林译，商务印书馆，2009，第 17 页。

环苏门答腊岛的海洋贸易与华商网络

异的宫殿。……这座宫殿比今日世上所有的宫殿都富丽堂皇。"在印尼古籍《纳加拉克塔加马》的作者笔下，当时都城红砖、绿草，树影婆娑，大路两旁排列着美丽的建筑。宫内殿宇楼阁甚多，学者、高僧不时云集那里讨论他们的学说。到15世纪初，据明人的记载，满者伯夷王宫"方三十余里""以砖为培，高三丈余，周围约有二百余步，其内设重门。甚整洁。房屋如楼起造，高每三四丈，即布以板，铺细藤维，或花草席，人于其上盘膝而坐。屋上用硬木板为瓦，破缝而盖"。① 由此可见王朝的富足和奢侈。

而在满者伯夷王国最为强盛的时期（1400年前后），"通往稻米平原的北部海岸，诸如扎巴拉、杜板、锦石、洒水，都是船只汇集之地，商业繁荣，远近商人都来此贸易，从爪哇本岛运来的货物，有万丹的胡椒，马都拉的盐，巴兰邦安（Balambanhan）的椰油；从其他东部较小岛屿运来的货物有马鲁古群岛的丁香、豆蔻，小巽他群岛的檀香，松巴洼和巴厘的棉布；从加里曼丹运来的物品有古戴（Kutai）的宝石和马辰的鱼干；从帝汶和旧港运来的物品有蜂蜜和蜂蜡，从苏门答腊岛运来的物品有犀角和象牙，从吉打和霹雳运来的物品有锡和铅；从假里马打（Karimata）群岛运来的物品是铁。而中国人则从更远的地方运来瓷器、玉石和绸缎。从遥远阿拉伯来的船只则运来印度的粗细棉布、波斯的宝石和钻石。当时货币是稀少的，但满者伯夷的主要物产稻米，却可以既当商品又当货币，故商人们不致于被货币稀少而造成的货价低落所吓跑"。② 正因为当时爪哇是为海外诸国的一大贸易中心，使得其国王有人力、物力，能源源不断地派遣船只运载方物前来明朝进行通贡贸易。爪哇之所以成为下西洋大舵宝船的必趋之地，"各国番到此货卖"，③

---

① 池齐：《论麻喏巴歇的兴盛》，《铁道师院学报》（社会科学版）1985年第1期，第13页。
② Furnivall, *Netherlands India: A Study of Plural Economy* (Combridge University Press, 1994), p. 9.
③ 罗曰聚：《咸宾录》卷6，"爪哇"。

亦能够为郑和提供充足的物资需求。这也深刻体现了王国中心城市海洋贸易的繁荣。

事物的存在往往都有着两面性。海洋贸易的存在是满者伯夷帝国强大的理由，但也正是对海洋贸易的重视而试图对此完全垄断。因而，这也是导致其衰败乃至灭亡的缘由。满者伯夷所处的地理位置正是太平洋文明与印度洋文明联系的通道，自古以来也是沟通中国和印度两大文明国家的海上必经之地。处于东西方交往的中介地位决定了帝国境内所属岛屿港口城市的外向性，它们是为过境贸易服务的，而不是为内地或内部生产服务的，这些港口城市一方面往往被作为商旅运输的货物转运地，另一方面又成为过客们的商品供应和后勤补给的基地，商品则是提供给群岛以外各国的。这就决定了这些港口城市相对于满者伯夷帝国来说经济联系与依赖的方向，是外向辐射的，而不是向心的。① 由此，满者伯夷对过境商品征收着较高的赋税，港湾的城市愈来愈富裕，其结果是王国政府对外岛的剥削和对港口城市的掠夺亦越来越严苛，使外岛的分离倾向加强，城市的反抗意识不断增长，帝国分裂不可避免。

学者称公元 14 ~ 15 世纪的满者伯夷政治上是"过渡形态的国家"，国家政权结构具有不稳定性。随着帝国的发展，各种矛盾就产生了。当这些矛盾纷纷展开的时候，也就是帝国走向衰败的开始。② 因为内战致命地削弱了满者伯夷对属国的控制。帝国鼎盛时期的国王哈奄·务禄（Hayan Wuruk，1350 ~ 1389 年在位）死后，为争夺王位，王族内部在 1401 ~ 1406 年发生了内战。由于爪哇东、西二王的连年内战，极大地削弱了满者伯夷王朝对其属地属国的控制能力，由此而为一个新国家马六甲的兴起开辟了道路。新兴的满剌加（马六甲）王国，以其国王是为旧港王族后裔之故，假借朝命向满者伯夷索还旧港故地。为此，明成祖曾向满者伯夷国王明确表示

---

① 林泉：《麻喏巴歇帝国衰亡原因浅析》，《东南亚纵横》1996 年第 3 期，第 9 页。

② 林泉：《麻喏巴歇帝国衰亡原因浅析》，《东南亚纵横》1996 年第 3 期，第 9 页。

支持其对旧港的宗主权，并专门赐玺书一函："前内官吴宾等还，言王恭事朝廷，礼待敕使，有加无替。比闻王以满剌加国索旧港故地而怀疑惧，朕推诚待人，若果许之，必有敕谕。今赐王文绮、纱罗，至可领也。"①

邻国政治势力的介入则构成了帝国瓦解的现实冲击。当时满者伯夷最大的威胁来自暹罗。暹罗阿瑜陀耶王朝的领土向南扩展到马来半岛北部，与占领了马来半岛南部正向北部扩张的满者伯夷发生了直接的冲突，其结果则是暹罗势力的南下和马六甲的兴起，满者伯夷大片土地的丧失。到 15 世纪中叶，满者伯夷在苏门答腊北部一带的属地丧失殆尽。② 到永乐十五年（1417 年）苏禄国三国并朝中国，永乐皇帝"礼之若满剌加，寻并封为国王"，苏禄也就脱离了满者伯夷。彭亨、吉兰丹、南巫里、加异勒、黎代、哑鲁、碟里等纷纷遣使来华，随后纷纷独立，改变了他们对满者伯夷的藩属地位。③ 到 1527 年，以淡目王国为核心的爪哇北部伊斯兰教诸侯王国彻底消灭了满者伯夷王朝，标志着爪哇岛的全部伊斯兰化。④ 可以说伊斯兰势力给了落日西沉的满者伯夷王朝最后一击。它的灭亡标志着曾一度辉煌的满者伯夷帝国的最后消失。

二 满者伯夷王朝与中国的海洋贸易以及华商活动

1. 与中国的官方联系

在满者伯夷兴盛的过程中，中国对它一直持友好的态度，乃至支持它的统一事业。这是满者伯夷兴盛的重要外部条件，一个不可缺少的国际因素。成宗元贞元年（1295 年）九月，满者伯夷派使者来中国访问并赠送礼物，两国的关系从此恢复了正常化，并且日

---

① （明）张燮：《东西洋考》卷 11，"艺文考"，谢方校注，中华书局，2000。
② 林泉：《麻喏巴歇帝国衰亡原因浅析》，《东南亚纵横》1996 年第 3 期，第 10 页。
③ 林泉：《麻喏巴歇帝国衰亡原因浅析》，《东南亚纵横》1996 年第 3 期，第 10 页。
④ 孔远志：《伊斯兰教在印尼》，《东南亚研究》1993 年 1、2 期合刊，第 105 页。

益走上友好发展的道路。①

　　元世祖建国初期，在消灭南宋的同时，就十分注意对外的海上贸易，并沿袭宋代的海外贸易制度。至元十四年（1277年）元军占领浙江、福建之后，便在泉州、庆元（今宁波）、上海、澉浦（浙江海盐县之南）设置市舶司4所。并于至元十五年（1278年）命令中书左丞唆都、蒲寿庚诏谕南海（即东南亚诸国），以求恢复海上贸易。② 在元世祖建国初期，爪哇的新柯沙里国王同元朝本来建立了朝贡贸易关系。但因1289年元世祖遣使孟淇出使爪哇，诏谕入贡，触怒了当时的国王格尔达纳卡拉，遂有1292年元朝发兵2万及海舰1000艘远征爪哇的战事。1293年，新柯沙里国王的女婿拉登·威查雅建立了满者伯夷王国（又译作门遮巴逸、麻喏巴歇）尽管满者伯夷王国是在反抗元军入侵的斗争中建立起来的，但在对元朝的外交和贸易关系上采取了积极和务实的策略。1297～1363年，满者伯夷王国先后8次遣使元朝通好，体现了双方友好往来始终是两国交往关系的主流。回顾历史，元朝自1293年侵入爪哇以后，再没有发动对这个国家的远征。尽管两国官方的关系是冷淡的，但是私人贸易、民间仍往来不断。中国旅行家汪大渊客观友好地记述了该国的情况，即是其例。

　　如果说宋朝时期与我国关系维持密切的是三佛齐的话，那么，到了明朝已为爪哇（满者伯夷）所代替。因为三佛齐不久（公元1377年）为满者伯夷所灭，而满者伯夷此时成为了东南亚的强国。③ 公元1368年，新兴明王朝建立以后，立即着手与满者伯夷展开了一系列邦交和贸易往来。双方都采取主动，两国官方的联系就很快密切起来了。

　　明朝朱元璋统一中国后，即主动派吴用、颜宗鲁和赵述先后出

① 江醒东：《元代中国与印度尼西亚的关系》，《学术研究》1986年第2期，第70页。
② 宋濂等：《元史》卷10，《世祖本纪》，中华书局，1976，第204页。
③ 温广益、蔡仁龙等编著《印度尼西亚华侨史》，海洋出版社，1985，第26页。

使满者伯夷、三佛齐、渤泥等国。这些国家也曾在明洪武二年（1369年）遣使入贡至福建，时值元亡明兴，爪哇使臣一行因而入居明都南京。为此，明太祖朱元璋特遣使护送满者伯夷臣回爪哇，并赐爪哇国王玺书一函，书曰："朕奉天命已主中国，恐遐迩未闻，故专报王知之。使者已行，闻王国人捏只某丁，前奉使于元，还至福建而元亡，因来居京师。朕念久离爪哇，必深怀念。今遣人送还，颁去《大统历》一本。王知正朔所在，必能奉若天道，俾爪哇之民安于生理，王亦永保禄位，福及子孙"。[①] 翌年（1370年，洪武三年）九月，满者伯夷国王昔里八达剌蒲即遣使奉金叶表前来明朝贡献方物，明廷为之宴赉如札。洪武十三年（1380年），朱元璋给爪哇的国书中说："圣人之治天下，四海内外，皆为赤子，所以广一视同仁之心，……尔邦僻居海岛，顷尝遣使中国，……朕皆推诚以礼待焉。"[②] 明成祖朱棣即位后，又先后主动派闻良辅、尹庆和郑和等出使满者伯夷和须文达那、那孤儿、南渤利和阿鲁等国。特别是1403年，遣使访问朝鲜、琉球、安南、占城、真腊、暹罗、爪哇、苏门答腊诸国，以示"怀柔"，并于同年恢复了洪武年间曾被废除的广州、泉州、宁波三市舶司，1405年又设置三处迎宾馆，对于朝贡者所携带的物品也予以放宽，更是在1405～1433年，派遣郑和七下西洋。[③] 且郑和的七次出使活动，几乎每次都访问爪哇和苏门答腊，把15世纪上半叶（1405～1433年）中国与印尼群岛各王国之间的交往关系推向高潮。[④]

满者伯夷王朝对于明朝一再维护其对旧港拥有宗主权的地位深表谢忱，屡次遣使明朝，"谢恩贡方物"，并予明朝下西洋诸国的使臣部卒以极大的协助和关照。其时，明朝下西洋使臣所率领的随行

---

① （明）张燮：《东西洋考》卷11，"艺文考"，谢方校注，中华书局，2000。
② 《明太祖实录》卷134。
③ 李学民、黄昆章：《印尼华侨史》（古代至1949年），广东高等教育出版社，2005，第47～49页。
④ 温广益、蔡仁龙等编著《印度尼西亚华侨史》，海洋出版社，1985，第31页。

人员，"有遭风飘至班卒儿（Baros）国者，爪哇人班珍闻之，用金赎还，归之王所。（永乐）十六年（1418年），王遣使朝贡，因送还诸卒。帝嘉之，赐救奖王，并优赐班珍。自是朝贡使臣，大率每岁一至"。鉴于满者伯夷王朝在当时海外诸国具有举足轻重的地位，及其与明朝长期保持着密切的邦交关系，明朝还极为重视发挥满者伯夷王国在沟通明朝与海外诸国往来关系中的作用。[①] 正统元年（1436年）明英宗将"古里、苏门答腊、锡兰山、柯枝、天方、加异勒、阿丹、忽鲁漠斯、祖法儿、甘巴里、真腊"等国来朝的使臣，偕同爪哇使臣郭信回国，并赐救爪哇国王，书曰："王自我先朝修职勿怠，联今用，复遣使来朝，意诚具悉。"宣德年间（1426~1435年）"有古里等十一国来贡，今因王使者归，令诸使同往，王其加意抚恤，分遣还国，付联怀远之忧"。[②] 由此可见，明朝对满者伯夷王国的重视和信赖。

当然，满者伯夷政府也很注意发展两国的关系。在一段时间内，满者伯夷来中国的使者比较多，一年一次、隔年一次或数年一次，也有一年数次的。洪武三十年后，该国一度分东西两国，东、西王也各自分别遣使来华。据《明史》的不完全记载，从洪武二年（1369年）到弘治十二年（1499年），满者伯夷使者来华约四十余次，每次使者人数多少不一，有多达139人的（如正统五年）。[③] 由于官方的朝贡贸易有助于贸易往来。因此，满者伯夷王国每次派遣前来明朝入贡的使臣，都携带了大量的贡献方物、附搭货物以及众多的客商，以期从通贡贸易中获取最大的利益。如洪武十四年（1381年）爪哇国"遣使贡黑奴三百人及他方物。明年（洪武十五年，1382年）又贡黑奴偏女百人，大珠八颗，胡椒七万五千斤"。[④]

---

① 聂德宁：《明朝与满者伯夷王朝的交往关系》，《南洋问题研究》1992年第3期，第93页。
② 《明史》卷324，"爪哇传"。
③ 《明史》卷324，"爪哇传"。
④ 《明太祖实录》卷134，洪武十三年十月丁丑。

而我国已先后派遣吴用和颜宗鲁、常克敬、闻良辅和宁善、郑和、吴宾、郭信等访问过爪哇。由于爪哇遣使与我国交往过密,加重了两国负担,到正统八年(1443年),明英宗甚至不得不接受广东参政张琰的建议,规定"海外诸邦""三年一贡"。[1]

在出使中虽然出于自卫曾发生过武装冲突,但和满者伯夷一直是和平交往的。当时,马六甲(满剌加)反对满者伯夷占领旧港(巨港)统一印尼,曾"矫朝命索之,"满者伯夷国王产生疑惧。明王朝政府支持满者伯夷的统一政策,没有答应马六甲的要求,并致书满者伯夷政府表明态度。"如果没有中国的支持,满者伯夷统一全印尼的事业,是会遭受挫折的。"[2] 瑕不掩瑜,无论怎样,中国与满者伯夷历史上的友好往来是中印尼友好关系的友好见证,是双方海洋互动的真实写照。

长期的海洋贸易垄断,不断地军事冲突,以及周边势力的虎视眈眈,满者伯夷帝国四分五裂,由盛而衰,势所难免。自16世纪以来,印尼群岛上先后建立了许多大大小小的信奉伊斯兰教的王国。其残余势力于1520年左右为第一个信奉伊斯兰教的王国——淡目(Demak)所推翻。正当印尼国内四分五裂出现许多王国还来不及统一之时,处在资本主义萌芽和发展时期的西欧各国,为了掠夺当时欧洲市场获利最大的商品——香料,先是葡萄牙、西班牙,后是荷兰、英国等,将其势力逐渐扩张到东南亚。从此,中国和印尼之间长期形成的友好关系,由于西方的进入而中断了。[3]

2. 华商参与的海洋贸易

满者伯夷强盛之期间,时值中国元、明时代。而元朝中国海外贸易十分兴盛,海洋技术大为提高。中国的航海技术,宋元时代大

---

① 温广益、蔡仁龙等编著《印度尼西亚华侨史》,海洋出版社,1985,第28页。
② 转引自池齐《论麻喏巴歇的兴盛》,《铁道师院学报》(社会科学版)1985年第1期,第15页。
③ 温广益、蔡仁龙等编著《印度尼西亚华侨史》,海洋出版社,1985,第28~29页。

有进步,泉州、广州已能制造先进的大舶,又能利用罗盘针指导航海。据元末伊本·巴都他所记,"华船之钩造、设备、载量,皆冠绝千古。"① 自郑和下西洋以后,"华人皆习知海夷金宝之饶,夷人来贡亦知我海道"。② 如此才有了明朝郑和七下西洋的成功。这一系列事件的促成,华人、华商在苏门答腊岛及其周边地域的活动十分频繁,定居群体也逐渐扩大。

元朝政府没有明文禁止私营舶商从事海上贸易,而只规定凡是自行造船出海贸易的商人,其船只、人员、货物均须经过市舶司审核批准,发给许可证,才能出行。客观上有利于民间商人出洋贸易。因此,华人大量出洋。可以说,终元一代,它都是中国的重要通商国家之一。中国商船经常开往印尼,其通商规模据汪大渊的《岛夷志略》等书记载,包括了苏门答腊、爪哇、小異他、渤泥和马鲁古群岛,几乎遍及整个印尼。③ 13世纪下半期,马可波罗也在亚齐发现过中国商船的足迹。

在满者伯夷王国统治下的印尼是一个"千岛之国",由于海岛地区辽阔和热带气候关系,自然物产(如各种香料、药物、宝物、食品、珍禽等)十分丰富,可以大量提供出口。在两国都拥有充足的出口物资的基础上,双方的通商贸易就更容易繁荣起来。中国和印尼在这一时期的贸易货物,在《元史·食货志》、《岛夷志略》和印尼德克尔的《印尼历史大纲》等书中都有或详或略的记载,概括起来有:中国主要输出吉布、丝织品、铁器、铜器、陶瓷、药材、伞……印尼输入的除了供贵族享用的珠宝珍品,如珠现、犀角、象牙、敢塔、珊瑚等外,更多的是一般生活物品,如米、藤器、木器、木棉、苏木、胡椒以及能治病的各种香药等。④ 马欢的

① 〔日〕桑原骘藏:《蒲寿庚考》,陈裕菁译,中华书局,1929,第100页。
② (明)郑晓:《皇明四夷考》卷上。
③ 〔日〕桑原骘藏:《蒲寿庚考》,陈裕菁译,中华书局,1929,第100页。
④ 江醒东:《元代中国与印度尼西亚的关系》,《学术研究》1986年第2期,第72页。

《瀛涯胜览》记载了郑和下西洋时在爪哇的贸易活动，说爪哇："国人最喜欢中国青花磁（瓷）器、麝香、锁金纤丝、烧珠之类，则用铜钱买易。"[1]

长期贸易的结果，促进了两国社会生产力的发展，丰富了人民的经济生活。例如，福建、浙江瓷业的大发展，显然就是因元朝泉州、温州等对外海洋贸易的繁盛有关。丝绸对印尼等国的畅销，使元朝丝织业扩大了规模，并且从印尼输入的苏木紫矿中，获得了重要的染料，提高了丝织品的质量。由于中国印尼之间的贸易，许多爪哇王的后裔做了财主，贵族也做了商人，航业进步，经营方面得到新的方法。许多人经营土产，输出到中国，使中国爪哇两方面得到利益。[2] 国家关税收入益多，国富日增。

而明朝与满者伯夷王朝官方间的朝贡贸易持续经营的同时，两国间的民间贸易往来也有日渐兴盛之势。尽管明朝建立伊始，为了确保官方对海外贸易的垄断以及出于海防安全的考虑，实行了海禁政策，严禁民间海商出海通番贸易，然而民间海商违禁下海通番的贸易活动仍时有发生。如前面所提到的爪哇杜板、新村、苏鲁马益等港口，以及苏门答腊的巨港等地，在洪武、永乐年间就聚居了成千上万违禁出海通番贸易的中国商人。[3] 在爪哇国派遣前来明朝的贡使中，就有不少是那些违禁出海通番的中国商人担任的。

如正统三年（1438 年）前来明朝入贡的爪哇使臣通事亚烈、马用良、殷南、文旦等人，"皆福建漳州龙溪县人"。他们趁入贡明朝之机，还至家乡"祭祖造祠堂"，而后"仍回本国（爪哇）"。[4]这些充作爪哇贡使的中国商人，往往招集海外客，附搭大量私货前来明朝，从对明朝的通贡贸易中大获其利，以致违禁出海通番遁逃

---

① （明）马欢：《瀛涯胜览》，"爪哇国"条。
② 〔印尼〕吴世璜：《印尼史话》，椰城世界出版社，1951，第 84 页。
③ 《明孝宗实录》卷 172，弘治十四年三月壬子。
④ 《明英宗实录》卷 43，正统三年六月已未。

在外的民间海商日益增多。甚至还有纠众出海，集体"叛附"番国的事件发生。如正统九年（1444年），广东潮州边海之民，"纠诱傍郡亡赖五十五人，下海通货爪哇'，因而叛附爪哇者二十五人"。[①] 这些违禁出海的中国商人一旦到达后，便不能归，不得不留于海外，大多"冒滥名色，假为通事"，借海外诸国入贡吸朝之名，"专贸中国之货，以擅外番之利"。[②] 因此，当他们作为使夷贡臣前来明朝时，又往往结交沿海地方豪门巨贾，进行私相交易。在成化元年（1465年）就有"爪哇国遣使梁文宣入贡方物，泊至广东广海卫，有段镇者，常泛海为奸利，识文宣，因诱出其附余货物乾没之，且导其船泊潮州港"。[③]

除了借朝贡之机，以附搭货物与边海之民私相交易之外，违禁下海通番的中国商人，还时常纠引海外诸国商人前来中国互市贸易。1501年，"江西信丰县民李招贴与邑人李廷芳、福建人周程等，私往海外诸番贸易，至爪哇国诱其国人哽亦宿等赍番物来广东市之。哽亦宿父八谛乌相者，其国头目也，招贴又令其子诱之，得爪哇勘合底薄故纸，藏之以备缓急"。[④]

中国商人前往满者伯夷互通有无，亦利于满者百夷经济的发展。所以得到该国上下的欢迎。"华船将至，有酋来问船主。送橘一笼、小雨伞二柄。酋驰信报王。比到港，用果币送。王立华人四人为财副，番财副二人，各书记，华人谙夷语为通事，船各一人。其贸易，王置二涧城外设立铺舍，……王日征其税。"[⑤] 巨大的商业利润诱惑，以及满者伯夷对华商的重视，促使许多滞留海外不能归国的华商，逐渐四散而定居下来。

---

① 《明英宗实录》卷113，"正统九年二月己亥"。
② 《明史》卷323，"琉球传"。
③ 《明宪宗实录》卷19，"成化元年七月甲申"。
④ 《明孝宗实录》卷172，"弘治十四年三月壬子"。
⑤ 《东西洋考》卷3，"爪哇（上港）"。

3. 迁徙散居的华人移民

据莱佛士《爪哇记》记载，大约在公元 950 年左右，已有中国人移居爪哇的记录。而 P. A. 杜尔《印度尼西亚的华侨》一书记载，中国人早在 11 世纪上半期的艾尔郎卡时期就已经定居在厨闽和乌戎卡鲁一带了。从以上史实来看，我们认为唐末至宋时，苏门答腊巨港一带和爪哇东部沿海已有华侨定居。① 据《元史·食货志》"市舶"条的记载，大约在至元三十年（1293 年），朝廷曾下令"凡金银铜铁男女，并不需要私贩入蕃"。这可能是由于国内受工业制品不能抵补从海外进口的香料、珠翠、犀角和象牙等贵族所需要的奢侈品，只好用金银甚至男女交换所引起的。所谓"男女"，大概是女婢和破产流亡的农民。由朝廷下令不许私贩男女入蕃，说明这一事态颇为严重，在禁令之前肯定已有不少人口外流，而禁令之后估计也不可能立即刹住，这大概也是中国人移居东南亚的一个原因。② 中国于 1292 年派遣两万名讨伐军远征爪哇。由于这次远征（1292 年元朝忽必烈政权派军队远征爪哇）的结果，使在爪哇的中国人成分加强了，从此以后，就更加频繁地有人提到中国人在爪哇的固定居留地了。③

到 14 世纪，位于苏门答腊岛东北部的旧港，已成为当时中国商人的一个聚居地。先是洪武年间（1368~1398 年）广东南海县人梁道明"雄视一方"；其后又有广东人陈祖义等全家逃于此处。再有明朝施进卿任旧港宣慰司，负责侨民事务，体现了明朝对满者伯夷拥有对旧港行使宗主权的尊重，同时也间接证明当时巨港有着一定数目的华侨华人定居该地。

除定居外，也有许多久居海外的华人申请回国。爪哇使臣洪茂

① 温广益、蔡仁龙等编著《印度尼西亚华侨史》，海洋出版社，1985，第 56 页。
② 温广益、蔡仁龙等编著《印度尼西亚华侨史》，海洋出版社，1985，第 57 页。
③ 〔英〕W. J. 凯特：《中国人在荷属东印度的经济地位》（序），黄文端、王云翔译，《南洋问题资料译丛》1963 年第 3 期，第 4 页。

仔，原籍福建龙溪，因出海捕鱼被楼寇虏惊，后来逃脱到爪哇，正统元年（1436年）来朝贡时，要求回乡复业，明英宗随即同意，并命令有关部门给予脚力、口粮，送他回家乡。爪哇通事良殷亦是原籍龙溪，因捕鱼飘风到爪哇，正统三年（1438年）来朝贡时，随带家属要求还乡定居，明英宗亦予以同意并准许他保留冠带，在家闲住。① 如成化十三年（1477年）由暹罗派来朝贡的使者谢文彬就说过："外国使臣多非本国夷人，皆中国士人为之。"②

如前所述，在北宋时期已有许多中国人到三佛齐经商。南宋灭亡时，已有福建、广东等地华人移居印尼。元代，福建、广东的居民继续移居印尼。到了明代，移居印尼的华人更是增多。据郑和下西洋随行人员马欢的记载，当时爪哇有四大贸易港口，依次为杜板、新村（锦石）、苏鲁马益（泗水）、漳姑。杜板为爪哇第一大海港城市，"此处约千余家，以二头目为主，其间多有中国广东及漳州人流居此地，鸡羊鱼菜甚贱。海滩有一小池，甘淡可饮，曰是圣水"。这应是郑和大艅宝船驶抵爪哇的第一站，于此补充食物、淡水，以供继续航行之用。自杜板东行半日驶抵爪哇的第二大港新村，"番名革儿昔，原系沙滩之地，盖因中国人来此创居，遂名新村，至今村主广东人也，约有千余家。各处番人多到此买卖，其金子诸般宝石一应番货多有卖者，民甚殷富"。郑和大艅宝船至此显然是为了采办各种诸番货物。自新村南行二十余里，即抵达爪哇的第三大港口苏鲁马益，"番名苏儿把牙，其港口流出淡水。自此大船难进，用小船行二十余里始至其他。亦有村主，掌管番人千余家其间亦有中国人"。这里是江海汇聚之处，大艅宝船难以直达，须分艅次前往买卖。自苏鲁马益，"小船行七八十里到埠头名漳姑，登岸投西南行一日半，到满者伯夷，即王之居处也。"漳姑是爪哇

①　李金明：《明代海外朝贡贸易中的华籍使者》，《南洋问题研究》1986年第4期，第114页。
②　不著撰人：《九朝谈纂》，"宪宗成化"。

的内河港口，扼于布兰塔斯河之要冲，凡是那条河流域两岸的物品都汇集到这里来，再运到海岸各港口去，这里也是明朝使者出入满者伯夷国都的必经之地。[①]

透过皮雷士留下的那本著名的《东方诸国记》（*The Suma Oriental of Tomes Pires*），我们亦可获悉，16 世纪初，在爪哇岛北部沿海地区聚居着大批来自中国、阿拉伯、波斯、古吉拉特和孟加拉等国的穆斯林商人。当地居民还告诉葡萄牙人，说爪哇人与中国人之间曾一度是亲戚关系。早在马六甲王国建立前，中国商人就已经常来爪哇与当地居民交易。而且，皮雷士在爪哇也遇见了许多包括华人在内的外国商贾的混血儿后裔，这些富裕的外国商贾混血儿正控制着当地的对外贸易。[②]

此外，早期定居于印尼的华人对开辟当地贸易港口，繁荣当地经济方面也起过积极作用。很显然，锦石是华侨所开辟的贸易港口，并逐渐发展成为国际贸易城镇。至于华侨对厨闽的开辟并使之发展成为东爪哇的一个国际贸易城镇则更早，P. A. 杜尔的《印度尼西亚的华侨》一书有如下记载："杜板这个属于艾尔郎卡王朝的港口，在 1037 年得到胜利以后，因为和华侨建立亲切的关系而成为一个商业的大城市。这里的华侨为了促进和发展商业建立了特区。艾尔郎卡王朝为了对建设这个繁荣的城市的华侨表示谢意，便把这个港口以华语杜板或打板（Tapan）命名，同时还给予他们各种权利以促进国际贸易。这个港口的命名，现在还可以从当地的石刻得到证实。不仅是杜板这个国际贸易商港的繁荣和发展与华侨所作贡献分不开，就是艾尔郎卡其他的商港，如位于布兰达斯河口的乌戎卡鲁商港的繁荣，也是和华侨的贡献分不开的。"[③]

---

① 聂德宁：《明朝与满者伯夷王朝的交往关系》，《南洋问题研究》1992 年第 3 期，第 95 页。

② Armando Cortesno, *The Suma Oriental of Tomes Pires：An Account of the East，From the Red Sea to Japan*（London：the Hakluyt Society，1944），pp. 174，179，181－182.

③ 转引自温广益、蔡仁龙等编著《印度尼西亚华侨史》，海洋出版社，1985，第 64～65 页。

华人定居下来后，纷纷建起了自己的社会组织，既试图将建立起与家乡的某种联系，也在不断地融入当地。"自郑和下西洋后，华人纷纷加入伊斯兰教，信徒逐渐扩大，并于1411年，分别在安哥、安卓尔、室里汶、杜板、锦石（即革儿昔）、惹班及爪哇其他地方，回教堂纷纷建立起来。"[①] 为此，信徒哈吉颜英裕（Hadji Gan Eng Tju）还于1423年被文德庆抽调到爪哇来管理当地的华人穆斯林社区。按照《三宝垄纪年》的解释，是因为杜板当时已成为爪哇内陆满者伯夷王国的主要入海港埠，而满者伯夷王国当时是东南亚首屈一指的大国。于是，"在某种程度上，颜英裕俨然成为明朝皇帝和中国政府在爪哇的总领事，控制着南洋南部地区各国，包括爪哇、旧港和三发等地在内的所有华人穆斯林社区"。而对满者伯夷王国来说，颜英裕则是杜板地方的"华人穆斯林甲必丹"（Kapten Tjina Islam）。其时，"由于明朝皇帝控制着南洋各国的海上交通。因此，哈吉颜英裕事实上又成为了杜板港埠的港务长（Kepala Pelabuhan pula di Tuban）"。作为满者伯夷王国海外贸易活动的实际掌权者，颜英裕当时还负有从杜板港为满者伯夷朝廷采购并提供外国商品的重任。由于颜英裕为朝廷服务兢兢业业，深得满者伯夷王国的女王 Raja Suhita（1429~1447年在位）的欢心，遂授予他"阿隶亚"（Ayra）的贵族头衔。[②] 就此意义上说，颜英裕是15世纪初满者伯夷王室认可的第一位获颁爪哇王室贵族头衔的华人。

"到16世纪，东南亚还有一批福建人，他们的先辈在更早的时期就离开了福建，他们因此而保留着伊斯兰教信仰，并定居在不同

环苏门答腊岛的海洋贸易与华商网络

---

① 郑一钧、蒋铁民：《郑和下西洋时期伊斯兰文化的传播对海上丝绸之路的贡献》，《中国海洋大学学报》（社会科学版）1997年第2期，第8~12页。

② H. J. de Graaf and Th. G. Th. Pigeaud, *Chinese Muslims in Java in the 15th and 16th Centuries*, pp. 15-16. 根据帕林敦安附加的编者注，满者伯夷女王颁授给颜英裕贵族头衔的全称为"Aria Teja"，转引自钱江《从马来文〈三宝垄纪年〉与〈井里汶纪年〉看郑和下西洋与印尼华人穆斯林社会》，《华侨华人历史研究》2005年第3期，第10页。

的港埠，尤其是聚居在爪哇岛的北岸。在马六甲沦陷后数年，据说这些第三代及第四代的中国穆斯林曾支持土著军队将葡萄牙人从其新建立的据点中驱逐出去。"①

总而言之，13～16世纪初，亚洲海洋贸易的持续发展和扩大。新兴的满者伯夷成为"1500年以前东南亚海岛地区各帝国中最后也是最大的一个"。它不仅有力地控制了东爪哇和中爪哇，而且对加里曼丹也有着不同程度的统治，与香料产地更加接近，②从而成功地控制了香料的中转贸易。据载，爪哇的香料商人不啻国王的贸易代理商。③他们将香料集中到满者伯夷的国际性都市甫拔特，然后在这里将其销售给各地商人。《爪哇史颂》记载说：在甫拔特，有大量外国客商居留，并有很多社区，其中以中国人和印度人的社区最为突出。甫拔特的集市是一个广场，三面由高大而华丽的建筑环绕，其上镶嵌有取材于印度史诗《摩诃婆罗多》场景的雕刻。来自印度、中国以及柬埔寨、越南和泰国等东南亚大陆国家的贸易商云集于此，与满者伯夷君王的代理商开展贸易，这里是满者伯夷境内香料和其他物品与来自中国、印度及部分西方国家的物品进行交易的地方；每年在国际商贾到来时，满者伯夷都要举行盛大的制呾罗新年庆典。④

繁盛的贸易，源自满者伯夷与中国元、明政府的友好关系。这既是双方贸易运转的保证，也是促进中国商人前往贸易的动力。与此同时，也带来大量的中国人定居当地，并带去了中国先进的技术，改进了双方的贸易基础。正如后来印尼著名政治家阿里·沙斯

---

① 〔德〕普塔克：《明正德嘉靖年间的福建人、琉球人与葡萄牙人：生意伙伴还是竞争对手》，赵殿红译，载《暨南史学》第2辑，暨南大学出版社，2003，第319～335页。

② Kenneth R. Hall, *Maritime Trade and Sate Development in Early Southeast Asia*（Honolulu：University of Hawall Press，1985），p. 227.

③ 〔新〕尼古拉斯·塔林主编《剑桥东南亚史》第一卷，贺圣达等译，云南人民出版社，2003，第180页。

④ 〔新〕尼古拉斯·塔林主编《剑桥东南亚史》第一卷，贺圣达等译，云南人民出版社，2003年版，第181页。

特罗阿来佐约：在我们两国第一次通航有海上贸易以来，印尼和中国一直是友好的邻邦。中国的帆船不仅带来了货物，随之而来的还有许多中国商人、工人、手工业者等，他们在我国定居下来，带来了中国的技术和古老的文化。直到现在，我国许多岛屿上还保留着这些中国文化的精华。

环苏门答腊岛的海洋贸易与华商网络

第 二 章

马六甲港口及其王国的海洋贸易与华商网络

15 世纪末新航路的发现，揭开了近代海洋时代的序幕。16 世纪，海洋交通和贸易打破了洲际阻隔的局面，海洋世界的经济互动突破局部性的传统模式，带有全球性的意义。以中国福建海商为先锋的东南海洋力量突破明朝的海禁，西欧海洋势力——葡萄牙东进亚洲海域，日本海洋势力——倭寇南下东海，中国东南海洋区域成为东西方海洋竞争的舞台。中国主导的海洋社会经济圈即东亚贸易网络，出现激烈的动荡局面。① 而马六甲港口海洋贸易的崛起与衰落，及其先后被多个殖民政府管辖的历程，恰是这一时期海洋势力轮番登场的前奏。

---

① 杨国桢：《十六世纪东南中国与东亚贸易网络》，《江海学刊》2002 年第 4 期，第 13 页。

第一节 马六甲港口及其王国的崛起与
   欧洲殖民者的入侵

一 马六甲王国及其与中国的官方往来

1. 马六甲王国的崛起与发展

马六甲位于马六甲海峡最狭窄的中游地段，是一个天然的深水良港。马六甲海峡是南海与印度洋的主要通道，是印度洋和南中国海与爪哇海的季候风的交叉点。在帆船时代，季候风起着不可估量的动力作用，但也不无风险。而马六甲这个天然的优良港口，港宽水深，既隐蔽便于防守，又无危险的浅滩和红树林，还不受风暴的侵袭，船舶可安全入港。15 世纪初，拜里米苏剌在此立国后，发展迅速，成为国际性的贸易中心，"为诸夷辐辏之地，海上之都会"。①

马六甲海峡扼守东西方海上交通要道。7～13 世纪室利佛逝帝国控制了这条海峡，掌握了海上中转贸易的垄断权，维持了五个多世纪的繁荣。13 世纪末，新崛起的满者伯夷王国陷入政治混乱之中，缺乏安全保护的东西方商船畏惧海盗的劫掠，被迫绕道異他海峡。当满者伯夷无力统辖马六甲海峡时，一个新的王国马六甲王国随之兴起，并积极采取一系列措施发展海外贸易。马六甲遂成为 15 世纪著名的国际商港之一，在当时东西方和东南亚的国际贸易中起

---

① 黄衷：《海语》卷 8，岭南遗书本，第 4 页。

了重要的作用，① 并成为在这个地区传播伊斯兰法律思想和政治组织方式的中心。整个马来半岛、苏门答腊东部的大部分地区和廖内——林加群岛都效忠于马六甲苏丹国，而且这个王国还通过贸易和王室联姻把影响力扩展到了加里曼丹和爪哇。②

在此，我们要问，如此重要的通道为何早期并没有成为海洋贸易的重要节点呢？从中国方面的史料可知，最初中国与印度之间的南海商路并不经过马六甲海峡。《汉书·地理志》中有关于南海商路最早、最明确的记载："自日南障塞、徐闻、合浦船行可五月，有都元国；又船行可四月，有邑卢没国；又船行可二十余日，有湛离国；步行可十余日有夫甘都卢国；自夫甘都卢国船行可二月余，有黄支国……有译长属黄门，与应募者俱人海，市明珠、璧琉璃、奇石异物，资黄金杂增而往。……黄支之南，有已程不国，汉之译使自此还矣。"这段话写的是汉武帝派遣宫廷官员，率领海员或者商人携带黄金和丝绸远航海外，换回大量奇珍异宝的旅程。学者基本对这趟旅程的终点达成共识，黄支国位于今南印度的康契普纳姆，已程不国则是今天的斯里兰卡。整条路线于是明确：商队从中国广东出发后，便沿着东南亚半岛一些国家的海岸线西行，穿过马来半岛后进入孟加拉湾，最后到达终点。受到当时的造船水平和航海技术的限制，船只仅仅沿着东南亚半岛地区沿岸的浅水区域来航行。而穿过马来半岛，则是指登陆翻越马来半岛的南部克拉地峡。因此这条水路和陆路相结合的路线，又被史学家称作"马来半岛的联运航线"。③

14 世纪时，马六甲虽已经出现，但仍只是暹罗辖下的一块属地。因此，《明史》说："其地无王，亦不称国，附属暹罗，岁输

① 余思伟：《马六甲港在十五世纪的历史作用》，《世界历史》1983 年第 6 期，第 65 页。
② 〔英〕康斯坦丝·玛丽·滕布尔：《新加坡史（1819~2005）》，欧阳敏译，中国出版集团东方出版中心，2013，第 6 页。
③ 丘濂、刘畅：《穿越马六甲海峡，有船只，还有历史》，《三联生活周刊》2015 年第 30 期，http://www.dooland.com/magazine/article_710508.html。

环苏门答腊岛的海洋贸易与华商网络

金四十两为赋。"① 先后三次随郑和下西洋，到过马六甲的马欢，则具体地说："此处旧不称国，因海而有五屿之名，遂名曰五屿。无国王，只有头目掌管，此地属暹罗所辖，岁输金四十两，否则差人征伐。"② 马六甲王国的开国君主为拜里米苏剌，他原是巨港夏连特拉王朝的一个王子。在满者伯夷征服战争的威胁下，他带着随从人员逃到单马锡（位于今新加坡），约于 1400 年辗转到马来半岛，以马六甲为落脚点，决定在那里建立港口城市，最终在马六甲建立了一个新的国家，成为第一任国王。某种程度上说，马六甲王国就是室利佛逝国的延续。③

到 14~15 世纪初，马六甲已成为东南亚半岛和群岛地区最为强大和最为富庶的王国之一。优越的地理位置，使其成为连接中国、东南亚、印度和阿拉伯国家最重要的国际贸易中心。④ 各地的商人络绎不绝地前来交易，人口仅在立国的三年后就发展到了 2000多人，财富也源源不断地流进来。逐渐强大起来的马六甲王国，在公元 1445~1446 年和 1456 年，曾两度巧妙地击退了阿瑜陀耶的武装干涉，就此摆脱了阿瑜陀耶的羁绊。不仅如此，马六甲王国为了彻底解除后顾之忧，在足智多谋的盘陀诃黎⑤冬霹雳的敦促下，执政的速鲁檀（即苏丹）无剌佛那沙特地派遣王子前往暹罗，与阿瑜陀耶恢复友好关系。周边局势的相对和平稳定，为马六甲王国的持续发展创造了非常有利的外部条件。到马六甲王国第六代君主苏丹芒速沙在位期间（1459~1477 年），马六甲王国控制了马来半岛丰富的物产和邻近海域的贸易垄断权，得以确保马六甲商业的繁荣。于是冬霹雳运筹帷幄，在芒速沙执政的第一年，他就挥师攻下了以

---

① 《明史》卷 325，"满剌加传"。

② （明）马欢：《瀛涯胜览》，"满剌加"条。

③ 丘濂、刘畅：《穿越马六甲海峡，有船只，还有历史》，《三联生活周刊》2015 年第30 期，http://www.dooland.com/magazine/article_710508.html。

④ 张礼千：《马六甲史》，商务印书馆，1941，第 34 页。

⑤ 马来职官名，职位仅在国王之下，与古代中国封建王朝的丞相相仿。

产锡闻名的原暹罗属国彭亨。接着，马六甲王国又迅速将其势力伸进马来半岛的其他小王国，控制了柔佛、霹雳、丁加奴、吉兰丹和吉打，巴生、木歪也先后并入了马六甲王国的版图。马来半岛地区作为一个统一体开始在这个时期形成。[①]

　　与马六甲遥遥相对的苏门答腊各海港历来是重要的通商口岸，如苏门答腊中部的监篦和硕坡，是米南加保内陆地区胡椒和黄金输出的港口。马六甲王国又挥师远征这些港口小国，监篦、硕坡、日里、罗甘、英得拉吉利先后臣服。马六甲王国对最主要的属国如彭亨和监篦等，则直接委派王室成员出任其国国王。当时，马来半岛南端新加坡海域的宾坦岛和龙牙群岛（今译林加群岛）的海峡地带，海盗活动猖獗。马六甲王国为使外国商人能平安前往马六甲通商，首先制服了宾坦岛、廖内群岛和龙牙群岛这些勇敢的海上居民，也控制了马来半岛和苏门答腊之间的岛屿，并将这些善于航海的水上民族收编到马六甲王国的水师和商船里充当水手。至此，强大的马六甲王国在 15 世纪中后期已然成形。[②]

　　到 16 世纪初，强大的马六甲王国已足够使彭亨不受暹罗的属国——六坤的进攻，并打退暹罗人的袭击。当时，它的势力范围包括：①直属地：首都马六甲市及其近郊；②属地：被它征服和并吞的地区，有马六甲市南、北的马来半岛西岸地区，大致相当于从现在马来西亚的霹雳州到新加坡，苏门答腊岛东岸的硕坡和监篦，新加坡南部的宾坦群岛和林加群岛；③朝贡国：在苏门答腊岛东岸的占碑、英德拉基里两个王国和马来半岛东岸的彭亨及丁加奴两个王国。[③] 由此而使马六甲海港成为马六甲帝国的心脏和商业的中心。

　　当然，马六甲王朝的兴盛还和一个室利佛逝所不具备的原因密

① 余思伟：《马六甲港在 15 世纪的历史作用》，《世界历史》1983 年第 6 期，第 67 页。
② 余思伟：《马六甲港在 15 世纪的历史作用》，《世界历史》1983 年第 6 期，第 67 页。
③ 桂光华：《马六甲王国的兴亡及其与中国的友好关系》，《南洋问题研究》1985 年第 2 期，第 69 页。

切有关。拜里米苏剌于 1414 年 72 岁的时候皈依了伊斯兰教。在他的影响下，以后的马六甲统治者都信奉伊斯兰教。第四代国王穆扎法尔沙当政后甚至把伊斯兰教定为国教，又把国王的称号改为苏丹。为什么是伊斯兰教？这是与该国的政治经济情况分不开的。首先，马六甲王国的统治者如果要使该国的经济得到繁荣，就必须设法吸引西亚和印度的穆斯林商人前来贸易，因此，实行伊斯兰化，便是一项为取得国家经济繁荣所必不可少的手段。其次，马六甲王国的政治地位要巩固，便必须排除暹罗和爪哇的压力，尤其是对付暹罗的干涉，才能够在同他们的抗衡中求得发展，因此，就需要一种可以同传统的印度思想对峙的思想体系。再次，由于确立伊斯兰教为国教，也会得到前来贸易的印度、阿拉伯等地商人的支持，可以使自己在政治上同控制马六甲海峡入口处的苏门答腊西北部的波散、八儿剌等国接近，增强自己的力量。[1] 正如霍尔所说，伊斯兰教"是用来反对信奉佛教的暹罗的政治武器"。[2] 因此，伊斯兰教的势力在马六甲王朝迅速发展，并成为马六甲王朝的国教而逐渐广为传播并取代了公元 1 世纪便开始传播至马来半岛的佛教与印度教的信仰。

无论何种理由，马六甲基于商业与政治利益的考量接受伊斯兰教应是一个重大推力。学术界一般认为，伊斯兰教的传播是依靠商人为之，而且伊斯兰教在东南亚传播的地区里，统治者也是商人。因此商业和政治利益确实是马六甲接受伊斯兰教时所考量的因素。[3] 此时，中东的商人已开始成为东南亚的主要国际商家之一。这为伊斯兰教的发展注入巨大的力量。阿拉伯商人沿着印度洋南下，进入

---

① 桂光华：《马六甲王国的兴亡及其与中国的友好关系》，《南洋问题研究》1985 年第 2 期，第 69 页。
② 〔英〕霍尔：《东南亚史》，中山大学东南亚历史研究所译，商务印书馆，1982，第 262 页。
③ 〔马来西亚〕陈秋平：《移民与佛教：英殖民时代的槟城佛教》，南方学院出版社，2004，第 62 页。

马六甲海峡，首先带来的是伊斯兰教在苏门答腊岛西北沿岸的传播。那里有个叫须文达那－巴赛的村庄第一个皈依了伊斯兰教，很快便成为穆斯林商人的荟萃之地。马六甲国王也想仿而效之，把穆斯林商人吸引到马六甲来。他们为穆斯林商人提供了种种商业特权，还专门为他们兴建了住宅区和清真寺。[1] 由此马六甲借助伊斯兰教的影响，开创了一个海洋贸易的辉煌时代。

随着政治上的巩固，马六甲海峡的有效控制，马六甲王国成为东西方贸易的重要国际市场。当时，前来贸易的国家和地区及其主要商品有：①来自印度西北部的古吉拉特、印度南部的注辇、孟加拉和缅甸白古的棉花、棉布、药品、染料和鸦片；②来自中国的丝、陶器、铁和银，以及柬埔寨和苏禄的糖；③来自爪哇的大米、肉类、食品和武器，西里伯斯（即苏拉威西）和香料群岛摩鹿加与班达岛的丁香、肉豆蔻、檀香，文莱的蜡、黄金、樟脑等。因此，国王还专门设有港务官——沙班达尔，负责联系和接待进出于马六甲港口的外国商舶的船长、收缴作为税金的商品。[2] 各国商货琳琅满目，奇珍异宝充斥王国市场。15世纪末16世纪初，殖民者到来之前，马六甲依然是最富的商埠，有最多的批发商，船舶之多，贸易之盛，甲于全球。[3]

马六甲的繁荣和各地前来通商的景象，《马来纪年》有特别记载："不论上风和下风的行商也常到满刺加，当时是非常热闹的。阿剌伯人称这地方叫做摩罗迦多，意思是集合各商贾的市场，因为各色各样的商贾都常到这里，而当地官员们也极为公正。"[4] 在马六甲国际市场上，各种商品琳琅满目：有来自远东的绸缎、生丝、陶

---

① 丘濂、刘畅：《穿越马六甲海峡，有船只，还有历史》，《三联生活周刊》2015年第30期，http://www.dooland.com/magazine/article_710508.html。

② 桂光华：《马六甲王国的兴亡及其与中国的友好关系》，《南洋问题研究》1985年第2期，第70页。

③ 〔英〕理查德·温斯泰德：《马来亚史》，姚梓良译，商务印书馆，1974，第106页。

④ 许云樵译《马来纪年》，《南洋杂志》第1卷第8期，第170页。

瓷、珠玉、青铜器、腰刀等物品；有来自印度以西广阔地区的各种手工艺品和纺织品，如棉布、玻璃器皿、染料和药物等；有来自东南亚各地的香料、豆蔻、烟叶、象牙、稻米及各种海、农产品。《明会典》列举马六甲王国赠送给明朝的礼品共有 43 种之多，除少数是马六甲特产外，其余皆来自别国。① 这里汇集着马鲁古群岛的丁香、班达群岛的肉豆蔻、爪哇和苏门答腊的胡椒、龙脑和安息香，通市交易的锡制品也广为流行。

　　繁荣的海上贸易，是马六甲王国的主要经济收入来源，也使王国的统治者获得了好处，并拥有大量的财富。第七代国王阿拉瓦丁·里阿亚特沙（1477～1488 年），拥有黄金达 240 奎塔尔（至少相当一万四千磅单位）。② 葡萄牙人托梅·皮雷士③，在《东方诸国记》中叙述"马六甲伟大的理由"时说："由于马六甲的广大及其所获利润之多，人们无法估计它的价值。马六甲是一个专为供销商品而设立的都市，（在这一点上）全世界任何都市都不能与他相媲美。……马六甲为世界所怀抱，而位于其中心，相隔千里的两国之间的商贸贸易，如不从各自的国家来到马六甲，则不能成交。"④ 他既道出了马六甲的实质，也肯定了它在东西方贸易中的重要地位和作用。这一重要的东西方贸易中心在当时连接了亚洲、非洲和欧洲，通过贸易活动，不同文明间的对话和交流在此地同时进行着。皮雷士说，当时在马六甲的街道上行走，可以听到不下 84 种不同的语言。⑤ 他的话虽有夸大之嫌，却也说明了马六甲作为国际大都

---

① 余思伟：《马六甲港在十五世纪的历史作用》，《世界历史》1983 年第 6 期，第 68 页。
② 〔英〕理查德·温斯泰德：《马来亚史》，姚梓良译，商务印书馆，1974，第 67 页。
③ 1511 年来到东方，1512 年受葡印总督阿丰索·德·阿尔布克尔克之命来到马六甲，担任与其职业有关的职务。1515 年初返回印度，完成了《东方诸国记》。1517 年被葡印总督任命为葡萄牙赴华使节。
④ Armando Cortesno, *The Suma Oriental of Tomes Pires*, Vol. 2（London：Hakluyt Society, 1944），p. 286.
⑤ Armando Cortesno, *The Suma Oriental of Tomes Pires*, Vol. 2（London：Hakluyt Society, 1944），p. 269.

会的繁华。而马六甲的繁华正是当时亚洲贸易网络繁盛的象征。当1511年，率领葡萄牙殖民军征服马六甲的葡属果阿总督亚伯奎到达后提起所见说："我确实相信，如果还有另一个世界，或者在我们所知道的以外还有另一条航线的话，那么他们必然将寻找到马六甲来，因为在这里，他们可以找到凡是世界所能说得出的任何一种药材和香料。"① 而此时郑和庞大的船队驻扎在马六甲，人员的日常生活需要和船队的补给拉动了当地商贸业的发展。

　　而且，繁华的海洋贸易并不是杂乱无序，而是有秩序的安排，从而保证了贸易的有序进行。根据皮雷士的描述，"马六甲有4个沙班达尔，他们是市政官员。由他们负责接待船长们，每条船舶都在他们的权限之下听从安排，其中最主要的一个沙班达尔负责从古吉拉特来的船舶。另一个负责管理从科罗曼德尔海岸、孟加拉、勃固和帕塞来的商人。第三个负责管理从爪哇、马鲁古群岛和班达群岛、巨港和吕宋等地来的商人。第四个负责管理来自中国、占城等地的商人。每个商人带着货物或者商品信息来到马六甲，需要向沙班达尔申请进入他的国家"。② 据马欢的记述，郑和船队到达后，"王于溪上建立木桥，上造桥亭二十余间，诸物买卖俱在其上"。③

　　马六甲王国扼守着马六甲海峡这条连接东西方的最重要航线，有着天然深水良港，以伊斯兰教为国教，吸引着中国、印度、阿拉伯商人，使其很快成为南海一个繁荣国家和中心港口。它的版图涵盖大半个马来半岛，吉打、彭亨、丁加奴和北大年都在它影响或统治之下，其势力延伸至苏门答腊的巨港、占碑和监篦。马六甲王国成为世界海洋贸易的中心，各方商品的汇聚地。1511年被葡萄牙亡国前的最后20年，即15世纪末和16世纪初，马六甲的繁荣达到顶

① 〔英〕理查德·温斯泰德：《马来亚史》，姚梓良译，商务印书馆，1974，第68页。

② Armando Cortesno, *The Suma Oriental of Tomes Pires*, Vol. 2（London：Hakluyt Society, 1944），p. 265.

③ （明）马欢：《瀛涯胜览》，冯承钧校注，上海商务印书馆，1935。

点。

2. 马六甲王国与中国的官方往来

公元 14 世纪，为现代马来西亚奠定基础的马六甲王国建立后不久，国王即遣使随中国船队回访中国，后又亲自率队访问明朝，双方正式建立朝贡关系。15 世纪初，在满者伯夷走向衰弱、暹罗处于上升之际，拜里米苏剌想把马六甲建成一个主权国家，因此需要一个强国的保护，以便在抗击暹罗人的斗争中，获得有效的平衡。所以，当 1403 年明成祖朱棣派尹庆到了马六甲时，他便"遣使随庆入朝贡方物"。公元 1405 年，马六甲王国使者到了北京，便向明成祖转达拜里米苏剌的要求："愿同中国列郡，岁效职贡。"[1]

马六甲能够迅速发展成贸易大国，既有着国王的努力经营，同样得益于他对室利佛逝传统的继承。其中之一便是继续承认中国对它的宗主关系。1403 年，明朝永乐皇帝登基后，他采取了和祖辈相同的政策，只主张以政府的形式来进行商贸交往。根据《明史》记载，永乐元年（1403 年）十月，朱棣派遣宦官尹庆往谕马六甲，赠送其国王礼物，"拜里米苏剌大喜，遣使随庆入朝贡方物"。据《明太宗实录》里讲，朱棣大加赞赏，谕礼部臣曰："先王封山川奠疆域，分宝玉赐藩镇，所以宠异远人，示无外也。可封其国之西山为镇国之山，立碑其地。"亲笔写碑文和赐以铭诗，开了永乐朝御笔题赐的先例。中国明朝对马六甲的关注赋予了这个新的海洋贸易中心国家以地位和声望，同时使它免受邻国暹罗的侵扰。[2] 因而，我们可以认为，马六甲王国在 15 世纪初，得益于明朝的强大支持，摆脱了暹罗的控制，而成为独立的国家。马六甲王国得到了迅速而稳定发展的机会，"不但渐成为商业繁荣的大城市，也逐渐成为马

---

[1] 《明史》卷 213，"外国六"。

[2] 丘濂、刘畅：《穿越马六甲海峡，有船只，还有历史》，《三联生活周刊》2015 年第 30 期，http://www.dooland.com/magazine/article_710508.html。

来亚史上第一个强盛的国家"。①

由于明王朝与马六甲王朝所建立的不寻常关系，郑和下西洋每次都选择马六甲为根据地。除了天然良港、地处要冲、距离适中等诸多自然条件之外，还在于它的人文和社会因素。其中较重要的就是明以前马六甲港市尚未兴建时，中西海上交通的中途站，一般是设在马六甲海峡南端苏门答腊岛东海岸的巨港，或在马六甲海峡北端苏门答腊岛北海岸的亚齐。但是，自15世纪初年以来，这两个港市因内忧外患，政局动荡不安，缺乏安全保障。在海峡两岸何地建站，这是关系到郑和船队安危的重大问题。而马六甲位处马六甲海峡的中游地带，地控中西海上交通之要冲，自成立以来一直同明朝保持亲善的关系。且马六甲王国为郑和提供一处"海滨驻泊"地，作为郑和下西洋的中途站。无论从地理位置和政治条件看，在当时历史背景下，马六甲港可说是郑和船队最适当而又安全的停驻地。②

马欢在《瀛涯胜览》中对马六甲的"官厂"有过描述："中国宝船到彼，则立排栅，如城垣，设四门更鼓楼，夜则提铃巡警。内又立重栅，如小城，盖造库藏仓廒，一应钱粮顿在其内。去各国船只回到此处取齐，打整番货，装载船内，等候南风正顺，于五月中旬开洋回还。"同样根据马欢和巩珍的记述，郑和船队从江苏太仓刘家港接踵出航，沿着中国东南沿海向西南航至占城。然后自占城分舰，一舱往南取经爪哇的远海航线，另舰往西循中印半岛和马来半岛沿岸取经暹罗等国的沿海航线，两条航线殊途同归，俱于马六甲"海滨驻泊"。"各舰并聚"马六甲后，又以此为出发点，分舰前往西洋各国。往西洋"忽鲁谟斯等各国事毕"，在约定时间内，"先后迟早不过五、七日"，"去各国船只（又）回到此处（马六甲

①　鲁白野：《马来散记》，新加坡星洲世界书局有限公司，1958，第7~8页。
②　何凤瑶：《马六甲建国初期中马关系二题》，《上海大学学报》（社会科学版）1998年第3期，第80页。

海滨）取齐"，"等候南风正顺，于五月中旬开洋"，"结艅回还"。①
可以说，郑和下西洋的成功远航，离不开马六甲港口的支持。二者
实现了合作共赢。

二　欧洲殖民者轮番进击下马六甲港口及其王国的衰落

自达·伽马开辟新航路来到印度后，"寻找基督徒和香料"
促使一批又一批的葡萄牙人前往东方贸易。而当时印度洋上的香
料贸易控制在阿拉伯商人手中。传统上，阿拉伯人一直是东方商
品（中国的丝绸、东南亚的香料等）输往欧洲的主要营运者或中
间转输者。他们控制着这条通道的贸易，即"中国—东南亚—马
六甲海峡—印度半岛—波斯湾或红海"转陆路经地中海，到达欧
洲之君士坦丁堡或威尼斯，再转销欧洲内陆（有人称之为"陶瓷
之路""海上丝绸之路""香料之路"）的道路，欧洲人一时难以
插手。

葡萄牙人的东方殖民帝国本质上是一个掠夺性的商业帝国。商
业掠夺是其建设海上霸权的主要目的。更直接一点说，其目的就在
于"从阿拉伯人手中夺取香料贸易的垄断权，以获取巨大的利
润"。② 因此，出于利益的诱惑，葡萄牙人开始了东方探险，并逐渐
占领了印度半岛，控制了阿拉伯海，在红海口和波斯湾口建筑要
塞，重兵防御，就把这一历史通道从中拦腰截断，迫使由原来阿拉
伯世界转运的东方商品改道经由葡萄牙人控制下的海道，绕好望角
而集中到里斯本。阿拉伯人垄断数百年之久的东方贸易生生被葡萄
牙人剥夺。但是，葡萄牙人如果仅满足于这一点，那其对于东方贸
易，尤其是对于香料贸易不过是扮演了第二贩运者的角色，同从威

---

① 何凤瑶：《马六甲建国初期中马关系二题》，《上海大学学报》（社会科学版）1998 年
　第 3 期，第 80 页。
② 〔英〕霍尔：《东南亚史》，中山大学东南亚历史研究所译，商务印书馆，1982，第
　301～302 页。

尼斯人手中转运香料差不多，因为香料的主要产地在东南亚，而不是在印度半岛。① 但对当时的葡萄牙人来说，打破阿拉伯人的垄断是为了实现自身的垄断。而要获得对东方贸易、对香料的垄断权，就必须占领东南亚，直接把香料产地和主要市场控制起来，此为葡萄牙最终目标。

1509 年，葡萄牙人在印度第乌附近的海面上以少胜多，打败了阿拉伯人和印度人的联合舰队，奠定了印度洋霸权的基础。1510 年，葡萄牙派驻印度的总督阿尔布格里格攻占果阿城。此后，果阿就成了葡萄牙人在东方进行殖民活动的大本营。当然葡萄牙人来到印度后，很快就获悉，香料的最主要产地并不是印度，而是更加东方的岛屿，马六甲则是香料的主要集散地。所以，要彻底垄断香料贸易，就必须占领马六甲。② 占领了马六甲，就控制了马六甲海峡，进而控制住东南亚的市场，从而奠定了向半岛和群岛地区扩张的基础。同时，控制了马六甲海峡，也就获得了一个向中国、日本扩张的起点。在当时的时空特质下，更直接地说，若能控制马六甲，基本上就能称霸东南亚。因此，马六甲海峡的多重意义决定了其成为葡萄牙必取之目标。在进攻马六甲之前，阿伯奎指出："如果我们从摩尔人手中夺取了马六甲，那么开罗和麦加很快就会完全破产，威尼斯人不从葡萄牙购买，他们就不可能获得香料。"③ 由此可见葡萄牙东方殖民帝国总体目标的关键所在。

公元 1511 年，觊觎已久的葡萄牙攻占了马六甲，让马六甲苏丹王国俯首称臣。葡萄牙人控制马六甲港口，获得贸易的利润，同时取得对香料集货中心的控制权，这是葡萄牙人梦寐以求的商业追

① 〔美〕诺埃尔：《葡萄牙史》，南京师范学院教育系翻译组译，江苏人民出版社，1974，第 126~127 页。

② 〔美〕诺埃尔：《葡萄牙史》，南京师范学院教育系翻译组译，江苏人民出版社，1974，第 126~127 页。

③ G. C. Allen and Audrey G. Donnithorne, *Western Enterprise in Indonesia and Malaya: A Study in Economic Development* (New York: The Macmillan Company, 1957), p. 17.

求。阿伯奎认为葡萄牙的贸易基础是沿贸易航线建立适当的基地。因此，在1511年，葡萄牙人占领马六甲城后，就立即着手建立马六甲堡垒。他们拆毁了苏丹王宫、清真寺和历代马六甲国王的陵墓，依山傍海用石块搭建起塔楼和防御城墙。这座堡垒就是"法莫沙"（Famosa），其结构非常强固，能够经受得住所有的袭击（除了1641年的荷兰人袭击以外）。"法莫沙"只是当时葡萄牙人在马六甲城中修建的第一座石建筑物。兹后，葡萄牙人又再扩建了许多防御工程。这样，经过一百年的营建，一座堡垒城就在马六甲河东形成了。在这座堡垒城建筑的内部，葡萄牙人建立了一座大教堂、三座教堂、两座医院，还在其中一座教堂添设了一所学校。[①] 英国人温斯泰德所著的《马来亚史》这样写道：葡萄牙人在要塞建成后配置大炮，驻扎禁卫军，使马来人产生一种十分恐怖和惊奇的感觉。他们试图让这种感觉永远存在下去，以保持葡萄牙国王崇高的威望和尊严。可惜的是这座"精美之城"在后来英国人到来时遭到破坏，如今只有一座石门留下。

葡萄牙人控制了马六甲后，规定"今后所有进口货物，不管它的产地是哪一国，一律征税百分之六，但粮食可以例外，因为马六甲永远不断地缺粮，所以可以免税进口"，两年以后，又规定"从孟加拉运来的货物改征百分之八，从中国运来的改征百分之十"。[②]在当时，马六甲是当地贸易商货的一个集散中心，中转贸易枢纽，从苏门答腊贩来胡椒、黄金、象牙和大米，从爪哇运来的食品、大米、樟脑和布，从霹雳收集的锡，在某些时候，从暹罗进口黄金等皆汇聚于此实现交易。印度布（特别是棉织品），先运到马六甲，然后在该地换香料。香料的船货或者运往中国去换丝绸或其他货物，或者先装运到果阿，然后装船运到欧洲。这些商货都能卖到好

---

① N. J. 赖安：《十六世纪的马来亚》，桂光华译，《南洋资料译丛》1983年第2期，第98页。

② 〔英〕理查德·温斯泰德：《马来亚史》，姚梓良译，商务出版社，1959，第105页。

价钱。譬如说用 45 元买进的一宗胡椒货，在葡萄牙的卖价大约等于 1800 元。这种贸易所获利润是如此大，以至葡萄牙王国的海外贸易收入等于葡萄牙本国税收的 4 倍。①

但是，这种海洋贸易的基础是海上控制权。而海上控制权的巩固，又在很大的程度上依赖于葡萄牙在马六甲的地位来决定。为此葡萄牙人极力保持他们对所有竞争者的严格控制。亚洲地区贸易的各艘商船都必须从葡萄牙人手中弄到护照，各艘马六甲海峡的船只都要停泊在马六甲，并交纳舱货关税。这样一种旨在垄断的关税措施非常不得人心，特别是在马六甲关税的课收全凭历届驻前官独断专行的条件下，更是丧尽人心。单靠一种垄断政策，去加强海上控制权几乎是不可能长久的。用垄断政策去加强海上控制权的企图，在当时已开始引起人们反葡萄牙的情绪。② 葡萄牙人赤裸裸的掠夺政策和商业垄断政策，更是引起来自中国、暹罗、爪哇、印度、阿拉伯等地商人的激烈对抗，他们开始拒绝前往马六甲进行贸易，致使马六甲渐渐"商舶稀至""波路断绝"。③

尽管如此，马六甲作为葡萄牙远东领土的大本营，还是可以商业繁荣而自夸的。如德·埃雷迪亚于马六甲被征服后一个世纪时写道：市里有 300 个葡萄牙人居于要塞，基督教徒的总人口为 7400 人，异教的土著臣民未算在内。这位荷兰特派员可能估计的过高，说在 1640 年基督教徒的人数已超过 2 万。亚洲人的人口尤其是在集市时达到高峰（据德·埃雷迪亚记述），那时有 200 条船从爪哇运来大米、蔬菜、肉类、鱼类、家禽、香料和药草。约在 1530 年，西班牙人安德烈斯·德·乌达内塔发现有 500 个葡萄牙人在那里经营来自印度的棉织品，来自缅甸的粮食、宝石和麝香，来自霹雳和

① N. J. 赖安:《十六世纪的马来亚》，桂光华译，《南洋资料译丛》1983 年第 2 期，第 99 页。

② N. J. 赖安:《十六世纪的马来亚》，桂光华译，《南洋资料译丛》1983 年第 2 期，第 99 页。

③ （明）张燮:《东西洋考》，谢方校点，中华书局，1981。

环苏门答腊岛的海洋贸易与华商网络

马来亚其他各地的锡以及来自帝汶的檀香。他说，有些日子，有不少于 7 奎塔耳的黄金从米南加保进口，大部分供应泰米尔人的市场（1 奎塔耳＝1.2 荷兰磅）。黄金也来自暹罗和北大年。从加里曼丹运来樟脑，从中国运来瓷器，虽然由于葡萄牙人的勒索，中国对马六甲的贸易已经减少，[①] 但马六甲因其所处的地理位置暂时还无法取代，故适度的繁荣仍维持着。佛朗西斯科·皮拉尔·德·拉瓦尔（Francisco Pyrard de Laval）是一名法国海员。他于 1601～1611 年游历马六甲时描述："马六甲是所有这些商品的仓库，贸易量非常之大。自好望角以迄中国的整个地区的各国商人，将数不清的船开到这些岛屿进行贸易，所以，那里可以遇到阿比西尼亚、阿拉伯、波斯、古吉拉特、坎贝、果阿、马拉巴尔、孟加拉、中国、日本以及印度所有其他地方的商人。从各地带到这些岛屿的钱，通过交换劣质货物、小玩意儿和假宝石，全被中国人赚去，运回了中国。……我相信，每年有 30～40 艘商船从中国和马尼拉群岛来马六甲停泊。"[②]

1641 年，朔滕把葡萄牙时代的进出口货物列成一张长表。从马来半岛和苏门答腊岛东海岸诸港运来的有胡椒、锡、金、沉香、牛黄、松香、象牙、犀角、燕窝、米和藤，进口商把来自科罗曼德尔、孟加拉和苏拉特的布匹以及中国瓷器和西班牙里亚尔带回去。从加里曼丹、爪哇、比马、望加锡以及它东面的其他岛屿运来的有樟脑、牛黄、爪哇布、加里曼丹和望加锡的奴隶、蜡、油、檀香、玳瑁和大米。[③] 葡萄牙人从暹罗和柬埔寨取得安息香、虫胶、黄金和大米，而把布匹出售。他们从马尼拉运来了白糖、红糖、玳瑁和

① 〔英〕理查德·温斯泰德：《马来亚史》（上册），姚梓良译，商务印书馆，1974，第 176～177 页。

② 转引自张廷茂《关于 16～17 世纪初华商在东南亚活动的西方文献》，《中国史研究》2004 年第 2 期，第 144～145 页。

③ 〔英〕理查德·温斯泰德：《马来亚史》（上册），姚梓良译，商务印书馆，1974，第 177 页。

黄金，用以换取布匹和奴隶。从澳门进口黄金、丝织品、白糖和红糖、铁器、金线、水银、中国锡、珍珠和瓷器，所有这些都是用以交换胡椒、象牙、犀角、檀香、沉香、红珊瑚、琥珀、奴隶、樟脑、燕窝和其他杂货。葡萄牙人从果阿和科钦运来了印度布、阿拉伯香、琥珀、红珊瑚、象牙、犀角、白茴香、葡萄牙酒、奴隶（供给马尼拉）、麦、米和西班牙里亚尔；出口到果阿和科钦的有中国瓷器、黄金、玳瑁、檀香和苏木、铜、锡、安息香、虫胶、松香、藤、糖、钻石、牛黄、水银等等。运往纳加帕蒂南和圣多美的有黄金、檀香、胡椒、犀角、锡和中国瓷器，以换取布匹、皮革、大米和其他粮食。孟加拉拿去锡、胡椒、丁香、檀香和苏木、珍珠、丝绸和瓷器，用布匹、渔网、松香、麦、米、牛油、糖、油和奴隶来交换。①

当然，繁荣发达的海洋贸易，并不能掩盖葡萄牙殖民统治的脆弱性。而葡萄牙人对民族宗教的压迫，促使东南亚人民掀起不断的反殖民统治斗争。与葡萄牙人相反，以"海盗"闻名于世的荷兰人专注于物质财富的攫取，所到之处，一般采取较为开明的宗教政策，这也是其在一定程度上为东南亚穆斯林易于接受的原因之一。所以，当荷兰人以反葡萄牙的姿态出现时，当地统治者便不顾后果地争取荷兰人的支持。这样，荷兰人利用东南亚各民族对葡萄牙人的仇恨心理，先后和东南亚各地方统治者签立条约，结成反葡联盟，孤立了葡萄牙人的势力，逐步控制了与马六甲相对立的各主要市场，在海上截击葡萄牙人的商船，从经济上削弱马六甲的地位。荷兰人在策略上获得了很大的成功，从而奠定了葡萄牙人的失败。

当然，荷、葡之间的斗争，既是双方欧洲政治力量此消彼长的表现，也是海上霸权利益的争夺。这种斗争的重要表现就是围绕马六甲海峡的控制权争夺而展开的。荷兰早就有志于插手东方的香料

---

① 〔英〕理查德·温斯泰德：《马来亚史》（上册），姚梓良译，商务印书馆，1974，第178页。

贸易，也很想控制马六甲海峡。可是，荷兰人要想达到这一目的并非易事。16～17世纪之交，葡萄牙人虽然丧失海洋实力方面的优势地位，但自好望角到马六甲各战略要地的炮台、堡垒、要塞还一一控制在自己手中，"荷兰人走遍印度洋各战略要点，到处都有葡萄牙人的重兵把守，荷兰人要想同它争夺海上霸权"确非易事。然而，荷兰人没有受常规战略思维的限制，在通过好望角之后，不走葡萄牙人重兵把守的传统航路，而是利用南半球"咆哮西风带"，越过印度洋，直航巽他海峡，进入了马来群岛。①

1595年，荷兰人的第一支远征舰队开往印度群岛。当时马六甲海峡在军事上全部被葡萄牙人控制。荷兰人通过巽他海峡后，进入东印度群岛，将巽他海峡旁边的巴达维亚（即今天雅加达）作为他们继续进攻东方的前哨基地，在那里建立了荷兰东印度公司的总部。以今天的眼光看来，巽他海峡是个浅而窄的海峡，海底崎岖不平，阻碍了20万吨以上轮船顺利通行，大部分船只仍然不得不走马六甲海峡。但荷兰人为避免与葡萄牙人在印度洋上的纠缠，集中力量进行马六甲海峡争夺战，遂开辟此航道。这使荷兰人遥远的理想很快就成为现实。②

荷兰人的出现，打破了马六甲海峡政局的平衡，因为无论柔佛还是亚齐，都把荷兰看成了可以结盟的力量。在巴达维亚站稳脚跟之后，荷兰人开始想办法抑制以马六甲为中心的葡萄牙人贸易。1602年，它先是以强大的舰队封锁马六甲海峡的南部海域，截击葡萄牙人的商船，把望加锡、万丹、爪哇、北大年等东部市场置于自己的控制之下。接着它与葡萄牙人的宿敌柔佛建立联盟，共同反对葡萄牙人，从陆上侧翼威胁马六甲。17世纪30年代开始，荷兰人

---

① 翁惠明：《早期殖民者对马六甲海峡的争夺（1511～1824）》，《东岳论丛》2001年第5期，第87页。

② 翁惠明：《早期殖民者对马六甲海峡的争夺（1511～1824）》，《东岳论丛》2001年第5期，第87页。

从海峡的西北海口阻击葡萄牙人来自印度方面的增援，打击葡萄牙人的贸易活动，争取对孟加拉湾海权及与印度纺织品贸易的控制。[①] 1635 年左右，荷兰人在马六甲海峡中截断了葡萄牙的所有贸易，甚至搜索装运葡萄牙货物的英国船，而在 1636 年左右，过去是马来群岛仓库的马六甲已经被毁坏，印度和香料的贸易转向万丹、占碑、亚齐和望加锡等自由港，中国的贸易则转到了日本和马尼拉。1638 年，康提的酋长们打败了葡萄牙人，在两年的时间里，亭可马里和加勒都落到了荷兰人手中。[②] 1639 年的荷兰人和亚齐人共同封锁马六甲海峡，拦截葡萄牙的救援船只。当年葡萄牙人是从西向东蔓延而来，荷兰人则是从东向西席卷而去，海陆两方面围困马六甲，因此，没有一条船能够逃过。1640 年，荷兰人联合柔佛军队对马六甲进行围城。1641 年 1 月 14 日，葡萄牙总督向荷兰投降，结束了对马六甲 130 年的统治。[③]

在郑成功于 1661 年把荷兰人逐出台湾之前，荷兰人已经懂得马六甲作为海贸中途站的重要地位，也认识到当地华人的作用。因而，荷兰人不断同马六甲的葡萄牙人作战，试图夺取马六甲的控制权。除了双方在欧洲有宿怨，也是基于他们重视这海港对他们亚洲海上争霸有利，荷兰人最后终在 1641 年夺取马六甲。翻开地图，我们也可以看到，自荷兰人夺取马六甲后，在郑成功于 1661 年从荷兰人手中拿下台湾主权之前，荷兰人在 1640～1661 年期间得以纵横亚洲，其原因就是它同时占有马六甲和台湾两个据点，形成它在地缘政治上的策略性优势。它们同时紧扣了中国及日本传统的"下西洋"海路出入口，控制了整个南海北接中国的台湾海峡及马

---

① 丘濂、刘畅:《穿越马六甲海峡，有船只，还有历史》,《三联生活周刊》2015 年第 30 期, http://www.dooland.com/magazine/article_710508.html。

② 〔英〕理查德·温斯泰德:《马来亚史》(上册),姚梓良译，商务印书馆，1974，第 158 页。

③ 丘濂、刘畅:《穿越马六甲海峡，有船只，还有历史》,《三联生活周刊》2015 年第 30 期, http://www.dooland.com/magazine/article_710508.html。

环苏门答腊岛的海洋贸易与华商网络

六甲海峡南邻印度洋的通道，如此一来，荷兰人的海上势力也就成为东西方贸易的强势。①

真正改变马六甲贸易地位的是荷兰人的出现。在槟榔屿崛起之前，马六甲作为贸易中心的地位在环苏门答腊岛地区无可匹敌。但至荷兰统治马六甲的时代，其征税条件更为苛刻。荷兰当局规定任何通过马六甲海峡的船只，不论起货与否，一律要征税。不准亚齐、霹雳和吉打等国与摩尔人、马来人、中国人贸易。若要和中国商人进行贸易活动，必须先到马六甲缴付税款并领取通行证。公元1641年，规定进口税9%，出口税5%。公元1692年，货物不论在此起卸或出售，均征13%的进口税。公元1698年，荷兰殖民者在马六甲征收的税率，提高到20%。② 1641～1824年，荷兰控制马六甲的近两百年间，总督甚至设置了许多下属部门专门协助其征税。

荷兰统治时期的马六甲政府是隶属于巴达维亚政府管理的下属单位。由于过分依赖地方自治，马六甲地方开始无力抵御海面上的劫掠和陆地上的叛乱势力。1798年，巴达维亚接管了濒临破产的荷兰东印度公司，马六甲不再隶属于荷兰东印度公司，成为巴达维亚所管理的一个省份。拿破仑战争时，则直接由与法国订有联盟的巴达维亚共和国管理。而马六甲的居民基本上站于反法同盟一边，于是四散逃亡，全城人口仅剩3000人左右，经济衰败萧条。因之，荷兰人遂把经营港口的重心放在了巴达维亚，马六甲港则论为众海港中普通一员。"他们强迫商人们要去巴达维亚来做交易，如果你要去马六甲他们就把你赶过去。马六甲只是一个货品收集地，在那里集中当地的土产。它也用于保护海峡通过的船只。"伯士伯格这样说。③ 到18世纪

---

① 王琛发：《故国不堪回首月明中　从马六甲三宝山义塚看荷殖时代东南亚明末遗民的民族情结》，孝恩杂志网，http://www.xiao-en.org/cultural/magazine.asp? cat=34&loc=zh-cn&id=113。

② 〔英〕理查德·温斯泰德：《马来亚史》（上册），姚梓良译，商务印书馆，1974，第144～146页。

③ 丘濂、刘畅：《穿越马六甲海峡，有船只，还有历史》，《三联生活周刊》2015年第30期，http://www.dooland.com/magazine/article_710508.html。

80~90 年代初期，马六甲港口虽仍是经营着马六甲海峡的海洋贸易，但衰败景象也是惊人的。到荷兰人在 90 年代与廖内发生战争时，荷兰人彻底毁掉了马六甲附近的许多港口，从而消除了许多马六甲的竞争对手。① 但马六甲的没落已经一发不可收拾。

虽然马六甲的衰败势所难挡，但英国人的觊觎仍是难以掩盖。随着英国与荷兰在欧洲的势力消长，英国人的海洋力量开始蚕食荷兰人在亚洲海洋贸易。18 世纪中叶，英国人逐步在印度洋获得了控制权，但一直被挡在马六甲海峡门外。18 世纪 60~80 年代，英国商人的呼声汇成一片，并越来越迫切。这时，有人希望能找到一个符合三方面条件的地点，即作为同东南亚贸易的中心，在与中国贸易的航线上为往中国贸易的商船进行维修、补给和货物中转，并作为海军基地。于是，在英国东印度公司获得槟榔屿后，他们便试图将马六甲的贸易全部吸引到槟榔屿，但获取马六甲仍是英国矢志不渝的目标。

1824 年，英国人与荷兰人签订了《英荷条约》，英国人用苏门答腊岛的明古连交换，从荷兰人手中获得了马六甲，它与英国之前占据的槟榔屿和新加坡一起构成了英国的"海峡殖民地"。不过对于英国人来讲，此前已有了槟榔屿和新加坡来控制马六甲海峡，已经掌控了东南亚的贸易，对马六甲便放松了经营。马六甲当地作家赛基·贾丁在《马六甲风情》一书里痛心地写道："槟榔屿和新加坡，就像是在马六甲的棺材上又加了两颗钉子。"当 20 世纪 20 年代初，英国人萨姆塞特·毛姆来到这座城市，他已经强烈地感受到那种繁华不再的景象。他在游记里写："这座古城充满着怀旧的忧伤，这种忧伤存在于所有昔日重要的城市中，而如今，它们只能生

---

① 〔英〕理查德·温斯泰德：《马来亚史》（上册），姚梓良译，商务印书馆，1974，第 144~146 页。

活在对逝去荣耀的追忆中。"①

　　马六甲的繁荣和衰败，与香料贸易的崛起密不可分。香料的畅销促使欧洲人于 16、17 世纪开始嵌入或者构造复杂的亚洲海洋贸易网络。随之，南洋各地相继沦入西欧殖民列强的控制之下，其中马六甲尤为典型。其轮番遭受不同殖民者统治，命运多舛。而马六甲的波折命运恰是欧洲试图介入、控制乃至主导亚洲海洋贸易的前期尝试。在此情势下，中国与南洋各国的官属海洋贸易——朝贡贸易因此遭受破坏，制度亦因之崩解。而中国需要海外产品由来已久，不得不与欧洲殖民者进行海洋贸易。在这种国际变局下，明朝廷不得不重新调整对外海洋经营思路，改变以往做法，局部地开放海禁，力图能在东南亚的海洋贸易中继续保持权威，但形势不由人。

三　马六甲港口及其王国兴起时代的华商活动与华人移民

　　在葡萄牙人到来前，马六甲前就已经有中国人定居。公元 9 世纪时，已有华侨在吉打一带开采锡矿。② 元代以来，中国人在马来半岛经商定居的逐渐增多，有些还因贸易而从越南和泰国辗转迁徙而来。

　　繁荣强盛的马六甲吸引着大批的外来客商和移民，其中当然也包括无数来自中国大陆的华人。对此，宋哲美的《马来西亚华人史》有过清楚的表述："明代既以马六甲为对南洋贸易的中心，故中国商船均云集港内，每年初春顺西北季候风南来，夏季则顺东南季候风而返。其时，马六甲华侨大都来自闽省，男女顶结髻，习俗同中国，全城房屋，悉仿中国式，俨然为海外中国的城市。"③

---

① 丘濂、刘畅：《穿越马六甲海峡，有船只，还有历史》，《三联生活周刊》2015 年第 30 期，http://www.dooland.com/magazine/article_710508.html。
② 宋哲美：《马来西亚华人史》，香港中华文化事业公司，1964，第 64 页。
③ 宋哲美：《马来西亚华人史》，香港中华文化事业公司，1964，第 51 页。

据《闽都记》记载:明永乐(1403~1424年)时,福州商人往马六甲者有阮、芮、朴、樊、郝等姓,往马六甲国多年,娶番女生子,率之返国,形容甚古怪。可见,寓居马六甲的华侨,已经融入了当地社会,有了通婚。公元15世纪初费信也指出,"满剌加人周身肤漆黑,间有白者,唐人种也"。黄衷《海语》说:"南华人流寓者"食猪肉。在马六甲三宝山上发现一些华人遗址与一巨大墓地,墓碑中文虽已不清,叶华芬牧师认为其中有些墓至迟修建于16世纪初。亚伯奎的私生子在为其父作传中记马六甲苏丹时代曾任命四名沙班达尔(港长)协助处理外国案件,其中一名是中国人,又记马六甲第二位苏丹斯里·马哈拉阇(1424~1444年)娶中国甲必丹之女为妻。[1] 中国人也有任职于马六甲使节的。如正德五年(1510年)马六甲国王派遣来华的使者,就是江西万安人。[2] 明代中国与马六甲的友好关系更是为中国人移民马六甲创造了良好的社会环境。不仅如此,华侨在马六甲也受到重视,马六甲王国甚至任命了华侨担任港主(即沙班尔,Shahbandar),负责处理有关中国和印度支那商船的事务。[3]

"在马六甲,华人明显地比印度人占有优势,这可能是从15世纪初,他们对该地区起保护作用时开始的。他们除按惯例,向负责官员进呈礼物(百分之五)之外,不需再交港口费。"[4] 当时的马六甲及南洋的许多国家居民中,"国有三等人,回回人,唐人和土人,一等回回,皆西番流落此地"。这些"回回人",人数不少,影响力不小,致使"国王国人皆从回回教门,持斋受戒诵经"。黄衷《海语·满剌加》亦载:"其食禁食泵肉,华人流窝,或有食

① 克尼尔·辛格·桑杜:《华人移居马六甲》,梁英明译,载姚楠主编《中外关系史译丛》第3辑,上海译文出版社,1986,第19页。
② 《明实录·武宗正德实录》卷59。
③ 〔英〕理查德·温斯泰德:《马来亚史》(上册),姚梓良译,商务印书馆,1974,第112页。
④ 〔美〕约翰·F.卡迪:《东南亚历史发展》(上下册),姚楠、马宁译,上海译文出版社,1988,第203页。

者，辄见恶，谓其厌秽。"流寓该地的华人多是闽粤一带的人，他们绝大多数不是回族。一个离乡背井流落海外的人，要很快融入回民的社会中，皈依其宗教或通婚，本来倒不失一种较好的方式，但由于宗教文化带来的生活习俗差异，使两种文化下的人在共同生活中难免遇到困难。因此，当时流寓海外的华人要改变自己长期的生活习惯去适应另一种文化并不是件容易的事情。① 直到四百多年以后，英国博物学家窝雷斯（A. R. Wallance）到马六甲考察，都还亲眼看到："麻剌甲的人口为若干民族所组成。遍地都是的中国人，大概人数最多，都保持着本来的仪式、风俗同语言。土著的马来人人数稍少……"②

中国人移民马六甲主要有两种途径：一种是在民间贸易活动中居留海外，一种是在官方出使活动中夹带出国。第一种形式无须多言。如明代谢肇淛所言，"海上操舟者，初不过取捷径，往来贸易耳。久之渐习，遂之夷国"。与马六甲"彼此互市，若比邻然""射利愚民，辐辏竞趋"。③ 在马六甲王国时期，福建闽南地区与马六甲王国的来往关系尤为密切。闽南地区的泉州港在元代是中国最重要的对外港口，不少阿拉伯商人到泉州港贸易和定居。到了明代，又崛起了漳州月港和厦门港，这为闽南人民出国活动创造了非常好的条件。④ 而闽南与马六甲的密切贸易关系，造成大量闽南人移居马六甲，奠下了后来马六甲华侨以福建漳泉人为主的格局。而且，福建闽南的漳泉华侨在马六甲此后的历史中，一直扮演着华侨社会领导层的角色。在马六甲，无论是历代华侨甲必丹还是青云亭亭主，⑤ 均以漳泉籍华侨为主。而漳泉籍华侨也是当地最富有的族

---

① 黄光成：《郑和下西洋对东南亚华人移民的影响》，《东南亚》1996 年第 4 期，第 60 页。
② 〔英〕窝雷斯：《马来群岛游记》（上册），吕金录译，商务印书馆，1933，第 38 页。
③ （明）谢肇淛：《五杂俎》卷 4 地部二。
④ 张应龙：《郑和下西洋与满剌加的中国移民》，《学术论坛》2006 年第 3 期，第 189 页。
⑤ 林远辉、张应龙：《新加坡马来西亚华侨史》，广东高等教育出版社，1991，第 83 页。

群之一。透过马六甲的明朝墓碑可见，早期马六甲华人多来自闽南地区，以陈、戴、李、黄等姓为主。[①] 17 世纪初，马六甲的葡萄牙籍宇宙志学者易利迪亚（Emanuel Godinho de Eredia）在其著作中也提到，中国村的居民主要是来自中国福建的漳泉人，书中附图出现"漳州门"及"中国渠"的地标。[②] 西方学者洛博基尔认为：中国在马来世界的移民，绝大多数都是来自南部中国，特别是来自人口过剩的海岸地区，如广东和福建，广西、海南岛也占了少部分。由于季节风的配合，中国这些省份同马来世界更容易发生关系。[③] 李锐华的《马来亚华侨》和宋哲美的《马来西亚华人史》都提到，"马六甲附近有一中国山（今称三宝山）。靠近中国山有五井，其中一井，于明宣宗宣德五年（1430 年）左右，为华人所开掘，工程浩大。相传马六甲居民最初居住海上，架木为屋，出入不便，郑和初到马六甲时，土人始迁居陆上，学习耕种，因为缺水，遂教以掘井取水，这一口中国井的开凿，即始于此时"。[④]

郑和下西洋后，明朝对沿海人民出国的控制有所放松，马六甲作为国际贸易中心更是吸引各国商人，而郑和下西洋所形成的中马全面友好关系为中国人民到马六甲贸易和居留创造了非常好的基础。因此，中国人向马六甲的移民更甚于以往。

到 1641 年荷兰夺取马六甲时，马六甲城遭到极大的破坏，商业遭受毁坏，大部分人口被驱散。发生了这些大事后，华人社群人口大为减少，仅有 300 ~ 400 名。当时社群由一位甲必丹控制，他是小商人，其中文名字不详，仅知其英文译名为 Notchin（荷兰文音译为 Nootsian）。其中还有 33 位是由荷兰政府从巴达维用船舰载送到马六甲的新移民，他们被安排到马六甲开垦菜园和农田。由此可

① 唐苏民：《马来亚华侨志》，台北华侨协会，1959，第 78 页。
② 转引自张礼千《马六甲史》，新加坡郑成快先生纪念委员会，1941，第 329 页。
③ 洛博基尔：《马来亚世界》，转引自关汉华《明代南洋华侨初探》，《广东社会科学》1989 年第 1 期，第 75 页。
④ 宋哲美：《马来西亚华人史》，香港中华文化事业公司，1964，第 56 页。

环苏门答腊岛的海洋贸易与华商网络

见，当时本区域的华人数量已经为数不多，还需要从巴达维亚引进种植技能较好的华人。他们的经验老到和先进，受到荷兰人的器重。他们也充当着荷兰人的代理商。① 据鲍特（Balthazar Bort）总督于 1678 年的调查，此时，在马六甲城市中，中国人仅有砖屋 81 座，亚答屋 51 座，男性 127 人，女性 140 人，儿童 15 人，城北郊区中国人有 324 人，北郊海边 24 人，通往三宝山的路上 78 人，再加上其他一些小地方人数，马六甲城堡以外所有地区的中国人总数 825 人。② 主要是比较富裕的商人和工匠，畜奴总数达 290 人。从这一数字，我们大概可以了解马六甲华人是富裕的少数人口，但他们的人口比例还不到总人口百分之十。他们是依赖地区贸易优势而谋生。③

荷兰殖民者的想法本是要吸引大量华人以重新发展这个城市的商业。1678 年，马六甲的荷兰总督博特曾在给他的上司的报告中还谈到需要吸引大量人口，尤其是华侨的问题，说："这个国家必须有大量的人口，特别是勤勉的中国人，以便可以继续必要的土地垦殖和其他的交通和贸易。"④ 相应地，也采取一些强制手段招徕华人。因而，到马六甲定居的中国商人也逐渐多了起来。1750 年，增至 2161 人，比 1641 年增加了 4 倍。新加坡开辟后，华人曾一度减少，1817 年，马六甲华人减至 1006 人。但 19 世纪 20 年代后，马六甲华人又不断增加。1827 年为 3989 人，1842 年又增至 6882 人。⑤ 大

① 〔法〕苏尔梦：《碑铭所见南海诸国之明代遗民》，罗焱英译，载《海洋史研究》第四辑，社会科学文献出版社，2012，第 111~158 页。
② 〔英〕布赛尔：《东南亚的中国人》，徐平、王陆译，《南洋问题资料译丛》1958 年第 2~3 期，第 37 页。
③ 王琛发：《故国不堪回首月明中 从马六甲三宝山义塚看荷殖时代东南亚明末遗民的民族情结》，孝恩杂志网，http://www.xiao-en.org/cultural/magazine.asp?cat=34&loc=zh-cn&id=113。
④ Victor Purcell, *The Chinese in Malaya* (Kuala Lumpur: Oxford University Press, 1967), p. 29.
⑤ 〔英〕布赛尔：《东南亚的中国人》，徐平、王陆译，《南洋问题资料译丛》1958 年第 2~3 期，第 38 页。

体而言，荷兰统治马六甲期间，华人人口不多，增长也很慢，1750年最高峰时也不过 2161 人，为荷兰统治马六甲初期华人估计数的 5 倍。[①] 最关键的是马六甲的海洋贸易衰落，难以打动华人前来。

马六甲港口的崛起与海洋贸易密切相关。因而，马六甲的华人也主要是经商，或从事手工业，少量从事开采业。明隆庆年间（1567~1572 年）开禁准贩东西洋后，闽、粤商人赴吕宋、苏禄、暹罗、北大年、雅加达、万丹、占碑、亚齐、巨港和马辰等地贸易，其中不少海商、押运人员等留居当地；又明清交替之际，清政府厉行海禁、迁界，不许民间私自出海贸易，亦有相当华人乘搭商船出洋谋生散居各地，他们之中有商人、医生、裁缝、鞋匠、木匠、冶铁匠、泥水匠、油漆匠、搬运工人等。他们在当地社会从事各行各业，对马六甲及其他地区的经济开发贡献不少。[②]

例如，许栋（许二），是徽州歙县人，出生于一个经常往来于马六甲和中国之间的富商家庭，其家中成员有多人娶马六甲人为妻。16 世纪中叶，在明朝政府严厉的海禁政策下，他的家族延续数代之久的事业就成为明朝政府海禁政策的牺牲品。在这样的情况下，许栋与日本人和葡萄牙人合作，开始了他在东南亚的贸易和海上活动。许栋在 1548 年被明朝政府处决后，他的一位手下——王直继承了他的事业，继续在中国和泰国沿岸从事贸易和明朝政府视为不法活动的海上活动。[③] 法国航海家 Froger 留下了一份写于 1698 年的有关马六甲的详细描述，题为《明代移民的寺庙》。Balthazar Bort 多次反复暗示华人甲必丹 Si Sia（似乎是 Notchin 的接替者）作为荷兰东印度公司的代理商，购买树脂并将其储存在仓库中。1677

① 克尼尔·辛格·桑杜：《华人移居马六甲》，梁英明译，载姚楠主编《中外关系史译丛》第 3 辑，上海译文出版社，1986，第 194 页。
② 李木妙：《海上丝路与环球经济——以 16 至 18 世纪中国海外贸易为案例》，载《三条丝绸之路比较研究学术讨论会论文集》，2001，第 230 页。
③ 〔美〕安乐博：《南洋风云：活跃在海上的海盗、英雄、商人》，张兰馨译，《海洋史研究》第一辑，社会科学文献出版社，2010，第 153~169 页。

环苏门答腊岛的海洋贸易与华商网络

年，在 Si Sia 死去这一年，他曾派遣一条船前往福建，并为了荷兰东印度公司的利益在福建亏本出售一船胡椒。华商通过自己的网络经营活动，将荷兰东印度公司控制的东南亚岛屿紧紧联系在一起，为推动市场统一、民族国家统一做出了力所能及的贡献。[①] 此外，18 世纪末谢清高在其口述的著作《海录》中提到，"闽粤人至此（指马六甲）采锡及贸易者甚众"。[②] 锡是马六甲的主要出口物，"以斗锡通市"，就是盛产锡锭，以此出口。[③] 据记载，吉兰丹和丁家奴等处均产锡。"明朝永乐年间，闽粤人多至满剌加（马六甲）采矿贸易。"[④] "民以溪中淘沙取锡，煎销成块，曰斗块，每块重官秤一解（斤）四两。"[⑤]

当然，无论是经商还是采掘业，布赛尔认为：荷兰统治时期与葡萄牙统治时期一样，华人在马六甲的经济中并没有占主要地位。在某种意义上，这无疑是真的。[⑥]

到 1644 年，明朝被清政府推翻后，一批忠于明朝的义士逃往东南亚避难，他们逐渐定居下来后，亦官亦商，与殖民者的命运紧紧连接在一起。不少避难义士如马六甲第二任甲必丹李为经，就来到了马六甲定居。李为经，厦门人，马六甲青云亭内立于 1685 年的《李为经颂德碑》称他因明朝覆亡而"航海而南行，悬车此国"。[⑦] 荷殖时代的马六甲华人郑芳扬，原籍漳州龙溪。他们为了生活，是经常和福建的海商互有沟通的，甚至本身也可能是海商集团

---

① 〔法〕苏尔梦：《碑铭所见南海诸国之明代遗民》，罗焱英译，《海洋史研究》第四辑，社会科学文献出版社，2012，第 111～158 页。

② 谢清高口述、杨炳南笔录《海录校释》，"麻六呷"，安京校释，商务印书馆，2002，第 45 页。

③ 郑光耀：《中国古代对外贸易史》，广东人民出版社，1985，第 242 页。

④ 魏源：《海国图志》卷 9。

⑤ 费信：《星搓胜览》，"满剌加国"。

⑥ 〔法〕苏尔梦：《碑铭所见南海诸国之明代遗民》，罗焱英译，载《海洋史研究》第四辑，社会科学文献出版社，2012，第 111～158 页。

⑦ 饶宗颐：《星马华文碑刻系年（纪略）》，《中文学会学报》第 10 期，新加坡大学文化学会，1969，第 10 页。

的其中一员。同时，他们也支援反攻、心向光复大陆的海外忠贞人士，拥有反清复明的决心。1677年，郑芳扬去世后，他的墓碑上中榜写明"文山显考甲必丹明弘郑公之墓"，他的儿子文玄为他立的神主牌牌面上是"大明显考芳扬郑府君神主"，牌内侧也载曰"大明甲必丹郑公启墓"。可见南服遗民誓死忠贞，不愿降清的志愿。①

　　尽管葡、荷殖民统治对马六甲国际贸易中心地位造成破坏，但马六甲依然是马来半岛的国际贸易中心，留在马六甲的华侨依靠自己的聪明才智，积累了一定的资本，掌握了国际贸易的技巧，学习了能与外界沟通的欧洲语言。因此，到19世纪，随着马来半岛开发步伐的加快，尤其是新加坡和槟榔屿的崛起，一批事业有成、占有先机的马六甲漳泉籍华人转到新加坡和槟榔屿发展，并在19世纪马来西亚和新加坡华侨社会中占有重要的地位。

环苏门答腊岛的海洋贸易与华商网络

---

　　① 王琛发：《故国不堪回首月明中——从马六甲三宝山义塚看荷殖时代东南亚明末遗民的民族情结》，孝恩杂志网，http://www. xiao - en. org/cultural/magazine. asp？cat = 34&loc = zh - cn&id =113。

第二节 马六甲港口及其王国的海洋
贸易与华商网络

马六甲王国的不断强大和它所处的独特地理位置,使马六甲港成为世界上各种商品的交易中心。从世界各地航来的大海舶停靠在马六甲海港一带,桅樯林立,由附近海岸驶来的小船在马六甲河穿梭往来,呈现出生机勃勃的繁荣景象。马六甲商业贸易活动最频繁的时间是从每年 11～12 月至次年 4～5 月。其时,远东和西亚的大海舶乘季风分别前来,在其他时间,东南亚地区的商人则继续保持这个商业中心的繁荣。11～12 月,中国的商船乘东北季风,并在强大的顺风海流推动下来到这里。到马六甲的中国商人运来了大量的绸缎、蚕丝、纺织品、陶瓷器,还有麝香、樟脑、硝石和铜铁器及大黄等各种药物。他们用这些货物换取印度以西商人运来的珍宝、香料、象牙、玻璃器皿等货物。[①] 中国商人到马六甲经商的也为数不少。他们提供东方物产,和远道而来的欧洲商人、阿拉伯商人在马六甲港聚集交易,成就了马六甲港繁华的海洋贸易。

一 马六甲与中国的海洋贸易

1. 中国香料消费与马六甲王国的官方海洋贸易

古代使用名贵香料是贵族富有的标志。自宋朝香料使用普及以

---

① 李柏槐:《古代印度洋的交通与贸易》,《南亚研究季刊》1998 年第 2 期,第 18 页。

来，明朝时期的香料需求日渐高涨。明朝宫廷日常用香名目与数量惊人，宫中专门设立有司香的职位管理香料日常用度。历代皇家注重祭天祀祖，焚香是重要的宗教信仰活动。香料的昂贵，还因其具有药用功能。很多香料具有芳香避秽功效，可用来治疗秽浊不正之气进入（侵害）人的心经导致的突然神昏、迷乱等"恶气注心"症状。与前代相比，明代中国饮食调味有了很大变化，主要表现在加大了对香料的利用，[①] 这一系列推高了社会对香料的需求。

而明朝香料的进口贸易，主要有以下途径：①通过朝贡贸易输入香料。明朝时期朝贡贸易达到鼎盛。明太祖朱元璋初登上帝位，即向海外各国遣使，并且一年多次出使邻国，外国使团也随之不断来中国进行朝贡贸易。到永乐年间，朝贡贸易发展达到顶峰。特别是郑和下西洋，不仅出使东南亚各国，而且足迹更远至阿拉伯半岛和非洲东海岸。在此之后，各国来华使节不断，尤其是东南亚各国使节及贸易团体，朝贡贸易的频繁程度达到中国数千年封建社会的顶峰，极大促进了香料贸易的繁荣。②通过走私贸易输入香料。私人贸易在明初就偶有出现，政府实行海禁政策时，民间贸易只能以走私进行。尽管朝廷颁布禁令，严禁私人海外贸易，但由于需求巨大，利润丰厚，所以屡禁不止。正德、嘉靖年间，私人海外贸易进入鼎盛时期，走私贸易中香料是其中最主要物品。除了国内商人出海贸易外，海外贸易商亦不时地进行香料出口贸易，特别是东南亚国家，有些海外私商，也冒充使臣来华朝贡。③通过合法贸易输入香料。明朝后期，政府面对民间巨大的贸易需求，逐渐允许在广东、福建、浙江等沿海地区进行民间贸易，贸易的合法化使得香料贸易步入了一个全新的阶段。尽管税收很重，但贸易量急剧增加，

环苏门答腊岛的海洋贸易与华商网络

---

① 严小青、张涛：《郑和与明代西洋地区对中国的香料朝贡贸易》，《中国经济史研究》2012 年第 2 期，第 77～79 页。

香料种类也不断增多，进口香料的数量急剧增加。①

社会巨大的香料需求，高额的利润回报，这也是促使郑和下西洋主要动因之一。郑和船队所到达的东南亚、印度洋沿岸、东非诸国在历史上均是香料产地。如印尼马鲁古群岛又称香料群岛，主要生产豆蔻；索马里素称香料之角，主要生产乳香和没药。南亚、西亚、红海、波斯湾一带自古以盛产香料闻名于世，如占城国的伽蓝香（一种高品质沉香）是"惟此国一大山出产，天下再无出处"；旧港国的金银香是"中国与他国皆不出"；柯枝国"土无他产，只出胡椒，人多置园囿种椒为业"；② 苏门答腊国"胡椒广产"。③ 香料自古是这些地区的主要产业。15 世纪初，北苏门答腊各港每年的胡椒达 15000～20000 播荷（bihar，也作 bahara，古代东南亚地区的一种计量单位），绝大部分是出口中国。④ 据估计，15～16 世纪每年有 50000 包约 2000 吨胡椒流入中国。⑤ 总之，在郑和下西洋的刺激下，中国成了东南亚香料的大市场。

荷兰学者范·勒尔估计每年运到中国的胡椒数量是五万袋，重 2000 吨，约占印尼胡椒总产量的六分之五。苏木的进口数量，每年船运量达 200 到 300 吨。马鲁古群岛也有华商的商业活动，主要是运去丝绸、衣料等，转手购得沉香、肉豆蔻等特产，运回中国。到明朝后期，葡萄牙商人利用其殖民地优势及便利的贸易路线，充当起了海外香料贸易的主力军，从印度和东南亚等地运来大量的香料。1511 年，葡萄牙殖民者占据了马六甲这个交通枢纽，以此为据点向东南亚和中国扩张。嘉靖元年（1522 年），葡萄牙商船到达福

① 宋经纶、杜小军：《浅析明代香料的进口贸易》，《社科纵横》2016 年第 2 期，第 145 页。
② 《明史》卷 81，"食货五"。
③ 《明史》卷 324，"外国五"。
④ 〔新〕尼古拉斯·塔林主编《剑桥东南亚史》第一卷，贺圣达等译，云南人民出版社，2003，第 187 页。
⑤ J. C. Van Leur, *Indonesia Trade and Society*, *Eassys in Asia Social and Economy History* (The Hague：W. van Hoeve Ltd.，1955)，p. 125.

建，开始运来了大量东南亚出产的胡椒、沉香、苏木、檀香等香料，投入中国市场。①

随着明朝政府与东南亚地区朝贡关系的建立，朝贡贸易迅速发展起来。大量的中国丝帛、瓷器、金银换来海外的香料、珍珠、宝石等奢侈品，其中也包括大量东南亚的高档纺织品。仅明朝东南亚地区向中国进贡的布料品种，据《明会典》、《明史》、《瀛涯胜览》以及《东西洋考》四种书统计，共计达五十多种，在各种进口货物中占有很大的比例，如蕊布、油红布、白缠头布、撒哈剌布等，西洋布皆为其中的一种。② 据《续文献通考》所载，当时向中国进贡西洋布的东南亚国家有暹罗、马六甲和锡兰（今斯里兰卡）。此外，亚齐（今印尼苏门答腊岛北部的亚齐特区一带或专指其首府班达亚齐）、忽鲁漠斯（今伊朗霍木兹海峡中的克歇姆岛东部的霍木兹岛）、渤泥（位于今加里曼丹岛或指北部文莱或指西岸一带）也产西洋布。从进贡的国家数目来看，西洋布并不是东南亚国家普遍进贡的布料。因此西洋布很可能是这些国家和地区从外地贩来后再进贡给中国的。③ 到了明朝东南亚地区仍然延续着元朝以来的西洋布贸易，并以朝贡贸易的方式传入中国内地，形成了印度—东南亚—中国的三角贸易，与当地最大宗的香料贸易联系在一起。④

郑和下西洋对明代香料朝贡贸易的兴盛功不可没。但是，16世纪前后，许多东南亚香料产地相继被荷兰、西班牙、葡萄牙等殖民帝国占领，他们用暴力手段禁止所占领的地区与中国交往，导致了明末香料海洋贸易的式微。由此，私人主控的华商海洋贸易逐渐兴盛。

环苏门答腊岛的海洋贸易与华商网络

① 宋经纶、杜小军：《浅析明代香料的进口贸易》，《社科纵横》2016年第2期，第146页。

② 张维华：《明代海外贸易简论》，上海人民出版社，1956，第58~72页。

③ 转引自王元林、林杏容《十四至十八世纪欧亚的西洋布贸易》，《东南亚研究》2005年第4期，第87页。

④ 转引自王元林、林杏容《十四至十八世纪欧亚的西洋布贸易》，《东南亚研究》2005年第4期，第87页。

2. 华商与马六甲的私人海洋贸易

明中后期，中国在马六甲的贸易，像磁铁般吸引来了远近各地的商人，对于马六甲国际市场的形成起了很大的促进作用。[1]

闽省"漳、泉一带，芝蔗煮汁造糖，获利颇丰……有殷实民人，自置商船往洋贸易，生计颇广，原不专赖农田"。[2] 如成化七年（1471 年），福建龙澳人丘弘敏等人泛海到此贸易。[3] 成化十年（1474 年）十二月，工科右给事中陈俊等出使占婆，因占婆被安南所侵据，"俊等遂不敢入，然其所赍载私货及挟带商人数多，遂假以遭风为由，越境至满剌加国交易"。[4] 谢肇淛《五杂俎》云：中国贸易满剌加者"夏去秋来，率以为常"，可见在海禁时期，私航并未中断。1508 年葡萄牙国王为此指令调查马六甲之中国商船、商品、商人等情况。1509 年葡萄牙人 Diego Lopessegueira 在马六甲港口见有中国四只商船，1511 年亚伯奎进攻马六甲时，又见有五只中国商船停泊，他曾派使者附中国商船至暹罗。[5] 据日本学者小叶田淳的研究，在葡萄牙占领马六甲之前，漳州港每年有 4 艘商船抵达马六甲。[6]

1510 年 2 月 6 日，于前一年在马六甲被捕的葡萄牙人路易·德·阿劳若（Rui de AraXjo）等人给葡印总督阿丰索·德·阿尔布克尔克写信，其中披露了中国商船往返马六甲的航行时间和运载的商品结构：中国人到达这里的时间是 4 月，从这里返回中国的时间是 5 月，航行往返各需时间 20～30 天，运来麝香、缎子、锦缎、樟脑、一定量的大黄、真珠和许多珍贵商品。他们每年来 8～12 艘

---

[1] J·Kennedy, *A History of Malaya*（New York, 1962），p. 3.

[2] "国立"故宫博物院编辑委员会编《宫中档乾隆朝奏折》第 10 辑，"国立"故宫博物院，1982，第 772 页。

[3] 《明实录·宪宗成化实录》卷 97，第 8～9 页。

[4] 《明实录·宪宗成化实录》卷 136。

[5] 转引自黄盛璋《明代后期船引之东南亚贸易港及其相关的中国商船、商侨诸研究》，《中国历史地理论丛》1993 年第 3 期，第 68 页。

[6] 傅衣凌：《明清时代商人及商业资本》，人民出版社，1980，第 124 页。

船，运回大量的胡椒和一定量的丁香。① 在葡萄牙殖民者占领马六甲之前，华商在马六甲与葡印总督阿丰索·德·阿尔布克尔克有过交流，该书也提到了一些华商在马六甲的细节：华商说，几天以前，马六甲国王曾扣住他们的人，不准他们离开，因为他要把他们船上的人武装起来，帮他对付阿鲁王（Rey de Dar）；他们还向总督许诺，如果他占领了马六甲，所有各船将满载货物来到马六甲。总督对华人感到高兴，对他们说，他们应该适时离开，记住给他的承诺。当得知他占领马六甲后运载商品前来马六甲；他请求借用他们的船把人送上岸，他们愉快地接受了这项请求。② 透过这段描述，一方面我们可以理解，华商在马六甲有着巨大的利益诱惑，虽然有所不满，但也必须接受。此时的马六甲海洋贸易发达，华商能在此地实现多重需求。另一方面我们也可以看出，葡萄牙人对华商继续在马六甲贸易的期待。

前往马六甲的中国商人运载有大量的绸缎、蚕丝、纺织品、陶瓷器，还有察香、樟脑、硝石和铜铁器及大黄等各种药物。在马六甲市附近的圣保罗山出土的约 500 年前的 7000 件碗碟、盆钵等碎件，许多绘有各种栩栩如生的动物，具有鲜明的明代艺术风格。中国商人到马六甲主要是换取胡椒和各种香料、锡、象牙、染料和玻璃器皿等货物。其中，价值最大的两种商品是胡椒和象牙。③ 他们为了与乘西南季候风而来的印度以西的商船交换商品，常常住在马六甲等候，或者定居当地。④ 通过经营中国商品的贸易，一来一去之间，马六甲王朝大获其利。据载，15 世纪的马六甲，一般按货值抽税，但东方来的商人，不必缴纳商税，却需送上一笔大约相当于

环苏门答腊岛的海洋贸易与华商网络

---

① 转引自张廷茂《关于 16 ~ 17 世纪初华商在东南亚活动的西方文献》，《中国史研究》2004 年第 2 期，第 141 页。

② 转引自张廷茂《关于 16 ~ 17 世纪初华商在东南亚活动的西方文献》，《中国史研究》2004 年第 2 期，第 151 页。

③ C. R. Boxer, *The Great Ship from Amacon: Annals of Macao and the Old Japan Trade, 1550–1640* (Lisbon: Centro de Estudos Historicos Ultramarines, 1959), p. 7.

④ 余思伟：《马六甲港在十五世纪的历史作用》，《世界历史》1983 年第 6 期，第 68 页。

货值 1% 或 2% 的礼物。① 这种以实物进贡的形式支付税额，尤以马六甲最为典型。且中国商人送去的货物甚为丰富，这成为马六甲王朝的利益重要来源之一。

3. 葡萄牙占领后华商与马六甲的海洋贸易

公元 1494 年，葡萄牙人达伽马（Vasco do Garna）首次航抵印度古里（Calicut），标志葡萄牙海洋势力东进亚洲的开始。

历史学家指出，达伽马的船队在古里可能已与来自中国的海商相遇。② 但双方密切的商贸往来，可能还是在马六甲港口。葡印总督阿丰索·德·阿尔布克尔克（Afonso de Albuquerque）在 1512 年 8 月 20 日自科钦（Cochin）写给葡王的信中，提及了葡中两国商人以马六甲为衔接点而建立的贸易联系以及交易品种：陛下派出的大船每年为马六甲的秦人（Chins，即中国人）运去马拉巴尔的胡椒，他们带来的货物只有丝绸、黄金和大黄。马六甲的商船已经与秦人结伴而行，往返不断，航行时间不像陛下所认为的那样长，而是一条很近的航路。③ 1514 年 1 月 6 日葡人 Andrew Corsalis 给公爵 Lorenzo de Mediei 的信中说："中国商人涉大海，载察香、大黄、珍珠、锡、瓷器、生丝及各种纺织品，如花续、绸缎、锦缎等甚多，至麻六甲贸易者，其人多才巧不亚吾辈。" 1515 年另一葡人 Duast Basfosa 寄自马六甲的信说：向中国贩卖胡椒，可获利三倍。④

1511 年，葡萄牙占领马六甲港口后，试图垄断马六甲的贸易，故他们以马六甲为基地，前往中国贸易之船接连不断。《明史》卷 325 "满剌加传"："自为佛郎机所破，其风顿殊，商舶稀至，多直

---

① M. A. P. Mei Linl_Roe Coysg, *Asian Trade and European Influence in the Indonesian Arehipllago Between 1500 and about 1630*（Hague，1862），p. 43. 转引自陈伟明《明清粤闽海商的海外贸易与经营》，《中国社会经济史研究》2001 年第 1 期，第 20 页。

② 杨国桢：《十六世纪东南中国与东亚贸易网络》，《江海学刊》2002 年第 4 期，第 15 页。

③ 转引自张廷茂《关于 16～17 世纪初华商在东南亚活动的西方文献》，《中国史研究》2004 年第 2 期，第 140 页。

④ 转引自黄盛璋《明代后期船引之东南亚贸易港及其相关的中国商船、商侨诸研究》，《中国历史地理论丛》1993 年第 3 期，第 69 页。

诣苏门答腊，然必取道其国，率被邀劫，海路几断，其自贩于中国者则直达广东香山澳，接迹不绝云。"① 1513 年占领马六甲后的司令官 Rui de Brit Patalim 派遣 Jorge Alvanes 指挥一船来中国，于年底归返马六甲。② 虽然如此，马六甲的繁荣地位在当时仍无法替代。故而，华商与马六甲的贸易仍持续进行着。

当葡萄牙确定占领马六甲后，带有疑惑的华商开始试探性地前来贸易。公元 1513 年，4 艘中式平底船（Junco）自中国来到马六甲，几乎没有装载货物。这次他们组队而来是为了观察该地的情况，指挥者是他们的船长 Cheilata，他就是迪奥戈·洛佩斯·德·塞克拉（Diogo Lopes de Sequeira）在此遇到的那位年长的中国人。他对该城的沙帮代尔（Bemdara）和官员的建议感到满意。陛下的 1 艘中式平底船运载胡椒前往中国，4 艘船与 Cheilata 同行。该信还记载了华人商船往返运载的商品结构：他们从中国运来麝香、米珠、各种绸缎、瓷器、锦缎及其类似的货物。这些货物被运到这里大量出售。中国是这里所知道的最大的国家。从这里向那里运去胡椒及这里所能得到的其他各种香料、黄金和其他货物。他们运来大量的丝绸，也运来白银。③ 1515 年 1 月 8 日，马六甲新任甲必丹若热·德·阿尔布克尔克（Jorge de Albuquerque）在致国王曼努埃尔的信中记载了中国商船经由宾坦来马六甲贸易的情况：宾坦（Bintam）位于新加坡海峡的海口，中国和交趾支那以及暹罗、渤泥、吕宋诸王国的船都经由那里来到马六甲。④ 曾于1500～1517 年在葡政府任职的 Duarto Barbosa 于葡占领马六甲后曾记有不少的中国的

---

① 转引自黄盛璋《明代后期船引之东南亚贸易港及其相关的中国商船、商侨诸研究》，《中国历史地理论丛》1993 年第 3 期，第 70 页。

② 转引自黄盛璋《明代后期船引之东南亚贸易港及其相关的中国商船、商侨诸研究》，《中国历史地理论丛》1993 年第 3 期，第 69 页。

③ 转引自张廷茂《关于 16～17 世纪初华商在东南亚活动的西方文献》，《中国史研究》2004 年第 2 期，第 140 页。

④ 转引自张廷茂《关于 16～17 世纪初华商在东南亚活动的西方文献》，《中国史研究》2004 年第 2 期，第 141 页。

船载来与换回的大量货物名单。

而托梅·皮雷士在 1515 年完成的《东方诸国记》一书中，尤为详细地记载了华商在马六甲贸易的情况。他在关注中国文明的同时，也关注了中国商人在东南亚，特别是马六甲的贸易活动。中国人乘中式平底船载货来到马六甲，带来白色素丝、各色锦缎和花缎、大量的米珠、无数的各种瓷器、铜、明矾、麝香、金叶币、华丽的扇子（Avanos Ricos）以及许多其他东西。自马六甲返回时，运走胡椒、木香、儿茶、少量的丁香。他们运回的主要货物是胡椒。（他们的船）7 月离开马六甲，往返航行需时 7 ~ 8 个月。据说中国有 1000 多艘中式平底船，各自前往对其有利的地方开展贸易。在该书的另一部分，作者进一步详述了马六甲和中国贸易的商品结构：来自马六甲的货物主要是胡椒，如果货源充足，他们每年购买 10 船胡椒；丁香和肉豆蔻的购买量不大；木香和儿茶购买量稍大；他们购买大量的香、象牙、锡和沉香；还购买大量的渤泥樟脑、红念珠、白檀香、胭脂、新加坡乌木、坎贝的光玉髓、驼绒、红布和染色毛料。除了胡椒以外，其他货物都是祭祀品。来自中国的主要货物是大量的素丝，染色的丝绸，各种缎子、花缎、塔夫绸和绫子。他们成批地运来大量形状各异的米珠。粉状和囊状的麝香既好又多，肯定不比勃固的差。大量的药用樟脑、明矾、硝石、硫黄、铜、铁；铜锡合金的杯子、铸铁锅、盆和便盆等，这些东西数不胜数。贵金属、扇子和各种各样的针，这些都是做工精细、货源丰富的上等货。他们也运来黄金和白银，但我见到的不多。各式各样的锦缎很多，而瓷器更是不计其数。中国出产大量质量上乘的糖。据说，所有船每年都运来 1 巴哈尔麝香。[①]

葡萄牙商业代理佩罗·巴里格在 1527 年 8 月 3 日致信葡王，汇报 1 个月以前外商来马六甲贸易的情况，其中也有包括华商的信

[①] 转引自张廷茂《关于 16 ~ 17 世纪初华商在东南亚活动的西方文献》，《中国史研究》2004 年第 2 期，第 146 页。

息：3 艘漳州的中式平底船和 9 艘勃固的船到达马六甲。3 艘漳州的船运来许多瓷器、大量的锦缎、各种丝绸、樟脑、钉子，以及许多中国货物。① 甚至，1527 年 9 月 10 日，马六甲甲必丹若热·卡布拉尔（Jorge Cabral）致信葡王若昂三世，其中除记载是年华商来航马六甲的情况外，还特别披露了福建商船出海的规模和目的地："商船从各地来到马六甲，包括中国漳州来的 2 艘船，我隆重地接待并宴请了它们的船员，其中的 1 艘因为没有货物而留了下来，另 1 艘已经返回，并表示愿意在下个季风期再来。来到这里的漳州商人说，已经有 30 多艘船从他们那里出海，开往异他、北大年、淡目、马六甲（仅 2 艘）和林加（Linga，1 艘）。"②

由上可知，至少在葡萄牙人占领马六甲后的前半个多世纪的时间马六甲仍然保持繁荣。根据 16 世纪末，葡萄牙在马六甲的市政厅做出的统计，每年有 2 万多名阿拉伯商人会来到马六甲交易。③但由于葡萄牙试图垄断马六甲海洋贸易的行为，也促使华商开始采取多样化方式，以分散贸易风险。华商也试图另觅贸易港口。1514 年 1 月 6 日，葡萄牙驻马六甲要塞司令路易·德·布里托·巴特林（Rui de Brito Patalim）分别致信葡王和葡印总督，其中披露了 1513 年华人商船来马六甲贸易和返航中国的情况以及华商对马六甲易手的态度。致葡王的信说：异他出产黑胡椒和长胡椒（pimenta longa），中国人航行到那里，运走许多胡椒。④ 到 1530 年，在马六甲与文莱之间他们又建立了贸易关系。因为在文莱城居有许多中国商人，这些商人从事文莱和华南之间以及文莱和北大年之间

① 转引自张廷茂《关于 16～17 世纪初华商在东南亚活动的西方文献》，《中国史研究》2004 年第 2 期，第 142 页。
② 转引自张廷茂《关于 16～17 世纪初华商在东南亚活动的西方文献》，《中国史研究》2004 年第 2 期，第 142 页。
③ 丘濂、刘畅：《穿越马六甲海峡，有船只，还有历史》，《三联生活周刊》2015 年第 30 期，http://www.dooland.com/magazine/article_710508.html。
④ 转引自张廷茂《关于 16～17 世纪初华商在东南亚活动的西方文献》，《中国史研究》2004 年第 2 期，第 140 页。

环苏门答腊岛的海洋贸易与华商网络

的商货贩运。[①]

随着隆庆年间局部开放海外贸易，华商又迅即涌向海外市场。当时民间贸易华船则主要依"船引"为证。大概在隆庆元年（1567年）开禁的同时发给船引，民间私商出洋贸易获得官府的批准认可。当时中国海外贸易的影响虽广涉世界范围，但中国的商船直接由福建的海澄月港发舶往来贸易的地区，主要为东南亚的各个商港，这可以从中国当局所发出的有东、西洋船引的数量、抵达的目的地等反映其贸易情况。[②] 崇祯三年（1630年），"出海商船约达千计"，[③] 时已近明末，船引制度徒具其名，无船引远比船引者多，合以千计亦不过。这些商人的船运载各种中国货来到马六甲，能卖到很好的价钱。他们运来很多铁器、硝石、染色的丝绸和其他小件货品。他们回航时，船上装载大量产自苏门答腊和马拉巴尔的胡椒，以及来自坎贝的多种药材，诸如鸦片、香、珊瑚以及坎贝和帕雷阿卡特的布料。他们就这样返回故乡。许多中国人航行时随船携带妻子和儿女，总是生活在船上，在陆地上没有房子和其他住所。[④] 但是，马六甲早已经不是华商的唯一贸易之地。佛朗西斯科·皮拉尔·德·拉瓦尔（Francisco Pyrard de Laval）于1601～1611年游历东方并写成《1601～1611年拉瓦尔游记》一书，记载了华人在万丹、马六甲和马尼拉等地有广泛的活动。他注意到马六甲仍是所有商品的仓库，贸易量非常之大。且好望角以迄中国的整个地区的各国商人，将数不清的船开来这些岛屿进行贸易，所以，那里可以遇到阿比西尼亚、阿拉伯、波斯、古吉拉特、坎贝、果阿、马拉巴尔、孟加拉、中国、日本以及印度所有其他地方的商人。从各地带

---

① N. J. 赖安：《十六世纪的马来亚》，桂光华译，《南洋资料译丛》1983年第2期，第97页。

② 黄盛璋：《明代后期海禁开放后贸易贸易若干问题》，《海交史研究》1988年第1期，第155～156页。

③ 《明崇祯长编》卷41。

④ 转引自张廷茂《关于16～17世纪初华商在东南亚活动的西方文献》，《中国史研究》2004年第2期，第147页。

到这些岛屿的钱，通过交换劣质货物、小玩意儿和假宝石，全被中国人赚去，运回了中国。① 但据其描述，万丹港、马尼拉港的商贸也不逊色，且有大量的华商活动于此。

马六甲因其地处多元贸易的中心和枢纽地位，自东南亚海洋贸易转向以海岛为依托之后，马六甲即成为这些汇集线的中心，成为"东南亚的贸易中心并显赫多时"。② 巨大的海洋贸易利益，虽然诱使葡萄牙、荷兰的殖民统治者试图垄断港口的贸易收益，或者垄断马六甲与中国的海洋贸易，但中国海商在东南亚的地位仍无法撼动。且明清之际，中国海外贸易的发展有其国内的历史基础：其一，明中叶以后商品经济的发达，尤其是农业、手工业的迅速发展，为海外贸易提供发展的物质基础；其二，当时中国发达的造船工艺与成熟的航海技术，则为海外贸易提供发展的技术前提。③ 多种因素之下，围绕马六甲的华商私人海洋贸易一直持续着。

当然，华商能长期地在东南亚水域掌握优势，欧亚两洲不平衡的市场需求、中国市场的封闭性、华人在东南亚水域的散置网络以及大规模经营的不经济、不平衡市场需求，决定了欧洲必须依赖亚洲和中国的生产。中国市场的封闭性使本国海商长期享受这个市场独占的利润，华人的散置的贸易网络则为中国海商创造了外部经济环境，欧洲人大规模的经营因受制于当时商业结构而不能发挥效率。④ 其中，特别要提到的是闽商网络，他们的商业网络，东起日

---

① 转引自张廷茂《关于16~17世纪初华商在东南亚活动的西方文献》，《中国史研究》2004年第2期，第144~145页。

② Nordin Hussin, *Trade and Society in the Straits of Melaka：Dutch Melaka and English Penang, 1780 – 1830*（NUS Press, 2007），p. 63.

③ 李木妙：《海上丝路与环球经济——以16至18世纪中国海外贸易为案例》，载《三条丝绸之路比较研究学术讨论会论文集》，2001，第154页。

④ 张彬村：《十六至十八世纪华人在东亚水域的贸易优势》，见张炎宪主编《中国海洋发展史论文集》第三辑，（台北）"中央研究院"中山人文社会科学研究所，1988，第345~368页。

本的长崎岛，西至马来半岛南端的马六甲，几乎覆盖了 1800 年之前东南亚和东亚地区的绝大部分主要的贸易港埠。① 这为他们赢得与欧洲人竞争海洋贸易的诸多优势，是仍能够在殖民统治时期获得重视的海洋性商业群体。

二 马六甲港口的跨国海洋贸易

（一）面向印度、中东及欧洲等地的海洋贸易

转口贸易是马六甲商业贸易中最重要的部分。当郑和大船队绝迹于亚洲海域之后，马六甲充分运用了明王朝建立起的贸易网络，既有面向东方中国的贸易，也有面向印度洋的贸易。同时，围绕帝国内部的跨境贸易也十分盛行。

从印度古吉拉特等港口来的商人主要是交换来自中国的丝绸、生丝、瓷器、察香和东南亚的特产——丁香、肉豆蔻、檀香、安息香、小粒珍珠、黄金和锡，以及出产于班达群岛的羽毛珍贵的鸟。在 15 世纪中后期的马六甲国际贸易市场上，1000 多个古吉拉特商人组成了最有影响、商业资本最雄厚的商业集团。② 14～18 世纪，原产印度的西洋布是东南亚贸易中最为重要的商品之一，在元代就见于中国文献，自明代起作为部分东南亚国家的贡品输入中国。16世纪以后，东来的西方殖民者不但带来了产自西欧的西洋布，同时参与到东南亚地区的西洋布贸易中，使之成为香料贸易的补充。在马六甲的外国商人中包括棉布商、香料经营者、来自马德拉斯的齐智放债人和富有的船主。因此印度和东南亚地区之间实际上是一种西洋布与香料的易货贸易。这种贸易还延伸至欧洲，"在马六甲日益扩大的贸易中，一个主要的组成部分是用印度（主要是古吉拉

---

① 钱江：《古代亚洲的海洋贸易与闽南商人》，亚平、路熙佳译，《海交史研究》2011 年第 2 期，第 30 页。

② 〔英〕K. S. 桑德赫：《早期的马来西亚》（K. S. Sandhu, *Early Malaysia*），P. 惠德礼（P. Wheatloy）注释，新加坡大学教育出版社，1973，第 5 页。

特）的棉布换取东印度的香料以运往欧洲市场"。①

杜亚尔特·巴尔博札曾这样描述当时的马六甲，"迄今这里住着各种大批发商，有摩尔人，也有异教徒，其中很多人来自科罗曼德尔，他们是有大产业的人"，他们"把货物用好价钱在马六甲销售出去，而带回了波梨迦帝（Paleacate，今印度马德拉斯的普利卡特）和摩罗补（Mailapur，今印度东南沿海的马苏利帕特南）的布"，"从马六甲城出航的船也有到马鲁古群岛的，去载运丁香，带到那边去出售的，有很多甘琶逸布、棉花和各种丝绸、来自波梨迦帝和孟加拉的其他布匹、水银、熟铜、钟和盆、中国钱币、胡椒、瓷器、葱、蒜以及其他各式各样的甘琶逸货物"。② 这里成为各地商人贸易的据点，香料贸易和西洋布贸易繁荣一时，尤其是欧洲人对香料的喜爱，大大刺激了该地区的各种贸易。当时印度地区棉纺织生产遍布全国，科罗曼德尔海岸的一些地方和孟加拉湾的许多城市和村庄是出口棉布的主要中心。托梅·皮雷士在所著的《东方诸国记》中说，"在他们带往马六甲的货物中，布匹是最大项目，远较其他货物为多"，带回来的则是东南亚地区盛产的丁香、豆蔻香料、肉豆蔻、檀香等各种香料。③

与此同时，西亚来的商人也为数众多。因为，马六甲王国时期，也正是古代阿拉伯人航海贸易最后的鼎盛时期。阿拉伯人继承了公元 7 世纪阿拉伯帝国兴起以来在航海贸易领域的辉煌，几乎垄断了印度洋的贸易。他们的据点遍布印度洋沿岸，印度半岛西南岸的瞿折罗是其中最重要的据点和最大的中转基地。阿拉伯商人从开罗、麦加、亚丁和波斯湾港口出发，汇集到瞿折罗的主要港口坎贝

① 〔美〕约翰·F. 卡迪：《东南亚历史发展》，姚楠、马宁译，上海译文出版社，1988，第 201 页。

② 〔英〕理查德·温斯泰德：《马来亚史》（上册），姚梓良译，商务印书馆，1974，第 106～108 页。

③ 〔英〕霍尔：《东南亚史》，中山大学东南亚研究所译，商务印书馆，1982，第 268 页。

和其余港口，"在瞿折罗进行贸易后，去他们的公司提货"，然后趁西南季风，于3月份乘船直驶马六甲。他们横越孟加拉湾，通过马六甲海峡，马六甲遂成为他们在南海地区重要的据点和中转基地。①到15世纪中期，马六甲的名声已远播西亚，"各国皆知满刺加为一大国，人口繁衍，物产殷阜"。亚丁、忽鲁模斯（今译霍尔木兹）、古吉拉特和榜葛刺等地的君主，修函给马六甲王国，并遣使赠送礼物，同时鼓励其商贾到马六甲通商贸易，这是促成西亚商人踊跃前往通商的主要原因之一。② 坎贝和马六甲的贸易关系几乎相互依赖，托梅·皮雷士认为："马六甲不能没有坎贝而生存，而坎贝也不能没有马六甲"，从坎贝港口来的穆斯林商人在马六甲所有的外国商人中占很大的比例。③

据巴布沙回忆，从马六甲城出航到马鲁古群岛的商船，主要以坎贝、婆梨迦帝和孟加拉等地来的各种布匹、棉花、水银、铜器、钟、盆和中国铜钱、瓷器及其他日用品，交换当地的丁香。从马六甲出发到帝汶岛的船只，到那里出售铁、斧、小刀、弯刀、剑和来自婆梨迦帝与坎贝的布、铜、水银、银朱、锡、铅和大量的坎贝烧珠，主要换取白檀香，还有蜜蜡和奴隶。出航到班达的船只，以坎贝的货物换取豆蔻，也到苏门答腊载运胡椒、生丝、钻石和黄金，还到其他各岛采购樟脑和沉香。从马六甲出航到东南亚各地交换物品的商船，可能也包括一些外国的船舶。马六甲王国在东南亚（主要在海岛部分）的贸易活动，有助于伊斯兰教的广泛传播，通商促成了马来群岛的许多国家皈依伊斯兰教。④

在当时，马六甲本身是东南亚区域内部海洋贸易商货的一个集

---

① 周中坚：《马六甲：古代南海交通史上的辉煌落日》，《广西文史》2014年第1期，第32页。

② 余思伟：《马六甲港在十五世纪的历史作用》，《世界历史》1983年第6期，第68页。

③ 〔英〕K. S. 桑德赫：《早期的马来西亚》（K. S. Sandhu, *Early Malaysia*），P. 惠德礼（P. Wheatloy）注释，新加坡大学教育出版社，1973，第5页。

④ 余思伟：《马六甲港在十五世纪的历史作用》，《世界历史》1983年第6期，第73～74页。

散中心。从苏门答腊贩来胡椒、黄金、象牙和大米;从爪哇运来副食品、大米、樟脑和布;从霹雳收集锡,在某些时候,马六甲从暹罗进口黄金。[①] 5~9月,东南亚群岛一带的大小船只,在东南风的推动下到达马六甲。来自马鲁古群岛的船舶满载着丁香等香料,从班达群岛、望加锡、帝汶和苏门答腊东南部等地来的船舶,运来大量的肉豆蔻、胡椒和其他货物。爪哇人的船只,载来大量的米和牛、羊、猪、鹿、咸肉、家禽和葱蒜等物,还有很多武器如枪、斧、短刀等,以及其他零星小件和黄金。菲律宾群岛的商人在这个时候驾着帆船满载糖、烟叶、麻绳、椰子等土特产,前来交易。他们到马六甲换取各种自己所需求的东西,如中国的瓷器、药物和坎贝等地的各种布匹、弯弓、硝石及其他日常生活用品。在中南半岛这边,每年有30多艘暹罗的商船,满载虫胶、安息香、苏木、象牙、铜器、宝石、金银和大量的暹罗粗布,南下交易,回航时船上装满了交换得来的香料、水银、朱砂、吉宁布、软棉布、羽毛、蜜蜡、白玛瑙贝、五倍子等各色各样的货物。当东北季风停息的二三月间,在下缅甸勃固港口,约有15条商船装着柚木、稻米、各种宝石、银、芳香剂等货物沿着马来半岛的西海岸南下,交易各种货物后在7月返航时又到巴塞购买大批胡椒,然后北上回国。印度支那地区的通商注意力主要放在中国,但也有占婆、柬埔寨等王国的商船载着桂皮、黄连等药物和鱼干到马六甲交易。马六甲王国管辖下的马来半岛各土邦是马六甲市场锡以及蔬菜等农副产品主要的供应基地。当地的小商贩们划着轻快的舢板在马六甲的河口港汉穿梭往来。[②]

接下来,约一个世纪里,葡萄牙继承了之前马六甲王国的贸易

① N. J. 赖安:《十六世纪的马来亚》,桂光华译,《南洋资料译丛》1983年第2期,第99页。

② 转引自余思伟《马六甲港在十五世纪的历史作用》,《世界历史》1983年第6期,第69页。

环苏门答腊岛的海洋贸易与华商网络

模式，即以马六甲为中心，攫取或吸纳马鲁古群岛、爪哇岛和苏门答腊岛等地的丁香、肉豆蔻、肉豆蔻干皮、胡椒等，然后销往欧洲、印度和中国等地。从贸易航线上看，主要经营的是马六甲—果阿—里斯本、马六甲—中国的国际贸易。① 他们发现印度布匹是在东南亚地区进行交换的实用商品项目，并积极参与其中，控制了马六甲和亚齐香料和西洋布的易货贸易，总算弥补了贸易的不平衡。② 葡萄牙人认为把文莱当成朋友比把它当成敌人更合算一些，因为文莱的港口作为马六甲与摩鹿加群岛之间的停泊点以及马六甲和澳门之间的停脚点是有用的。到 1530 年，他们在马六甲与文莱之间又建立了贸易关系。③

　　葡萄牙人在亚洲建立的贸易体系非常赚钱。印度布（特别是棉织品），先运到马六甲，然后在该地换香料。香料的船货或者运往中国去换丝绸或其他货物；或者先装运到果阿，然后装船运列欧洲。葡萄牙把香料、丝绸和瓷器从亚洲运到欧洲。这些商货都能卖到好价钱。譬如说用 45 元买进的一宗胡椒货，在葡萄牙的卖价大约等于 1800 元。这种贸易所获利润是如此大，以至于葡萄牙王国的海外贸易收入相当于葡萄牙本国税收的 4 倍。④

　　利润惊人的东方贸易诱惑着荷兰人，促使他们在 1641 年驱赶了葡萄牙人在马六甲的势力。1658 年，经过与葡萄牙军队长达 20 年的战争，最终控制了整个锡兰，遂于 1660 年控制了香料群岛的贸易，并且成为印度半岛上的重要力量口。"荷兰人很快就发现，用现钱购买胡椒和香料不方便，而且注意到古查拉特和科罗曼德海

---

① 赵文红：《试论 16 世纪葡萄牙以马六甲为支点经营的海上贸易》，《红河学院学报》2011 年第 5 期，第 50 页。

② 〔新〕尼古拉斯·塔琳主编《剑桥东南亚史 I》，贺圣达等译，云南人民出版社，2003，第 292 页。

③ N. J. 赖安：《十六世纪的马来亚》，桂光华译，《南洋资料译丛》1983 年第 2 期，第 97 页。

④ N. J. 赖安：《十六世纪的马来亚》，桂光华译，《南洋资料译丛》1983 年第 2 期，第 99 页。

岸的棉织品在马来群岛很有销路。他们决定要从阿拉伯和印度商人手里把这种贸易夺过来,然后用进口的棉织品去交换胡椒和香料。"① 因此他们也积极加入到西洋布的贸易活动中来,并成为这项贸易最成功的经营者。不仅如此,荷兰人还把西洋布贸易结合暹罗大米贸易,与中国和日本进行多角贸易,他们首先用值钱的布匹换取暹罗大米,并将大量的胡椒和皮革运往中国和日本,"香料、胡椒和布匹运往中国是要换取中国货物来同日本进行贸易,日本人则以白银、黄金和铜来支付,这些金属在印度马上可以售出,而在印度又可以获得更多的布匹来进行香料贸易,再次运往中国"。② 这样荷兰就把香料、西洋布、大米和贵金属贸易有机地结合起来,形成一个良性循环的商业系统,从中获取巨大的经济利益。③

由此我们可知,在西方人东来之前,亚洲国际贸易网已经形成,而且极为繁盛。英国学者霍尔指出:"人们曾经描述马六甲说,它不是普通意义上的商业城市,而是在贸易季节中中国和远东的产品与西亚和欧洲的产品进行交换的一个大集市",④ 是亚洲贸易体系中的一个重要节点。等到西方殖民势力于 16～17 世纪到来时,他们也不得不嵌入这一体系之中。当然,西方海洋势力的加入,推动了亚洲贸易网络向印度洋与太平洋扩张,把东西方的经济连接成一个整体,建立起新的世界贸易体系。这种跨洲越洋的海上贸易对中国传统的朝贡贸易产生了很大的冲击波。

(二) 马六甲港口为枢纽的华商海洋贸易

1. 向东方日本的海洋贸易

伴随着马六甲港口的兴起,中国商人的海洋贸易甚为活跃。虽

---

① 〔印度〕辛哈·班纳吉:《印度通史》,商务印书馆,1964,第 494 页。
② 〔美〕约翰·F. 卡迪:《东南亚历史发展》,姚楠、马宁译,上海译文出版社,1988,第 269～282 页。
③ 王元林、林杏容:《十四至十八世纪欧亚的西洋布贸易》,《东南亚研究》2005 年第 4 期,第 88 页。
④ 巩珍:《西洋番国志》,中华书局,1961,第 267 页。

然受明朝屡次海禁冲击，但郑和下西洋以来开创的海洋贸易格局未受到影响。华商（中国出发，还有许多定居亚洲各港口地的华商）合法或非法走向海外贸易的步伐一直未停止。航路的探索也逐步扩大。

根据 16 世纪漳州火长使用、首页题为《顺风相送》的针路抄本，传抄自 15 世纪的古本，记录了自月港门户浯屿、太武出发的往西洋针路 6 条，即浯屿—柬埔寨；浯屿—大泥（今马来西亚 Patani）、吉兰丹（今马来西亚 Kota Baru）；太武—彭坊（今马来西亚彭亨州北干 Peken）；浯屿—杜板（今印尼东爪哇厨闽 Tuban）；浯屿—杜蛮（即杜板）、饶潼（地与杜板相连）；太武、浯屿—诸葛担篮（今印尼加里曼丹岛）。[①] 由此，向达教授总结指出，16～18 世纪中国记载的"针路"大致上分为六个区域，即①柬埔寨、赤坎（越南的 Ke Ga）、暹罗区；②马来半岛区；③古里区；④爪哇区；⑤吕宋；⑥日本区。[②] 这六个区域其实是互相联系和互相交叉的，他们构成亚洲海上交通和商业网络。马六甲以其优越的地理位置，北上中国、越南、柬埔寨、泰国，南下印尼、菲律宾，西往印度、波斯湾和非洲，东接日本，成为亚洲重要的国际贸易港口。

16 世纪末及 17 世纪初为亚洲海上贸易的高峰期。日本德川幕府自 1603 年成立以来，便致力于发展南洋贸易往来。日本主要目的是从南洋获得中国及南洋的生丝及其他商品。幕府鼓励商人（主要是华商、欧人次之）从南洋各地前来长崎、平户及博多等九州港口进行贸易。最初南洋的出发港多达十九个，后限于东京、广南、柬埔寨及暹罗四地。日本人以南洋为"奥国"，故称南洋船为"奥船"。南洋船是亚洲海上贸易的巨无霸，船体比中国本土、欧洲及日本的商船都大很多。它们大部分属于台湾郑氏政权及南洋华商。往来南洋与日本的华商不但与日本华侨有联系，而且其中不少日后

---

① 杨国桢：《闽在海中》，江西高校出版社，1998，第 53～67、195 页。

② 向达：《两种海道针经》，中华书局，1982，第 9～10 页。

因工作或政治等理由选择在日本定居下来。特别是明亡后很多在日本的华商以明遗民自居而不返中国，变成被称为"在宅唐人"的归化人。日本华人的数目在 17 世纪初激增。前往日本定居及生活的华人，除商人外还有海盗（如李旦）、水手、技工及学者（如朱舜水）等。[①]

中国在明末清初实施海禁，这些在日本活动或半定居的华商大都从事南洋贸易。透过血缘及地缘的联系，他们与中国（主要是台湾）及南洋的华商建立起三角贸易关系。很多华商居无定所，往返于南洋与日本之间。当时，日本政府因闭关锁国政策，实行朱印状制度。1604～1635 年共颁发 356 张朱印状给日商及小部分在日本定居的外国人。有 11 个（郑、黄、欧阳、薛、魏、李、林、张共八姓）日本华商获得共 43 张朱印状，从而可以继续从事南洋贸易。[②]这 11 个华商都是长期从事南洋贸易的家族。他们大部分原籍福建，在中国及南洋均有其势力和关系网，幕府也得利用这些华商的贸易网络。至于拿不到朱印状的大部分日本华商便只好转行或辅助拥有朱印状的日商或华商。[③]例如，林家兄弟的三官、四官、五官、六官等都获得朱印状多次去南洋各国贸易。[④]幕府一直以南洋贸易为中国贸易的一环。所以从中国及南洋来日的中国人都统称"唐人"，他们的船则叫"唐船"。其实清船与南洋船根本是无法清楚划分。大部分中国船都穿梭中、日及南洋三地。所谓南洋船其实也多由中国人控制，一些经中国（以南京普陀山为多）驶往日本，也有直航日本的；另有不少清船则转折南洋后才去日本。以上种种情况，造

---

① 转引自吴伟明《17 世纪的在日华人与南洋贸易》，《海交史研究》2004 年第 1 期，第 52 页。

② 转引自吴伟明《17 世纪的在日华人与南洋贸易》，《海交史研究》2004 年第 1 期，第 52 页。

③ 转引自吴伟明《17 世纪的在日华人与南洋贸易》，《海交史研究》2004 年第 1 期，第 52 页。

④ 陈荆和：《清初华舶之长崎贸易及日南航运》，《南洋学报》1957 年第 13 卷，第一辑，新加坡南洋学会，第 1 页。

成即使同一艘船在不同的年份来日，因抵日前最后停泊港口的不同而给于不同国籍的分类。[1]

朱印状制度到 17 世纪 20~30 年代亦渐式微。主要是因为日本与南洋诸国的交往中断及日本赴南洋的商船锐减。南洋的日本町亦随之消失。这对日本的日商及在日华商都是沉重打击。日本与南洋的贸易变得倚重从南洋前来的商船。中国大陆商人及荷兰商人乘虚而入，成为日本与南洋贸易的主力。他们将东京、广南及吕宋的生丝及物产运日以换取日本的银、铜等贵重金属。[2] 因而，在日华商逐渐在地化经营，不再出洋，成为衔接海外前来日本港口贸易的华商联系人。

2. 东南亚区域内的转口贸易

马六甲作为区域贸易中心，世界商品的汇聚地。通过港口的集聚能够、东西方航线的枢纽地位，牵动着区域内各地人、财、物的联动，构建起区域内的转口贸易网络。当然，受中国海禁政策影响，以及不断地华人迁居，华商得以参与其间，成为这种网络的构建者、参与者。

（1）北大年的海洋贸易

1511~1641 年葡萄牙统治马六甲，设立甲必丹制度管理各社群。中国商人逐步受到葡萄牙排挤，于是华商分散风险，有些改到马来亚东岸、暹罗湾的北大年、曼谷、越南、苏门答腊的其他口岸做买卖。若昂·德·巴罗斯（1496~1570 年）和迪奥戈·多·科托先后衔接完成的多卷本编年史《亚洲》也记载了若干年份华人前往马六甲、万丹、巽他和北大年等地贸易的情况：1516 年 9 月底，费尔南·佩雷斯起程，到达了从马六甲向暹罗王国延伸的陆地岸

---

[1]　陈荆和：《清初华舶之长崎贸易及日南航运》，《南洋学报》1957 年第 13 卷，第一辑，新加坡南洋学会，第 11~12 页。

[2]　转引自吴伟明《17 世纪的在日华人与南洋贸易》，《海交史研究》2004 年第 1 期，第 52 页。

边，入泊属于同一王国的北大年的港口，华人、琉球人、爪哇人和所有附近岛屿的许多船汇集到此，因为它在商业上非常著名；由于我们夺占了马六甲，那些地区的所有商船频繁到此贸易。[①] 1545 年 11 月 28 日，佩罗·德·法里亚致信葡印总督若昂·德·卡斯特罗，亦披露了中国商船前往北大年和巽他等地贸易的船队规模：中国人每年开 12～15 艘中式平底船去北大年，同样数量的船去巽他，从那些地方运回大量的胡椒。[②] 出生于蒙特雷（Monterrey）的加里西亚人佩罗·迪茨（Pero Diez），曾多次往返于日本、特那德和蒂多雷岛（Tidore）之间。根据他的口述：1544 年 5 月，他乘一艘华人的中式平底船（Junco）从北大年出发，来到了位于中国海岸的漳州（Chincheo）。后又从南京渡船到达了日本岛，在那里的一个港口，停泊着 5 艘中国人的中式平底船，他们都是居住在北大年的华人，在这些船上有一些葡萄牙人。[③] 而针对华商分散各地，远离马六甲贸易的情形，1591 年，安东尼奥·费尔南德斯·德·伊列受命为马六甲的商船采购胡椒。他曾致信国王说，过去几年中，随着柔佛被摧毁，大量的胡椒涌到了马六甲。若能阻止福建人到巽他、北大年、彭亨、占碑、丁机宜（Andragiri）和其他地方采购，那么，就会有更多的胡椒来到马六甲。这封信说明，到 16 世纪末，华商经营胡椒贸易的地理范围已经相当广泛。[④] 根据上述多人记述说明，此时华商的经营范围已不限于马六甲一地，他们趋向多地化，从而规避葡萄牙试图垄断马六甲贸易的风险。

而在荷兰占据马六甲后，华商同样受限于荷兰的垄断政策，从

① 转引自张廷茂《关于 16～17 世纪初华商在东南亚活动的西方文献》，《中国史研究》2004 年第 2 期，第 150 页。
② 转引自张廷茂《关于 16～17 世纪初华商在东南亚活动的西方文献》，《中国史研究》2004 年第 2 期，第 143 页。
③ 转引自张廷茂《关于 16～17 世纪初华商在东南亚活动的西方文献》，《中国史研究》2004 年第 2 期，第 144 页。
④ 转引自张廷茂《关于 16～17 世纪初华商在东南亚活动的西方文献》，《中国史研究》2004 年第 2 期，第 143 页。

环苏门答腊岛的海洋贸易与华商网络

而不得不舍近求远，继续在北大年开展着海洋贸易。北大年是当时荷兰人获得丝绸和瓷器等中国货物的主要地方之一。例如，1608 年 7 月 28 日，荷兰商馆日记记载，该年在北大年的荷兰人向中国商人订购了大批的瓷器，包括黄油碟 50000 枚、碟 50000 枚、黑色壶 1000 个、大碟 1000 枚、大碗 1000 个，以及若干小碗、葡萄酒壶 500 个、小水壶 500 个、漂亮的大杯 500 个、小调味杯 500 枚、漂亮的水果碟 200 枚、盐罐 1000 个，以及漂亮的直径 2.5 英寸的大碟 200 枚。[①] 不过，这一时期中国商品并不重要。1615 年，亨德里克·詹斯从北大年给总督昆的信中即称："运回荷兰的货物仍是不甚重要的货物，有价值约 1700 里亚尔的中国瓷器。[②] 除北大年之外，中国私人海商还每年定期将瓷器、丝绸等商品运到会安、东京、巴达维亚、阿瑜陀耶、柔佛、锦石等地与荷兰商馆交易。1622 年，32 艘福建帆船自海澄月港驶往东南亚贸易。其中，3 艘赴巴达维亚，8 艘赴北大年，2 艘赴锦石，2 艘往比马（Bima），17 艘较小的帆船去东京。[③] 此时，北大年成为华商绕道马六甲的获取东南亚香料等商品的重要港口。

（2）马鲁古群岛的香料贸易

除北大年外，马鲁古香料群岛的直接贸易也是华商另一他途。马鲁古群岛位于印尼东部，在菲律宾、巴布亚、澳洲和苏拉威西之间，赤道横贯其中。丁香和肉豆蔻是这个区域最重要的两种经济作物。丁香的原生长地在马鲁古群岛北部的特尔纳特、帝多雷、马基安、巴占等火山岛，在 16 ~ 17 世纪才被移植至马鲁古群岛中部的安汶和色兰岛；肉豆蔻原产地则在马鲁古群岛中部，主要的栽培地

---

① 〔日〕三杉隆盛：《海上丝绸之路》，创元社，1968，第 102 页，转引自黄盛璋《明代后期船引之东南亚贸易港及其相关的中国商船、商侨诸研究》，载《中国历史地理论丛》1993 年第 3 期，第 66 页。

② T. Volker, *Porcelain and the Dutch East India Company, 1602 – 1682* (Leiden: E. J. Brill, 1954), p. 26.

③ 转引自钱江《十七至十八世纪中国与荷兰的瓷器贸易》，《南洋问题研究》1989 年第 1 期，第 86 页。

点在班达岛及邻近的其他小岛。由于生长条件的特殊限制，丁香和肉豆蔻很难被移植，18 世纪之前仅产于马鲁古群岛。[①]

在马六甲市场上，汇集着马鲁古群岛的丁香、班达群岛的肉豆蔻、爪哇和苏门答腊的胡椒、龙脑和安息香。以香料为主的南海特产，从马六甲向西运往印度、西亚、欧洲，向东运往中国。《明史》"满剌加传"列举满剌加（马六甲）的贡物云："满剌加所贡物有玛瑙、珍珠、玳瑁、珊瑚树、鹤顶、金母鹤顶、琐服、白布、西洋布、撒哈剌、犀角、象牙、黑熊、黑猿、白麂、火鸡、鹦鹉、片脑、蔷薇露、苏合油、栀子花、乌爹泥、沉香、金银香、阿魏之属。"所列共 25 种贡品，包括植物、动物、矿物、布料等种类，以原料性产品为主，也有制成品。原产于马六甲的是少数，大部分来于南海各地，也有西洋布、白布等印度和西方产品。1433 年（宣德八年）和 1455 年（景泰六年）马六甲进贡的骆驼和马，更是远至西亚的产物。贡品的多样丰富显示了马六甲这座国际大港口对外联系的广泛和市场的富饶。[②]

从马鲁古的两种香料没有固定的集散中心以及早期文献缺乏对香料群岛的清晰认识的情况来看，或可判断 10 世纪之前的丁香和肉豆蔻贸易是一种"沿线式"（down the line）的交换系统，亦即物品从产地沿交通线经由群体和群体之间的辗转交换往外传递，最终造成商品无明显的方向性及中心性。因此，东南亚以外的亚洲商人多分别从离本地最近的地区，如越南、泰国、马来半岛、东海、爪哇等地，输入丁香和肉豆蔻，甚至于还可以推论东南亚土著在早期贩运丁香和肉豆蔻的历史过程中扮演更为重要的角色。[③] 马鲁古群

环苏门答腊岛的海洋贸易与华商网络

---

① 熊仲卿：《亚洲香料贸易与印尼马鲁古群岛的社会文化变迁》，《中山大学学报》（社会科学版）2015 年第 3 期，第 153 页。

② 周中坚：《马六甲：古代南海交通史上的辉煌落日》，《广西文史》2014 年第 1 期，第32 页。

③ 熊仲卿：《亚洲香料贸易与印尼马鲁古群岛的社会文化变迁》，《中山大学学报》（社会科学版）2015 年第 3 期，第 156 页。

岛也有华商的商业活动，主要是运去丝绸、衣料等，转手购得沉香、肉豆蔻等特产，运回中国。

（3）暹罗的海洋贸易

在暹罗，华商深为王室所倚重。为此，暹罗王把王室商业委托华商经营。尤其是在中暹参与马六甲港口的国际海洋贸易活动中，华商扮演中间经纪人的重要角色。据《增补华夷通商考》载：太（大）泥、六崑（坤）、满剌加、潘丹（万丹）等地并不直接与日本贸易，而是由若干华商从中代理贸易。①

马六甲港口帝国的崛起，是继室利佛逝及三佛齐王朝衰败后的海上帝国。它以海洋贸易立国，繁荣富强。同样，因为它发达的海洋贸易体系，也酝酿了它的坎坷命运。殖民者对商业利益的追求，促使他们走向东方，到达中国，马六甲遂成为重要的跳板和前奏。而葡萄牙人的东来，亚洲海上贸易体系开始发生变化，出现了一些新的互动因素和商机。于是，越来越多的中国商人、小贩、渔民和农民纷纷加入到民间海外贸易活动的行列中。与此同时，马六甲港口之外的商埠也因葡萄牙的垄断政策和不断增加的华商移民得以开辟和繁荣，形成一主多辅的贸易网络。此后不久，由于西班牙人与荷兰人的先后东来，漳州月港地区和台湾开始崛起，17世纪亚洲区域性海上贸易网络更是多元化、网络化。而在这个贸易网络中最重要的参与者是华商（可能大部分为福建海商），因为他们总是能非常敏捷地捕捉到新出现的商机，同时也总是能够很快地适应新的环境。② 由此，亚洲的贸易格局开始迈入一个新的局面。

---

① 转引自李木妙《海上丝路与环球经济——以16至18世纪中国海外贸易为案例》，载《三条丝绸之路比较研究学术讨论会论文集》，2001，第185页。

② 钱江：《古代亚洲的海洋贸易与闽南商人》，亚平、路熙佳译，《海交史研究》2011年第2期，第40页。

第三节　后马六甲时代亚齐、柔佛的海洋
贸易与华商活动

葡萄牙于 1511 年占领马六甲后，妄图实施贸易垄断，对过往和停留马六甲的商人征收高额税收，并采取各种措施牵制华商。因而，许多商人纷纷另辟他路，从而开启了以马六甲为主，遍地开花的海洋贸易格局。亚齐和柔佛，作为马六甲海峡一北一南两个海洋商贸港口的兴起，即是葡萄牙的垄断政策使然。

一　亚齐的海洋贸易与华商活动

亚齐又谓"哑齐"，即今苏门答腊岛北端之 Ache，其地发现有成化七年（1471 年）钟（俗称狄青钟）。《东西洋考》："哑齐即苏门答腊国，一名苏文达那，西洋之要会也……贡舶还往，财物充韧……入明始称苏门答腊。"苏文达那（即须文达那）大约是在公元 13 世纪下半期的小国，故地在今苏门答腊东北部的洛克肖马韦（Lhokseumawe）。1292~1297 年，伊斯兰教通过印度胡茶辣人传到这里。不久，王国的中心迁至巴赛，从此这个王国就以巴赛为名。但一般史学家称它为须文达那 – 巴赛（Pasei）。须文达那的出现和发展，大概与三佛齐的国势衰弱有关，另外也与它处于中西海上交

通中转的重要地理位置有关。①

至元十九年（1282 年），元朝曾遣使至该国，与之建立关系。及至元朝用兵爪哇（1293 年），又曾顺便遣使至该国。明朝建立不久，须文达那即派出使者与我国交往。据《明史》"须文达那传"的记载："洪武十六年（1383 年），国王殊旦麻勒兀达盼遣使俺八儿来朝，""命赐王大统历，绮罗、宝钞，使臣袭衣，或言须文达那即苏门答腊，洪武时所更。"明成祖朱棣即位后，两国之间关系有进一步发展，据同书记载："成祖初，遣使以即位诏谕其国。永乐二年（1404 年）遣副使闻良辅、行人宁善赐其金文绮、纱罗，招徕之。中官尹庆使爪哇，便道复使其国。三年（1405 年），郑和下西洋，复有赐。（郑）和未至，其酋宰奴里阿必丁已遣使随庆入朝，贡方物。……遂比年入贡，始成祖世不绝，郑和凡三使其国。""宣德元年（1426 年）遣使入贺。五年（1430 年），……遣（郑）和及王景弘遍历诸国，……苏门答腊与焉。明年（1431 年）遣使入贡者再。八年（1433 年）贡麒麟。九年（1434 年），王弟哈利之汉来朝，卒于京。帝悯之，赠鸿胪少卿，赐诰，有司治丧葬，置守塚户。时景弘再使其国，王遣弟哈尼者罕随入朝。……自是贡使渐稀。成化二十二年（1486 年），其使者至广东，有司验无印信勘合，乃藏其表于库，却还其使。别遣番人输贡物京师，稍有给赐。自后贡使不至。"从上述记载，可知须文达那与我国的关系时颇为密切的。须文达那虽然是偏处于苏门答腊东北角的一个小酋长国，但明朝先后派出闻良辅和宁善、尹庆、郑和及王景弘等使臣前往该国，表明明朝统治者对它的友好。公元 1434 年后，须文达那贡使渐稀，那时由于马六甲兴起代替前者控制了马六甲海峡，而须文达那最后也就灭亡了。②

到公元 15 世纪时，苏门答腊国为亚齐所灭，而巴赛国亦于

---

① 温广益、蔡仁龙等编著《印度尼西亚华侨史》，海洋出版社，1985，第 29 页。
② 温广益、蔡仁龙等编著《印度尼西亚华侨史》，海洋出版社，1985，第 30 页。

1435 年为亚齐所灭，故《东西洋考》称亚齐国即苏门答腊国。郑和在七次出使中，曾"三使其国"。该国与明朝关系密切，是南洋华侨聚居地区之一。《明史》卷 325 "苏门答腊传"："贡物有宝石、玛瑙、水晶、石青、回回青、善马、犀牛、龙涎香、沉香、速香、木香、丁香、降真香、刀、弓、锡锁服、胡椒、苏木、硫贡之属，货舶至贸易称平……四方商贾辐辏，华人以地远价高，获利倍他国而至。"①

此外，在苏门答腊东北部兴起的那孤儿等酋长国，在 15 世纪上半期也与我国有过交往。《明史》有记载："那孤儿，在苏门答腊之西，……永乐（1403～1424 年）中，郑和使其国，其酋长常入贡方物。黎伐，在那孤儿之西，南大山，北大海，西接南渤利。……隶苏门答腊，……永乐中，常随其使臣入贡。""南渤利，在苏门答腊之西。……永乐十年（1412 年），其王马哈麻沙，遣使附苏门答腊使入贡。……遣郑和抚谕其国。终成祖时，比年入贡，其王子沙者罕亦遣使入贡。宣德五年（1430 年），郑和遍赐诸国，南渤利亦与焉。""阿鲁，一名哑鲁，近满剌加。……永乐九年（1411 年），王速鲁唐忽先遣使附古里诸国入贡。……十年（1412 年），郑和使其国。十七年（1419 年），王子段阿剌沙遣使入贡。十九年（1421 年）、二十一年（1423 年）、再入贡。宣德五年（1430 年），郑和使诸藩，亦有赐。其后贡使不至。"②

在 14 世纪中叶，这个地区同马来半岛一样，也被大爪哇帝国满者伯夷所征服。1416 年，中国人报道它是一个农民、旱稻和胡椒种植者、牛羊和家禽饲养者的国家。直至 1511 年，马六甲的陷落，标志着古代南海交通史的终止，也象征着东南亚古代史的结束和近代史的开端。马六甲"为佛朗机所灭，其风顿殊。商舶稀至，多直

環蘇門答臘島的海洋貿易與華商網絡

---

① 《明史》卷 325 "苏门答腊传"，转引自饶宗颐《苏门答腊岛北部发现汉钱古物记》，《选堂集林》（下）1096 页，据所引林小眉诗原注"明颁赐亚齐主之钟尚存"。

② 温广益、蔡仁龙等编著《印度尼西亚华侨史》，海洋出版社，1985，第 31 页。

诣苏门答腊"。葡萄牙殖民者的掠夺，使马六甲"海路几断"。商人纷纷另辟其他通道。因而，马六甲海峡的航运中心开始向苏门答腊北端的亚齐转移。普遍的一个说法是因为葡萄牙人占据马六甲后征收过高的过境税、停泊税，导致原先交易的商人远离了马六甲，尤其是那些与其天主教信仰完全不同的阿拉伯商人，这样马六甲开始逐渐凋零。此时马六甲海峡还有新崛起的两个贸易中心可供商人们来进行交易：一个是位于苏门答腊岛西北端、信奉伊斯兰教的亚齐王国；另外一个是柔佛王国，由马六甲末代苏丹马哈茂德的儿子阿拉乌德丁在流亡一段时间后开创，它们分流走一部分阿拉伯商人。①

由于亚齐这一股第三势力的到来，马来半岛的政治形势因之复杂起来。亚齐这一个北苏门答腊国家，自 16 世纪以来，特别是在葡萄牙人占领马六甲以后，其力量日益增长。当葡萄牙人占据马六甲后，中东来的许多商人（特别是穆斯林商人）就利用亚齐作为他们在东南亚的停靠港口。实际上，早在 1511 年，许多穆斯林就已经从马六甲逃到文莱和亚齐定居或经商。这使亚齐的居民渐渐富强，以至他们开始有了扩张其势力的动力。1591 年，亚齐尚未著名，曾经劫掠过一艘在它的海岸附近遇难的葡萄牙船只，杀死几个船员，并把其余的人俘获，这些人最后由波散港长予以释放。后来葡萄牙人向港口进攻，只落得兵败被逐回舟。由此，佩迪尔和波散两个胡椒港口为亚齐征服，使亚齐由于在这个商品上同古吉拉特进行交易以及更大规模的对华贸易而富裕起来。② 马六甲的灭亡，葡萄牙人对于穆斯林的憎恨，以及他们对于原为古吉拉特人所享有的贸易专卖权的霸占，使卡利卡特、孟加拉、锡兰、勃固，甚至土耳

① 丘濂、刘畅:《穿越马六甲海峡，有船只，还有历史》，《三联生活周刊》2015 年第 30 期，http://www.dooland.com/magazine/article_710508.html。
② 〔英〕理查德·温斯泰德:《马来亚史》（上册），姚梓良译，商务印书馆，1974，第 142~143 页。

其商人，都被吸引到亚齐港口这边。

因而，亚齐自此作为商业和政治力量日益获得发展。一直到19世纪20年代，它生产了世界胡椒供应的一半以上。胡椒生产的发展对亚齐意味着财富的独立来源。且丰盛的胡椒供应，使得除葡萄牙人以外的欧洲人和美国人竞相求得这些胡椒，苏门答腊岛北部变成了政治分裂的中心。虽然亚齐国内曾因"胡椒罗阇"独立行动而出现各种暴力事件和外国干涉事件，但是一个精力充沛的和能干的新亚齐领导人——端古·易卜拉欣从17世纪领导亚齐以来，第一次开始恢复苏丹国的秩序和权力，亚齐迈入一个鼎盛时期。①

由于亚齐胡椒产量较高，追逐胡椒贸易的中国商人，很早就出现在亚齐活动。1689年，海盗出身的威廉·丹皮尔（William Dampier）到达这里，并做过如下的记述："所有来该城贸易的商人中，最著名的是中国人。他们中有些人终年住在这里，有些人是每年自中国航行来此，来的时间约在6月，船只约有10或12艘，满载大米和若干种其他商品。他们都住在城市尽头海边叫做华人区的地方。……同来者有若干工匠——木匠、装修匠、油漆匠等，这些工匠到这里以后，立即开始工作，他们制造箱柜、家具以及各种中国玩具，这些东西刚做好，他们立刻就设起铺子在门口出售了。这个地方在两个多月的时间中就像一个集市一样，……如果船上货物尚未卖完，他们希望小贩买他们的船，只要有人买，他们也愿意卖，至少卖出其中的一部分，因为中国人就是要把什么都卖掉的人。船卖掉以后，他们就作为乘客搭乘别人的船回去。……他们普通都在9月底离开。"② 所记虽已入清初，但此种情况应早在他来前就存在。1762、1775、1784年三次来亚齐的佛瑞斯特页曾提道："在前

---

① 〔澳〕梅·加·李克莱佛斯：《印度尼西亚史》，周南京译，商务印书馆，1993，第198页。

② 〔英〕布赛尔：《东南亚的中国人》，徐平、王陆译，《南洋问题资料译丛》1958年第2~3期，第116页。

任舰长毕流（Beiulieu）时代，那里有华侨。"① 中国商船到亚齐贸易，往往船舶一到"有把水瞭望报王，遣象来接，舶主随之入见，进果币于王。王为设食。贸易输税，号称公平"。② 至于到苏门答腊英得拉吉利贸易的中国商人，据《明史》"丁机宜"条记载，"华人往商，交易甚平"，也体现了双方平等贸易的关系。③

马六甲自从被葡萄牙人占领之后，就一直处于被亚齐人和柔佛的马来人不断攻击的状况。这三个政权之间实现了一种微妙的平衡，谁也不可能独占交易的鳌头。

二 柔佛的海洋贸易与华商活动

（一）柔佛的崛起与衰败

葡萄牙占领马六甲地区后，作为马六甲南部的柔佛也开始崛起，并一度成为流亡苏丹政权的寄居地，他们以这里为基地和西方殖民者周旋了数个世纪。

1511 年，苏丹穆罕默德从马六甲出走。此后，他先到达彭亨。他从彭亨修书遣使致中国皇帝，请求中国皇帝帮助他恢复王位。但是，中国的统治者回了一封令人沮丧的书信。该信说中国皇帝本人正在和鞑靼人打战。此后，中国的皇帝并没有提供任何帮助。因为那些在葡萄牙人攻马六甲城时，正旅居该城的中国商人回国后，就向中国皇帝作了葡萄牙人值得大加赞扬的报告，以至当葡萄牙人到达中国时，就受到中国的友好接待。因此，苏丹穆罕默德没有得到中国任何帮助，只好依靠自己的力量。按名义来说，他仍然是整个马来半岛（北至暹罗）的统治者。但他当时需要有一个新都。他在沙央·庇能（位于柔佛河的一条支流岸边），停留一小段时间。但

① 〔英〕巴素：《东南亚之华侨》，郭湘章译，台北"国立"编译馆，1974，第 402 ~ 403 页。

② （明）张燮：《东西洋考》卷 4，"哑齐"条。

③ 温广益、蔡仁龙等编著《印度尼西亚华侨史》，海洋出版社，1985，第 44 页。

是，沙央·庇能离柔佛河太远，以致无法吸引贸易。此后不久，即1513 年初，他决心到民丹岛（新加坡以南的一个小岛）。在民丹岛，他重建了马六甲宫廷。①

苏丹马末沙逃至柔佛民丹岛，并创立了柔佛王朝。虽然如此，但苏丹马末沙还是企图从葡萄牙人的手中夺回马六甲。基于苏丹马末沙的不断反攻，葡萄牙终于于 1526 年从印度果阿派遣舰队攻击并摧毁了民丹岛，苏丹马末沙仓皇逃到苏门答腊甘帕（Kampar）并于 1528 年驾崩。其长子苏丹阿拉乌丁二世（Sultan Alauddin Riayat Shah Ⅱ）继承遗志，创建具有马六甲王室血统的柔佛王朝（亦有史册认为苏丹马末沙为柔佛王朝创始人），定都旧柔佛（马来语：Johor Lama）。其兄弟苏丹穆沙法沙（Sultan Muzaffar Shah）则远赴霹雳建立新王朝。② 由此，马六甲帝国实际上已不存在了。在马来半岛上，则出现了继承马六甲帝国的柔佛帝国和霹雳王国。而马来亚人对马来群岛的大部分领土（特别是苏门答腊的东海岸）的控制，已经一去不复返了。虽然柔佛帝国想继续继承先前马六甲的地位，但它毕竟没有力量同亚齐（一个在 16 世纪非常活跃的、位于北苏门答腊的国家）竞争。③

马六甲苏丹在柔佛河流域许多地方建立过首都实行统治，此后还定都过廖内和林加。但柔佛—廖内—林加帝国从没有成功地重振马六甲当年的财富和权力，时势也不利于他。不过在比较平和的时期，他还是在一定程度上振兴了贸易，并重新让以前的属地效忠于他。整个 16 世纪以及 17 世纪上半叶，柔佛王国经历了一段黑暗时期，它在柔佛河畔的定居地不断被毁，元凶是葡萄牙人或来自苏门

① N. J. 赖安：《十六世纪的马来亚》，桂光华译，《南洋资料译丛》1983 年第 2 期，第 100 页。

② N. J. 赖安：《十六世纪的马来亚》，桂光华译，《南洋资料译丛》1983 年第 2 期，第 100 页。

③ N. J. 赖安：《十六世纪的马来亚》，桂光华译，《南洋资料译丛》1983 年第 2 期，第 96 页。

答腊北部的好战的亚齐人。① 继承苏丹阿老瓦丁的柔佛统治者无答佛哪·沙（1564～1570年）统治期间，和其继承者苏丹黎耶·沙的统治期间，由于亚齐人把他们的注意力再度转到马六甲，柔佛才能够稍微恢复其力量。②

当然，在葡萄牙人占据马六甲的整个时期，柔佛从没放弃过用武力把葡萄牙人赶出马六甲城的企图。在柔佛统治者阿老瓦丁（Sultan Alauddin，1597～1615年）的统治期间，因为荷兰人的到来，柔佛人把荷兰人当作他们收复马六甲的盟友。1602年，一条荷兰的商船访问吉打。1603年，新到的荷兰人获准在柔佛河的巴都·沙哇（Batu Sawar）建立一个贸易中心巴都·沙哇，正是1587年旧柔佛被摧毁后、柔佛人建立新都的地点。由此，柔佛人希望得到荷兰人的帮助。荷兰人也希望利用柔佛人来破坏葡萄牙人的地位。这种互相利用而联合的力量，第一个重要成果就是柔佛苏丹和荷兰的海军大将麦铁烈夫（Matelief）缔结于1606年的条约。根据此条约规定，柔佛人必须支持荷兰人去占领马六甲。马六甲占领后，该城应归荷兰人所有，唯柔佛得以控制马六甲周围各地。③ 因为受到一个强大的新盟友荷兰人的帮助，柔佛才有机会重建王宫。1603年，他们与荷兰人一道，在新加坡的东部沿海劫持了一艘满载货物的葡萄牙船只。十年后，葡萄牙人声称，他们烧毁了马来人在新加坡河口的一个前哨站。阿老瓦丁又从旧柔佛继续开展反对马六甲贸易和航运的战争。1551年，柔佛再度对马六甲进行实质性攻击。但是，这次攻城又告失败，因为"法莫沙"（堡垒）仍然是坚不可摧的。④

---

① 〔英〕康斯坦丝·玛丽·滕布尔：《新加坡史（1819～2005）》，欧阳敏译，中国出版集团东方出版中心，2013，第6页。
② N. J. 赖安：《十六世纪的马来亚》，桂光华译，《南洋资料译丛》1983年第2期，第102页。
③ N. J. 赖安：《十六世纪的马来亚》，桂光华译，《南洋资料译丛》1983年第2期，第102～103页。
④ N. J. 赖安：《十六世纪的马来亚》，桂光华译，《南洋资料译丛》1983年第2期，第101页。

到 1641 年，柔佛苏丹和荷兰人共同行动，把葡萄牙人赶出了马六甲。苏丹、盘陀诃罗和天猛公签订了一项条约，承认由于战胜的权利，王国和港口已成为荷兰人的财产，马来人只能有条件地把它保留为一个封地，廖内应有荷兰驻军。荷兰东印度公司则可以在柔佛王国的任何地方享受自由贸易，其他欧洲人不得入境。来自柔佛和彭亨的船舶经过马六甲，必须到那里去领取荷兰人的许可证。中国人和土著的船舶，如果不是来自西里伯斯或加里曼丹，或者不是载运丁香和豆蔻，或者不是来自巨港或邦加载运锡矿，那么可以在廖内进行贸易。所有的锡应以规定价格售给公司。且苏丹死后，他的继承人必须是柔佛王族中由马六甲总督批准的人。[①]

1641 年荷兰人夺取了马六甲，同年，亚齐的最后一个帝国主义海盗亚历山大·萨尼死了。马来人重建了他们早年的都城，并继续从与荷兰东印度公司的合作中获益。看起来，似乎柔佛的苏丹阿卜杜勒·贾利勒·沙三世（1623～1677 年在位）摆脱了葡萄牙和亚齐的祸害，同荷兰结成联盟，他已经恢复了他的马六甲祖先的王朝光荣和兴隆生意。从这时起，一直到 19 世纪时帝国解体，彭亨也成为柔佛的一部分。1644 年，苏丹的兄弟同北大年的女王结了婚。因为害怕荷兰人，他同占碑和亚齐结盟。在苏门答腊、望加丽和监笼两个胡椒贸易中心成为他的属地。硕坡和拉干的重要河道，被置于他的港长管理之下。到 1669 年以后，它成为英得拉吉利的统治者，这里是另一个胡椒来源地，来自米南加保的胡椒在此输出。从彭亨和这些苏门答腊封地，从廖内群岛的各岛，甚至从巴生和双溪乌戎等马六甲的内地，向位于柔佛河畔的他的首都送来锡和胡椒以及沉香、象牙、樟脑、椰干、瓷器、松香等次要商品。这些东西被出售给荷兰人，同时不管荷兰人的告诫，也被出售给古吉拉特人、中国人、葡萄牙人，甚至出售给偶然到此的英国人。也就是在柔佛

① 〔英〕理查德·温斯泰德：《马来亚史》（上册），姚梓良译，商务印书馆，1974，第 291～292 页。

环苏门答腊岛的海洋贸易与华商网络

的首府，需要锡和胡椒的中国人用金线、粗瓷器、铁锅、茶叶和烟草进行交换。同时，不仅有荷兰人，而且还有马六甲的中国人、印度人、葡萄牙人和英国人从苏拉特和科罗曼德尔进口棉布。苏丹在这些进出口货的极大部分中享受着关税和港税收入。①

柔佛成为一个兴盛的港口，自此享受了半个世纪的商业繁荣。其居民来自世界各地，有印尼人、印度人、阿拉伯人、中国人和少量欧洲商人。它还重新控制了马来半岛南部、廖内－林加群岛和苏门答腊东部的各个邦国。② 由于华人与柔佛的贸易，柔佛每年接受5艘中国帆船，不对它们征收任何税款。因此中国商品在整个群岛廉价出售，使得到巴达维亚贸易的中国船主无法与到柔佛的中国帆船贸易竞争。③

半独立的柔佛政权享受这一段难得的荣光，但其势力大打折扣。马来半岛实际上处于松散联合状态，各土邦政权各自为王。到18世纪末叶，廖内—柔佛王国（首相王朝王统）的势力已衰，受到荷兰的干预，其在新加坡和南柔佛的统辖事务实际是由大臣天猛公负责管理。④ 1812年廖内苏丹马末沙去世，幼子阿都拉曼继任为苏丹，六年后，接受荷兰的保护，结束了天猛公武吉斯人集团在廖内的势力。在1819年莱佛士登陆新加坡时，莱佛士与天猛公阿都拉曼密谋，迎接当时还在彭亨的长子东姑隆（Tungku Long）来新加坡，拥立为柔佛苏丹，是为苏丹胡先（Sultan Hussain）（并和他订立条约，租借新加坡给英国东印度公司，后来又续订新约，将新加坡主权完全转让），至此，柔佛王朝进一步分裂。到1824年英荷

---

① 〔英〕理查德·温斯泰德：《马来亚史》（上册），姚梓良译，商务印书馆，1974，第266~267页。

② 〔英〕康斯坦丝·玛丽·滕布尔：《新加坡史（1819~2005）》，欧阳敏译，中国出版集团东方出版中心，2013，第7页。

③ 〔荷〕包乐史：《荷兰东印度公司时期中国对巴达维亚的贸易》，温广益译，《南洋资料丛》1984年第4期，第80页。

④ 郑良树：《论潮州人在柔佛的开垦和拓殖》，载郑良树主编《潮州学国际研讨会论文集》（下册），暨南大学出版社，1994，第842页。

协定以后，廖内归荷人所有，廖内柔佛王朝根本肢解脱体。^① 柔佛也归于英国的势力范围，并在 1885 年被迫签署一项不平等条约，接受英国殖民政府所规定的双方承担共同防御，柔佛的对外事务受英国殖民政府控制，苏丹必须保证不干涉其他马来国家的事务，不把土地租让给非英国的外国人。柔佛还必须接受一个英国政府安排代表进驻柔佛。不过柔佛却直到 1914 年才正式接受一位英国殖民政府委派的顾问官。^②

（二）柔佛的海洋贸易与华商

华人在马来柔佛的活动见诸历史较早，明代张燮《东西洋考》中就有对于柔佛的专门条目记载，清朝乾隆年间谢清高口述的《海录》更是直接提及了柔佛地区附近居住有潮州人。^③ 阿根索拉（1562～1635 年）是 17 世纪初西班牙编年史家，其所著《摩鹿加群岛的征服》一书第 4 章记载：在 16 世纪 80 年代，每年有 20 多艘船从苏门答腊运载胡椒前往中国，途经位于塞班（Sebang）海峡的柔佛港口宾坦。^④ 到 17 世纪末 18 世纪初的时候，汉密尔顿（Alexander Hamilton）提到柔佛时说：勤劳的都是中国人，他们聚居在自己的市镇内，在柔佛领地内定居大约有一千家，此外还有更多的人经营对外贸易。1702 年～1703 年 3 月 2 日，自昆仑岛来的五个英国人的船在柔佛海峡失事。他们在新柔佛看到"六只大帆船和若干艘小船。他们也看到有些中国人住在那里并进行经商。在某些宫廷宴会上，这几个英国人曾看到六百个持剑及盾的中国人，演着中国戏和舞着剑"。^⑤

---

① 安焕然：《论潮人在马来西亚柔佛麻坡的开拓》，《汕头大学学报》（人文社会科学版）2002 年第 2 期，第 82 页。

② 〔马来西亚〕陈秋平：《移民与佛教：英殖民时代得槟城佛教》，南方学院出版社，2004，第 75～76 页。

③ （清）谢清高：《海录》，中华书局，1985，第 16 页。

④ 转引自张廷茂《关于 16～17 世纪初华商在东南亚活动的西方文献》，《中国史研究》2004 年第 2 期，第 149 页。

⑤ 〔英〕布赛尔：《东南亚的中国人》，徐平、王陆译，《南洋问题资料译丛》1958 年第 2～3 期，第 46 页。

环苏门答腊岛的海洋贸易与华商网络

为了夺回马六甲，柔佛王朝苏丹与荷兰结盟，共同抗击葡萄牙的势力。因十分依恃荷兰人的力量，柔佛苏丹被迫做出限制华商的政策。因而，在 17 世纪时，柔佛王朝与荷兰曾签订了几个条约，主要是针对华商的限制条约。1641 年 9 月 4 日的条约中规定：所有的亚洲商人在王朝都城的范围内做买卖时，必须缴纳重税，并且不得在那里留居。然而，荷兰商人可以在王朝的任何角落活动，并且建立商馆。虽然如此，在 1661 年，苏门答腊、霹雳、马六甲及柔佛仍充塞着马来半岛华商自苏拉特和科罗曼特东海岸运来的英国和摩尔人的布匹。该时的商品中，也曾提到中国的粗陶器、茶叶和烟草。虽然荷兰人威胁着要报复，不过柔佛仍然同中国人进行交易。①

1784 年，柔佛又在荷兰人的帮助下与武吉斯人作战。武吉斯人被击败，柔佛与荷兰人又签订条约写道：中国商人和土著商人可以继续活动，但必须遵守三个条件：一是他们不是来自西里伯士和加里曼丹；二是他们没有买卖丁香和肉豆蔻；三是他们不得到巨港与邦加收购锡条。如果有违反禁令的，苏丹必须把没收的香料照一般市价卖给荷商，锡条则以一个较低的价钱卖给公司。结果中国商人只能在荷印公司准许之下，才享有一定的贸易权利。② 虽然如此，但中国人和中国商人在柔佛港口的活动仍绵延未绝。

直到 1819 年，莱佛士在寻觅新殖民地的航程中，来到了柔佛的最南端新加坡。柔佛的发展迎来新的发展机遇，柔佛华人的历史又与新加坡紧紧联系在一起，并开始深入到柔佛内地定居。19 世纪 30 年代以前，中国人显然不会在柔佛内地定居，他们需要的是柔佛港口的贸易商品，而非从事长久定居。到了 19 世纪 30 年代后期，

---

① 〔英〕布赛尔：《东南亚的中国人》，徐平、王陆译，《南洋问题资料译丛》1958 年第 2～3 期，第 46 页。

② 〔英〕布赛尔：《东南亚的中国人》，徐平、王陆译，《南洋问题资料译丛》1958 年第 2～3 期，第 47 页。

由于新加坡的开埠，甘蜜和胡椒种植的不断扩大，中国移民逐步占据了当地农民在新加坡开辟的耕地，并自新加坡向柔佛前进。① 新加坡可耕面积狭窄，城市发展主要集中于发挥港口优势。这些客观因素迫使华商往新加坡以北的柔佛等地寻找投资场所，柔佛的地方统治者也欣然欢迎。19世纪中期，柔佛王朝的天猛公依卜拉欣掌握政权，受国际环境和南部新加坡发展的影响意欲开拓柔佛地区。由于此前在新加坡垦殖过程中潮州人扮演的重要角色，依卜拉欣最终选择了新加坡的潮州人。1844年，潮州义兴党领袖陈开顺在柔佛天猛公的嘱意之下带领一批同乡会党由新加坡北上，开始了拓殖柔佛的新生活，也揭开了华人在柔佛发展的新里程。②

19世纪以来，欧洲对甘蜜、胡椒需求大增，提高了潮州籍华侨种植甘蜜、胡椒的积极性。"自19世纪40年代中期开始，中国人开始前往柔佛，天猛公依卜拉欣控制土地转让，能够保障马来人积极参与中国人的经营活动，在其设计的制度里，中国头人被称为港主，负责管理每条河，经营种植园。"③ 根据布赛尔的描述，擅自占据在新开辟地的中国人，由于要种植胡椒和甘蜜而移居柔佛。那些在经济上能够使马来当局感到满意的人，就可获准在某些指定的河流上组成居留地以种植胡椒和甘蜜，他们并从统治者取得叫作"江河证书"（Surat Sungai）的权利。这种制度就叫作"江主（又译作港主）"制度。江主制度在柔佛的广泛推广，促使了大量的华人（从新加坡移入）来到柔佛开垦和拓殖。据潘醒农《马来亚潮侨通鉴》介绍：在甘蜜、胡椒最鼎盛时期，柔佛新山有1300多口鼎，每年生产甘蜜约60余万担，胡椒约20万担。种植业的勃兴，带动

---

① 〔英〕布赛尔：《东南亚的中国人》，徐平、王陆译，《南洋问题资料译丛》1958年第2~3期，第47页。

② 林远辉、张应龙：《新加坡马来西亚华侨史》，广东高等教育出版社，1991，第133页。

③ 〔美〕芭芭拉·沃森·安达娅、伦纳德·安达娅：《马来西亚史》，黄秋迪译，中国大百科全书出版社，2010，第167页。

了商品经济发展，短短的十几年间，柔佛新山就发展成为一个繁荣的市镇。到 19 世纪 80 年代，柔佛甘蜜种植的高峰期，当年柔佛境内种植的甘蜜运往新加坡出口，产量甚至位居世界第一。[①] 华人对柔佛早期经济的开发，可以说功不可没。[②]

甘蜜和胡椒被新加坡和柔佛地区誉为"兴邦之母"。相应的，部分从事甘蜜、胡椒种植和贸易的华侨亦由此而积累了资本，较著名的人物有新加坡甘蜜王余有进、柔佛甘蜜园主陈旭年、柔佛新山甘蜜园主林亚相等。他们都是潮州人，都是著名的大港主、大种植家。例如，陈旭年，原籍潮安上莆金砂乡人，生于 1827 年，死于 1902 年，他先在中国当油贩，后来南下新加坡，沿门贩布为生。据说，他经常在皇宫一带活动，与天猛公阿武峇加结识，并有传说，他们曾结拜为兄弟。在 1850 年，陈旭年已崛起成为收购胡椒和甘蜜的殷商，这期间他联同章芳琳和陈成宝合作操纵新加坡和廖内，甚至远至马六甲一带的大烟和私酒业。1853 年，陈旭年与陈万泰联名取得马西贡贡一带的港契，成为柔佛的一名港主。1865 年，阿武峇加继位后，陈旭年一周内连续获得从柔佛河在岸沿着工匠岛（今日的巴西古当）至哥打丁宜一带以南，也包括了南亚港至迪沙鲁一带的港契。这令他成为柔佛南部的主要港主。而且，在同一年，他还受到阿武峇加的委任，成为新山唯一的税收管理员。到 1870 年，陈旭年担任华人社会的最高领袖，受委为华侨侨长，领丞相勋衔。在柔佛，他是第一个拥有"拿督"衔的华人领袖。[③]

"进入 19 世纪 40 年代，半岛各地的苏丹和封建土侯为开发锡矿增加收入以及维持其统治，大力招引华工和资金，华工开始涌入

---

① 安焕然：《论潮人在马来西亚柔佛麻坡的开拓》，《汕头大学学报》（人文社会科学版）2002 年第 2 期，第 82 页。

② Carl. A. Trocki, *Prince of Pirates*: *The Temenggongs and the Development of Johor and Singapore 1784 – 1885*（Singapore University Press，1979），p. 85 – 117.

③ 王琛发：《潮人开拓马来亚事迹（三）——柔佛的潮人》，孝恩杂志网，http://www. xiao – en. org/cultural/magazine. asp? cat = 34&loc = zh – cn&id = 648。

西海岸的各邦的锡矿区，华侨商人也开始以海峡殖民地为基地，积极地向西海岸各邦锡矿区进行投资，经营锡矿。"① 随着大量华人群体的涌入，最初潮州义兴独霸一方的优势逐渐消失了。人数上逐渐失去优势的潮州人在激烈的群体竞争中压力不断增大，行业转变也就势在必行。除一小部分资金较为充裕的潮州人开始转营商品加工生产、批发和运输等转口贸易外，大部分选择了零售业，经营的货物种类几乎遍及所有的日常生活用品，经营形式则以在种植园和矿区附近开设商店为主。除此之外，各地还出现了众多濒临河道港口的"巴刹"，各色店铺、行走商贩云集在此从事批发零售。②

　　新柔佛开拓初期由于受社会条件和自然条件的限制，潮州人大多从事种植业和矿业开采，但随着时间的推移，种植园等传统经济形式不断发展，柔佛的社会面貌逐渐发生了改观。一方面涌入柔佛的华人数量不断增加，越来越多的其他方言群体的到来使潮州籍华工的独占优势逐渐失去，活动空间受到压缩；另一方面潮州人在前期拓殖过程中的领导地位使其中一部分人有了一定的实力基础和资本积累，这些成为促成柔佛潮州人行业转变的重要条件，于是越来越多的潮州人从种植园和矿场中走出来，开始从事成本相对较低、资金周转期短的批发零售和贩运等商业活动，经营对象以日常生活用品为主。起初主要是面向华工在矿区和种植园附近开设零售商店，而后随着资本的积累和柔佛华人数量的增加，其商业活动逐渐向深层次发展，经营的商品种类逐渐增多，各行业业缘组织也开始出现，商品进货和销售渠道逐步拓宽，商业活动范围不断扩大。在这一过程中，柔佛与外部以及州内各地区之间逐渐建立起了相对稳

① 林远辉、张应龙：《新加坡马来西亚华侨史》，广东高等教育出版社，1991，第 1 版，第 159 页。

② 魏建峰：《早期马来西亚柔佛潮人商业网络探析——以柔佛新山为例》，《东南亚纵横》2010 年第 7 期，第 64 页。

定的商品、资金、人员流动的联系，一个较为完整的商业网络渐渐形成。①

我们可以把马来半岛 16 世纪的历史描写成为柔佛、亚齐和以马六甲为基地的葡萄牙人之间的三角争夺霸权，及其后来葡萄牙为荷兰所取代。这种争夺主要是为了控制贸易。因为只有控制了贸易，才能够发财致富。实际上，在这三股力量中，无论哪一股力量，在开始时对为征服而占地都不怎么感兴趣。不过，这三股力量都热衷于占领马六甲，因为马六甲是打开这个地区贸易的钥匙。葡萄牙人在整个 16 世纪中之所以有办法守住马六甲城，其原因是他们在马六甲所建立的堡垒具有坚固的力量，也因为柔佛和亚齐是互相猜疑的，正如这两国对葡萄牙人的猜疑一样。② 于是，葡萄牙、柔佛和亚齐之间的三角战争也就这样拖延下去。在这个以国际贸易而闻名的海域，他们的争斗和互相削弱，带来了英国和荷兰的早期航海家，他们容忍伊斯兰教，并带来了国王的信件，谋求商业特权。③ 尤其是荷兰人的进入，柔佛与荷兰人的结盟，打败了葡萄牙对马六甲的殖民统治。虽然柔佛获得了对马六甲一定程度的控制，但殖民者的商业本质决定了柔佛与荷兰的结盟仍是以牺牲马六甲的控制权为代价的。虽然如此，柔佛帝国迎来了半个世纪的繁荣，一直到英国人的势力进入。柔佛的发展一直是从属于西方殖民者的，早期为荷兰，后期则主要受英国制约。围绕着英国人着力打造新加坡港口的需要，独立而繁荣的柔佛帝国渐渐湮没于历史，逐渐成为新加坡港口的后院。

---

① 魏建峰：《早期马来西亚柔佛潮人商业网络探析——以柔佛新山为例》，《东南亚纵横》2010 年第 7 期，第 63 ~ 64 页。
② N. J. 赖安：《十六世纪的马来亚》，桂光华译，《南洋资料译丛》1983 年第 2 期，第 97 页。
③ 〔英〕理查德·温斯泰德：《马来亚史》（上册），姚梓良译，商务印书馆，1974，第 153 ~ 154 页。

第　三　章

巴达维亚港口崛起的海洋
贸易与华商网络

第一节　作为荷兰殖民序曲的万丹港海洋
贸易与华商网络

一　作为荷兰殖民前奏的万丹港口崛起与海洋贸易

万丹作为国际贸易港的兴起，是和欧洲殖民者前来东方开展掠夺贸易分不开的。1511 年，马六甲被葡萄牙人占领之后，随即控制了马六甲海峡，柔佛、北大年和万丹就成为欧洲人在马来半岛交易的重要港口。1511 年葡萄牙占领马六甲后，即控制其海峡，对往来马六甲海峡的商船课以重税，甚至进行掠夺，亚洲商船为避免葡萄牙人的苛捐杂税与海船掠夺，宁可绕道，沿苏门答腊西岸，出巽他海峡，到万丹贸易，或继续航行至望加锡，返航时亦如此。由此，万丹港从一个渔村，16 世纪初尚为无名之港的地方，一跃而成为 16～17 世纪亚洲海上贸易中心。而且，万丹因为接近香料产地和巽他海峡（位于苏门答腊岛和爪哇岛之间），在东南亚的重要性仅次于马六甲海峡。它不仅是沟通爪哇海与印度洋的航道，而且是北太平洋国家到欧洲的主要航道之一，在亚洲贸易中地位举足轻重。而且，占领了万丹就可以控制海峡，在很大程度上阻止所有其他国家与中国或日本做生意。[①]

---

① 〔英〕查尔斯·达维南特：《论英国的公共收入与贸易》，朱泱、胡企林译，商务印书馆，1995，第 194 页。

1. 万丹港（下港）的商贸崛起与荷兰的入侵

下港就是万丹（Bantam），隶属于爪哇西北部的万丹王国，公元1526年，万丹王国曾沦为淡目王国属地，公元1568年摆脱淡目王国的控制而独立。我国史籍《东西洋考》载"下港名顺塔"，顺塔原为民族名，后即用作地区名和国名。1517年作为葡萄牙大使来中国的皮雷士遗稿《东方诸国记》，在爪哇篇中描述顺塔王国的港口，"第一就是万丹港"。下塔则是华侨所称，意指顺塔下港，而后来更把下港代表顺塔。凡此都反映万丹港地位的上升过程，而皆为中国所名，非本地原称。①

万丹由于其周围腹地或领属地，如 Lampong, Seleber 等处盛产胡椒而成为胡椒的重要输出港。因而，万丹国王的繁荣建立在海洋贸易，且十分依恃华商的连接作用，故对华商十分重视。张燮在《东西洋考》的"下港"一条中有关于华人与西爪哇万丹贸易往来的详细记载："华船将到，有酋来问船主。送橘一笼、小雨伞二柄。酋驰信报王。比到港，用果币进。王立华人四人为财副，番财副二人，各书记。华人谙夷语者为通事，船各一人。其贸易，王置二涧城外，设立铺舍。凌晨，各上涧贸易，至午而罢。王日征其税。又有红毛番来下港者，起土库，在大涧东。佛郎机起土库，在大涧西。二夷俱哈板船，年年来往。贸易用银钱，如本夷则用铅钱。以一千为一贯，十贯为一包，铅钱一包当银钱一贯云。下港为四通八达之衢，我舟到时，各州府未到，商人但将本货兑换银钱铅钱。迨他国货到，然后以银铅钱转买货物。华船开驾有早晚者，以延待他国故也。"② 从"华船"到岸前后所受到的重视和礼遇的情况来看，当地的土王的确非常重视与中国人的贸易往来，甚至任用华人参与对贸易活动的直接管理。

---

① 黄盛璋：《明代后期船引之东南亚贸易港及其相关的中国商船、商侨诸研究》，《中国历史地理论丛》1993年第3期，第73页。

② （明）张燮：《东西洋考》，谢方点校，中华书局，2000，第48页。

环苏门答腊岛的海洋贸易与华商网络

万丹港不仅在其内地生产大量的胡椒，而且这个城市还成为来自印度洋、印尼群岛和中国海的贸易商会集的地方。1596 年，第一批荷兰航海家描写万丹本身是"大爪哇岛上的主要商业城市"，是来自中国、摩鹿加、印度、阿拉伯等地的物产的集散地。① 霍曼的航海日记（1615 年）记载颇详："万丹日中开有三个地方的市场，交易着各种商品。第一市场按照国王的命令，是开设在首都东部的广场。这里每早日出，就来了葡萄牙人、阿拉伯人、土耳其人、中国人、吉陵人、庇国人、马来人、孟加拉人、胡茶辣人、马拉巴尔人、阿比西利亚人以及印度各地方人，随他们各自所好的地方，把商品陈列交易。这个第一市场进行交易到早上九时为止。第一市场封闭后，第二市场就在王宫广场开市，贩卖着各种日常用品，在这里土人也把胡椒卖给中国人。这个市场一般进行交易到正午为止。有时也继续整天。下午市场就在唐人街内开市，也贩卖着各种日常用品，山羊和鸡也在这里出售。这个市场一直从下午开到夜半，中国人在这里勤勤恳恳地经营着。"②

万历二十四年（1596 年），荷兰海洋势力进入东南亚海域，在印尼爪哇岛漳州海商的贸易据点下港，即万丹市西唐人街内建立商馆，成为新的贸易伙伴和竞争对手。万丹衰落不是巴达维亚"被发现"，而是荷兰人无法与万丹土酋达成协议，故而只能另辟蹊径，最终决定在爪哇如吉礁（Jakatra）建立新城巴达维亚。在此过程中也动用了大量华人劳工，系由华人承包人杨昆和苏鸣岗动员而成。③当荷兰人的势力进入东印度群岛，并逐渐在巴达维亚开设立足后，荷兰人眼看在万丹的茶叶、胡椒和其他东西的贸易如火如荼，可是

---

① 转引自〔英〕W. J. 凯特《中国人在荷属东印度的经济地位》（序），黄文端、王云翔译，《南洋问题资料译丛》1963 年第 3 期，第 5 页。

② 〔日〕岩生成一：《下港（万丹）唐人街盛衰变迁》，刘聘业译，《南洋问题资料译丛》1957 年第 2 期，第 114 页。

③ Leonard Blusse, "Testament to a Towkay: Jan Con, Batavia and the Dutch China Trade," *Itinerario* 9 (1985): 3 – 41.

利润并没有落入荷兰东印度公司手上，反而进了别人的腰包，巴达维亚的荷兰人烦恼不已。虽然荷兰人在 1595 年第一次造访东印度群岛时就开始与万丹苏丹国贸易，但他们一直视万丹是巴达维亚贸易中的一个强劲的竞争对手。1682 年，当时已升任总督的斯贝尔曼抓住机会，涉入苏丹和储君之间持续的纷争，通过强大的武力，他成功地把这个邻近的港口公国纳入荷印公司的势力范围。从此时起，所有来自西方的贸易竞争者都被禁止进入印尼群岛海域，使其实际上变成了一个"荷兰湖"。80 年间断断续续的战争和外交，以荷印公司于 1682 年在印尼建立起稳固的贸易地位而宣告结束。①

于是荷兰人想方设法控制万丹大局，他们终于成功地把英国人和其他人等从西爪哇清除出去。当荷兰人于 1528 年航抵万丹之际，他们看到中国人在当地出售各种丰富的商品，因而使他们认识到中国商人对当地市场的重要作用。② 为此，荷兰殖民者在占有雅加达后，总督燕·彼德斯·昆（Jan Pieterszoon Coen）曾经企图引诱万丹的 2000 名华侨迁至雅加达，这个企图遭到万丹土侯的阻挠，因为土侯心里明白，华侨一走，万丹的商业也就完了。后来，燕·彼德斯·昆宣布封锁万丹港口，这样做，一方面想扼杀万丹的贸易，使雅加达夺取万丹的地位，成为中心市场；另一方面是企图压迫万丹华侨迁居雅加达。封锁的结果使万丹市场萧条，商业停顿，民生凋敝，中国商人被迫迁往雅加达。③ 因而，以巴达维亚为据点，经过多年的军事和外交对抗，荷兰终于击败万丹，从而进一步加强了他们在该地区的统治地位。

2. 繁荣时期的万丹港与中国的海洋贸易

万丹的崛起本身就是中国商人躲避葡萄牙垄断贸易而开辟的海

① 〔荷〕包乐史：《荷兰在亚洲海权的升降》，邓海琪、冯洁莹等译，载《海洋史研究》第七辑，社会科学文献出版社，2005，第 205 页。

② 〔荷〕包乐史：《荷兰东印度公司时期中国对巴达维亚的贸易》，温广益译，《南洋资料译丛》1984 年第 4 期，第 68 页。

③ 关汉华：《明代南洋华侨初探》，《广东社会科学》1989 年第 1 期，第 77~78 页。

洋港口。而且，万丹自身盛产胡椒，又是环苏门答腊岛周边地域胡椒的集散地。因而，华商大量前往贸易就成为必然。

1528 年，葡萄牙人德萨（Franeiseo Deza）前来爪哇岛试图建立基地时描述"当时顺塔王国的主要港口是万丹、哑齐和别名 Car-van（咬留吧）的雅加达"，每年有中国商船 20 只从漳州来这些港口，载返胡椒三万葡担，按平均计，来咬留吧的华船每年应有 5～6 只，胡椒一万葡担左右。[①] 在 16 世纪 60 年代，葡萄牙人也只能与万丹政府签订一年出口 10000 担胡椒的商约，而每年到达万丹和其他港口的中国帆船有 20 只左右，共装运胡椒 30000 担。[②] 1596 年，德·霍特曼率领荷兰舰队首次航抵东南亚时就曾在万丹见到中国商人以各色丝绸及美丽的瓷器与爪哇人、阿拉伯人、土耳其人、摩尔人等交易土特产了。[③] 该年（1596 年），有七艘中国帆船到万丹贸易。据荷人记载，17 世纪初期，每年有 8～9 艘中国大帆船赴万丹一带与荷人互市。[④]

万历二十五年（1597 年）以后，每年都有大批商船前往南洋贸易。有船引到南洋贸易的合法商船为 137 艘（不包括走私船只），这些满载货物的海船吨位都不小。据外国人记载，明后期前往万丹的中国帆船，每艘载重量都为 300 吨，可装载 6000～8000 袋以上的胡椒。[⑤] 1598 年有 5 只华船自万丹载回 18000 袋，而荷兰船总量还未装到 9000 袋；1614 年有 6 只，1615 年后 5 只，1616 年 5 只。这些船只一般于每年 2 月底或 3 月到达，约 5～6 只华船，满载陶瓷器、纺织品来万丹，单丝一项就有 3 万～4 万担，于五六月底收购

---

① 黄盛璋：《明代后期船引之东南亚贸易港及其相关的中国商船、商侨诸研究》，《中国历史地理论丛》1993 年第 3 期，第 75 页。

② 转引自张廷茂《关于 16～17 世纪初华商在东南亚活动的西方文献》，《中国史研究》2004 年第 2 期，第 151 页。

③ J. C. Van Lellr, *Indonesian Trade and Society*（The Hague，1955），p.162.

④ 转引自钱江《十七至十八世纪中国与荷兰的瓷器贸易》，《南洋问题研究》1989 年第 1 期，第 86 页。

⑤ 转引自温广益、蔡仁龙等编著《印度尼西亚华侨史》，海洋出版社，1985，第 78 页。

胡椒、香料回国，每船约 300 吨或更多吨位，可装 6000～8000 袋以上胡椒及其他货。^① 此后每年大多有 3～4 艘。依这些商船的载重量一般约为 300 吨推算，1614～1616 年三年间，中国与万丹的双边贸易成交额就约为 8400 吨。从以上几个例子可以清楚地看出明末中国同南洋贸易成交额之大，这从一个侧面反映出中国——南洋贸易的盛况。[②]

《葡属印度城镇要塞辖地志》为一份佚名的长篇报告，成书于1581～1582 年，其中提到，华商赴巽他开展贸易，主要是万丹港口，这严重影响到了澳门葡萄牙人在这个地区的贸易。过去，从中国的澳门港口到巽他每年进行一次航行。这一航行之所以重要，是因为巽他有大量的胡椒和药材（drogas）运往中国，这些东西在那里能卖到很好的价格。然而，几年以来，已经没有商船到这一地区贸易了。因为，居住在中国海岸附近岛屿的人们以及住在中国一些海港的人们（一般称之为 Chincheos，在那个国家他们是唯一急切地向中国以外航行的人们）看到这种香药是如此的重要，而葡萄牙人从这种买卖中获利如此之大，他们也向巽他航行，运走大量的香药。结果，由于在巽他的葡萄牙人处境不如中国商人有利，我们与该王国的关系恶化，并陷入了战争，葡萄牙人已经不再向巽他航行了。[③] 透过欧洲人的记述，我们可以窥探当时华商应该已经很频繁、大规模地前往万丹贸易，并几乎瓦解了葡萄牙人的贸易收获。

一般而言，中国商人前往南洋贸易的商船上装载最多的为纺织品、瓷器和糖，另外还包括各种丝织物、铜器、食品、日常用品，以及各种牲畜等。华商运往万丹的中国产品，也基本上是这些手工业产品和农产品。因此，明朝后期中国——南洋贸易的昌盛，必然

---

① 〔日〕岩生成一：《下港（万丹）唐人街盛衰变迁》，刘聘业译，《南洋问题资料译丛》1957 年第 2 期，第 113 页。

② 转引自温广益、蔡仁龙等编著《印度尼西亚华侨史》，海洋出版社，1985，第 78 页。

③ 转引自张廷茂《关于16－17 世纪初华商在东南亚活动的西方文献》，《中国史研究》2004 年第 2 期，第 148 页。

在一定程度上刺激东南沿海地区手工业的发展以及农产品的商品化。虽然说这一时期东南沿海地区手工业的发展主要是国内市场不断扩大的结果，但中国——南洋贸易的发展所起的刺激作用，也是显而易见的。仅以丝织业为例，据统计，17 世纪初期由我国运到万丹的生丝总量为每年 300～400 担。[①] 据范·勒尔（J·Cvanleur）估计，每年进口到印尼的数量一般为 1 万匹到 2 万匹。[②] 丝棉制品的出产地主要在东南沿海一带，这些地区在受外贸刺激以后，手工业必然向前发展一步。

正如 1614 年 11 月 10 日燕·彼德斯·昆给东印度公司的报告中所说的，"中国船来航，一般是二只或三只，最多不过四只，但今年中国帆船到达本港有六只，而且都满载着丰富的货物。中国人带来了好坏不齐的陶瓷器，好多的衣件，比以前更多的丝织品（但质地不佳，我国无需要），生丝五六千斤，以及各色各样的商品"。[③] 如同于马六甲的贸易传统一样，中国各类货物在此备受欢迎。中国运去的瓷器、丝绸、金色丝绒、金银线绣品，布帛，纸张，直到伞、针鞋、梳子等生活杂件；运回的有胡椒、蓝靛、檀木、丁香、肉豆蔻、玳瑁、象牙。中国的铜钱在这里仍然作为支付和流通手段，因为中国商人通常带去有大量的铜钱以作为贸易之用。[④]

中国帆船在东南亚之所以受欢迎，不仅由于他们出售载运货物的低廉，而且因他们在当时亚洲海面上是唯一的定期航运工具。15～16 世纪，万丹仅生产少量的谷米、胡椒和木棉，而这些少量产品又全靠中国帆船来收购。每年一月份当苏门答腊、加里曼丹、马六甲等地大批中国帆船到达时，不仅当地的产品可以得到交换，而

① 转引自温广益、蔡仁龙等编著《印度尼西亚华侨史》，海洋出版社，1985，第 78 页。
② 李金明：《明代海外贸易史》，中国社会科学出版社，1990，第 126 页。
③ 转引自〔日〕岩生成一《下港（万丹）唐人街盛衰变迁考》，《南洋问题资料译丛》1957 年第 2 期，第 113 页。
④ 郑光耀：《中国古代对外贸易史》，广东人民出版社，1985，第 253 页。

且英、荷等国商人也借此以胡椒换取一切生活必需的供应品。① 约翰·朱尔登（John Jourdain）日记（1608～1617年）讲到万丹时说："尽管我们和荷兰人每年都带很多钱到万丹去购买胡椒，但是，那里还是感到现款奇缺，究其原因，是中国帆船每年把这些钱带回中国去了。"②

除中国的帆船贸易外，环苏门答腊岛的华商在区域内不同层次和不同地方的跨国商贸互动也十分活跃。他们以万丹为基地，开展与周边国家或地区土特产货物收购和供应的主要商人互动，由此而构建起跨国或跨区域的广泛经济联系。根据英国人托马斯·赫伯特（Thomas Herbert）1621年的描述：中国人的船只每年一月份成群地来港口停泊，把他们从苏门答腊的占碑、加里曼丹、马六甲及其他地方运来的货物卸下，使万丹成为他们的仓库，他们把货物售给英荷以及其他国家的人，收回西班牙银币或交换其他货物。③ 可见一方面万丹在当时已经成为一个对整个东印度群岛来说十分重要的贸易港口，有大批华商定时前来进行胡椒、大米等的中转贸易；另一方面亦说明了万丹并不是一个重要的胡椒产地，却成为胡椒的主要流入市场，而这说明了华人在当地土产的流通过程中所起到的重要作用。实质上，土著王公对华人的利用就是经济上对华人的依赖。1619年，当荷兰人意欲将两千名华人从万丹迁往新建立的巴达维亚时遭到了万丹土著王公的强烈阻挠，因为土著王公们充分认识到华人在万丹在经济中所起到的举足轻重的作用。而华人一旦离开，万丹会失去华人这个作为经济支柱的群体陷入覆灭。

华商、中国帆船对万丹来说，其重要性毋庸置疑，但因华商的附着性不强，华商始终处于一种流动性与国际性的状态之中，是服

① 田汝康：《中国帆船贸易和对外关系史论集》，浙江人民出版社，1987，第6页。
② 转引自〔英〕W. J. 凯特《中国人在荷属东印度的经济地位》（序），黄文端、王云翔译，《南洋问题资料译丛》1963年第3期，第5页。
③ 〔英〕布赛尔：《东南亚的中国人》，徐平、王陆译，《南洋问题研究》1958年第2～3期，第112页。

环苏门答腊岛的海洋贸易与华商网络

从于贸易和王朝需要的。荷兰人的到来也并未改变华人的附庸地位，无论是在土著王公为主宰的万丹还是荷兰人统治下的巴达维亚，华人一直都在被利用。从另一方面来说，在土著王公和荷兰人的眼中，华人最大的作用就是其商业价值，一旦华人不能发挥其商业作用或者其地位威胁到了上层的统治者就会招致灭顶之灾，这一点在 18 世纪中叶的"红溪惨案"得以体现。[1]

二 万丹港的华商及其社会经济活动

由于华人、华商在万丹港海洋贸易繁荣中的作用和价值，到 16世纪末，特别是隆庆元年（1567 年）开放海禁后，在民间出海贸易迅速发展的基础上，爪哇西部的万丹和马鲁古等一带的华人数量有了显著增加。有相当多的中国人贸易中心出现于环苏门答腊岛周边，诸如爪哇有厨闽、锦石、泗水、饶洞、万丹、日葛礁等，苏门答腊岛屿自身以及西加里曼丹上，大大小小许多港口因海洋贸易繁荣而兴起。因此，到 16 世纪末，该地域出现了很多中国人聚集区。这些中国人都是福建和广东两省的人。其中有些已改信了伊斯兰教。[2] 1609 年有一位到过万丹的德国人 John Uerken 说："在万丹的中国人在全印度也没有见过经营这样盛大贸易，他们每年两次乘着自备的中国帆船，带来中国出产的珍奇物品和高价商货，中国人在万丹也有几千人居住，其中大部分是富裕的。到了 17 世纪初期，中国人移居万丹已经到相当规模。"[3]

一方面，中国人为了采购、装运胡椒和当地土产等的需要，以及等候夏季起的西南季风以便返航，其中有一部分人必须滞留在万丹港，以至在当地定居，这是万丹华侨聚居的一个重要原因。另一

---

① 林诗维：《西爪哇华人产业分布与发展》，硕士学位论文，暨南大学，2011，第 38 页。
② 〔英〕W. J. 凯特：《中国人在荷属东印度的经济地位》（序），《南洋问题资料译丛》1963 年第 3 期，第 5 页。
③ 〔日〕岩生成一：《下港（万丹）唐人街盛衰变迁考》，刘聘业译，《南洋问题资料译丛》1957 年第 2 期，第 113 页。

方面，每次随船来的数百名中国人不但包括商人和小商贩，而且还包括数量相当大的"在通常情况下为了支付旅费和行装费，大都需要订立契约"的出洋谋生的劳动人民，这些人一般都就此移居当地，从而成为万丹华侨的主要组成部分。①《东西洋考》卷三"下港"条有简略记载："其国人大抵三种，唐人土人而外，西番贾胡居久者，服食皆洁。近红毛番（指荷兰）建礼拜寺彼中，盖其别种由来渐矣。"另外，还提到"新村，旧名厮村，中华人客此成聚，遂名新村，约千余家，村主粤人也。贾舶至此互市，百货充溢"。②如果一家以三四口人计算，那么，与威尔铿的估计差不多，即有三四千华人，但此后便逐渐减少。这有好几方面的原因，一是华侨居住的木质结构房屋经常发生火灾（1602 年、1604 年、1608 年、1613 年和 1614 年先后发生五次）；二是政局动荡，荷英经常在万丹发生冲突，而万丹苏丹也竭力要将荷兰的势力从万丹赶出去；三是荷兰占领巴达维亚（1619 年）后，为了要把它尽快地建成"整个东印度最大的商业城市"，千方百计从各个地方招引中国人到巴达维亚居住。这是万丹华侨人口减少的最主要原因。因贸易中心随着巴达维亚的创建而由万丹逐步东移至巴达维亚，所以到了 18 世纪末，据蒲鲁赫尔（T. De Rover van Breugel），荷兰东印度公司的商务员，兼任万丹代理经理的记载，万丹华侨已经不到 200 人了。③

定居在万丹港的华人，已经形成相当规模，并有着专门的生活区。根据 1596 年 6 月荷兰远航队第一次到万丹港的游记描述："万丹的中国街与其他道路分开，四周围着坚固的栅栏，他们的房屋最为华美。"而 1602 年 2 月到达万丹的英国人埃德蒙·斯考特（Ed-

---

① 〔荷〕范·里尔：《印度尼西亚的贸易社会》，（J. C. van Leur, *Indonesian Trade and Society* (1955), p. 374），转引自温广益、蔡仁龙等编著《印度尼西亚华侨史》，海洋出版社，1985，第 79 页。

② 转引自温广益、蔡仁龙等编著《印度尼西亚华侨史》，海洋出版社，1985，第 59 页。

③ 〔日〕岩生成一：《下港（万丹）唐人街盛衰变迁》，刘聘业译，《南洋问题资料译丛》1957 年第 2 期，第 118 页。

mund Scott）在他的游记中对万丹华侨的情况记载则更详细。"这个市街（指万丹）的极端，有着唐人街，以狭小的河川为境。这个河川通过唐人街底，可以到达王宫。也就是说，这个河川可以溯流到本市街的中心。这个唐人街大部分是砖瓦房屋，都是四角形，房顶是平的，中间夹有木板或小木料，也有覆盖着茅草，上面都放油防火的砖瓦或砂。另有砖瓦建筑的仓库，上面搭有阁楼，用大茅槁茸成，其中也有用着小木料，但大半都是单纯茅草茸成的。我来此地二三年，看到有钱的中国人都把住屋改建，屋顶都有防火设备。"① 华人固然通过其精明的商业头脑在当地不但得到了立足之地了，而且还为赢得了一定的商业地位。但是，也要注意华人单独划分一个区域来居住，而不是与当地人混居状况。当然，这并不是欧洲人到来以后才形成的特点。其原因就在于华人一直是受到来自土著王公的压迫，本来开放居住会更有利于华人的零售生意，但是土著王公时常会借机对华人进行搜刮甚至是掠夺，所以华人也不得不将住地用围栏围起来以抵御土著王公的侵害。

埃德蒙·斯考特为英国东印度公司商人，1603 年乘船来到东印度，在万丹度过了 2 年半的时间。1606 年，他的《大爪哇记》在伦敦刊行。1943 年，哈克卢特协会将之收入由威廉·福斯特主编的《1606 ~ 1616 年米德尔顿爵士摩鹿加群岛游记》。

除上述建筑内容之外，埃德蒙·斯考特也以较大篇幅详细记载了该时期华人在万丹的职业习惯和构成、宗教信仰、祭祀活动、衣着装束、婚姻和家庭状况等。可以说，几乎包括了华人在万丹社会经济生活的各个方面。关于中国人在万丹的职业习惯和构成，斯考特说，这里的中国人从事种植、剪修和采集胡椒的活动。他们以充当绅士们的仆人为生，但是，他们抽走了这里的一切财富，因为爪哇人十分懒惰。这些中国人非常善于经商，使用各种可能想出来的

第三章 巴达维亚港口崛起的海洋贸易与华商网络

---

① 转引自温广益、蔡仁龙等编著《印度尼西亚华侨史》，海洋出版社，1985，第 60 页。

技巧。他们并不自傲，不拒绝任何工作。关于万丹华人的风俗习惯，他写道：当他们当中的任何有钱人死在万丹时，其尸体就被火化成灰烬，将灰烬装进一个罐子里，密封起来，带回中国，交给死者的朋友。一般来说，在他们估计他们的商船和货物从中国起航时，以及商船抵达万丹和离开万丹前往中国时，都要举行奏乐活动，有时奏乐从中午开始直到次日早晨才结束。最常见的是在开放的街道上进行，为此而搭建起舞台。他们在万丹购买女奴仆，因为他们没有从中国带来女人，他们和这些购买到的女仆有了许多孩子。当他们返回中国而又不打算再回到万丹时，就卖掉女人，随身带回孩子。一旦他们剪掉了头发，可能永远不会再返回他们的国家。但是他们的孩子从不剪去头发。①

明末以前，南洋华侨以商人为主。北大年的华侨成年男子几乎全是华商。万丹、旧港等处，华人绝大多数亦以经商为业。在万丹当地，华侨开设了各种店铺，贩卖的商品品类繁多。根据霍曼的详细记载："中央有着两列中国人的店铺，贩卖着下列商品：各种丝巾、各色生丝、缎子、天鹅绒、金丝、瓷器、皿、金裱纸的书、镜、梳子、眼镜、硫黄、中国刀、漆鞘、人参、扇、遮太阳的唐伞、美丽的漆笼、水盘、嵌铜、大罐小罐、水银、首饰盒等。店铺排为二列，充满着货品。"② 这些店铺有不少是小商人，当然也包括经营大宗买卖的大商人。据戴文达在《荷兰船只航行东印度记》中关于万丹华人的记载："当我们的船只首次到达万丹港口的时候，他们每天带来了各种杂货到船上来贩卖，其中有丝、瓷器等物品，他们把货物摊在甲板上，几乎使我们不能行走……"③

① 转引自张廷茂《关于 16～17 世纪初华商在东南亚活动的西方文献》，《中国史研究》2004 年第 2 期，第 145 页。

② 〔日〕岩生成一：《下港（万丹）唐人街盛衰变迁》，刘聘业译，《南洋问题资料译丛》1957 年第 2 期，第 114 页。

③ 转引自〔印尼〕林瑞志：《爪哇华侨仲介商》，吴世璜译，《南洋资料译丛》1957 年第 4 期，第 27 页。

在万丹，1596 年一位荷兰指挥官描述说，当地侨居的华人"个个手提天秤前往各村腹地，先把胡椒的分量称好，而后经过考虑付出农民应得的银钱"。① 而在爪哇万丹胡椒收购的竞争中，华商则更是充分发挥了这种合作优势，万丹是当时东南亚最大的胡椒贸易中心，但由于季候风方向的时间差异，来自印度洋方向的商船通常比中国商船先到，这样它们就可能抢先收购胡椒并囤积起来控制市场价格，以等待中国商船高价收购。在这种情况下，当地居留华商便在中国船到达前，预先把胡椒装好，等待祖国来的商人。因为胡椒价格的季节波动和丰歉情况不稳定，这种有意识的合作对华商来说，无论从价格还是货源上都十分有利。霍曼航海日记（1602 年）中也记载了万丹华侨小商贩深入乡村内地向农民收购胡椒的情况，并指出："在中国船到达以前，他们预先把购到的两袋胡椒包好，然后以十万络钱等于一个卡迪（Cathy）的价格卖出。在下港（万丹），可以收购到出售的胡椒八袋或八袋以上。这些来装运胡椒的中国船，每年正月间有八艘船只能装载约五十吨。"②

佛朗西斯科·皮拉尔·德·拉瓦尔（Francisco Pyrard de Laval）是一名法国海员。③ 他的《1601 ~ 1611 年拉瓦尔游记》作为一部具有较高史料价值的游记，记载了华人在万丹、马六甲和马尼拉等地活动的信息。我见到许多中国人平安地停留在那里（万丹），经营大量的商品交易。每年 1 月，有 9 ~ 10 艘中国大船到达那里，装载丝绸货、棉布料、黄金、瓷器、麝香以及其他各类中国货。这些中国人已经派人在那里建造了漂亮房子，以便居住，直到做完他们的生意，赚到大钱，为此他们能够从事任何职业，不管收入多么低

---

① 〔日〕岩生成一：《下港（万丹）唐人街盛衰变迁》，刘聘业译，《南洋问题资料译丛》1957 年第 2 期，第 111 页。

② 〔日〕岩生成一：《下港（万丹）唐人街盛衰变迁》，刘聘业译，《南洋问题资料译丛》1957 年第 2 期，第 111 页。

③ 1601 ~ 1611 年间，他曾游历了西葡两国在东方的海外属地和居留地。他的《1601 ~ 1611 年拉瓦尔游记》最初为西班牙文，1944 年，葡萄牙文明书局出版了库尼亚·利瓦拉（Cunha Rivara）的葡文译注本。

廉。他们进行商业交易过程所用的方法与犹太人的方法是相似的；后来，当完成交易之后，他们就返回中国。①

对于中国商人在万丹一带从事的商业活动，荷兰人费谬论(J. T. Vermeulen) 曾给予客观的评价："华侨从万丹收购胡椒供给输出，又从中国运来丝绸，瓷器以及其他日用品以应当地人民的需要，他们又把这些东西转运到帝汶去交换檀香木。经过许许多多的困难，他们才从这种交易中取得一点利益。"② 由于华侨对胡椒生产采用先进的种植技术，从而大大提高了万丹地区胡椒的产量，使万丹港成为当时国际胡椒贸易的一个中心。同时，华侨小商贩还深入内地向农民收购胡椒，对促进城乡的经济繁荣，也起着有益的作用。③

除了经商之外，定居下来的这些中国移民，随着时间的推移，有的还移居万丹内地，从事胡椒和水稻等种植活动。在印尼的下港(万丹)，1602 年史谷脱记载这里的华侨从事种植情况时写道："中国人既种植植物，采集胡椒，又耕种稻田……"④ 甚至，17 世纪华商开始涉足种植加工业。万丹华侨"不但忙于经营商业，而且勤于经营农业，种植胡椒和酿酒业"。⑤

根据 P. A. 杜尔在《印度尼西亚的华侨》一书中曾提道，"华侨对胡椒的生产，由于采取了一套完整、先进的种植技术，大大地提供了产量。根据殖民地时期的统计，在邦加岛的胡椒园里，那些采用这种先进生产技术的，每公顷可栽种 2500 株；但那些采用旧法的地方，如楠榜，只有 1200 株，相差一倍以上"。接着他强调，

---

① 转引自张廷茂《关于 16~17 世纪初华商在东南亚活动的西方文献》，《中国史研究》2004 年第 2 期，第 144~145 页。
② 〔印尼〕费缪伦：《红溪惨案本末》李平等译，雅加达，翡翠文化基金会，1961，第 4 页。
③ 温广益、蔡仁龙等编著《印度尼西亚华侨史》，海洋出版社，1985，第 79 页。
④ 〔日〕竹林勋雄：《印尼华侨发展史概况》，李述文译，《南洋问题资料译丛》1963 年第 1 期，第 82 页。
⑤ 〔印尼〕费缪伦：《红溪惨案本末》，李平等译，雅加达翡翠文化基金会，1981，第 3 页。

"就是由于 16 世纪采取了这种先进、优越的生产种植技术，可以说是魔术般地使万丹成为世界上最大的胡椒生产地，并提高其国际贸易地位而成为世界商业的中心。确实，万丹成为胡椒生产地，与华侨在当地从事种植胡椒，并采用先进的种植方法有一定的关系"。①即华侨所创造"木柱法"进行合理密植，保持养分，提高产量很有关系。事实上早期从事胡椒种植业的大部分是华侨。由于胡椒是一年一熟制的，这说明了华人有了较为永久的定居地，而他们与内地也开始有了一些交往。②

另外，据《剑桥东南亚史》载："从 17 世纪上半叶起，甘蔗就已被作为出口产品在万丹和巴达维亚地区普遍种植。这些地区的大多数蔗农都是华人。"《剑桥东南亚史》也有相关的记载："甘蔗虽然最初起源于东南亚，但它在东南亚这是一种耐嚼的食糖。直到 17 世纪，中国的蔗糖计划精制方法和技术才一传入爪哇、暹罗、柬埔寨和越南中部的广南地区。大约在 1630 年前后的万丹，许多农民从胡椒种植转向甘蔗种植，作为对中国的出口产品。"③ 在巴达维亚的西邻万丹，中国人从 1635 年以来就一直从事于制糖业，1636 年便有白糖输入巴达维亚。而巴达维亚的中国人容观（Jan Kong）所经营的制糖业也在不断发展，当时预料在短期内能够发展到与万丹相等的产量。④ 1684 年，荷兰东印度公司击败它的万丹竞争对手后，遂鼓励华人在爪哇北海岸地区扩大甘蔗种植面积，然后由荷兰东印度公司把蔗糖出口到日本、中国和欧洲等地。⑤

---

① 转引自温广益、蔡仁龙等编著《印度尼西亚华侨史》，海洋出版社，1985，第 63 页。
② 〔英〕W·J·凯特：《荷属东印度华人的经济地位》，王云翔、蔡寿康等译，厦门大学出版社，1988，第 6~7 页。
③ 〔新〕尼古拉斯·塔林主编《剑桥东南亚史》第一卷，贺圣达等译，云南人民出版社，2003，第 385 页。
④ 〔日〕长冈新治郎：《十七、十八世纪巴达维亚的糖业与华侨》，罗晃潮译，《南洋资料译丛》1983 年第 3 期，第 101 页。
⑤ 〔新〕尼古拉斯·塔林主编《剑桥东南亚史》第一卷，贺圣达等译，云南人民出版社，2003，第 412 页。

总之，万丹港的崛起得力于葡萄牙在马六甲实施的海洋贸易垄断政策，而其发展也是得益于海洋贸易的繁荣。但无论怎样，他们的繁荣都是依靠华商、华人的巨大作用。荷兰人在刚刚进入亚洲海洋经济体系中，就目睹了万丹华商的实力和张力。由此，从开辟巴达维亚为其商业据点伊始，他们就对华人、华商采取招徕、吸引、利用的措施，未曾间断过。当然，这一切都以荷兰的商业利益为最高指向。

环苏门答腊岛的海洋贸易与华商网络

第二节　巴达维亚港口的崛起及其海洋贸易

一　荷兰早期参与亚洲区域海洋贸易和巴达维亚的崛起

（一）荷兰早期参与亚洲区域海洋贸易的活动

15 世纪末，荷兰的国际贸易已经发展到了一定的高度。同时，由于西班牙的贸易封锁，荷兰无法从葡萄牙获得东南亚的香料等，于是其迫切希望发展与东南亚之间的远程贸易。[①]

1597 年，当第一支远征队成功从印尼返回荷兰国内后，荷兰人前往东南亚贸易高潮迭起。据统计，到 1601 年共有 14 批 65 艘荷兰船到东南亚贸易。[②] 通过这些来来往往的船只，东方商品被源源不断地输送到了阿姆斯特丹。其中主要是香料、胡椒、丁香和肉豆蔻等。17 世纪，荷兰人过半的资金都被用于购买胡椒。[③] 香料几乎在亚洲的每个港口都有销路。控制香料群岛的贸易遂驱使荷兰人进入所有亚洲市场。[④]

① 赵文红：《1595～1670 年荷兰经营下的东南亚与阿姆斯特丹远程贸易》，《学术探索》2012 年第 3 期，第 81 页。

② K. Glamann，"Dutch Asiatic Trade 1620 – 1740," *Economic History Review* 12（1981）：244 – 265.

③ K. Glamann，"Dutch Asiatic Trade 1620 – 1740," *Economic History Review* 12（1981）：244 – 265.

④ 〔美〕范岱克：《1630 年代荷兰东印度公司在东亚经营亚洲贸易的制胜之道》，李庆新译，《海洋史研究》第七辑，社会科学文献出版社，2015，第 218 页。

对绝大多数的荷兰人来说，实际上是在 1596 年首次才听说中国瓷器的。当时，在葡属印度生活了 5 年的燕·休金·范·林旭登（Jan Huygen van Linschoten）回到荷兰，出版了《林旭登到东方和葡属印度的航海志》与《葡萄牙在东航行的旅程记述》两部书，首次向欧洲介绍了有关印度洋航海和贸易的详细情况。在《航海志》中，林旭登专门记述了中国瓷器的制造与外销，书中提道："说起那里制造的瓷器，令人简直难以置信。那些瓷器年复一年地被销往印度、葡萄牙、新西班牙（指西属美洲殖民地—笔者）及世界各地！……他们制作得如此精美细滋，找不出哪一种水晶玻璃可与之媲美。"林旭登还亲眼目睹在印度果阿，"有一条街上住满了这些印度异教徒，他们出售来自中国的精美瓷器"。① 而且，林旭登在 1598 年所著的《东印度游记》还对中国商人在东南亚开展海洋贸易的情形有过详细叙述："那些中国人与这些岛屿（菲律宾和东印度群岛）的人进行交易，他们从本国带来各种各样的商品，如各种丝织品、棉织品、瓷器、火药粉、硫磺、生铁、……水银、铜，以及其他金属、胡桃、粟子、原色陶器、枣子、各种亚麻布、圆盘等等，还有其各种奇异的东西……"他们运回去的是胡椒、镯、香料等。又据荷兰人记载，荷兰殖民者入侵爪哇后，荷兰东印度公司航船上的人到印尼港口，往往见到中国商船停泊，以美丽的瓷器和丝绸与爪哇人贸易。②

直到 1602 年，等到荷兰民众首次见到数量可观的中国瓷器。在该年的三月，荷兰人于圣·赫伦娜海上掳掠了一艘名为"圣·雅戈（San Jago）"的葡萄牙大帆船，将船上的 28 筐瓷盘、瓷碟、14 筐瓷碗作为战利品带到了米德尔堡。两年之后，另一艘葡船"卡塔琳娜号"（Catharina）在泰国南部的北大年（Patani）海上被荷人劫

环苏门答腊岛的海洋贸易与华商网络

---

① T. Volker, *Porcelain and the Dutch East India Company* (Leiden, 1954), p. 21.
② 转引自林金枝《明代中国与印度尼西亚的贸易及其作用》,《南洋问题研究》1992 年第 4 期, 第 22 页。

180

掠。8 月 15 日，船上所载的 10 万件瓷器在阿姆斯特丹公开拍卖，买主来自整个西欧，连法王亨利四世与英王詹姆士一世也购到了各自喜爱的瓷器。此次拍卖使荷兰人获利近六百万盾。① 中国瓷器在欧洲也名声大著，不胫而走。欧人对瓷器的需求也与日俱增。此后，荷兰东印度公司开始重视与中国的瓷器贸易。

然而，由于澳门葡人的作梗以及明朝官员的疑虑，荷兰人始终未能获准与中国进行直接、定期的通商。于是，荷兰人只好在北大年、万丹等东南亚的重要商埠与每年必至的中国帆船交易，采购瓷器，然后转销到国内。不过，中国商品在远程贸易中所占比例较为有限，原因之一是荷兰资金有限，并主要用在了香料上；原因之二是货源不稳定。当时，他们获取中国商品的主要途径为劫持葡萄牙或者中国的商船。例如，1602 年 3 月，荷兰人在大西洋圣赫勒拿岛（St Helena）夺取了葡萄牙从远东归来的船只"圣地亚哥"号；1603 年 2 月 25 日，在柔佛海域又攻击了葡萄牙人的"圣凯瑟琳娜"号。② 起初，荷兰人也视中国人为仇敌，从而不惜对华人的船舶进行海盗式的袭击。例如，1607 年，荷兰海军就夺取了在德那地与西班牙人贸易的一艘中国商船；1617 年，又夺取了多艘中国船只等等。③ 在这些商船上，荷兰人得到了一定数量的如生丝、瓷器等的中国商品。另外则透过前往东南亚贸易的中国商人手中购得。④

然而此非长久之计。为了获得持久、稳定的中国瓷器，获取对中国海洋贸易的利益。荷兰人试图在东南亚寻找能立足的据点。1603 年，荷兰人来到锡兰岛（Ceylon），并于 1655 ~ 1661 年成为该

---

① C. J. A. Jorg, *Porcelain and the Dutch China Trade*（The Hague：1982），p. 14.

② T. Volker, *Porcelain and the Dutch East India Company* 1602 – 1682（Leiden：E. J. Brill, 1954）；Kristof Glamann, *Dutch Asiatic Trade 1620 – 1740*（The Hague：Martinus Nijhoff, 1958），p. 112.

③ 〔英〕布赛尔《东南亚的中国人》，徐平、王陆译，《南洋问题资料译丛》1958 年第 2 ~ 3 期，第 110 页。

④ 赵文红：《1595 ~ 1670 年荷兰经营下的东南亚与阿姆斯特丹远程贸易》，《学术探索》2012 年第 3 期，第 82 页。

岛的主人。① 1605 年，荷兰人将葡萄牙人赶出柔佛和安汉（Ambon，也称为安波那，Ambnina），后者成为荷印公司在东南亚的第一个据点。1610～1619 年荷印公司的总部也设在此地。其他一些著名的香料岛如德那第岛（Ternate，摩鹿加群岛中的一岛）和班达群岛（Banda Islands）等也相继在荷兰的直接控制之下。② 在短短的 20 余年间，荷兰人在印尼海域以及部分半岛地区较为重要的贸易地都设立了好几个商馆，初步编织起了自成体系的商馆网络，从而为其贸易活动奠定了坚实的基础

当荷兰人在印尼群岛站稳脚跟后，葡萄牙人对马鲁古群岛地区的殖民统治并垄断香料贸易获得高额利润受到觊觎。在 1602 年荷兰东印度公司成立后，荷兰人就开始全面向葡萄牙人的海外势力发起挑战，不断扩张自己的海上势力与商贸活动。1605 年，荷兰人占领了安汶和蒂多雷，使葡萄牙人的丁香和肉豆蔻贸易陷入困境。因此，大约从 1610 年起，葡萄牙人不得不越来越多地利用西里伯西南部的望加锡采办丁香和香料。这使望加锡逐渐成为印尼东部的主要贸易集散地。当 1641 年荷兰人攻占马六甲，令澳门顿成空悬之势。葡萄牙人所经营的印度洋、太平洋贸易大网被中分为二，从而失去了两洋贸易大循环。他们被迫维持封闭的太平洋地区内的小循环贸易体系，即努力维持澳门与中国大陆、日本、马尼拉以及南洋诸岛的贸易。③ 荷兰人夺走了葡萄牙在亚洲的商业贸易中心马六甲后，很快将马六甲的贸易转向巴达维亚。马六甲的陷落意味着葡萄牙在亚洲势力的衰微，而巴达维亚则在马六甲衰败的基础上繁荣起来。④

---

① 〔法〕费尔南·布罗代尔：《15 至 18 世纪的物质文明、经济和资本主义》第三卷，顾良、施康强译，生活·读书·新知三联书店，1993，第 232～235 页。

② 〔英〕M. M. 波斯坦、D. C. 科尔曼、彼得·马赛厄斯：《剑桥欧洲经济史》第四卷，王春法译，经济科学出版社，2003，第 178、327 页。

③ 冯立军：《略论 17～19 世纪望加锡在马来群岛的贸易角色》，《东南亚研究》2010 年第 2 期，第 80 页。

④ 许序雅、林琳：《17 世纪荷兰东印度公司在亚洲的区间贸易》，《中外关系史论文集——新视野下的中外关系史》第 14 辑，甘肃人民出版社，2010，第 409～410 页。

环苏门答腊岛的海洋贸易与华商网络

但是，直到巴达维亚最终被确立为主要商品会集地，荷印公司才终于完成亚洲内部航海路线的整合，使之相互契合。在一个涵盖范围相当广泛的公司贸易网络的内部，这一整合实际上构成了对原已存在的贸易模式的结构性改造，[①] 这也使荷兰殖民势力开始主导亚洲海洋贸易体系。

（二）荷属巴达维亚海洋贸易中心的建立与经营

巴达维亚，中国古籍记载为咬留吧，原名顺嗒咬留吧（Sunda Kalapa），马来西亚语 Kalapa 意为椰子，因地多椰树而得名。它原是西爪哇建立的印度化古国巴查普兰（Pajajaran，1333～1579 年）。1527 年前，伊斯兰传教士 Fatahillah 到万丹传教，在淡目国王支持下先占据万丹为国都，后又攻下咬留吧，改名 Jaya Karta 或 Sura Karta，今称雅加达（Jakarta）即 Jayakarta 简缩。1619 荷印总督柯恩攻下雅加达后，又改用荷兰民族英雄巴达维亚，后又改回来为雅加达。[②]

在荷兰殖民时代被称为巴达维亚的地方，而现今则是印尼的首都雅加达，早期隶属爪哇岛西北部的新拖国。根据《诸蕃志》的描述，其经济状况则远远比不上位于北岸的阇婆，书中记载："新拖国，亦务耕种，架造屋宇，悉用木植，覆以口桐皮，籍以木板，障以藤蔑。男女裸体，以布缠腰，剪鬓仅留半寸。山产胡椒，粒小而重，胜于打板。地产东瓜、甘蔗、鲍豆、茄菜。但地无正官，好行剽掠。番商罕至兴贩。"[③] 透过上述材料看不出商品经济的发展状况。虽然有优于打板的胡椒，却因为彪悍的民风以及缺少有效的行政管制而导致没有外国商人前来进行贸易。可见在欧洲人达到东印度群岛以前，作为现在整个印尼政治、经济、文化中心的雅加达还

---

① 〔荷〕包乐史：《荷兰在亚洲海权的升降》，邓海琪、冯洁莹等译，《海洋史研究》第七辑，社会科学文献出版社，2015，第 207 页。

② 黄盛璋：《明代后期船引之东南亚贸易港及其相关的中国商船、商侨诸研究》，《中国历史地理论丛》1993 年第 3 期，第 75 页。

③ （宋）赵汝适：《诸蕃志校释》，杨博文校释，中华书局，2000，第 48 页。

是处于一种蛮荒状态。

17 世纪初荷兰人东来伊始，荷兰东印度公司要迫切寻找一处合适地点，以便建立远东的贸易大本营。合适的地点必须具备两个条件：第一，这个大本营必须位于南中国海到印度洋的通道上；第二，必须是中国帆船能方便到达的地方，因为和中国开展贸易的诱惑一直吸引着荷兰人。① 因为他们一直期待着华人的商船能在贸易中发挥着重要作用。荷兰东印度公司在大致达到它在摩鹿加群岛的目的之后，便计划在某个中心位置建立一个总部或指定集合地点，以供来自欧洲和亚洲的货物进行交换，并作为总的结账地点。

1605 年，荷兰人来到雅加达。1618 年，燕·彼德斯·昆被任命为荷兰东印度公司总督。② 在袭击马六甲的计划遭到失败，以及加强对万丹市场控制的尝试也未能得逞之后，荷兰人将他们的目光转向邻近的雅加达。他们在同英国人、万丹苏丹和雅加达亲王进行旷日持久的悲喜交错的斗争之后，荷兰东印度公司终于 1619 年从雅加达统治者手里夺取了该地，命名为巴达维亚（Batavia）。巴达维亚的建立是荷兰东印度公司发展史上关键一步，荷兰因此占据了果阿和马六甲航线之间的有利位置，得到了战略主动权。③ 以巴达维亚为据点，荷兰成功的阻断了葡萄牙与印度之间的长途贸易，排挤了来自欧亚其他国家的商人。根据 17 世纪末的到访者所说，虽然如此接近赤道，荷兰的集合点却拥有出人意料怡人的气候。巴达维亚的气候与"东印度群岛的任何地方一样温和并且有益于健康"。这个殖民城市的一个特色是，它包含了其生存所倚仗的为之提供军事援助和

---

① 〔美〕唐纳德·F. 拉赫、埃德温·J. 范·克雷：《欧洲形成中的亚洲》第三卷第一册（上），许玉军译，人民出版社，2012，第 57 页。

② 〔荷〕伦德·鲍乐史：《荷兰东印度公司时期中国对巴达维亚的贸易》，温广益译，《南洋问题研究》1984 年第 4 期，第 68 页。

③ 〔英〕M. M. 波斯坦，D. C. 科尔曼，彼得·马赛厄斯：《剑桥欧洲经济史》第四卷，王春法译，经济科学出版社，2003，第 177 页。

辛勤劳作的族群：勤劳刻苦的中国人和所谓的"马戴客"。①

荷兰人在占领雅加达后，于1619年开始兴建巴达维亚城，以此作为在爪哇（后来又作为整个印尼）的殖民统治大本营和对外贸易中心。② 这是荷兰在东南亚发展贸易的重要里程碑，其影响深远。一方面巴达维亚自然而然地成为东南亚新的香料贸易中心，各地商人随之涌入；另一方面，这奠定了荷兰东印度公司参与亚洲区内贸易及扩大欧亚贸易的基础。③

荷兰东印度公司于1619年在巴达维亚土酋居住区的废墟附近建立了巴达维亚城，土酋及其属民则被赶出巴达维亚而去了万丹。仅在几年前，荷兰人只是在获得土酋许可后，方能在华人社区建立货栈。然而，到1619年，双方地位颠倒过来。确立巴达维亚的贸易据点后，荷兰东印度公司驻巴达维亚总督昆就采取措施，设法引诱和威胁中国商人从万丹和沿岸港口前来新的拓殖地以便建立华人殖民区，给荷兰人的城堡供应粮食和其他必需品，并且把令人渴望的中国帆船贸易吸引到它的港口。虽然吸引大量荷兰自由民的人口计划终成泡影，但吸引华人移民的政策则极为成功。华人开始陆续定居到"荷兰领地"上。当然，这种成功在初期是通过一些不体面的措施取得的。

1619年12月28日，总督昆在给前往占碑的荷兰东印度公司船长的信中指出："你们此去的任务不只是装运胡椒，还要留意从中国来的船只，要会同当地商馆制定一个完善的计划，使所有的中国船只都驶来吧城，以便繁荣吧城的贸易。"④ 1620年5月，公司又

---

① 马戴客，Mardijkers，是在巴达维亚居住的葡萄牙和印度奴隶的混血后裔，他们分布在东印度各主要港口。他们大多信基督教，讲一种葡萄牙语方言。荷兰人称其为"本地基督徒"参见维基百科"Mardijkers"词条。
② 〔荷〕包乐史：《中荷交往史》，庄国土、程绍刚译，路口店出版社，1989，第94页。
③ 赵文红：《1619～1669年荷兰人的巴达维亚与印度－阿拉伯－波斯贸易述论》，《思茅师范高等专科学校学报》2012年第1期，第26页。
④ 转引自聂德宁《明末清初中国帆船与荷兰东印度公司的贸易关系》，《南洋问题研究》1994年第3期，第68页。

指示其在北大年和暹罗的商馆，命令他们必须尽力劝诱中国商船把货物（主要生丝及丝织品）运来巴达维亚，而公司则准备以现金、胡椒、檀香等货物予以交换，并保证中国商船到巴达维亚后可以不必缴纳任何税款。与此同时，公司则全力阻止中国商船前往暹罗、柬埔寨等其他港口，而只能驶往巴达维亚，否则就要将中国商船的货物无偿充公，并拘捕其船上人员。除采取利诱、欺骗、威胁等手段之外，荷兰殖民者还以武力掳掠中国人的船只前往其殖民领地。1622 年 3 月 20 日，总督昆在给公司远征舰队的指令中提道："应当俘虏大量的中国男女和儿童，一来可以充实舰队的人手，二来可以使吧城、安汶、班达等地的人口得到充实，而后公司才能获得大利，我们所有的城堡都要他们的人力来建造和修理。"① 不管怎样，一年以后，来自中国的大帆船开始运来移民劳工，巴达维亚建设也得以开始。

　　此时，定居在西爪哇西北部城市万丹的华人则在土著王公的严厉限制下从事着贸易活动。他们虽有独立的居住区，但不被允许前往内陆地区。而荷兰人为了把巴达维亚建设成为一个东方的商业中心，因此鼓励华人从中国大陆和临近的万丹迁移到巴达维亚居住，并为此提供了一系列的优惠华人的政策。公司为了吸引人们种植稻米和甘蔗，于 1648 年给予居住在巴达维亚的中国人以特殊的待遇，即把每个月的人头税从 1.5 里亚尔降低为 0.5 里亚尔，以确保劳动力的人这个重要的生产因素。② 为了吸引中国商船前来，总督昆采取了许多措施。虽然 1620 年巴达维亚规定一切进口货物按价征收 5%的关税，但对于到巴达维亚贸易的中国商船则给予很多宽容，并不严格征税。甚至为了招徕更多的中国商船到巴达维亚，于 1643

环苏门答腊岛的海洋贸易与华商网络

---

① 转引自聂德宁《明末清初中国帆船与荷兰东印度公司的贸易关系》，《南洋问题研究》1994 年第 3 期，第 69 页。

② 〔日〕长冈新治郎：《十七、十八世纪巴达维亚的糖业与华侨》，罗晃潮译，《南洋资料译丛》1983 年第 3 期，第 101 页。

年公司规定，凡来自中国的商船，只要每艘交纳 550 里亚尔（1 里亚尔相当于 0.025 英镑）就可以入港交易。[①] 他的努力并非徒劳无益。翌年，满载货物和许多附近移居者的第一批帆船驶抵巴达维亚，贸易联系建立起来了。换句话说，巽他海峡和福建的贸易得到了恢复。这些船只携带的瓷器成为荷兰瓷器贸易的一个重要货源。虽然公司仍继续到万丹、北大年和中国沿岸购买大量瓷器，但瓷器贸易中心已经逐渐向巴达维亚转移了。逐渐地，荷兰人盘踞的印尼巴达维亚（今雅加达）也"成为荷兰商业帝国的东方统治中心"。

巴达维亚作为东西方贸易的纽带和商业中心，吸引了亚洲和欧洲许多国家的人来做生意、居住。除了众多华人，印尼当地居民有马来人、安汶人、爪哇人、望加锡人、阿鲁岛民、邦加岛人，来自亚洲其他国家的有印度马拉巴尔、日本、暹罗、马尼拉、波斯、锡兰、科罗曼德尔、孟加拉、叙利亚等地方的人。住在巴达维亚的欧洲人有德国人、丹麦人、挪威人、意大利人、马耳他人、波兰人、法国人、英格兰人、苏格兰人、爱尔兰人、西班牙人、葡萄牙人、瑞典人、希腊人以及荷兰人。总而言之："在巴达维亚，住着来自全世界大多数国家的人，只有非洲除外。"[②] 每年有许多中国船只满载中国货物来到巴达维亚与荷兰人交易，巴达维亚逐渐走上繁荣之路。

在西方列强向东方的殖民扩张史上，17 世纪是荷兰人在亚洲地区进行殖民贸易活动的全盛时期。1610～1623 年，荷兰人与葡萄牙人、西班牙人及英国人在远东争夺的结果是：葡萄牙人和西班牙人失去了他们在东印度的殖民地，而英国人失去了在这些地区的贸易。[③] 荷兰东印度公司自 17 世纪 20 年代以后逐渐在东亚海域站稳

---

① 温广益、蔡仁龙等编著《印度尼西亚华侨史》，海洋出版社，1985，第 85～86 页。
② 〔美〕唐纳德·F. 拉赫、埃德温·J. 范·克雷：《欧洲形成中的亚洲》第三卷第一册（上），许玉军译，人民出版社，2012，第 217 页。
③ Albert Hyma, *The Dutch in the Far East* (Ann Arbor, Michigan: George Wahr, 1942), p. 108.

了脚跟，先是在中国海商西洋针路终点附近的葛喇吧建立了巴达维亚城，而后又在当时中、日走私贸易据点的台湾建立了热兰遮堡，并且在 1636 年开始了中国、中国台湾与日本之间的三角贸易。到 1639 年，荷兰人取代了葡萄牙人成为日本市场上唯一的西方贸易商。两年后又从葡萄人手中夺取了马六甲，从而成为这一地区占据优势的西方海上强国。① 而巴达维亚如同蜘蛛网上的蜘蛛，为公司的发展做出了巨大的贡献。

二 荷属巴达维亚为枢纽的区间转口海洋贸易

17 ~ 18 世纪的东西方贸易，尤其是瓷器、生丝、锡、蔗糖等成为海洋贸易的代表性商品，荷兰发挥了重要作用。其中一个重要的方面就是荷兰东印度公司立足印尼巴达维亚（今雅加达），透过与中国开展的贸易，经东南亚的岛际贸易循环，开启荷兰阿姆斯特丹—印尼巴达维亚的贸易进程，从而将巴达维亚的市场与欧洲紧紧联系在一起，当然与中国的贸易始终是该链条中的重要一环。

1. 面向欧洲的长距离海洋贸易

17 世纪初，主要从事亚洲内部海上贸易的荷兰东印度公司与西班牙、葡萄牙人处于不断地交战状态，当时巴达维亚就是作为荷兰东印度公司的大本营建立起来，为着战略与商务双重目的服务的。17 世纪晚期以后，巴达维亚的功能开始发生结构性的变化。这时荷兰人与其欧洲竞争对手间的战争已经结束，与本国进行贸易成为公司活动的侧重点。

在 17 世纪中叶之前，荷兰人主要依靠向欧洲出售香料带来的利润帮助其维持了黄金时代，但是，随着对香料需求的减少，他们为控制在许多地方种植的胡椒、甘蔗等作物的产量而做的努力愈来愈变得得不偿失。针对这种局面，荷兰人逐渐依赖将产品从亚洲一地运往另

---

① 聂德宁：《明清海外贸易史与海外华商贸易网络研究的新探索——包乐史著〈巴达维亚华人与中荷贸易〉评介》，《中国社会经济史研究》2000 年第 3 期，第 89 ~ 90 页。

一地来获取报酬。① 因而，荷兰殖民者以巴达维亚为中转站，把中国的丝绸、茶叶、瓷器等商品大量转运到印度、中东及欧洲市场。

为了方便东南亚与欧洲之间的贸易，1652 年荷兰在好望角建立了殖民地。在 1667 和 1669 年，印尼主要的贸易中心亚齐和望加锡相继屈服。巴达维亚的竞争对手万丹也于 1682 年最后归附于荷兰。② 为了实现东南亚与欧洲的贸易往来，荷兰东印度公司总督昆构建了复杂的贸易网络以达成目标。具体贸易的办法是：以古吉拉特的纺织品交换苏门答腊沿岸的胡椒和黄金；以万丹的胡椒换取科罗曼德尔海岸的里亚尔银币和纺织品；以檀香木、胡椒和里亚尔银币交易中国的货物和黄金；以日本的白银换取中国货物；以科罗曼德尔海岸的纺织品交换香料、其他商品和中国黄金；以苏拉特纺织品交换香料、其他商品和里亚尔银币；以来自阿拉伯的西班牙银币交易香料、其他小货物、也就是用某一个地区的贸易来补偿另一个地区，而不必动用荷兰的白银。③

每年波斯商馆都要向巴城订购各种各样的商品。《世纪亚洲贸易革命》一书即称："1635 年，波斯商馆给巴达维亚的订购清单就像是亚洲主要商品目录。"一是各种香料，有来自马鲁古群岛的肉豆蔻、肉豆蔻干皮和丁香，爪哇和苏门答腊的胡椒，锡兰的肉桂，印度西海岸的小豆蔻，中国的生姜和印度的干姜。二是各种糖，白砂糖和冰糖。1635 年前，主要来自中国，之后孟加拉糖在波斯市场也变得十分有利可图。三是各种染料，靛青、苏木、明矾。四是各种金属，有来自英国和亚齐的锡，来自日本的铜。五是来自中国的瓷器，来自亚齐和暹罗的樟脑和安息香。六是来自艾哈迈达巴德（Ahmadabad）和勃固的紫胶，檀香木和来自印度的便宜"粗货"，

---

① 〔美〕皮特·N. 斯特恩斯等：《全球文明史》，赵轶峰等译，中华书局，2006，第 617 页。

② 〔法〕费尔南·布罗代尔：《15 至 18 世纪的物质文明、经济和资本主义》第三卷，顾良、施康强译，生活·读书·新知三联书店，1993，第 234 页。

③ Femme S. Gaasstra, *The Dutch India Commpany* (Zutphen: Walburg Press, 2003), p. 121.

如大米、棉布和烟草。商品不仅种类丰富，而且数量也不少，如1637～1639年季风时节，仅2艘从巴城运往阿巴斯的各种香料、胡椒和东亚商品价值即达214262盾，当年荷船输往阿巴斯的货物共计496000盾；1638～1639年，3艘从巴达维亚经苏拉特抵达阿巴斯的船货是220424盾，其中有3648担约450000磅的胡椒、肉豆蔻和丁香，64箱布，24捆棉纺织品，778.5担生姜、紫胶、Cardamom、长胡椒、Cassia、安息香、苏木、檀香木等；1艘途经锡兰的船货价值44268盾，载有许多亚齐的锡和硫黄。①

　　面向中东的贸易只是荷兰东印度公司长距离贸易的链条一环。欧洲才是荷兰东印度公司巨大利润来源。这促使荷兰东印度公司极力拓展往欧洲的海洋贸易。其中生丝便是其中重要的、高利润商品之一。1633年，巴达维亚向荷兰阿姆斯特丹提供了5万荷盾的中国生丝，翌年又要求相同数量的中国生丝；1636年增加到8万～10万荷盾。② 荷兰东印度公司把中国生丝转运到欧洲市场，获得奇高利润。如1621年荷兰东印度公司贩运到欧洲的中国生丝，"毛利达317%"。③ 巨额利润诱惑下，荷兰东印度公司推进面向印度、中东和欧洲的海洋贸易而不懈努力。

　　中国蔗糖是另外一个重要商品。1622年，有22万磅的中国蔗糖被运到荷兰，然后以每磅0.27弗罗林的价格被卖掉。当时，从1620年底到1630年初，阿姆斯特丹的糖价不断上涨，1622年，卜西德粗糖从每磅0.32弗罗林上涨到0.59弗罗林，其他砂糖的价格也随之上涨了。因而，中国的糖又逐渐成为荷船载运的主要货物之一。荷兰十七人董事会在信中特别强调要用旧船或余船运糖以及其他货物回国。荷兰国内的订购量越来越大，荷兰东印度公司对巴达

① Niels Steensgaard, *The Aisan Trade Revolution of the Seveteenth Century: The East India Companies and the Decline of the Caravan Trade* (The University of Chicago and London, 1973), pp. 408 – 409.

② 转引李金明《明代海外贸易史》，中国社会科学出版社，1990，第126页。

③ 范金民：《明清江南商业的发展仁》，南京大学出版社，1998，第121页。

维亚的蔗糖订货量亦从 1631 年 11 月的 40 万磅增加到 1636 年的 100 万磅。[1] 到了 1637 年就不限制订货量了。1637 年则要求 375 万磅或更多。从一些有记载的年份看，当时实际运回国内的数量大抵与订购量相符。如 1634 年，荷船运回国内的中国糖（包括少量的暹罗糖）是 43 万磅；1637 年，仅中国蔗糖就超过了 110 万余磅。[2] 为了满足荷兰本国的需求，荷兰东印度公司打算跟中国建立密切的贸易联系，特别是他们急切需要台湾的蔗糖。

表 3－1 列出了荷兰东印度公司运回欧洲（主要为荷兰）的蔗糖数量，说明了公司初期运回欧洲的蔗糖数量中中国糖所占的比重是相当大的。公司对中国人制造出如此高质量蔗糖的技术给予了高度的评价。

表 3－1　荷兰东印度公司运往欧洲的蔗糖数量统计

年份	数量（单位：磅）	品名
1622	98897	中国砂糖和冰糖
1623	3176	冰糖
1626	73425	中国白糖
1631	33840	孟加拉糖
1634	428883	中国砂糖、暹罗黑砂糖和冰糖
1637	1162309	—
1638	1956076	中国糖、砂糖，暹罗糖、冰糖、巴达维亚糖、万丹糖、孟加拉糖
1639	3061924	砂糖
1640	1503952	中国糖、万丹糖、暹罗糖
1641	2063202	砂糖、冰糖

[1]〔日〕长冈新治郎：《十七、十八世纪巴达维亚的糖业与华侨》，罗晃潮译，《南洋资料译丛》1983 年第 3 期，第 102 页。

[2] Glamann, "Dutch Asiatic Trade, 1620－1740," *Economic History Review* 12 (1981) 244－265.

年份	数量（单位：磅）	品名
1642	1964941	中国砂糖
1645	2583017	砂糖
1647	3492737	砂糖、冰糖、孟加拉糖、中国糖、暹罗糖
1649	898257	中国糖、孟加拉糖、巴达维亚糖

资料来源：〔日〕长冈新治郎：《十七、十八世纪巴达维亚的糖业与华侨》，罗晃潮译，《南洋资料译丛》1983 年第 3 期，第 102 页。

对于中国瓷器的贸易需求是荷兰进入东方贸易的动力之一，荷兰曾经扮演了极重要的转手商角色。大批货物经西方商人（主要指西班牙商人和荷兰商人）被转运到欧洲市场和拉丁美洲市场出售。中国的丝织品和瓷器被转售到那里数量非常大。1619 年占据巴达维亚之后，至 1624 年，荷兰东印度公司在亚洲正式构建了台湾和巴达维亚两大瓷器贸易基地。瓷器首先由中国大陆船只运到台湾，一部分运到马来半岛以外的各个荷兰商馆，另一部分运到巴达维亚。运到巴达维亚的瓷器再次分流，一部分运到荷兰，通过阿姆斯特丹、米德尔堡等城市转运到欧洲其他各地销售，另一部分运到东南亚的各个港口销售。[①]

中国瓷器尤其是细瓷器以其特质——不可渗透性、清洁性和实用性，在欧洲大受欢迎，为了满足不同市场的需求，荷兰人向中国福建海商采购了各种瓷器，然后用荷兰船与东印度公司的帆船把这些瓷器运载到巴达维亚，部分瓷器用荷兰船转运到马来群岛以外的公司商站，部分通过返航船队运回荷兰，其余的则留在巴达维亚供群岛各地居民使用。[②] 1620 年，荷兰东印度公司要求中国输入（印尼）大批瓷器。有碟、盘、杯、碗等共 64500 件。[③] 1622 年，又要

[①] T. Volker, *Procelain and the East Indian Comany* (Leiden: E. J. Brill, 1954), p. 24.

[②] 李德霞：《17 世纪上半叶东亚海域的商业竞争》，云南出版集团公司，2009，第 182 页。

[③] 转引自温广益、蔡仁龙等编著《印度尼西亚华侨史》，海洋出版社，1985，第 86 页。

求购买瓷器 75000 件;^① 1624 年 6 月，巴达维亚荷兰东印度公司当局向即将航赴中国沿海的马尔丁·宋克（Martin Sonck）转达了公司董事会的通知，要求以多达 2 万里亚尔（Real）的款项来采购各种规格的碟、盘、杯、碗等瓷器。10 月 5 日，荷兰驻台湾长官宋克向巴达维亚报告说，他已向一位与公司有生意来往的华人甲必丹索取各种式样的瓷器样品。当年，荷兰人将 10175 件瓷器运往荷兰。1627 年，输荷的中国瓷器上升至 43651 件。1635 年 10 月 23 日，荷兰驻台湾长官向阿姆斯特丹商会报告说，当年运抵台湾的瓷器为数甚巨，使得他都不敢接受了，他不得不大大地超出自己早先的定额来购买。是年（1635 年），荷兰东印度公司载运回国的瓷器件数首次突破十万件，达到 221579 件。1636 年，中荷瓷器贸易达到此阶段的高峰，输荷瓷器为 487911 件，以至于台湾长官约翰·范·德·伯格向巴达维亚总督抱怨说没有足够的白银来支付中国瓷器。1637 年，输荷瓷器为 399352 件。翌年，在"荷兰号"（Hollandia）等荷兰商船满载瓷器驶离台湾之后，台湾荷兰商馆内库存的准备运往荷兰及亚洲各地的中国瓷器仍多达 890328 件。此后数年内，中荷瓷器贸易继续维持在这一水平上。^② 有人曾做过这样的统计，1602～1657 年，荷兰东印度公司载运到欧洲的中国瓷器达 300 万件。此外，还有数万件从巴达维亚转贩到印尼、马来亚、印度和波斯等地出售。^③ 而 1602～1682 年的 80 年间由荷兰东印度公司输出到欧洲的中国瓷器总数估计达 1600 万件。^④

此外，中国茶叶对欧洲社会也有着广泛吸引力。这很大程度上要归功于 17～18 世纪荷兰的对华贸易。很可能在 1517 年，茶叶就

---

① 转引自李金明《明代海外贸易史》，中国社会科学出版社，1990，第 128 页。
② 钱江：《十七至十八世纪中国与荷兰的瓷器贸易》，《南洋问题研究》1989 年第 1 期，第 82 页。
③ C. R. Boxer, *The Dutch Seaborne Empire 1600 – 1800*（London：Hutch in son& Co.，1965），p. 174.
④ 张国刚：《从中西初识到礼仪之争——明清传教士与中西文化交流》，人民出版社，2003，第 95 页。

由葡萄牙航海家带到了欧洲，再由荷兰人转手，定期北运法国、荷兰和波罗的海沿岸国家。① 自唐以降，中国茶自南方港口输往国外，尤其是入清以来，中国与南洋贸易往来更见密切，茶叶经华侨输出至南洋一带者甚多。欧美殖民者首先从荷印殖民地接触到了中国茶。到"16世纪末期，荷兰人又由南洋购得中国茶运到欧洲"，通过这种途径，茶"才稍稍引起欧洲的注意"。② 荷兰人为了大量购买茶叶，"从18世纪初到19世纪30年代，每年从荷兰运往巴达维亚的白银多达6800000～7900000"。③

香料、丝绸、瓷器与茶叶等是荷兰人运往欧洲的主要商品，存在着巨大的利润诱惑。它们也是荷兰东印度公司维持亚洲存在的主要理由。因而，1735年后，三角贸易即中荷直航的航线中货物在巴达维亚停留中转的贸易，成为荷兰对华贸易的主要方式。因不满意荷兰东印度公司的供应方式，以及受到高额利润的刺激，到1755年，荷兰人在阿姆斯特丹又成立"中国委员会"，着手承办荷兰与中国之间的直航事务，每年派出4～5艘商船到中国。这些大商船每艘可在底舱装上25万件瓷器，再装上5000件纺织品、600件漆器，外带50～60万磅茶叶，运到欧洲。荷兰海牙国家档案馆保留了当时大规模茶叶、瓷器贸易的详细统计资料，这些货物清单表明荷兰人实际上从中国进口几乎所有的生活必需品。④ 随着贸易的发展，这一远程贸易在荷兰对外贸易中的地位日益凸显。约瑟夫·库利舍尔在《欧洲近代经济史》记载说，当时东印度贸易在整个荷兰贸易里，扮演着重要的角色，仅次于对欧洲的贸易。与此同时，阿姆斯特丹很快成为了新的东方商品（特别是香料）分销中心，他

---

① 〔英〕托比·马斯格雷夫、威尔·马斯格雷夫：《改变世界的植物》，董晓黎译，太原希望出版社，2005，第118页。

② 张德昌：《清代鸦片战争前之中西沿海通商》，《清华学报》1935年第10卷第1期。

③ 庄国土：《16～18世纪白银流入中国数量估算》，《中国钱币》，1995年第3期，第5页。

④ 〔荷〕包乐史《中荷交往史》，庄国土、程绍刚译，路口店出版社，1989，第98页。

称："17世纪，荷兰成为世界第一个贸易国家，它称霸了整个海洋。'贸易是这个国家的灵魂'……荷兰是粮食、鱼类、盐、建筑材料、纺织品、胡椒、肉桂、丁香、茶叶、咖啡、烟草这些殖民地物产的贸易中心。"① 荷兰经营下的东南亚与阿姆斯特丹的远程贸易从无到有，已发展为当时欧洲与东南亚最重要的远程贸易之一。到17世纪末，荷兰东印度公司作为一个在东方的强大贸易帝国达到了它权力的顶峰。

2. 荷属巴达维亚主导的岛际海洋贸易

荷兰面向中东、欧洲的长距离海洋贸易，获取了巨大的财富。而支撑这一贸易的亚洲区域贸易，尤其是东南亚的岛际贸易是其长距离贸易的货源保证。荷兰在进入东方市场后，为适应交易中国丝绸、瓷器等商品需要，将日本的白银纳入自己的亚洲区间贸易机制中，即将印度的布、东南亚的胡椒和香料、日本的银、中国的黄金、丝绸等货物归入一个贸易循环系统。"东南亚的胡椒、檀香木以及其他物产被卖到中国（或卖给台湾的中国人），换回黄金、生锌、生丝和丝织品，再将大部分的生丝及丝织品卖到日本，赚得日本的白银。然后，将从中国换得的黄金、生锌与得自日本的白银一起运到印度，去购买印度的棉织品。而印度的棉织品又是换取印度尼西亚香料的最主要的商品。通过这种亚洲国家间的贸易，荷兰人获得了利润，以便购买运回欧洲货物所需的资金，同时维持与扩大公司在亚洲的要塞、船队和货栈所需的资金，大部分就是由这些利润所提供的。"由此，荷兰人只需要用少量白银换取东南亚的胡椒、檀香木等物产就能进入这种贸易循环系统。②

荷兰人从中国进口食品原料，如小麦、稻米、糖、盐、蜂蜜、

---

① 约瑟夫·库利舍尔：《欧洲近代经济史》，石军、周莲译，北京大学出版社，1990，第216~218页。

② 许序雅、林琳：《17世纪荷兰东印度公司在亚洲的区间贸易》，载《中外关系史论文集——新视野下的中外关系史》第14辑，甘肃人民出版社，2010，第413~414页。

生姜、土茯苓、牛、猪和鸡，还有木材、黄金、生丝和丝织品以及瓷器。中国帆船则从台湾把糖、生丝、明矾、鹿皮、肉豆蔻和瓷器等商品销往日本，换回日本的白银和铜。[①] 黄金在荷兰东印度公司的内亚洲贸易中亦扮演着重要的角色。为了使其在亚洲贸易中有利地位最大化，荷兰东印度公司在亚洲的多个地区购买和贩卖黄金。虽然很难完整描述巴达维亚总贸易账目中的黄金流向，但一般而言，从黄金的来源地来看，巴达维亚政府通过 3 种方式来获取此贵金属：派船前往日本收购；在巴达维亚向来自华南的中国帆船购买；在苏门答腊自行开采金矿。[②] 西至也门摩卡、东到日本出岛的季风亚洲地区的贸易站共同为巴达维亚服务。[③]

　　荷兰东印度公司在亚洲各地贩运中国瓷器数量也十分可观。而在东南亚市场人们也对中国瓷器感兴趣。经由该荷兰东印度公司的转运，这一时期的中国陶瓷更是巨量地流向东南亚各地，特别是当时印尼各岛的陶瓷贸易完全由荷兰东印度公司垄断。中国陶瓷传入印尼最多的是青瓷，其次是青白瓷。荷兰学者凡·莱厄称，中世纪每年有 12 万至 16 万件中国瓷器向印尼出口。荷兰殖民者盘踞雅加达后，大量输入中国瓷器，把其中一部分运至荷兰，高价出售。[④] 大量的通过巴达维亚转运到东南亚区域各地。据保守估计，仅 1636 年一年里，从巴达维亚运往爪哇、苏门答腊、加里曼丹的中国瓷器总数就达 379670 件。在 1655～1661 年的 6 年间，荷兰东印度公司就运载 500 万件中国瓷器到印尼和马来亚各岛屿以外的泰国、缅甸、锡兰、印度、伊朗和阿拉伯各地。[⑤] 除此以外，荷兰所有航向

---

① 转引自范岱克《1630 年代荷兰东印度公司在东亚经营亚洲贸易的制胜之道》，李庆新译，载《海洋史研究》第七辑，社会科学文献出版社，2015，第 228 页。

② 刘勇：《论 1757－1794 年荷兰对华贸易中巴达维亚的角色》，《南洋问题研究》2008 年第 3 期，第 64 页。

③ 〔荷〕包乐史：《荷兰在亚洲海权的升降》，邓海琪、冯洁莹等译，《海洋史研究》第七辑，社会科学文献出版社，2015，第 205 页。

④ 转引自温广益、蔡仁龙等编著《印度尼西亚华侨史》，海洋出版社，1985，第 86 页。

⑤ 叶文程：《中国古外销瓷研究论文集》，北京紫禁城出版社，1988，第 69 页。

香料群岛（即摩鹿加群岛）的商船都装载着丰富的食品，比如米、小麦、烟熏肉、油、啤酒、葡萄酒以及醋，这些食品会被输送给在那里的卫戍部队，他们保卫着荷兰东印度公司的香料垄断权。商船返回时则装载着香料、肉豆蔻、肉豆蔻干皮、檀香木、粗麻线、燕窝、极乐鸟，恰好可以赶上等候在巴达维亚锚地准备回到中国的船队。①

这种将商品在亚洲各国之间流动，从而赚取中间利润的贸易方式，荷兰人称之为"亚洲区间贸易"（Intra-Asiatic Trade）或东南亚"岛内贸易"（the Interinsular Trade）。② 区间贸易方式最早为葡萄牙人采用。16世纪中叶，葡萄牙人从果阿将檀香木和香料运到中国，换得中国的生丝、丝绸、瓷器和黄金等货物在日本高价出售，然后"带着大量的日本白银、少量的其他货物"返澳，"用日本的白银大批购买中国的生丝、丝绸、瓷器"等货物到印度交易，在果阿—澳门—长崎—澳门—果阿这整个贸易过程中，可以赚到10万多块金币（1块金币相当于400里亚尔，即10英镑）。③ 当荷兰东印度公司控制亚洲海权后，按照时任荷兰东印度公司总督的威廉姆·范·奥特胡恩的建议，他们计划利用中国帆船供应荷兰人需求的中国商品，把原来驶往中国的公司船只转用于对孟加拉的贸易。他认为荷兰东印度公司的船只在中国水域的贸易，只能获得45%的毛利；如果转向印度洋，赢利将会高得多。相反，依靠中国帆船向巴达维亚运销货物，运费则便宜得多。因为，中国的船工只是从携带货物的销售中挣得生活费用，无须付给他们工资。依据奥特胡恩的分析，荷兰东印度公司十七人理事会批准了这一方案。④ 因而，

① 〔荷〕包乐史：《荷兰在亚洲海权的升降》，邓海琪、冯洁莹等译，《海洋史研究》第七辑，社会科学文献出版社，2015，第208页。
② 这种贸易与后来英国散商的港脚贸易（the Country Trade）很相似。港脚贸易指的是英国散商在印度、东印度群岛同中国之间进行的贸易。参见格林堡《鸦片战争前中英通商史》，康成译，商务印书馆，1961，第9页。
③ 费成康：《澳门四百年》，上海人民出版社，1988，第45页。
④ Leonard Bluss, *Strange Company*: *Chinese Settlers Mestizo Women and the Dutch in VOC Batavia* (Dordrecht, 1986), pp. 123 – 124.

荷兰东印度公司面向印度推进亚洲区间贸易网络也成为公司努力的重要部分。

巴达维亚输入印度的货物十分丰富，包括芦荟、安息香、丁香、日本铜、中国瓷器、肉桂、樟脑、玛瑙、茯苓、乌木、Gum-lac、肉豆蔻、肉豆蔻干皮、胡椒、水银、苏木、砂糖、糖果、茶、锡、白铜、朱砂等。其中，香料所占比重最大。当时，在科罗曼德尔40%的布是以东南亚香料换取的；在苏拉特则高达60%，其中尤以丁香为最；在古吉拉特，香料也占了很高的比例。[①] 据载，1620～1622年经荷兰人和英国人输入印度的丁香为280吨，1638年更高达290吨，1653～1657年为174吨。[②] 而可以肯定的是，荷兰人控制着马鲁古，所以这些丁香绝大部分是由他们输入的。同时，有意思的是，众所周知，印度马拉巴尔地区盛产胡椒，荷兰人却将它输到了印度，并且似乎还十分顺利。这是因为巴达维亚政府控制了大多数胡椒的供应源，垄断了对巨港和万丹胡椒的购买权，相比印度马拉巴尔地区，胡椒质优价廉。此外，巴达维亚政府所提供的东印度货品当中，锡所占份额最重，几乎达到巴城货品总价值的一半乃至三分之二。锡又分为邦加锡或巨港锡和马六甲锡。[③] 自17世纪中期，巴达维亚政府就一直试图从最古老的锡产地霹雳获得购锡垄断权。霹雳早在15世纪就把这种金属作为进献马六甲苏丹的贡品，但巴达维亚政府直到1746年才得以与霹雳苏丹签订合同。在马六甲海峡的另一边，巨港苏丹已经在1722年就批准了荷兰公司在邦加岛的购锡专有权。荷兰公司所购锡的80%来自苏门答腊南部，且大约

---

① Jonathan I. Israel, *Dutch Primacy in World Trade 1585 – 1740* (New York: Oxford University Press, 1989), p. 178.

② David Bulbeck, Anthony Reid, Lay Cheng Tan, Yiq Wu, *Southeast Asian Exports Since the 14th Century: Cloves, Pepper, Coffee and Sugar* (Singapore: Institute of Southeast Asian Studies, 1993), p. 132.

③ 18世纪，锡产地主要集中在3个地方：暹罗的乌戎萨郎岛（即现在的普吉岛），马来半岛山区（吉打、霹雳、雪兰莪和林茂），以及巨港之邦加岛。不同于拥有锡产地的邦加，马六甲自身并不产锡，而是一个供收集并出口锡的港口。

　　对于东方中国来说，除了锡和胡椒，销路很好的豆蔻、丁香和丁香母等数量相对较少，但其所获巨额利润达到 1000% 。^② 其他商品如樟脑、苏木、檀香、靛蓝、亚力酒、丁香油、大米、珍珠粉、燕窝、苏拉特棉花、儿茶和木香也常常畅销。^③ 尽管这些商品销量与锡和胡椒不在同等水平，但他们仍是公司用来交换茶叶、瓷器和其他中国商品不可忽略的货物。在 17 世纪前 40 年，荷兰东印度公司设法夺得葡萄牙人的大部分香料贸易，稳定在印度纺织品市场上的牢固份额，将其影响范围实质性地拓至亚洲所有的海上贸易区域。公司还尽可能地推进与中国通商。在台湾殖民，从马尼拉的西班牙人、澳门的葡萄牙人手中抢得相当的中国贸易份额，并有效地同亚洲商人在暹罗、日本展开竞争。在亚洲还没有其他经济体能够自夸取得这般成就。^④

　　乔治·史密斯（George Smith）曾讨论过，1634～1643 年从暹罗离岸的荷兰东印度公司船只运载的商品数量与种类怎样急剧增加，并指出其中大部分都是在亚洲内部转口的贸易商品。^⑤ 在每年的五六月或七月初，驶向日本长崎的商船带着荷兰和印度的纺织品、暹罗的黄貂鱼皮、摩鹿加群岛的香料等商品。在秋季的返程途中，他们会运来日本的金币、铜、漆器、瓷器和丝绸。这些货物的一部分运到巴达维亚，其他部分则通过马六甲运抵孟加拉湾或者波斯。从西边的这些地区，商船会装满纺织品返回巴达维亚，恰好赶上为下一批赴日的商船提供货物。以科罗曼德尔海岸为目的地的商船会在四月至八

---

① Reinout Vos, Gentle Janus, *Merchant Prince* (Leiden：KITLV Press, 1993), p. 8.

② C. J. A. Jorg, *Porcelain and the Dutch China Trade* (The Hague：Martinus Nijhoff, 1982), p. 76.

③ Liu Yong, *The Dutch East India Company's Tea Trade with China* 1757 – 1781 (Leiden & Boston：Brill Academic Publishers, 2007), pp. *34 – 203*.

④ 转引自范岱克《1630 年代荷兰东印度公司在东亚经营亚洲贸易的制胜之道》，《海洋史研究》第七辑，李庆新译，社会科学文献出版社，2015，第 217 页。

⑤ 转引自范岱克《1630 年代荷兰东印度公司在东亚经营亚洲贸易的制胜之道》，《海洋史研究》第七辑，李庆新译，社会科学文献出版社，2015，第 226 页。

月发出，它们航行至纳加帕蒂南（Negaptnam）和布利格德（Pulicat），在那里装载石板——在巴达维亚经常被用作墓碑——和各种纺织品、靛蓝、硝石和钻石。往返一趟大约花费两个半月的时间。在八月或九月，纳加帕蒂南会向位于孟加拉海湾的阿拉干（Arakan，位于今缅甸西部沿海的若开邦）商站供应货物。九月初，商船会带着香料和在本地购买的器具离开巴达维亚前往锡兰的加勒（Galle）。十月，他们从那里继续航行至马拉巴尔海岸的科钦和温古尔特（Wingurla）。槟榔、胡椒、货贝（cowries）以及椰子壳（用于制作缆绳）都会被装载运输到苏拉特和前方的波斯。一些商船直接从锡兰航行到波斯和苏拉特，带着香料货物，如小豆蔻、胡椒以及铜和锡。在二月和三月，这些商船返航，带着纺织品、珠宝、波斯的丝绸、设拉子红葡萄酒、水果、浮花锦缎（brocades）以及波斯的马匹等货物。五月会有另外两艘船运载肉桂随后而至。四月和五月，商船被派往苏门答腊西部和东部去购买黄金和胡椒。他们将在十月返程，恰好赶上将货物搬运到停在巴达维亚锚地准备回荷兰的返航船只上。也是在五月，巴达维亚向马六甲提供必需品，以从"马来西亚产锡的诸王国"换取锡和胡椒。十月，其他船只会被派往马六甲海峡，以等待那些从日本直接航行到孟加拉湾而没有在巴达维亚停留的商船并搬运货物。从巴达维亚前往孟加拉湾的船队会在七月或八月出发，他们将运去日本的铜以购买将会在日本销售的丝绸，以及在爪哇销售的棉纺织品和鸦片。六月至八月，又有商船被派往暹罗的大城（亦译阿犹地亚）商馆，大部分货物是暹罗国王购买的特殊商品，如武器和衣服。回程的货物则包括热带木材、兽皮、黄貂鱼皮、蜡、象牙以及其他森林产品。回程途中，他们会停在六坤①去收集锡。②

环苏门答腊岛的海洋贸易与华商网络

透过这种复杂的海洋贸易体系，荷兰东印度公司构建起亚洲的岛际海洋贸易、区间海洋贸易，繁荣了亚洲市场，维持了荷兰东印度公司在亚洲的必要存在，保证了从中国的货物供应，保持着与欧洲长距离海洋贸易的巨额利润。这种复杂的世界海洋贸易网络，因为荷兰人的参与，使亚洲与欧洲的市场紧密联系在一起，实现了经济与贸易的交流，也带来了文化上的互相影响。尤其是中国的陶瓷文化、茶文化更是深远地影响着欧洲的文化。这是海洋活动的必然效应。

17 世纪时荷兰东印度公司的贸易，可能是荷兰的商业扩张中最富有戏剧性和最为辉煌的一个方面。它所开创的海洋贸易格局，不仅使亚洲区间海洋贸易空前活跃，而且奠定了今日印度尼西亚共和国的基础，而这又是与巴达维亚作为港口据点有着莫大的关系。虽然历史中的荷兰东印度公司创造了如此多的辉煌，也有那么多过失，但是它毕竟为荷兰创造了一个殖民帝国，并把一个未来的印度尼西亚共和国锻造成形，且将它与马来群岛紧密地连接起来。

第三节　荷属巴达维亚与中国的帆船贸易

当巴达维亚取代马六甲，成为东南亚与西方开展贸易的中转站以来，荷兰东印度公司与中国展开了形式多样的贸易，如帆船贸易、直接通商、三角贸易。其中，荷兰东印度公司在 17～18 世纪与中国的帆船贸易活动尤为显耀。荷兰东印度公司的首府巴达维亚曾一度是中国帆船前往东南亚各地进行贸易活动的主要港口之一。直到 19 世纪 20 年代以后，随着英国海峡殖民地的建立及新加坡港的崛起，巴达维亚作为中国帆船在东南亚贸易的首要港口地位才为新加坡所取代。尽管如此，由于荷属东印度幅员广阔，人口众多，自然资源尤其是矿产及热带经济作物的资源相当丰富，因而自 19 世纪中叶以来，中国与荷属东印度的贸易往来仍然有所发展。[①] 在这种情况下，荷兰人对中国商品的需求不断增长。

一　帆船贸易兴盛的原因

1. 荷印政府的重视

荷兰进驻印尼后，为了使海洋贸易集中在当时荷兰人最大的商业根据地巴达维亚港，采取了一系列鼓励华商前来贸易的优待措

---

① 聂德宁：《近代中国与荷属东印度的贸易往来》，《南洋问题研究》1995 年第 1 期，第 45 页。

施。1643 年荷兰在印度公司曾规定："凡来自中国的帆船,只要每条船交纳550 个令吉（Ryks,荷货币单位,1 令吉 = 2.5 荷盾）,且不论船数多寡,船舶大小,货物贵贱,一律不得盘查干扰。"① 而对其他国家商港来巴达维亚的商品断然课收很高的关税,并对和荷兰有竞争的进口外国货也课以高达一倍的进口税,以后甚至采取了禁止输入的措施,但对华侨在巴达维亚用帆船进行的贸易,则豁免这种苛酷的限制。这种纳款抵税制度以后一直保留着,只是在 1743 年、1746 年以及 1837 年曾根据船舶的大小和起航的港口作出区别对待的规定。② 公司也命令驻外官员"优厚接待中立国家如北大年、暹罗以及宋卡经商的华侨,并大量发给华侨自由入境证,欢迎他们来巴城"。③

除鼓励华人、华商积极参与到巴达维亚的建设中外,巴达维亚政府通过提供和补充各种协助,在对华贸易中扮演了极其重要的支持。由于公司采取了一系列措施,前来巴达维亚通商的中国帆船逐年有所增加。据外国史籍记载,1620 年有 6 艘中国商船抵达巴达维亚,这些商船主要是在总督昆的"自由入境政策"奖励下,从北大年、暹罗一带转往巴达维亚的。④ 此后 1622 年有 3 艘中国商船从漳州开抵巴达维亚;⑤ 1625 年有 4 艘（每艘为 600 或 800 吨）,1626 年约有 4 艘,1627 年有 5 艘,1631 年又有 5 艘（以上大部分都是从福建开出的）……⑥据估计,17 世纪 20 ~ 30 年代,平均每年有 5 艘中国帆船到巴达维亚。17 世纪末到 18 世纪初,平均每年"到达巴

---

① 〔英〕W. J. 凯特:《荷属东印度华人的经济地位》,王云翔、蔡康寿等译,厦门大学出版社,1988,第 10 页。

② 〔英〕W. J. 凯特:《荷属东印度华人的经济地位》,王云翔、蔡康寿等译,厦门大学出版社,1988,第 10 页。

③ 〔荷〕包乐史:《荷兰东印度公司时期中国对巴达维亚的贸易》,温广益译,《南洋问题研究》1984 年第 4 期,第 5 ~ 6 页。

④ 〔印尼〕费谬论:《红溪惨案本末》,李平等译,翡翠文化基金会,1961,第 24 页。

⑤ 转引自温广益、蔡仁龙等编著《印度尼西亚华侨史》,海洋出版社,1985,第 85 页。

⑥ 〔荷〕包乐史:《荷兰东印度公司时期中国对巴达维亚的贸易》,温广益译,《南洋问题研究》1984 年第 4 期,第 98 页。

达维亚的中国帆船是 11 至 13 艘";18 世纪 30 年代和 40 年代是中国与荷印贸易的全盛时期,"平均每年到达巴达维亚的中国帆船达17.7 艘""最多的年份甚至达到 21 艘之多"。①

后来,莱佛士正确地说:"荷兰的政策似乎一向是给予中国人以无微不至的鼓励。他们是荷兰人的代理商,他们对爪哇的外国货物市场几乎具有毫无约束的支配地位。""几乎所有的内地商业,非集贸市场所能经营的物资,都在中国人的支配之下。他们拥有相当大量的资金,作大规模的投机,垄断了大部分批发商业,向本地生产者收购主要的出口物资,运往海运中心的城市,再同过来对内地供应食盐和从外国进口的主要物资。"经营沿海贸易的船只也主要是属于中国人、阿拉伯人和布吉斯人的。②

2. 巨额利润的刺激

荷兰东印度公司在巴达维亚建立总部后,开始实施它的海洋贸易计划。在阿姆斯特丹——巴达维亚——广州的三角通商中,它依靠中国帆船进行广州与巴达维亚间的贸易,以马尼拉、巴达维亚为中转站,把中国商品转运到欧洲、拉丁美洲,获得极高的利润。其中中国瓷器、茶叶、生丝销往转口销往欧洲的利润很高。例如,生丝、丝织品等在欧洲市场上可获暴利。据载,1621 年,荷兰东印度公司在巴达维亚采购了一批中国丝,在巴城的进价是每荷兰磅 3.81 盾,而在荷兰的售价为每磅 15.9 盾,毛利近 4 倍。同年,"莱登"号(Leyden)船带回荷兰的一批白生丝,在台湾购买时,每磅 4 盾,而出售价是每磅 16.88 盾,毛利高达 4 倍。③ 而且,18 世纪最初 10 年中,荷兰东印度公司通过卖给中国商人胡椒等热带产品获得的收

---

① 转引自郭立珍、索秋平《明末清初中国与荷属东印度贸易对巴达维亚华侨社会的影响》,《洛阳大学学报》2003 年第 3 期,第 19 页。

② 转引自〔英〕W. J. 凯特《中国人在荷属东印度的经济地位》(序),《南洋问题资料译丛》1963 年第 3 期,第 7 页。

③ K. Glamann, "Dutch Asiatic Trade, 1620 – 1740," *Economic History Review* 12 (1981): 244 – 265.

入，远超过购买中国商品的支出，利润在 10 万 ~ 50 万盾。而且，购买中国货也无须付现银。^① 这种高额的利润使荷兰人竭尽所能地吸引华商开展帆船贸易。

同样，中国帆船前往南洋贸易络绎不绝，也是受巨额的利益驱使。民众贩运南洋，有时能获利"百倍"。这是促使明朝后期私人海外贸易昌盛的外部因素。如"中国胡丝百斤，价值百两者，至彼得价二倍"，也就是说中国胡丝在国内价每百斤为一百两，运到吕宋及南洋各国，卖价为二百两，利润率为100%；再如糖，在福建沿海每担售价为白银 2.5 两，运到巴达维亚城，每担可售 8 两，利润高达 220%。^② 明后期福橘"在国内每百斤仅 5 分，而运到海外，每 4 橘值 2 文，一位叫苏和的商人，因本微不能置贵重物，仅贩卖福橘一项就得千金"。^③ 其他瓷器、茶叶、干鲜水果等物品运到巴达维亚，同样可获巨利。巨大的经济利益诱惑着华商从中国往南洋开展海洋贸易。

国内商品经济的发展要求向海外扩大市场，而海外市场的高额利润又吸引着中国海商和欧洲殖民商人的资本流向彼处，这一经济发展的客观规律是明朝后期私人海洋贸易大为发展的主因，也是中国帆船屡禁不绝，冒险犯禁前往巴达维亚贸易的根本动因。

3. 中国商品经济发展有着出口的压力和动力

明末清初东南沿海各省和江南地区商品经济的发展和繁荣，为对外贸易提供大宗出口商品，为中国同巴达维亚贸易的发展提供了物质保证。

明中叶以后，中国经济的发展出现了新的局面，生产力提高，商品经济活跃，尤其是东南沿海各省的农村家庭手工业与城市手工

---

① 转引自吴建雍《18 世纪的中西贸易》，《清史研究》1995 年第 1 期，第 113 页。
② 林仁川：《论十七世纪中国与南洋各国海上贸易的演变》，《中国社会经济史研究》1994 年第 3 期，第 43 页。
③ 李金明：《中国古代海外贸易史》，广西人民出版社，1995，第 350 页。

业迅速发展，并已出现了资本主义萌芽。以丝织业为例，在江苏，由于丝织业的发展，盛泽镇由明初仅 50～60 户的小村，一跃而为嘉靖年间的重要商业市镇，当地的丝绸业牙行达千百家之多。在明后期苏杭地区已经出现不少丝棉专业市镇，如江苏的盛泽镇、临平镇、唐栖镇、王径镇、新城镇、淮院镇等。[①] 丝织业的发展，为中国丝绸大量远销海外提供了充分的货源。早在明后期，随着生丝和丝绸成为中国最重要的外贸商品，江南地区日渐成为出口物资的供给地。而福建虽然从事海外贸易商人较多，但受气候影响，"闽不畜蚕，不植木棉"，[②] 可供出口的物资并不多。当时就有相当一部分的江南商品经福建海商之手由江南港口违禁运往海外。时人亦有"杭城之货，专待闽商，市井之牙，勾同奸贾，捏名报税，私漏出洋"。[③]

同时，明代后期，由于工农业和商品经济的迅速发展，中国的瓷器制造业进入了鼎盛时期。其时，不同程度的粗细陶瓷器生产遍及江西、浙江、江苏、福建、广东等省份。作为全国瓷业中心的景德镇，其生产规模之大、产品之精美，达到了空前繁荣的局面。万历年间，景德镇上以陶瓷为业的佣工"每日不下数万人"。各制瓷作坊内已有比较细密的生产程序和分工。在元代和明代前期瓷业生产的基础上，景德镇瓷窑进一步发展了青花瓷器，并烧制成功斗彩、釉上五彩、薄胎、蓝釉，孔雀绿、浇黄三彩等新品种，技艺与工艺日臻成熟，产量迅速增长。[④] 福建德化生产的纯白瓷器亦因其色泽光润明亮、乳白如凝脂而饮誉海内外，获得"猪油白""象牙白"的美称。且福建德化县之东、西、南、北各地满布瓷窑，其生产规模之大足以惊人。

① 刘石吉：《明清时代江南市镇研究》，中国社会科学出版社，1987，第 34～36 页。
② （清）王沄：《漫游纪略》，《笔记小说大观》第 17 册，江苏（扬州）广陵古籍刻印社，1983，第 6 页。
③ （明）王在晋：《皇明海防纂要》，载《万历四十一年刊》，扬州古旧书店据万历本油印。
④ 钱江：《十七至十八世纪中国与荷兰的瓷器贸易》，《南洋问题研究》1989 年第 1 期，第 80 页。

随着江西、福建、浙江等地的丝绸、瓷器制造业的迅速发展，物资供应获得有效保障，对销售市场的扩大有着紧迫的需求，包括向海外发展，这是促使华人面向南洋扩大贸易的动力。以至于出现"自燕云而北，南交趾，东际海，西被蜀，无所不至，皆取于景德镇"之盛况。① 在福建："凡福之绸丝，漳之纱、绢，泉之蓝，福延之铁，福漳之橘，无日不走分水岭及浦城小关，下吴越如流水。其航大海而去者，尤不可计。"②

面向南洋的海洋贸易急速扩大，进一步刺激了国内的商品经济发展。根据屈大均的《广东新语》记载："粤人开糖房多以致富，盖番禺、东莞、增城糖居十之四，阳春糖居十之六。而蔗田几于禾田等矣。"《泉南杂志》也记载："甘蔗干小而长，居民磨以煮糖，泛海售。"荔枝、龙眼的大量出口使"广人多衣食荔枝、龙眼"。③"广州凡矶围堤岸，皆种荔枝、龙眼，有弃稻田以种者"。④ 中国—南洋贸易中，出口商品还包括不少糖、果干、果脯，果干、果脯中以荔枝、龙眼为最多。这些产品的出口也在一定程度上刺激了甘蔗和荔枝、龙眼等果树的种植。

4. 东南亚华侨数量增长对中国商品的需求增加

自郑和之后，大量的华人散居，对中国商品的需求有所增长。同时，到南洋各岛进行贸易的中国帆船，冬春之间靠东北信风鼓帆而去，夏秋之间又借西南信风扬帆而归，中国商人运载丝织品、茶叶、瓷器、五金和杂货，换回香料、药材、檀香木等土特产。由于要等信风才能返航，遂有部分商人因商业关系在当地住下来，开始多是季节性的暂住，后来因贸易的发展，出现了长期居住在那里的

---

① 转引自钱江《十七至十八世纪中国与荷兰的瓷器贸易》，《南洋问题研究》1989 年第 1 期，第 80 页。
② （明）王世懋：《闽部疏》，转引自谢国祯《明代社会经济史料选编》（中册），福建人民出版社，1981，第 110 页。
③ 屈大均：《广东新语》卷 27，蔗语，中华书局，1997，第 625 页。
④ 屈大均：《广东新语》卷 27，蔗语，中华书局，1997，第 624 页。

中国商贾。也是中国帆船前往的理由。仅以巴达维亚为例，在 1619 年有 400 人，到 1629 年增加到 2000 人，而一直到 1725 年以后才达到一万人。[①] 包括东印度群岛及马来半岛其他区域的华人人口增长也很快，这都是催生中国消费品海外发展的诱因。

根据 1653 年 1 月 2 日和 1657 年 2 月 18 日的《巴城日志》载，来自台湾和厦门的两艘商船中，有一批诸如中国式的纸伞、扇子、中国鞋等用具，还有一批所谓"中国啤酒""这些只有从中国去巴城的华侨才最为爱好"。[②] 中国商船带去的货物是当地华人经商中必不可少的商品。"移民中的大量散商都倚仰零售商业，零售商贩在中国海外移民市场营销网中占有相当大的比重。他们虽然销售当地货品、西方商人或其他亚洲商人的舶来品以及华民生产的手工业制品，但他们也销售大量的中国商船的舶来品，诸如丝织品、瓷器以及各类日常生活用品等。"[③] 譬如南京布，一种比较便宜且质地较轻的布料，因深受东南亚华侨欢迎，18 世纪 60 年代到 1775 年，原色南京布被巴达维亚政府订购过几次，但 1775～1781 年，基本上每年被订购的大部分为黄色或浅黄色。这种布料需求量的增加即和 18 世纪 70 年代巴达维亚华人人口增长有着较大关联。[④] 大量华人定居的生活需求，或者经营中国货品补充货源需要，都是促使中国帆船持续不断航行到巴达维亚的理由。

5. 后期明清王朝解除海禁，准许私人出洋贸易的巨大推动力

明朝初期开始，白银就极其匮乏，迫使明朝统治者从海外寻找

① 转引自〔英〕W. J. 凯特《中国人在荷属东印度的经济地位》（序），《南洋问题资料译丛》1963 年第 3 期，第 7 页。

② 吴凤斌：《郑成功父子时代与东南亚华侨》，《南洋问题研究》1983 年第 1 期，第 47～57 页。

③ 杨国桢等编著《明清中国沿海社会与海外移民》，高等教育出版社，1997，第 50 页。

④ 通过参考 J. L. Bluss, *Strange Company: Chinese Settlers, Mestizo Women and the Dutch in VOC Batavia* (Leiden: KITLV Press, 1986) pp. 18 - 19，"巴城及周边地区总人口"及"巴城主要人口成份"两表中的数据，在 18 世纪后半期巴城人口与中国布匹进口量之间似乎存在着某种联系。

贵金属，也为贸易的勃兴创造了有利条件。1581年张居正改革，实行田赋、力役折银征收，白银日益成为官府和民间急需的通货。但是，当时国内的银矿产量甚低，不能满足社会的需要，隆庆三年（1570年）前后，"每年尚少银一百五十余万，无从措以"。[①] 为了从面临的财政危机中解脱出来，明朝廷一方面在国内进行财政改革，"采金之使四出"，[②] 另一方面通过海禁的解除为中国与吕宋的丝绸——白银贸易的发展大开方便之门。随着海禁的解除，私人出洋贸易合法化，出洋经商的人数骤然增多。据崇祯时期的兵部尚书梁廷栋等人上书所陈，每年春夏东南风起，那些"怀资贩洋"的海商以及充当"篙师和长年"的"入海求衣食者，数以十余万计。海禁的解除，对外贸易政策的松动是中国明初同南洋地区私人海外贸易蓬勃发展的重要原因，从而大量商船往来于中国与南洋各地"。[③]

清政府统一台湾后，宣布开放海禁，海外贸易急剧发展。《厦门志》卷5《洋船附洋行》条记载：康熙二十三年（1684年），工部侍郎金世鉴奏请阂省照山东等处现行之例，听百姓海上捕鱼、贸易经商。议政大臣议准，俱令一体出洋贸易。[④] 这不啻引发了中国商人前往巴达维亚的真正海啸。因此厦门、巴达维亚走廊成为茶叶、瓷器和其他中国器具的唯一供应渠道。同样，江浙、闽粤沿海一带居民，携带中国特产赴东南亚各国贸易的人数和船只日益增加，如康熙二十四年（1685年）逾十艘商船从福州、厦门等地赴巴达维亚，四十二年（1703年）增至20艘；而二十八年（1689年）有5艘华舶前赴暹罗，次年（1690年）增至12艘，又三十八年（1699年）有7艘抵达柬埔寨。[⑤] 仅前往巴达维亚的帆船，数量

---

① 《江陵张文忠公全集》，"请停取银两疏"。
② 茅瑞征：《皇明象青录》卷5，"吕宋"条。
③ 刘石吉：《明清时代江南市镇研究》，中国社会科学出版社，1987，第35页。
④ 周凯：《厦门志》（上册），南投市：台湾省文献委员会，1993，第138页。
⑤ 郭蕴静：《浅论康熙时期的对外贸易》，《求是学刊》1984年第4期，第73~74页。

就颇为可观。据康熙三十五年（1696 年）的 64 号巴达维亚船的报告说："咬留吧自去冬以来，由福建、广东、浙江一带而来的商船，一共十四艘。"① 康熙四十七年（1708 年），清政府进一步解除对南洋贸易的禁止。当局对暹罗国贡使所带货物予以免税，并任由贸易。② 这对其他国家亦有积极的影响，柬埔寨、柔佛、安南、吕宋、苏禄、爪哇等东南亚诸国的商船亦纷至沓来。后虽康熙五十六年（1717 年）禁止南洋贸易。但雍正五年（1727 年），总督高其倬奏开南洋，亦准允行。厦门始有贩洋之船。③ 这为中国帆船前往南洋创造了不绝的动力。

当然，海禁与解禁交错进行的明清政府，始终无法阻挡民间前往东南亚的海洋贸易。禁止私人前往南洋贸易期间，私人海外贸易也从未停止过。《巴城日记》中就记有中国南船秘密从漳州来航巴达维亚，今摘两条：1633 年 4 月 11 日，"中国帆船一只，无渡航免许证，密从漳州河口出航来到本地，载有多量粗细瓷器和七十名中国人"。1634 年 3 月 24 日，"中国帆船一只，载粗瓷杂器从漳州来到本地，该船没有免许状，秘密从安海出航，据其报告，另外小帆船，同样也没有免许状，当于最近来到"。④ 等到禁令解除，官方和私人海洋贸易齐头并进，中国帆船前往巴达维亚贸易的数量就呈现井喷式增长。每年二月，中国的帆船会乘东北季风从厦门、广州和宁波到达巴达维亚，并在五六月或者七月随着西南季风再次离开。总之，中国南方各港口城市和巴达维亚间的贸易通道就一直牢牢掌握在中国船队手中。这迫使荷兰东印度公司放弃所有打入中国市场的想法。

① 转引自〔日〕松浦章《清代福建的海外贸易》，郑振满译，《中国社会经济史研究》1986 年第 1 期，第 101 页。
② 《清朝文献通考》卷 26。
③ 周凯：《厦门志》（上册），南投市：台湾省文献委员会，1993，第 138 页。
④ 林金枝：《明代中国与印度尼西亚的贸易及其作用》，《南洋问题研究》1992 年第 4 期，第 22 页。

环苏门答腊岛的海洋贸易与华商网络

二 荷属巴达维亚与中国帆船贸易的历程

1. 兴盛

1619 年荷兰占领巴达维亚后，采取了鼓励中国帆船贸易的措施，中国帆船前往巴城贸易的数量一直呈增长之势。尤其是福建、广东与巴达维亚间的帆船贸易达到了高峰。据外国史籍记载，1681～1690 年，共有 97 艘，1691～1700 年有 115 艘，1701～1710 年有 110 艘，1711～1720 年有 136 艘，1721～1730 年有 164 艘，1731～1740 年有 177 艘中国帆船驶入巴达维亚。① 在中荷间接通商初期，福建、广东与巴达维亚间的帆船贸易达到了高峰。据估计，从 17 世纪 20 至 30 年代，平均每年有 5 艘，而自 1655 年以来，则平均每年有 10 艘中国商船开往巴达维亚。②

帆船数量的增长，所载物品数量也跟着增长。这可从载重吨数得到反映。1625 年到该地 4 艘中国船，每艘载货 600～800 吨。③ 1625 年中国运到巴达维亚的货物总量为 3000 吨左右，中国商船返航时往往满载南洋土产而归，其载重量仍为 3000 吨左右。这样，仅这一年中国同巴达维亚的双边成交额就约为 6000 吨。此后。大多数年份。中国前往巴达维亚的商船数都多于 4 艘。那么双方贸易成交额就更大。④ 范·里尔是最先认识到中国帆船贸易重要性的荷兰历史学家之一，他指出，"1625 年到巴达维亚的中国商船的总吨数，相同于或者甚至大过于荷兰（东印度）公司驶回去的商船队的总吨数"。⑤ 当然，中国商船并不只到巴达维亚一地。

---

① 温广益、蔡仁龙等编著《印度尼西亚华侨史》，海洋出版社，1985，第 120～121 页。
② 〔荷〕包乐史：《荷兰东印度公司时期中国对巴达维亚的贸易》，温广益译，《南洋问题研究》1984 年第 4 期，第 204 页。
③ 转引自温广益、蔡仁龙等编著《印度尼西亚华侨史》，海洋出版社，1985，第 80 页。
④ 转引自温广益、蔡仁龙等编著《印度尼西亚华侨史》，海洋出版社，1985，第 78 页。
⑤ 转引自温广益、蔡仁龙等编著《印度尼西亚华侨史》，海洋出版社，1985，第 85 页。

相应的，中国同巴达维亚的商品贸易种类也在显著增长。荷兰人在《巴城日记》中，记述了清初福建商船往噶喇吧贸易的状况。顺治五年（1648年）二月二十四日，一艘有二百人乘员的大船，从中国厦门来到当地。该船在途中费时十八天。作为当年第一艘来自中国的海船，巴达维亚当局对其免除关税。顺治十年（1653年）二月十四日，又有来自厦门的海船到达巴达维亚。船上成员百人，载有日本铜、中国产生丝及其他杂货，途中费时十七天。顺治十四年（1657年）二月十八日，也有来自厦门的贸易商船，载重量约四百吨。船上成员二百五十人，载有铜、金丝、各种铁锅、中国纸、上等瓷器、茶、中国酒等大量货物。[①] 仅以1693年巴达维亚的成交额为例，就足以说明中荷贸易规模的扩大。这一年，在中荷交易中，荷兰东印度公司售出了价值194891银元的胡椒、丁香和纺织品，中国商人售出了总计109923银元的锌块、丝绸、纺织品、茶叶和瓷器等。就荷兰东印度公司而言，比它1689年最后一次驶往中国售出和购进的商品都要多。同样的，1694年，抵达巴达维亚的中国帆船有20只之多，荷兰购得的中国商品远超过原来公司派往中国的5只船所能进口的。[②] 1735～1756年，巴达维亚荷印当局每年派数艘商船前往广州贸易。与此同时，每年有十余艘中国帆船满载着茶叶、瓷器、丝绸、药材等货物航赴巴达维亚。[③]

包乐史的研究表明，17世纪从中国运来的商品主要包括来自闽南的丝织品、糖、瓷器、铁锅、钉子和针、伞、木屐、盒箔纸、干鲜水果及大量低档粗糙的纺织品。中国帆船从巴达维亚运回国的产品主要包括：大量的银币和热带产品，胡椒、肉豆蔻、丁

----

① 转引自〔日〕松浦章《清代福建的海外贸易》，郑振满译，《中国社会经济史研究》1986年第1期，第101页。

② Leonard Bluss, *Strange Company：Chinese Settlers Mestizo Women and the Dutch in VOC Batavia* (Dordrecht, 1986), p. 130.

③ Leonard Bluss, *Strange Company：Chinese Settlers Mestizo Women and the Dutch in VOC Batavia* (Dordrecht, 1986), p. 123.

香、檀香木、牛角、象牙、香料、燕窝及各种药材。[1] 其中胡椒的销售量最大。1637～1644 年，每年有 800～1200 吨胡椒输往中国。1644 年，总共装载有 3200 吨货物的八艘中国帆船抵达巴达维亚。平均算来，1637～1644 年，每年从巴达维亚出口到中国的胡椒有 300～1000 吨。这些中国商船返航所载的货物，一部分也是由华侨华人收购或代为购买的。[2] 莱佛士所著《爪哇史》对前往爪哇进行贸易的中国商船品类曾有所记载："每年有八至十艘这些叫做戎克（junk，中国式帆船）的船从广州和厦门开来，所在的船货有茶叶、生丝、丝织品、漆金、铁锅、粗瓷器、甜食、粗蓝布、纸张和特别准备售给中国移民的数不清的小商品。这些船的装载量从三百至八百吨（不等），在固定的季节驶出，通常大约在正月乘东北季风到达巴达维亚。……返回的东西一般由燕窝、马来亚樟脑、树脂、锡、鸦片、胡椒、木材、兽皮、靛蓝、黄金和白银等有价值的商品所组成，……（其中）仅食用燕窝的数量即估计不少于200 担。"[3]

其中，锡在广州很畅销，除了部分所售份额留在广州外，其他的则分销至内地各省。在中国，锡有着广泛用途，用途最普遍的是制成祭祀时用的锡箔或锡纸。这种纸，上面糊着很薄的锡，每天早晚祭祀时被用来焚烧。[4] 但在繁荣的商业之都广州，锡除了用作祭祀锡箔外，在中欧茶叶贸易中也有着相当重要的用途。在 18 世纪，大量进口的锡被打成薄片加衬于茶叶箱的内层。在运往欧洲的茶叶被装进密封木箱之前，箱子的内层要先装上一层"茶铅"，一种锡

---

① 〔荷〕包乐史：《巴达维亚华人与中荷贸易》，庄国土译，广西人民出版社，1997，第111～112 页。

② 〔荷〕包乐史：《巴达维亚华人与中荷贸易》，庄国土译，广西人民出版社，1997，第112 页。

③ 莱佛士：《爪哇史》，伦敦，1830，第 228 页，转引自温广益、蔡仁龙等编著《印度尼西亚华侨史》，海洋出版社，1985，第 86 页。

④ 此类用途在荷兰大班 1765 年 1 月 4 日给公司的总报告中有着十分有趣的描述，参见NAVOC 4396。

和铅的合金，用以保存茶叶的芳香，使它的味道更好，此外还可以防潮。[1]

荷兰人在18世纪也大量输出白银到中国。但在18世纪50年代以前，相对于其他西方人，荷兰人是唯一无需主要依靠白银来购买茶叶的。虽然荷兰东印度公司也曾从事国荷兰与广州的直接贸易。但由于荷兰开拓了大片东方殖民地，拥有中国市场上畅销的热带产品，如胡椒、锡、香料等，且荷兰人坚持对华易货贸易的战略，以热带产品与中国帆船交换茶叶。这一战略在巴达维亚与中国开展帆船贸易初期似乎实行得相当成功。随着欧洲市场对茶叶需求迅速扩大，荷兰人拥有的胡椒之类热带产品在中国市场之外也相当畅销。因此，荷兰人不得不从欧洲或亚洲其他地方商馆调运白银到巴达维亚，其中一部分用来购买茶叶。[2] 从18世纪初到19世纪30年代，每年从荷兰运往巴城的白银多达680万~790万荷盾。1728~1734年，有9艘荷船从荷兰直接驶往广州，其总货值为2533359荷盾，白银占96%。[3] 其中部分资本用来在巴达维亚购买胡椒等产品以便销往中国，换取茶叶。在18世纪30年代后期，荷兰人每年在广州销售胡椒约50万荷磅（1担=125荷磅）。18世纪40年代，每年在广州销售胡椒约值18万两，相当于荷兰人在广州购买的茶叶价值。由于三角贸易使荷兰人在巴达维亚购买的茶叶费时较长，茶质也差，难以在欧洲市场上与其他西方公司竞争。[4]

虽然荷兰东印度公司最早将茶叶从中国运往欧洲，但直到18世纪40年代初，其输往欧洲的茶叶主要购自来到巴达维亚的中国帆船。在18世纪最初的10年间，荷兰东印度公司在与巴达维亚中

---

① Els M. Jacobs, *Koopman in Azie de handel van de Verenigde Oost - Indische Compagnie tijdens de 18de eeuw* (Zutphen: Walburg Pers, 2000), p. 54. 转引自刘勇《论1757 - 1794年荷兰对华贸易中巴达维亚的角色》，《南洋问题研究》2008年第3期，第57页。

② C. C. F. Simkin, *The Traditional Trade of Asia* (New York, 1968), p. 231.

③ Glamann, "Dutch Asiatic Trade 1620 - 1740," *Economic History Review* 12 (1981): 244 - 265.

④ C. J. A. Jorg, *Porcelain and the Dutch China Trade* (The Hage, 1982), p. 35.

国帆船的易货交易中每年尚有 10 万~50 万盾的盈余。^① 随着欧洲对茶叶需求的迅速增长，荷兰东印度公司已不满足于中国帆船运往巴达维亚的茶叶数量。1728~1734 年，在巴达维亚茶叶贸易继续进行的同时，荷兰东印度公司从荷兰派出 11 艘船，直接前往广州购买茶叶。其中两艘船中途遇难，另外 9 艘船总共运回 135 万荷磅的茶叶，价值 1743945 荷盾，占全部货值的 73.9%，获纯利 2334459荷盾。^② 当时活跃在广州的法国商人 Robert Constant 说："茶叶是驱使他们前往中国的主要动力，其他的商品只是为了点缀商品的种类。"^③ 由于用来购买茶叶的白银短缺，1734 年以后，荷兰东印度公司董事会放弃公司最重要、盈利最大的贸易，改为每年从巴达维亚派两艘船到广州，购买资本为每船 30 万荷盾。^④ 1757 年以后，荷兰东印度公司重开荷兰与中国之间的直航贸易。然而，正如其他西方公司一样，荷兰产品也无力在中国打开销路。因此，公司决定，从荷兰出发的船只每艘携带 30 万荷盾的银元前往中国。^⑤ 自此以后，荷兰人也像其他西方人一样，主要以白银购买中国茶叶。

南洋的中国帆船贸易，在 18 世纪中叶，达到了高峰。根据荷兰东印度公司档案记载，1731~1740 年，每年来往于巴达维亚和广州之间的中国帆船平均有 17.7 只，年均运输茶叶 6048 担。其中，1738 年，荷兰东印度公司在巴达维亚购买的茶叶多达 15229 担。从中国东南沿海港口宁波、厦门和广州前往巴达维亚的帆船，1731~

---

① Glamann, "Dutch Asiatic Trade 1620 – 1740," *Economic History Review* 12（1981）：244 – 265.

② 转引自庄国土《茶叶、白银和鸦片：1750 – 1840 年中西贸易结构》，《中国经济史研究》1995 年第 3 期，第 66 页。

③ 转引自庄国土《茶叶、白银和鸦片：1750 – 1840 年中西贸易结构》，《中国经济史研究》1995 年第 3 期，第 64 页。

④ C. J. A. Jorg, *Porcelain and the Dutch China Trade*（The Hage, 1982），p. 27.

⑤ C. J. A. Jorg, *Porcelain and the Dutch China Trade*（The Hage, 1982），p. 35.

1735 年间，共有 88 只。① 值得关注的是，巴达维亚最繁荣的时期，德·汉（De Haan）把这个时期定为 1685～1730 年，也恰好正是中国帆船贸易的全盛时期。② 由此印证了中国帆船贸易与巴达维亚的繁荣息息相关，华商对巴达维亚的贡献可见一斑。

2. 波折

由于中国贸易一般来说对巴达维亚的居民有好处，而且没有损及荷兰东印度公司的垄断利益，因此公司尽可能对中国帆船的到来加以鼓励，如对最初到来的帆船给予免税。但是，随着荷兰东印度公司感到它的利益受到威胁时，便立即作出反应。这一点早在 1615 年 11 月 30 日就曾发生过。针对商人进入荷兰东印度公司所占地，该公司在训令中强调说："应该再发命令，不准中国人、马来人、爪哇人和克林加（Clingen）人等，在我方建有城寨或订有条约的摩鹿加群岛和安汶岛以及其他各地，运进衣料、绸缎和其他中国商品，也不准他们把买得的价银、沉香和肉豆蔻运出上述各地，违者得查封其船只和货物，并以没收。"③ 又如，1636 年，当大批"中国啤酒"运抵巴达维亚而使"我们的酒的销路"变得呆滞时，殖民政府就对中国酒立即课以重税。④

此外，巴达维亚荷兰当局为了商业竞争，曾以行政手段压低中国商人的茶叶价格。公元 1717 年 3 月 2 日，总督范斯富尔和东印度评政院决定限制茶叶的收购价格，比以往低得多。中国商人一再申明，为了偿付租船费，绿茶的价格每担不得低于 60 银元（rixdollar），巴达维亚荷兰当局威胁中国商人，如他们认为价格不合理，

---

① 转引自吴建雍《18 世纪的中西贸易》，《清史研究》1995 年第 1 期，第 113 页。
② 〔荷〕包乐史：《荷兰东印度公司时期中国对巴达维亚的贸易》，温广益译，《南洋问题研究》1984 年第 4 期，第 78 页。
③ 转引自〔日〕岩生成一《论安汶岛初期的华人街》，李述文译，《南洋问题资料译丛》1963 年第 1 期，第 101 页。
④ 《荷印布告汇编》卷一，1636 年 2 月 27 日，第 401 页，转引自〔荷〕包乐史《荷兰东印度公司时期中国对巴达维亚的贸易》，温广益译，《南洋问题研究》1984 年第 4 期，第 74 页。

可以载返回国。在这种情况下，有 14 艘帆船的商人不得不忍痛割价出售茶叶，并声言以后再也不来巴达维亚。[①] 且荷兰统治时期，"华人贩鬻其地者，许置货不许携银，货又产于别岛，不能时至，华船守候过时，归途多遭台飓，以此咸怀怨咨"。[②] 由此损害了中国与巴达维亚长远的经济利益与经济发展。

中国商人包括部分居住在南洋的华侨华人，在把中国货物运到南洋的同时，也为中国人民带回了南洋的胡椒、香料等土特产。同时带回了大量西班牙白银，并在闽粤地区流通，"白银的大量输入和流通，对明清时代商品经济的发展起了重要作用"。[③] 对此，荷印殖民政府对于中国商人大量输出白银也采取措施加以阻止，1654 年，对大帆船和小帆船征收的补偿费分别提高到 1500 和 1000 里亚尔[④]，使华商徒增负担。

随后几年，在关于中国运来的品种日益增多的货物应支付多少进口税的问题上，中国船主和荷兰税务员之间争吵不休，麻烦因之发生。为此，荷印殖民政府在 1644 年决定对所有入港的中国帆船征收 550 里亚尔的补偿费，但是对传统上给予免税的首航船只不在此例。[⑤] 同时，1624～1644 年，由于荷兰人占据了台湾，大多数原先赴巴达维亚贸易的中国帆船转赴台湾与荷兰人互市，只有零星船只继续航赴巴达维亚。1644 年后，因为清政府与郑氏政权在中国东南沿海的战争，厉行禁海、迁界政策，中国私人海商经营的瓷器贸易日趋衰微。

---

① Glamann, "Dutch Asiatic Trade 1620 – 1740," *Economic History Review* 12 (1981): 244 – 265.

② （清）徐继畬：《瀛环志略》卷 2。

③ 金应熙：《菲律宾史》，河南大学出版社，1990，第 168 页。

④ 《荷印布告汇编》卷二，1654 年 6 月 23 日，第 192 页，转引自〔荷〕包乐史《荷兰东印度公司时期中国对巴达维亚的贸易》，温广益译，《南洋问题研究》1984 年第 4 期，第 74 页。

⑤ 《荷印布告汇编》卷二，1644 年 6 月 8 日，第 85 页，转引自〔荷〕包乐史《荷兰东印度公司时期中国对巴达维亚的贸易》，温广益译，《南洋问题研究》1984 年第 4 期，第 74 页。

上述种种因素影响，导致华商对前往巴达维亚开展帆船贸易的动机减弱，虽然诱惑力仍然惊人，但是困难也诸多，另觅他途成为中国帆船贸易商的必然选择。因而，马尼拉的帆船贸易成为巴达维亚之外的替代选项而繁荣起来。

3. 复兴努力

当然，遇到具体问题时，巴达维亚政府并没有孤注一掷，而是充分运用各种办法试图复兴中国帆船贸易。18 世纪 60 年代前半期的两个贸易季节里，它雇佣了中国帆船来运输从广州到巴达维亚的货品。例如，1764 年 1 月，中国帆船"三广兴"号和"瑞兴"号满载着瓷器、大黄、麝香、党参、姜、南京布和其他小物件离开广州前往巴达维亚。1765 年 1 月和 2 月，帆船"益泰"号和"瑞兴"号分别携带相同货物及一些荷兰大班向巴达维亚政府反映其在广州生意情况的汇报及其他普通信件。1767 年，返航的"对华贸易船"Vrouwe Margaretha Maria 号及 Geijnwensch 号被委托捎带巴达维亚所订货品。[①] 这种私人贸易并不只局限于巴达维亚的荷兰公民，因为在 1679 年的日记中也找到一条记载，叙述有一个中国商人最近买了"德·布列克号"（De Brack）快艇，雇用一个混血船长把船派到了澳门。由于荷兰东印度公司直接参与贸易，从经营运往欧洲市场的商品尝到了甜头。公司得以直接选择它需要的商品，而以前它却是依靠中国商人运到台湾或巴达维亚的货物。以往中国与巴达维亚的贸易的目标总是直接满足当地爪哇经济的需要，而不是向荷兰东印度公司供应欧洲市场所需要的货物。[②]

随后几年，商品和新客的流入稳步增长。这种同中国的直接贸易变得对荷兰东印度公司没有吸引力。因此，1690 年，范·奥德荷

① 转引自刘勇《论1757－1794 年荷兰对华贸易中巴达维亚的角色》，《南洋问题研究》2008 年第 3 期，第 62 页。

② 〔荷〕包乐史：《荷兰东印度公司时期中国对巴达维亚的贸易》，温广益译，《南洋问题研究》1989 年第 1 期，第 75 页。

恩（Van Oudhoorn）判定，派到孟加拉湾的船只比派到中国的船只可得到更大的益处。公司遂转而只限于依赖由中国帆船和偶尔来自澳门的葡萄牙船只从中国运来茶叶和瓷器。范·奥德荷恩洞悉帆船贸易给巴达维亚城能带来巨大繁荣，他也明确地向荷兰十七人董事会指出，中国帆船的经营管理费要比荷兰东印度公司的船只便宜得多："海员是不付工钱的，他们赖以为生的是他们自己随身所带的货物，所以人们必须付给船主的运费……不可能很多。"① 因此他建议荷兰东印度公司无须再派船到中国，应吸引中国帆船前往贸易。十七人董事会同意他的看法。由此中国帆船前往巴达维亚的贸易又有了起色。1694 年，有 20 艘中国帆船抵达巴达维亚。据统计，公司从中获得的利益远比派 5 艘船中国多得多。②

虽然荷兰东印度公司认识到中国帆船贸易的好处，采取了恢复这种海洋贸易的措施，但 17 世纪 80 年代后半期开始复苏的中国帆船贸易，主要还是由于 80 年代头几年发生了两起重要的政治事件。1683 年，荷兰东印度公司终于得到机会将其邻近对手万丹置于自己的统治之下。在这之前，万丹开始将来自中国和日本的大量贸易吸引了过去。公司不仅获得了爪哇沿海地区的霸权，而且也平定了巴达维亚的腹地。这个曾经常受到万丹人侵犯的地区，现在隶属于荷兰东印度公司并得以开发。特别是甘蔗种植业得到了发展，需要大量的中国劳工。在中国，海军将领施琅为清帝征服了台湾，1684 年，解除了不许中国人出海贸易的禁令。③ 这两项政治事件具有重

---

① 《官方信件》卷五，1692 年 1 月 31 日，第 466 页，转引自〔荷〕包乐史《荷兰东印度公司时期中国对巴达维亚的贸易》，温广益译，《南洋问题研究》1989 年第 1 期，第 75～76 页。

② 《官方信件》卷五，1694 年 11 月 30 日，第 687 页，转引自〔荷〕包乐史《荷兰东印度公司时期中国对巴达维亚的贸易》，温广益译，《南洋问题研究》1989 年第 1 期，第 75～76 页。

③ 《官方信件》卷五，1686 年 3 月 8 日，第 19、23 页，转引自〔荷〕包乐史《荷兰东印度公司时期中国对巴达维亚的贸易》，温广益译，《南洋问题研究》1989 年第 1 期，第 75～76 页。

大的意义，有效地促成了帆船贸易的复苏。

4. 再次挫折

1701 年后，在近三十年的时间内，荷兰东印度公司突然完全放弃了从中国购买瓷器，将注意力投在了茶叶贸易方面。1718 年，中国帆船匿迹于南洋。巴达维亚当局欲派船只到广州购茶，又害怕遭到中国商人的报复。趁此机会，葡萄牙商人从澳门运来了茶叶。但是，这批茶叶只能满足荷兰东印度公司定货量的一半，而且价格昂贵。这段时期，直到 1723 年清政府首先开放广州与南洋的贸易，荷兰印度公司都是由葡商从澳门运茶到巴达维亚。[①] 与此同时，英、法、奥等国商人开始积极插手参与中国的瓷器贸易。据英国伦敦大学乔德里教授的研究，在 1712 年之前，中国瓷器占回航英国商船上所载中国货物总额的 20%。[②] 上述这些欧洲国家的商人将中国瓷器载回国后，再出口至荷兰、意大利、德国、爱尔兰、美国以及加勒比海地区。因而，在这一阶段内，荷兰国内的瓷器商只有通过此类渠道来辗转获得中国瓷器，维持其往日的库存量。[③] 据统计，1702 ~ 1729 年，公司用于购买中国瓷器的金额只有数百荷盾，[④] 同时茶叶贸易操作又不顺。期间，荷兰东印度公司的贸易出现了严重赤字，1720 年和 1721 年的赤字分别为 3 万和 16 万银元。[⑤]

与此同时，清政府又颁布禁止商船往巴达维亚贸易的命令，这对贸易和华侨出国产生了一定的阻碍作用，1718 ~ 1722 年 "没有一艘华船抵巴"，[⑥] 当然也不会有一个华侨到巴达维亚。这使巴达维亚殖民当局倍感艰难。与此同时，早期持续增长的中国人潮导

---

① 转引自吴建雍《18 世纪的中西贸易》，《清史研究》1995 年第 1 期，第 34 页。
② K. N. Chaudhuri, *The Trading World of Asia and the English East India Company 1600 – 1760* (Cambridge, 1978), p. 407.
③ 钱江：《十七至十八世纪中国与荷兰的瓷器贸易》，《南洋问题研究》1989 年第 1 期，第 84 页。
④ C. J. A. Jorg, *Porcelain and the Dutch China Trade* (The Hague, 1982), pp. 27 – 34.
⑤ 转引自吴建雍《18 世纪的中西贸易》，《清史研究》1995 年第 1 期，第 34 页。
⑥ 庄国土：《中国封建政府的华侨政策》，厦门大学出版社，1989，第 79 页。

致与殖民当局关系紧张，1740 年在巴达维亚及其周边地区引发了杀戮华侨的"红溪事件"。屠城过后，移民数量大大减少，连中国与爪哇之间的航线也明显萎缩。这条对福建无比重要的航线黄金岁月一去不返。此外，荷兰殖民者又试图垄断进出口货物价格，使得中国商人无法再经营下去，这也是造成贸易中断的原因之一。如前所述，中国商人运销的茶叶，主要售给巴达维亚的荷兰私商和东印度公司雇员。但从 18 世纪 40 年代中期起，这一领域也受到了荷兰东印度公司垄断权的染指。1747 年，巴达维亚当局专门派遣了三艘公司的船到广州，为公司购买 1500 担（约 1875000磅）茶叶运往荷兰。公司的船只还承担为私商从广州向巴达维亚运输茶叶，在 1746 年时，运费减到了每担只有 1 银元，也就是说降到了与中国帆船运费相等的水平，致使中国帆船失去了一向运输成本低的优势。[①]

就中荷贸易的主要商品茶叶而言，"红溪事件"后，荷兰东印度公司已经取得了垄断权。此前，1731 ~ 1740 年，荷兰东印度公司直接从广州出口的茶叶，平均每年价值 135335 银元；中国帆船商人运销巴达维亚的茶叶，每年平均价值为 149023 银元。两者大体持平，后者还略高些。但 1741 ~ 1750 年，荷兰东印度公司直接经营的茶叶，每年平均价值猛增至 249702 银元，将近此前的两倍；而中国帆船商人经销的茶叶，每年平均价值降至 16347 银元，约仅为原来的十分之一。[②] 中国帆船贸易的衰落在巴达维亚变得越来越明显。范·雷姆斯德克（Van Riemsdijk）总督在给广州商业事务负责人的信中写道，中国不再运载有价值的货物到巴达维亚了。他又说，"其后果对于这个殖民地是非常不利的，我们甚感懊悔"。[③]

① Glamann, "Dutch Asiatic Trade 1620 – 1740," *Economic History Review* 12 （1981）: 244 – 265.

② 转引自吴建雍《18 世纪的中西贸易》，《清史研究》1995 年第 1 期，第 39 页。

③ 〔荷〕包乐史《荷兰东印度公司时期中国对巴达维亚的贸易》，温广益译，《南洋问题研究》1989 年第 1 期，第 80 页。

5. 余辉

1755 年，荷兰的十七人董事会决定将中国贸易再次置于他们自己的管理之下，并成立所谓的"中国委员会"。次年，他们给总督去函，命令他召回在广州的商业事务负责人，并禁止从巴达维亚到中国的所有进一步贸易，不过中国帆船贸易例外。[①] 在另一封信中他们写道，中国帆船贸易"对我们的殖民地是非常有益的"。因而"必须采取适当的紧急手段加以鼓励"。[②]

当时的国际形势恰好有利于荷兰人发展其对中国的贸易。1756~1763 年英、普（鲁士）和法、奥进行了长达七年的战争，战争的影响波及这四个国家在东方的商业利益。所以，此时期的广州几乎见不到英、法等国家的商船。于是，荷兰人在没有竞争对手的情况下独揽欧洲对华贸易的利益。1758 年，"泽伊德·贝弗兰号"等三艘荷兰船驶抵广州，购买了 618008 件瓷器。1760 年，这一数字上升至 736835 件。此后，每年输荷的中国瓷器均在 60 万~70 万件。从 1766 年开始，荷兰用于直接对华贸易的商船增加到四艘，从而使得中荷贸易规模飞速发展。到 18 世纪 70 年代，这一贸易又发展到了鼎盛时期，荷兰人每年用于购买中国商品的资本常常在 240 万~250 万西班牙银元。[③]

然而，这一兴旺的局面却因 1780~1784 年的第四次英荷战争而受到严重打击。荷兰商船接二连三地被英国舰队俘掠，印度和苏门答腊岛西岸的荷兰商馆落入英国人之手，许多商人被抓走。待结束战争《巴黎和约》签订之后，荷兰已拿不出足够的资本来恢复昔日对华贸易的规模了。在此同时，美国的第一艘商船"中国皇后

---

① 转引自〔荷〕包乐史《荷兰东印度公司时期中国对巴达维亚的贸易》，温广益译，《南洋问题研究》1989 年第 1 期，第 79 页。

② 中国委员会结总督和王子的信件，1759 年 10 月 10 日（KA3878），转引自〔荷〕包乐史《荷兰东印度公司时期中国对巴达维亚的贸易》，温广益译，《南洋问题研究》1989 年第 1 期，第 79 页。

③ C. J. A. Jorg, *Porcelain and the Dutch China Trade* (The Hague, 1982), p. 330.

号"（The Empress of China）于 1784 年出现在广州海面，开始成为荷兰对华贸易的强大竞争对手。①

　　随着荷兰海洋势力在欧洲的没落，在亚洲的利益也受到英国殖民势力的严重冲击。影响显著的表现是前往巴达维亚的中国帆船日渐稀少，而英属殖民地的槟榔屿、新加坡逐渐取代荷属巴达维亚的海洋贸易。在那些辉煌的日子里，帆船贸易的发展，不仅促进了中国东南沿海地区经济的恢复，而且给巴达维亚带来了繁荣。时任荷兰东印度评政院评议员的威泽布兰德·布洛姆曾用翔实的数字材料，论述了巴达维亚经济对帆船贸易的依存关系。据他统计，在巴达维亚，每年公司卖给中国帆船商人的货物总计 555 万磅，其中，有 300 万磅胡椒，100 万磅锡，50 万磅铅，100 万磅苏木，以及 5 万磅紫胶。如果用公司的船向中国运输这些货物，需要 145 呎标准船 7 只，装备时间需 9 个月。通过销售上述货物，公司可收入 565523 盾，纯利为 380538 盾，其利润率由 17 世纪末的 45% 上升到 67.25%。此外，每年公司从销售热带产品、港口税以及税款承包中还可收入 7 万盾。除了公司的生意外，巴达维亚当地华侨经营的商店，也向帆船商人出售本地产品，其货值每年可达 120 万银元。中国帆船商人之所以能购买这么多货物，全靠他们运来大批茶叶卖给公司。据他所说，1732 年中国帆船运来的茶叶有 374 万磅。② 而荷兰史学家研究后对其给予更高的评价。他指出："二百年来（指 17~18 世纪）作为东北亚最大的贸易公司总部的巴达维亚的日益繁荣，实际上大部分是依靠每年伴随东北季风开来的中国帆船所载来的为印尼市场所需要的各种商品所致。"③

　　但强大的荷兰东印度公司因其保守谨慎错过了切入中国贸易十

---

① 钱江：《十七至十八世纪中国与荷兰的瓷器贸易》，《南洋问题研究》1989 年第 1 期，第 85 页。

② Leonard Bluss，*Strange Company*：*Chinese Settlers Mestizo Women and the Dutch in VOC Batavia*（Dordrecht，1986），pp. 135 – 136.

③ 转引自温广益、蔡仁龙等编著《印度尼西亚华侨史》，海洋出版社，1985，第 86 页。

分有利的时间点。此外，巴达维亚还在另一方面吃了大亏：以中国帆船为主的爪哇贸易徘徊在一个相对低下的价格水平，这意味着在广州市场上，蜂拥而至的英国人为茶叶和瓷器比巴达维亚支付或准备支付更多钱，结果英国东印度公司经常得到质量更好的产品，相反，荷兰东印度公司则只能退而求其次。① 当新加坡开辟为自由港之后，原来航行于爪哇唯一港口巴达维亚的中国帆船，又纷纷集中到新加坡来。因而，中国和巴达维亚之间的帆船贸易几乎陷于停顿状态。

荷兰人为了垄断与中国的帆船贸易，曾经试图封锁漫长的中国海岸线，甚至企图用武力打开中国的大门，结果并未遂其愿。因而，荷属巴达维亚殖民当局不得不寻找各种途径把中国船只贸易逐渐纳入自己的政策中，而不再与之作对。由此，明清时期中国帆船与巴达维亚的贸易往来前后持续了两个多世纪，构成了当时中国与东南亚地区经济贸易往来的一个重要组成部分。巴达维亚的繁荣与兴盛，在很大程度上依赖于华人的海外贸易航运网络。"这种依赖关系产生于如下事实：巴达维亚在群岛内具有商品集散地的地位，应归功于大量中国商人的存在。"至于末期巴达维亚衰落的主要原因，可以用德韩在《老吧城》中的一句名言"起先充当公司温床的垄断权，最后变成送终之床"来概括地解释，"并非是正在扩张的世界经济体系绞杀了帆船贸易，而是衰弱的殖民贸易体制的桎梏，把巴城的帆船贸易拖进垂死挣扎的痛苦之中"。这样的论断，可谓是一针见血。②

更为重要的，中国帆船业的发展对南洋华商的生活和经营带来了重大影响，促进了华商当地化的形成，而中国帆船业的衰落也没能阻止它的发展。很明显，由中国商船从事两地贸易更有利于华人

① Leonard Bluss, *Strange Company：Chinese Settlers Mestizo Women and the Dutch in VOC Batavia*（Dordrecht, 1986）, pp. 135 – 136.

② 聂德宁：《明清海外贸易史与海外华商贸易网络研究的新探索——包乐史著〈巴达维亚华人与中荷贸易〉评介》,《中国社会经济史研究》2000 年第 3 期，第 89 页。

环苏门答腊岛的海洋贸易与华商网络

出国。随着贸易规模越来越大，需要投入的人力和物力越来越多，华人出国机会也随之增加。意料之外的结果是，在 17 世纪初，中国帆船的活动还限制了英荷两国在亚洲各国的掠夺行为。明后期，中国—南洋贸易已纳入世界贸易网络中，每年中国商船满载货物到达南洋时，经由"本地华商以最短的时间将货物卖予西方商贾和其他亚洲商人"。① 中国帆船不仅带来了西方所渴求的丝绸、瓷器、茶叶等中国特产，而且带来了有关中国商业的重要信息。这使巴达维亚成为英国东印度公司的对华商业情报收集中心。

华人、华商，曾经服务于荷兰海洋贸易体系的他们，现如今又在英国殖民者的属地游刃有余。他们依托海洋而生存，随着海洋贸易步伐而迁徙，建构和解构着网络，丰富着中国的海洋人文历史。

---

① 杨国桢等编著《明清中国沿海社会与海外移民》，高等教育出版社，1997，第 49 页。

第四节 巴达维亚的华人社会与华商跨国
海洋贸易

一 华人移民及其社会经济活动

1. 荷属巴达维亚华人人口的变化

明代以前，已有相当数量的中国人，散居于南洋各个地方，凡印度支那半岛、苏门答腊、爪哇、加里曼丹、菲律宾群岛等地，只要中国海外贸易活动所达到的地方，都有或多或少的中国人居留在那里。海外贸易最发达的地方，居留在那里的中国人自然也最多。明初郑和七下西洋。他们在南洋群岛的爪哇、加里曼丹和苏门答腊等地发现数个广东、福建人的聚落或社区。而《小方壶斋舆地丛钞》第十帙所收的《葛剌巴传》载："自明朝始及至顺治年间，福建同安人多离本地，往葛剌巴贸易、耕种，岁输丁票银五六金。此后，每有厦门巨艚，载万余石，赴葛剌巴。"[1]

荷兰殖民者刚来南洋立足，他们感到劳动力极其缺乏，遂把目光转向华人。1617 年，荷兰东印度公司本部致东印度总督和参议会的 74 号训令中，提到当地华人时这样说："在勒纳（Neira）、普罗·阿伊（Pulo Ajj），或在班达和安汉岛，以及摩鹿加群岛等

---

① 〔日〕松浦章：《清代福建的海外贸易》，郑振满译，《中国社会经济史研究》1986 年第 1 期，第 101 页。

处，能收割该地产品的人力，都极感缺乏，就应适当地进行移民。因此，总督和参议会决定在我国国民的自由居留者外，还必须把他国国民，尤其是中国人的家族，移殖到该地区。"① 甚至总督昆在1623年离职时，给继任总督P. P. 卡彭蒂尔的意见书中也着重提道："公司的大事是要特别用心罗致中国男子、妇人和小孩，把他们移植到巴达维亚、安汉和班达等地。"② 荷兰殖民者招徕华人的政策以及对华人劳动力的大量需求，吸引了不少中国人前往南洋淘金。

1619年，荷兰人攻占了雅加达，并于1621年正式改名为巴达维亚。当时雅加达远不及万丹等地繁荣，故当荷兰人到来时，当地的华人仅有400人左右。荷兰殖民者为了实现建立以巴达维亚为中心的"亚洲贸易大帝国"的计划，开始竭尽全力地苦心经营巴达维亚。为了补充极为缺乏的劳动力，荷兰殖民者费尽心机，采取种种威逼利诱的手段，想方设法地招徕南洋各地的华人，以及中国东南沿海的劳动人民，使巴达维亚的华人人数有了大幅度的增加，逐渐成为印尼华人最集中的地方之一。③ 据华侨历史文献《开吧历代史记》所载："万历四十七年（1619年）五月，庇得郡（燕·彼德斯·昆）令人请唐人发船来吧生理，禁唐船不得再往万丹交商。庇得郡又筑城墙，开港、造桥，草创略备，申文报告祖家王（指荷兰国王）。此时唐人来吧贸易，利息数十倍。吧国初定，俱用元通铜钱出，是以闻风而来者愈众，时有唐人百十家而已。"④ 由此，王大海在其《海岛逸志》卷3 "诸岛考略"中对此专门辟出一节《息埒》，记曰："华人有数世不回中华者，遂隔绝圣教，语番语，食番

---

① 转引自〔日〕岩生成一《论安汶岛初期的华人街》，李述文译，《南洋问题资料译丛》1963年第1期，第101页。

② 转引自〔日〕岩生成一《论安汶岛初期的华人街》，李述文译，《南洋问题资料译丛》1963年第1期，第102页。

③ 蔡振翔：《十七至十八世纪巴达维亚华侨的蔗糖业》，《八桂侨史》1991年第1期，第50页。

④ 许云樵点校《开吧历代史记》，《南洋学报》第九卷第1辑，1953，第40页。

食，衣番衣，读番书，不屑为爪亚，而自号曰息，不食猪犬，其制度与爪亚无异。日久类繁，而和兰授与甲必丹，使分管其属焉。"①清人徐继畬则言："噶喇吧，漳泉之民最多，有数世不回中华者，……为甲必丹者，皆漳泉人。"②

　　荷兰殖民政府大力发展巴达维亚与中国的帆船海洋贸易，采取优惠和优待的措施，使前来的中国帆船逐渐增多，繁荣的帆船贸易使成千上万的中国侨民往返其间，1620年便有6艘商船驶入巴达维亚，华人人口增至800人。③ 1625年有5艘中国商船开往巴达维亚，1626年4艘，1627年6艘，3年合计有4280名移民到达巴达维亚。④ 随着17世纪30年代，漳州月港成为重要的商港，每年有4～5艘船从那里驶往巴达维亚，这些船中，每艘都搭载数百名乘客。仅1625～1629年，便有1280名华人在巴达维亚登岸，回国人数不到1/3。⑤ 此外，1635年2月24日，有一艘由泉州驶往巴达维亚的船舶，除了载有商人40人和船员、水手80人外，还有带货的小商贩360人。⑥ 到1619年，巴达维亚华人人数为300～400人，1620年就已经增加到约900人，到1627年，已增加到3600人，到17世纪上半叶，华人居民已经约占巴达维亚人口总数的一半。据1628年到巴达维亚的荷兰人范雷基特伦记述，当时住在该城的华人已经有5000～6000人，成为巴达维亚人数最多的居民。⑦ 1652年，荷兰东印度公司十七人董事会还发出训令："总督和东印度评议会……

① 转引自钱江《从马来文〈三宝垄纪年〉与〈井里汶纪年〉看郑和下西洋与印尼华人穆斯林社会》，《华侨华人历史研究》2005年第3期，第12页。
② （清）徐继畬：《瀛环志略》卷2，"噶喇吧"。
③ 温广益、蔡仁龙等编著《印度尼西亚华侨史》，海洋出版社，1985，第82页。
④ 温广益、蔡仁龙等编著《印度尼西亚华侨史》，海洋出版社，1985，第87页。
⑤ 阙名：《葛剌巴传》，载王锡祺《小方壶斋舆地丛钞》第十帙（二），台湾学生书局，1975，第490页。
⑥ 转引自李金明《明代后期私人海外贸易的发展与华侨出国高潮的形成》，载《华侨史论集》第一辑，华侨大学华侨研究所，1986，第5页。
⑦ 贺圣达：《17～18世纪的荷兰－印尼－中国贸易与多元文化交流》，《广西师范大学学报》（哲学社会科学版）2015年第4期，第7页。

环苏门答腊岛的海洋贸易与华商网络

对于中国人尤其要好好地对待他们，使得巴达维亚的商业能够一天比一天地发展。"①

入清后，清王朝为了巩固其统治地位，不许商民船只出洋。在南洋禁航之前，商民出国并不怎么受限制；而禁航令主要是针对海上贸易商，禁止中国商船赴南洋，以杜绝百姓搭船到那里，亦限制国内居民与海外华侨的联系。1683 年，清朝军队攻占台湾，次年（1684 年），康熙皇帝宣布取消海禁令，此后东南沿海特别是闽粤两地的劳动人民，可以便于前往南洋各地谋生，其中前往巴达维亚的中国人为数不少。1686 年有 11 艘中国商船从福建出发，开往巴达维亚，船上共载有 800 名中国移民。在以后几年中，这一商品与劳力的潮流不断地扩大。仅 1706 年的一年时间里，来到巴达维亚的中国移民大约是 2000 人。② 随着贸易的发展，巴达维亚的华人规模迅速扩大，到 1700 年，当地有华人 1 万人左右，③ 1719 年，巴达维亚城内华人人口激增至 4068 人，郊区则达 7550 人，④ 城内外合计 11618 人；到 1739 年巴城内外的华人人口增加到 14962 人。⑤ 到莱佛士统治爪哇时，据 1815 年的调查，巴达维亚华人人数为 52394 人，全爪哇华人人数为 94441 人。⑥ 根据清政府掌握的有关情况，认为在前往巴达维亚和吕宋并居留于其地的中国民众中，"大约闽省居十之六七，粤省与江浙等省居十之三四"。⑦ "中国人在彼（巴城）经商耕种者甚多，年给丁票银五六金方许居住，中国人口浩

---

① 转引自关汉华《明代南洋华侨初探》，《广东社会科学》1989 年第 1 期，第 78 页。

② 〔英〕W. J. 凯特：《中国人在荷属东印度的经济地位》（序），《南洋问题资料译丛》1963 年第 3 期，第 9 页。

③ 蔡振翔：《十七至十八世纪巴达维亚华侨的蔗糖业》，《八桂侨史》1991 年第 1 期，第 50 页。

④ 温广益、蔡仁龙等编著《印度尼西亚华侨史》，海洋出版社，1985，第 157 页。

⑤ 温广益、蔡仁龙等编著《印度尼西亚华侨史》，海洋出版社，1985，第 90 页。

⑥ 引自庄国土《清初鸦片战争前夕南洋华侨的人口分析》，《南洋问题研究》1992 年第 1 期，第 66 页。

⑦ 《宫中档雍正朝奏折》第 8 辑，第 837 页，转引自〔日〕松浦章《清代福建的海外贸易》，郑振满译，《中国社会经济史研究》1986 年第 1 期，第 102 页。

盛，住此地何啻十余万"。①

2. 荷属巴达维亚华人的经济活动

1596 年荷兰人来到东印度，对已经建立巩固地位的华人来说，意味着一个光辉时代的开端。因为在荷兰东印度公司存在的两百年间，华人充当了荷兰商业资本的得力助手，而且受到了公司的保护，享受了不少的利益。

17～18 世纪荷兰殖民者侵略印尼，主要是出于经济目的，即为了确立荷兰东印度公司在印尼以至于整个亚洲的贸易垄断地位。因而，荷兰人完全垄断香料贸易，严禁华商买卖丁香、肉豆蔻、胡椒等香料。此外，咖啡、鸦片、锡矿等商品，也都属于荷兰东印度公司垄断的范围。但是，由于荷兰殖民者无力把所有的重要商品全部垄断起来，而大米、茶叶、蔗糖、酒等又都是荷兰或者欧洲市场上非常需要的东西。华人的商业一定程度上仍然受到鼓励。而且印尼的华人商业本来就有一定的基础和实力，特别是要把荒凉的巴达维亚建成一个商业性的大城市，不依靠华人的经济力量是不行的。②莱佛士（Raffles）在其名著《爪哇史》中提到，华人是荷兰人的代理商，他们在为外国商品服务的爪哇市场上，几乎握有无限制的支配权。"除了通过市场经营的货物以外、岛内其他一切商业也都操纵在华侨手中。他仍拥有相当数额的资本，经常从事大规模投机，并独占着大部分批发业。他们从土人手里购入重要输出品，然后运往沿岸都市。用作互换的是向岛内供应的盐以及由外国输入的重要商品。""沿岸贸易主要是用中国人、阿拉伯人和武吉斯人所拥有的船舶来经营的。"③ 华人充当荷兰殖民者和中国海商的贸易中介，使

环苏门答腊岛的海洋贸易与华商网络

---

① 陈伦炯：《海国闻见录》卷上，载《钦定四库全书》文渊阁影印本，"史部 352·地理"，第 862 页。

② 蔡振翔：《十七至十八世纪巴达维亚华侨的蔗糖业》，《八桂侨史》1991 年第 1 期，第 51 页。

③ 转引自〔日〕竹林熏雄《印尼华侨发展史概况》，李述文译，《南洋问题资料译丛》1963 年第 1 期，第 83 页。

他们各得所需，为东西海洋贸易的发展做出了不可磨灭的贡献。

在巴达维亚，中国人虽然受到各种各样的压制，但以其坚忍不屈闻名。很多中国人在 1720 年已开始经营各种小商店，他们也当菜农、渔夫、裁缝、木匠、打石匠和舢板船船夫，这些舢板船在沟渠中行走。他们当中有钱的成了市场上的包税者，赌场包办者和鸦片独卖者，作为货郎，他们整天背负着沉重的包袱从一条胡同走到另一条胡同去叫卖。① 而早在 16 世纪 90 年代荷属东印度华人小商贩就已占到整个华人总人数的约 20%，分布在 3000 个以上的爪哇乡村，几乎大部分乡村都有华侨零售商店的经营。② 因此，就有一部分华人靠为中国海商收购南洋土产为生。1625 年由泉州开往巴达维亚的中国商船，同来的 360 名小商贩，都是"肩挑中国瓷器到处叫卖的小贩"。这些华人流动小商贩的活动在一定程度上促进了这些地区经济的开发。如对胡椒的收购，就促进了万丹地区胡椒的种植。小贩们的足迹所至，中国的商品就可能销售到那里。另有相当多的华人从事商业批发、零售业务，运来中国纺织品、瓷器、砂糖、铁器、水果等货物，销售后采购香料，运回白银，几乎左右了巴达维亚的商业活动，以至于有人认为巴达维亚的商业是"中国海上贸易的一个重要分支"。③ 荷兰学者包乐史认为，"从巴城开埠伊始，华人就从事各种行业。他们是勤勉的渔夫、园丁、木匠、建筑商和酿酒师。但华人最主要的行业是贸易中介商，这是爪哇其他人民所无法替代的。华人是爪哇社会发展的催化剂，荷兰东印度公司通过这些不可缺少的华人中介商才能与当地经济发生联系。他们在爪哇沿海城镇的经济中起了最重要的作用"。④

---

① 〔印尼〕甫榕·沙勒：《荷兰东印度公司成立后在印度尼西亚的中国人》，陈伟译，《南洋问题资料译丛》1957 年第 3 期，第 10 页。

② 吴凤斌主编《东南亚华侨通史》，福建人民出版社，1994，第 360 页。

③ 李学民、黄昆章：《印尼华侨史》，广东高等教育出版社，1987，第 125 页。

④ 〔荷〕包乐史：《中荷交往史》，庄国土、程绍刚译，路口店出版社，1989，第 121 页。

同时，巴达维亚华人利用自己的特殊身份，既熟悉巴达维亚的市场行情，又同祖国商人保持密切联系，充当贸易中介，他们自觉或不自觉地同中国与荷属东印度贸易发生联系。他们不仅为来自祖国的商人推销商品，收购当地土特产，而且荷属东印度公司也把"华人的零售商看作处理其输入产品的销售机构"。① 如居住在巴达维亚的华商杨昆，在 1630 年就"充当中荷贸易的中介人，他愿意为东印度公司在中国买卖货物"。② 每当中国商船载着货物到达港口时，不仅本地华商以最短的时间将其从中国运来的货物卖给西方商贾和其他亚洲商人，而且可以从本地华商或西方批发商那里尽快买到当地土特产和其他货物。当时，"巴达维亚与祖国的贸易联系成为巴达维亚华人的主要职能"。③

长期以来，从事商业是南洋华人最主要的经济活动，当时华人的职业构成以商贩为主，约占 60% 以上。④ 除商业外，明后期华人在南洋的经济活动也开始向农业、手工业发展。"来到这里的中国人，他们的手工艺，比起任何一位的印度人（指印度尼西亚人）都更高明，他们也从事于打渔和耕作，尤其是种稻、种蔗和种玉米；有些人虽然仍以打渔为业，但主要还在做买卖。"⑤ 在巴达维亚，华人种植水稻、蔬菜、水果、胡椒、甘蔗等作物。至顺治年间（1644～1661 年）福建同安人多离本地往葛剌巴贸易耕种，⑥ 有的从事榨糖、酿酒、榨油等农产品加工业，从事捕鱼、饲养牲畜、伐

环苏门答腊岛的海洋贸易与华商网络

---

① 〔英〕W. J. 凯特：《荷属东印度华人的经济地位》，王云翔、蔡康寿等译，厦门大学出版社，1988，第 9 页。

② 〔荷〕包乐史：《巴达维亚华人与中荷贸易》，庄国土译，广西人民出版社，1997，第 210～217 页。

③ 〔荷〕包乐史：《巴达维亚华人与中荷贸易》，庄国土译，广西人民出版社，1997，第 89 页。

④ 吴凤斌主编《东南亚华侨通史》，福建人民出版社，1994，第 250 页。

⑤ K. Glamann, "Dutch Asiatic Trade, 1620 – 1740," *Economic History Review* 12（1981）：244 – 265.

⑥ 阙名：《葛剌巴传》，载王锡祺辑《小方壶斋舆地丛钞》第十帙（二），台湾学生书局，1975，第 490 页。

木、肋板船舱夫、开凿运河、除草、挑水、裁缝、制鞋、编帽、烧砖瓦、制石灰、石器加工、打铁、木匠、建造房屋、行医等行业，对当地农业和手工业的发展起了重要的作用。①

其中，巴达维亚的蔗糖业就是以这一时期新移入的福建籍移民为主要经营者得以发展起来。耕种甘蔗和经营糖厂者，大部分是较贫苦的中国人，他们从巴达维亚的华籍富商处获得贷款，并向他们租赁工厂。每个工厂大概要用 200 名工人，其中通常有 60 名是中国人，因此，1710 年，在巴达维亚周围的乡村地区有 130 个工厂，有 7000 名中国工人在这些工厂里工作。② 在亚洲，蔗糖市场的商情很好。荷兰失去了台湾之后，便相应地开始巩固巴达维亚糖的地位，使之能够取代中国糖而在亚洲市场参与竞争。为了发展蔗糖业，荷兰东印度公司向华人提供土地、免息贷款，甚至还豁免了相当一部分的税收，从而促进了华人在当地的扎根以及发展。而此阶段的华人数量也有了显著增长。巴达维亚及其乡区出现了以大华商杨昆经营为典型的华侨制糖厂，到 1711 年 84 名糖厂主中就有 79 名中国人，种蔗华民已多达 7800 人。③ 东印度群岛其他地区也都有华侨开设的甘蔗榨糖厂，自 1874 年到 1884 年砂糖危机到来之前，在爪哇增设的 50 个新工厂中，大约有半数以上归属华侨。④ 另外，观察蔗糖成品的销售渠道，从大体来说虽然蔗糖的生产很大程度上是为了满足荷兰人的需求来按照订单生产的，但是蔗糖成品并非全部供应给荷兰人，从事蔗糖加工业的华人也有自己的市场和销路，前来收购这部分蔗糖成品的一般是从事航海贸易的华人。由此看来，巴达维亚的蔗糖业从原材料的生产、加工直至销售，基本都可

---

① 李学民、黄昆章：《印尼华侨史》，广东高等教育出版社，1987，第 125 页。
② 《荷属东印度糖业档案》第 1 卷，1923，第 402 页，转引自〔英〕W. J. 凯特《中国人在荷属东印度的经济地位》（序），《南洋问题资料译丛》1963 年第 3 期，第 8 页。
③ 转引自《荷属东印度糖业档案》第 1 卷，1923，第 402 页。
④ 〔日〕福田省三：《荷属东印度华侨》，李述文译，《南洋问题资料译丛》1963 年第 2 期，第 9 页。

以由华人所操控，一定程度上，也可以说巴达维亚的蔗糖业完全是华人的产业。①

著述《老吧城》的历史学家德·汉恩（F. De Haan）指出，巴达维亚最繁荣的时期应在 1690～1730 年，到 1730 年，荷兰东印度公司的衰落已初见端倪。但这一时期还伴随着甘蔗种植业的迅猛发展，华人劳工潮水般的涌入。② 1742 年年底，荷兰东印度公司准许 3431 名华侨住进巴达维亚，其中制糖和伐木工人就有 728 人。③ 1743 年以后，荷兰殖民者出于经济利益的迫切需要，不得不略加限制地允许中国移民再前往巴达维亚。1744 年，14 艘中国船只，载着大约 1400 名中国移民前往巴达维亚。由于中国移民的不断涌入，巴达维亚的蔗糖业迅速重现生机。1743 年，荷兰东印度公司还对糖课征 20% 的进口税以保护巴达维亚的蔗糖业。④

此外，在巴达维亚的华人工人、粮食商、蔗农以及椰子酒酿造人，因其活动不会危害公司的专卖事业，都得到了公司的保护。制糖和酿酒甚至得到关税上的特惠，并贷与免息的借款。华人的沿岸贸易和爪哇、中国间的航路，只要不妨害政府的独占权，也可以得到一切帮助，且订有种种保护条例。⑤ 据印尼博士 Soekanto 的论文与汉恩的《老吧城》称："1400～1500 年咬留吧还未成为著名贸易港时，中国胡椒商船就来此地。……1596 年荷兰由侯德曼率领的舰队第一次到咬留吧，中国人已在这里定居，设坊酿售亚力酒。"⑥ 所

① 林诗维：《西爪哇华人产业分布与发展》，硕士学位论文，暨南大学，2011，第 44 页。
② 〔荷〕包乐史：《1619～1740 年的巴达维亚：一个华人殖民城的兴衰（下）》，熊卫霞、庄国土译，《南洋资料译丛》1992 年第 2 期，第 83 页。
③ 弗美仑：《巴达维亚的中国人与 1740 年的骚乱》，《南洋学报》第九卷第一辑，1953，第 6 页。
④ 〔英〕W. J. 凯特：《荷属东印度华人的经济地位》，王云翔、蔡康寿等译，厦门大学出版社，1988，第 10 页。
⑤ 〔日〕竹林熏雄：《印尼华侨发展史概况》，李述文译，《南洋问题资料译丛》1963 年第 1 期，第 83 页。
⑥ 《印度尼西亚共和国诞生前的雅加达》，载《雅加达建城 429 周年纪念集》，1956，第 40 页。

环苏门答腊岛的海洋贸易与华商网络

有这些原始资料都表明，华人在诸如捕鱼、伐木、建筑业、农业、园艺、零售业、手工业，与内地及中国的贸易等巴达维亚重要的经济活动中，占有支配的地位，甚至公司向巴达维亚居民所征税收也主要由华人征集。①

从经济角度看来，自1619年巴达维亚开埠到1740年对华人大屠杀，巴达维亚基本上是一个在荷兰保护下的华人殖民城。通过一种精心设计的、由政治、社会和经济措施构成的制度，巴达维亚城堡及其货栈起着遍及亚洲各地荷兰人商馆体系的"拱心石"作用，而巴达维亚则成为东南亚华商贸易网络的一块"奠基石"。双方在相当长的时间内和谐平静地共处，② 都力图从海洋贸易中获取最大利润。由于巴达维亚在印尼群岛间的贸易在很大程度上依赖于华人，因而华人殖民区在荷兰东印度公司的经营系统内部得到某些自由。在当时，一般说来，对巴达维亚华人有利的，对巴达维亚也有利。由于经营得当，许多华人迅速成为著名的南洋富商。例如，17世纪初期在荷兰人第二次试图打开对华贸易门户时起着重要指导作用的北大年华商恩浦；在巴达维亚开埠初期的破产华人"头家"（老板）杨昆；17世纪末至18世纪初随荷兰东印度总督跨洋越海前往荷兰的华人医生周美爷；以及19世纪初与巴达维亚有通商贸易往来的厦门洋行商人李昆和等。③ 苏鸣岗、林六哥，1796年到荷兰东印度公司巴达维亚小本经营，元合公司创始者、蕉岭三圳人吴德荣，④ 以及18世纪50年代，担任巴达维亚华人社会甲必丹职务的福建漳州富商许芳良等。当时，福建龙溪（今漳州地区）的许氏家族在巴达维亚的福建侨居群体中堪称是名门望族，其家族成员非

---

① 〔荷〕包乐史：《1619年~1740年的巴达维亚：一个华人殖民城的兴衰》（上），熊卫霞、庄国土译，《南洋资料译丛》1992年第2期，第90页。
② 〔荷〕包乐史：《1619年~1740年的巴达维亚：一个华人殖民城的兴衰》（上），熊卫霞、庄国土译，《南洋资料译丛》1992年第2期，第90页。
③ 聂德宁：《明清海外贸易史与海外华商贸易网络研究的新探索——包乐史著〈巴达维亚华人与中荷贸易〉评介》，《中国社会经济史研究》2000年第3期，第90~91页。
④ 丘峰：《近代东南亚客商开拓史略述》，http://blog.mzsky.cc/u/9033/blog_209056。

富即贵，要么是富商大贾，要么是巴达维亚华人社会的官员。^① 他们都是殖民政府与华人共生共荣的代表。这些活跃于巴达维亚的海外华商对荷兰东印度公司制定政策起着重要影响，同时成为中荷贸易的获利者。由此，那些富裕的荷兰东印度公司官员和荷兰自由民与华商的利益便千丝万缕地纠缠在一起了。^②

移居印尼的华人为巴达维亚的开发和繁荣做出了贡献。在荷兰东印度公司开始存在的第一个世纪即 17 世纪，他们不仅使用自身的劳动力和建筑技术建造了巴达维亚城的堡垒，而且城里的财政支出基本上也由华人农民的税收支出，大凡城市的供应、贸易、房屋建筑，以及巴达维亚城外所有穷乡僻壤的垦荒工作均由华人承担。^③明朝后期，这些随同海外贸易船移居南洋的华人，尽管他们的身份以及移居的方式不一样，但他们对发展侨居国经济文化，对发展中外人民的友好关系做出的贡献却是一致的。17 世纪一位到过爪哇的法国神父吉·达沙尔说过："因为中国人勤劳而聪明。他们在巴达维亚非常重要。如果没有他们的帮助，（荷兰人）简直不可能在那里过上舒适的生活。他们从事耕种，除了他们之外，几乎没有手工业者。一言以蔽之，他们就是一切。"^④

二　荷属巴达维亚时代的华商跨国海洋贸易营建

元末明初中国同南洋的贸易出现一个值得注意的新动向，就是大批华侨、华商逐渐定居下来。为了保护自己的商业利益，利于竞争，那里的华商多联合起来，在海外建立商业据点，互联互通，从而形成了华商跨国网络集团。当然，他们也常常游走于中国与巴达

---

① 转引自钱江《古代亚洲的海洋贸易与闽南商人》，亚平、路熙佳译，《海交史研究》2011 年第 2 期，第 31 页。

② 〔荷〕包乐史：《1619 年 ~ 1740 年的巴达维亚：一个华人殖民城的兴衰》（上），熊卫霞、庄国土译，《南洋资料译丛》1992 年第 2 期，第 95 ~ 96 页。

③ 李金明：《明代海外贸易史》，中国社会科学出版社，1990，第 215 页。

④ 〔英〕布赛尔：《东南亚的中国人》，徐平、王陆译，《南洋问题资料译丛》1958 年 2 ~ 3 期，第 116 页。

维亚殖民政府之间，是早期华人跨国主义的践行者，也是华商网络的构建者。

（一）跨国海洋贸易活跃的原因

1. 政府海禁政策催生的走私贸易导致

明朝成祖、宣宗皇帝以后，再无大规模的海外诏谕活动，英宗冲龄继统，杨士奇辅政力主休养生息而罢下西洋，其后武宗、世宗之辈，但求逸乐而怠于政务，更不消说显赫政绩令海外诸国慑服，故中国与南洋关系日见低落。历景帝景泰、英宗天顺、宪宗成化诸世乃至孝宗弘治年间，海外诸国入贡锐减，洪武末年朝贡沉寂的景况重现，而于官方"朝贡贸易"衰落的同时，长期以来存在的民间"走私贸易"，则相对地更活跃起来。然则走私贸易的活动，除国人违法犯禁出海通商之外，便是番商私舶与沿海客商及市舶、海防官员勾揽窝藏、通谋阑入。[1]

康熙二十三年（1684 年），海禁结束，海外贸易开始，次年随即停止澳门的陆路贸易（1679～1684 年），而东南沿海各省的商船再度遍及日本、东西洋等处，海上贸易盛况空前。饱受海禁、迁界之苦的东南沿海"积贫之民"，乘机相率搭贩洋商船出国，各种商船多载人民往国外，"商船交于四省，偏于占城、暹罗、真腊、满刺加、渤泥、荷兰、吕宋、日本、苏禄、琉球诸国"。[2] 又开始清代商民持续出国的浪潮。但清朝政府对于出洋贸易的船只仍存有戒心，不能亦不愿见到海上贸易和百姓出洋对东南沿海经济所起的作用。加上满汉冲突所带来的对汉人的偏见，对明郑反清势力曾于海上活动的记忆犹新，又何况出洋者大都是汉人，所以对海上贸易虽解禁，却采取各种的限制措施。因而，许多华商为分散风险，采取迂回路线与东南亚所及之地开展海洋贸易，并陆续散居下来。

---

[1] 李木妙：《海上丝路与环球经济——以 16 至 18 世纪中国海外贸易为案例》，载《三条丝绸之路比较研究学术讨论会论文集》，2001，第 160 页。

[2] 姜辰英：《海防篇》，《中外地舆图说集成》卷 93。

例如，海禁时期，在郑氏集团的商船之外，也有少量来自中国东南沿海的民间散商冒险往来于中越之间。据《巴城日记》记载，1644 年"削发"的中国人是出现于东京沿海"最早的一批商人"。①在渤泥国有个姓张的漳州人，曾担任渤泥国的"那督"，而且此后两国"商人往来不绝"，中国商人不但到过渤泥和婆罗贸易，而且还到加里曼丹南部的马辰贸易。此外，据《明史》"丁机宜"条的记载，中国商人还到苏门答腊的英得拉吉利进行贸易。可见明代中叶以来，特别是 1567 年开放海禁准许私商出海贸易以来，中国商人的足迹进一步遍布西爪哇的万丹、苏门答腊的巨港、亚齐和英得拉吉利、马鲁古群岛以及南加里曼丹的马辰等地。这些地区，特别是万丹、马鲁古、马辰以及巨港等地华人的日益增多，与当时政府时松时紧、顾虑重重的海洋政策有很大关系。②

2. 海航技术创新使民间更容易多地方航行

18 世纪末航海技术的创新对中国与东南亚之间的海上互动产生了重要影响。

航海技术创新的结果是东南亚可及之地更广，开展贸易的地区亦越来越多。货船不断抵达新港口补给淡水及其他必需品，自然也少不了购买新产品、开辟新市场、寻找新的贸易机会。这种贸易扩张很快使更多的地区成为贸易区，也使得当时传统的东南亚——中国海洋贸易有了更多的选择。再加上时人对印度洋至中国的多条航线有了更多的了解，航运也多了几分可预测性。穿越东部海域变得更加可控，亚洲遂成为安全的海上贸易区，风险随之大大降低。与此同时，私营货船的航行效率大大提高，船员少了，运费也随之大幅度下降。不过由于私人货船的相对优势超过东印度公司和亚洲的舶板，后两者的经济状况遭到了破坏，中国贸易最终演变成私贩

①〔法〕玛丽－西比尔·德·维也纳：《十七世纪中国与东南亚的海上贸易》，杨保筠译，载《中外关系史译丛》第三辑，上海译文出版社，1986，第 222～225 页。
② 转引自温广益、蔡仁龙等编著《印度尼西亚华侨史》，海洋出版社，1985，第 36 页。

环苏门答腊岛的海洋贸易与华商网络

（1834 年起）称雄的局面。① 正如莱佛士所提道："中国人也拥有许多双桅帆船，除了他们所持有的中国帆船以外，也拥有当地人造的舟。他们将其航行伸展到苏门答腊、马六甲海峡以及东部，远至摩鹿加和帝汶，收购燕窝、樟脑、树脂和其他物品，使爪哇成为他们所需求的各地区产品的大仓库。"② 以此为中心，贸易的足迹似海水一样，四处流动迁徙，以追逐财富，华商的网络在东南亚各地进一步铺陈，跨国互动也愈来愈频繁。

3. 垄断政策导致

新的贸易机会加剧了外来者与东南亚原有购销商（比如爪哇的荷兰商人和中国的舶板贩运商）之间的竞争，③ 使荷兰东印度公司的利润受损。为此，1753 年公司通过一项决议，限制中国人的航行，因为中国帆船从厦门到巨港和加里曼丹东南沿岸进行被公司视为非法的贸易。大量的锡和胡椒通过这条航路被运出去。因此，公司决定只允许中国帆船自由到巴达维亚和马六甲，而且只发特许证给三艘中国帆船到望加锡和巨港进行贸易。一年之后，公司又对这项决议作了补充使之更复杂，"彻底地"禁止所有中国帆船到安汝、班达、德那地、西里伯斯、加里曼丹东岸和南岸（包括苏加达那）、爪哇、苏门答腊和马来半岛（从柔佛角起）等地进行贸易。当然，巴达维亚和马六甲是例外。每年允许一艘中国帆船到望加锡，并发了两张到马辰的特许证。④

与此同时，1640 ~ 1680 年，福建大部分的海运控制在郑氏家族

---

① 〔美〕范岱克（Paul A. VanDyke）：《18 世纪广州的新航线与中国政府海上贸易的失控》，孙岳译，载《全球史评论》第三辑，中国社会科学出版社，2010，第 300 页。

② 莱佛士：《爪哇史》，伦敦，1830，第 226 页，转引自温广益、蔡仁龙等编著《印度尼西亚华侨史》，海洋出版社，1985，第 99 页。

③ 〔美〕范岱克（Paul A. VanDyke）：《18 世纪广州的新航线与中国政府海上贸易的失控》，孙岳译，载《全球史评论》第三辑，中国社会科学出版社，2010，第 312 页。

④ 《荷印布告汇编》卷六，1754 年 7 月 9 日，第 688 ~ 689 页，转引自〔荷〕包乐史《荷兰东印度公司时期中国对巴达维亚的贸易》，温广益译，《南洋问题研究》1984 年第 4 期，第 78 页。

手中，其他华商前往南洋贸易阻力重重，只能顺应郑氏集团的商业游戏之中。这个家族最著名成员郑芝龙和他的儿子郑成功（别名国姓爷）创建了一个规模庞大的贸易机构，在其全盛时期，在中国海上没有与之匹敌者。这个时期，几乎每艘到台湾或巴达维亚的帆船都是由郑氏家族所控制或者属他们所有。[①] 他们依循五大商业组织的公营贸易法，以台湾为中心积极发展东、西洋间的海外贸易，范围遍及日本、琉球、吕宋、苏禄、文莱、美洛居、巴达维亚、交趾、东京（今越南部分地区）、广南、柬埔寨、暹罗、大泥、柔佛、马六甲等地。[②] 这也为华商跨国网络的建构提供了操作先例。

由此，促使华商必须依托各地定居下来的华人，或者曲折迂回开展贸易，这是华商跨国网络逆向拓展的缘由。

4. 家族移民分散风险的考量导致

为了降低风险，最大程度地获取商业利润和商机，华商经常是有意识地安排家庭成员的海外移民，而这一特点对其海外生意之成功往往具有重要的意义。闽南地方族谱的有关记载表明，同一个家庭中的成员通常不会前往同一个海外国家谋生或发展家族生意。恰恰相反，准备到海外谋生或创业的家庭成员往往会被派往不同的国家。据泉州安海《颜氏族谱》的记载，15～19 世纪，该家族中曾有数百人漂泊海外，足迹遍布东南亚和东亚的各大商埠，包括巴达维亚、三宝垄、巨港、文莱、马尼拉、台湾、新加坡、槟城、吉隆坡、曼谷、占城、日本、安南及其他具体地名不详的地方，因为族谱上只简略地记录为"南洋"或是"海外番邦"。[③] 类似的情景在福建龙海《林氏族谱》中也有记载。据统计，林氏家族共有 202 名

---

① 〔荷〕包乐史：《荷兰东印度公司时期中国对巴达维亚的贸易》，温广益译，《南洋问题研究》1984 年第 4 期，第 69 页。

② 李木妙：《海上丝路与环球经济——以 16 至 18 世纪中国海外贸易为案例》，载《三条丝绸之路比较研究学术讨论会论文集》，2001，第 183 页。

③ 钱江：《古代亚洲的海洋贸易与闽南商人》，亚平、路熙佳译，《海交史研究》2011 年第 2 期，第 38 页。

侨居及客死海外的家族成员，其中在巴达维亚 58 人，在马尼拉 32 人，在三宝垄 31 人，在柬埔寨 22 人，其他的家族成员则散布在马辰、井里汶、淡目、安汶、曼谷、六坤、安南和日本。① 16 世纪后期以来，迁往东南亚各商埠侨居的华商日众，越南沿海各港埠的华商社区也随之壮大，庸宪、会安、顺化等地均形成了颇具规模的唐人街。关于侨居越南北方和南方口岸的华商，《增补华夷通商考》亦有载，在东京，"当地流寓之唐人数量众多"，广南"自古以来钦慕唐土，海陆之往来不绝……其地亦有许多唐人侨寓"。② 不断壮大的商埠，蕴含着巨大的商业机会。

除此之外，宗亲家族网络在华商的海外商业活动中也发挥了相当积极有效的作用。Intje Moeda 的家族网络就是一个生动的例子，因为该家族网络从爪哇岛一路延伸至马六甲。Intje Moeda 是一位皈依伊斯兰教的福建人，17 世纪初曾担任东爪哇 Jaratan 地区海上贸易和海关税收事务的港务副督察。他有一个兄弟在苏门答腊岛的占碑定居，与当地土王的私人关系十分密切，并在那儿负责监管家族生意。与此同时，Intje Moeda 通过女儿与巴达维亚华人甲必丹苏鸣岗（福建同安人）的婚姻，建立起了自己与巴达维亚闽侨商贾群体的联系。不过，Intje Moeda 的家族生意网络并不仅仅局限在印尼群岛地区。通过其兄弟的努力，他们将自己的家族贸易网络进一步向西扩展，一直延伸到了葡萄牙占领下的马六甲，与当地的福建侨居商贾携手合作。③

5. 欧洲殖民者在亚洲各地追逐各自利益使然

一般说来，虽然荷兰东印度公司对华贸易还是相对稳定的，但是面临的竞争也不小。1784 年，英国通过了"减税法令"，将茶叶

---

① 转引自王连茂《明、清时期闽南两个家族的人口移动》，《海交史研究》，1991 年第 1 期，第 1～22 页。
② 转引自闫彩琴《17～18 世纪越南海外贸易中的华商及其构成初探》，《八桂侨刊》2012 年第 1 期，第 23 页。
③ 转引自钱江《古代亚洲的海洋贸易与闽南商人》，亚平、路熙佳译，《海交史研究》2011 年第 2 期，第 31 页。

税降至 12.5%，从而迅速提高了英国东印度公司在茶叶贸易中的竞争实力。这对荷兰无疑是一个沉重的打击。与此同时，英国东印度公司还利用港脚商人向中国运销产于印度的棉花、鸦片等，筹措它购买中国货的资金，在对华贸易中占据了首位。其实，为了寻找更多的东南亚当地产品，以代替白银向中国的输入，早在英荷七年战争（1756～1763 年）后，英国港脚商人的势力便已由马德拉斯和加尔各答，扩展至亚齐、廖内、吉打和瓜拉雪兰莪。在荷兰东印度公司的排挤下，中国帆船商人也开始在加里曼丹的东南海岸和苏门答腊等地，与新到达那里的英国商人贸易，以取得胡椒和锡，而不再驶往巴达维亚。1776 年，荷兰殖民当局发现，有 10000 担马来半岛所产锡，没有经过荷兰东印度公司的渠道流入广州。与此同时，有 18000 担锡运至厦门。上述两项，大体相当于荷兰东印度公司一年所销售锡的总量。[1] 因其有利可图，大量的中国帆船不断加入这一违禁贸易中。这些帆船直接驶往马来锡、胡椒产地，同时还有那些前往广州贸易而途经此地域的葡萄牙、英国私商船。巴达维亚政府可以限制中国帆船从巴达维亚和巨港携带定量的锡和胡椒到广州，但对不完全在其控制下的地区，巴达维亚当局只能派遣船只，在中国帆船必须经过的邦加海峡巡逻，以拦截中国商人。

中国人、日本人、葡萄牙人和西班牙人都用同样或其他方式参与暹罗与日本的贸易，穆斯林商人、荷兰人、英国人和葡萄牙人则错综复杂地卷入印度、暹罗日本与中国的贸易，荷兰人无法在期间独享。华商则充分利用殖民者的竞争关系，广泛涉及各殖民地拓展海洋贸易。

（二）华商主导的跨国海洋贸易网络

在参与东南亚海洋贸易的各类华商群体中，许多侨居于东南亚其他国家的华商，与流动的华商群体一起，彼此互动互联，构建起

---

① Leonard Bluss, *Strange Company: Chinese Settlers Mestizo Women and the Dutch in VOC Batavia* (Dordrecht, 1986), p. 148.

跨国式的海洋贸易网络。

明朝隆庆开禁之后，下海贸易的华商骤然增多，东南亚各主要商埠相继涌现出大批华商侨居社区，例如，越南的庯宪、会安以外，还有菲律宾的马尼拉、暹罗的大城、柬埔寨的金边、马来半岛的北大年、马六甲与槟榔屿、印尼的巴达维亚、万丹、巨港等，皆有华商频繁活动的身影。17 世纪中期以后，东南亚商埠的华商社区在数量增加的基础上，规模也进一步壮大。这不但是华人商贸网络发展的必然结果，同时也为华人海商的贸易活动提供了更加便利的落脚点和货物中转站。

而东南亚各地区之间的商业联系也因华商的舟贩往来而日益紧密。就越南来看，邻近地区如柬埔寨、暹罗、马来半岛、爪哇岛巴达维亚和万丹等地的华商，多有在其居住地与越南港口之间从事短途贸易者。[1] 法国学者的研究，17 世纪后期居于暹罗的华商常把当地出产的胡椒运往广南，也有不少侨居柬埔寨的华人到东京贸易。黎贵惇《抚边杂录》《大南实录》记录阮氏对外国商船的税收，就包括了东南亚的暹罗、吕宋、巨港等地，来自于这些地区的商船基本上均由侨居当地的华商经营，广南政权对其税收额度较低，与中国商舶相当甚至更低。[2] 英国东印度公司档案显示，也有部分巴达维亚华商从事越南与东南亚的贸易，常有满载丝织品和陶器、漆器的华舶从庯宪出发驶往巴达维亚。[3] 记载显示，18 世纪中期，还有不少广

---

① 闫彩琴：《17~18 世纪越南海外贸易中的华商及其构成初探》，《八桂侨刊》2012 年第 1 期，第 24 页。
② 《抚边杂录》详载如下："上海艚到税例钱三千贯，广东艚到税例钱三千贯，回税例钱三百贯，福建艚到税二千贯，回税二百贯，海南艚到税五百贯，回税五十贯，西洋艚到税八千贯，回税八百贯，玛艚到税四千贯，回税四百贯，日本艚到回税亦如之暹罗，到税二千贯，回税五百贯，吕宋艚到税二千贯，回税二百贯，旧港处艚到税五百贯，回税五十贯……"可见暹罗船、吕宋船税额与中国福建船相等，旧港（即巨港）船则更低。参见〔越〕黎贵惇《抚边杂录》卷四，西贡本，1967，第 31b~32a 页。
③ Anthony Farrington, "English East India Company Documents Relating Pho Hien and Tonkin," in Pho Hien, ed., *The Centre of International Commerce in the XVIIth – XVIIIth Centuries* (Hanoi: The Gioi Publishers, 1994).

州行商在中国与印支半岛南部沿岸之间从事锡、藤和西米贸易，如广州的闽南行商颜氏家族所经营的泰顺船行中，有 6 艘帆船主要驶往交趾支那、湄公河下游入海口处的半自治港口巴塞以及巨港。①

清王朝统治中国时，东南亚地区的形势已经和明朝早期有很大打不同，荷兰的殖民势力逐渐衰落，新崛起并奉行自由贸易政策的英国殖民势力日渐强大。辅以深厚的历史传统，新加坡、马来亚和中国之间海洋贸易仍然频繁往来，友好关系得以持续。广东、福建与马来半岛的贸易和人文互动，尤为密切。

康熙五十七年五月，马来亚柔佛商人利哈等五十三人，因遭风暴，漂泊到我国新安县，船已损坏。虽在严禁南洋贸易时期，但对马来亚的海难船人，清政府仍予"赍粮赡恤"，并给船一艘，遣返马来亚。到雍正七年（1730 年），取消南海海禁以后，清朝商民与马来亚、新加坡人"通市不绝"。据《清朝文献通考·卷二百九十七》记载："柔佛属国有丁机奴、单咀、彭亨。"丁机奴即今马来西亚的丁加奴州，"土产胡椒之美，甲于他番，余则沙金、冰片、沙藤、速香等物。……每岁冬春间，粤东本港商人以茶叶、瓷器、色纸诸物，往其国互市"。乾隆二十九年后，因南洋各地急需中国生丝，清政府准许商人出口土丝和二蚕胡丝去该地。那时浙江、福建商人也有去丁加奴州贸易的。② 在荷属殖民政府占领巴达维亚不久，望加锡发展成为华商开展海洋贸易的重要据点。这个时期，在卧瓦（安汶岛）有来自中国的商品，包括瓷器、丝绸、纸张等，均通过直接贸易的形式或经澳门、马尼拉、柬埔寨和暹罗等地区转运。这些中国货物被用来与当地的森林产品或海产品交换，甚至在1650～1660 年中国商人在望加锡还掌控着特定的贸易。③

① Li Tana, Paul A. Van Dyke, "Canton, Cancao, and Cochinchina: New Data and New Light on Eighteenth-Century Canton and the Nanyang," *Chinese Southern Diaspora Studies* 1 (2007).

② 郑光耀：《中国古代对外贸易史》，广东人民出版社，1985，第 243 页。

③ 转引自赵璐《16-17 世纪望加锡的发展与华人活动》，《东南亚纵横》2016 年第 1 期，第 90 页。

令人惊讶的是，在近代早期的亚洲海域，散布在不同国家和港埠的各闽商侨居社区之间其实存在着相当密切的联系。[①] 他们彼此熟识，并经常保持密切的联系。荷兰东印度公司的档案史料曾提及当时各海外闽商侨居社区之间的活动和联系，从而让人们得以窥视并了解当时的状况。例如，17 世纪的占碑是苏门答腊岛东海岸的一个十分重要的转口贸易港。当地有一位名叫 Ketjil Japon 的很有势力的穆斯林中介商人，在土著部落酋长和贵族中甚有影响力。根据荷兰人的记载，这位著名的胡椒商人却是福建商贾十分密切的生意合作伙伴。[②] 又如，1625 年 3 月，李旦曾拜托荷兰东印度公司的一艘商船，将他的一封私人书信从日本捎给荷属东印度巴达维亚首任华人甲必丹苏鸣岗。荷属东印度首任巴达维亚华人甲必丹苏鸣岗曾于 1636 年返厦，途经台湾时还停留近三年。[③] 他在台的目的可能是做生意，成否不得而知，但他曾致力于台湾稻米、甘蔗栽培和农业改良，与荷兰殖民当局有密切联系。[④]

透过散居在亚洲海域各港埠的华商之间的来往和互通音讯，当时，不仅各华商侨居社区的首领之间彼此熟识，而且居住在各不同国家和地区的普通商民也竭力试图通过不同的方式来维系亲友之间的联络。荷兰人的文献中留下了一封很有意思的家书。这封信由当时荷兰人统治下的台湾岛上两名福建商人寄给他们远在巴达维亚的兄弟。由于两地交通不便，他们就委托定期航行于台湾与巴达维亚两地之间的荷兰东印度公司的商船为其鱼传尺素。这封信表明，即便是在 17 世纪中叶航海交通困难重重的条件下，散居在亚洲各地

---

① 钱江：《古代亚洲的海洋贸易与闽南商人》，亚平、路熙佳译，《海交史研究》2011 年第 2 期，第 15 页。

② 转引自钱江《古代亚洲的海洋贸易与闽南商人》，亚平、路熙佳译，《海交史研究》2011 年第 2 期，第 15 页。

③ 转引自庄国土《海贸与移民互动：17～18 世纪闽南人移民海外原因分析——以闽南人移民台湾为例》，《华侨华人历史研究》2001 年第 1 期，第 33 页。

④ C. R. Boxer, "Notes on Chinese Abroad in the Late Ming and Early Manchu Periods Compiled from Con – temporary Sources（1500 – 1750），" *T'ien Hsia Monthly* 9（1939）：463 – 467.

的福建商人仍然在顽强地试图建立并维系自己在海外的家族纽带①。

华商个人之间的联系对华商网络的建构和支持毋庸置疑。在这种华商的网络中，除亲情和血缘跨国勾连外，各种物品的相互流通和转口销售，更是体现出华商跨国的特质。17 世纪 30 年代中叶，各种新物品开始从巴达维亚、中国以及遍布东亚、东南亚的商埠进入荷兰东印度公司在台湾的贸易网络。被荷兰人雇用开辟中国大陆与台湾贸易的代理商 Hambuhan、Jocksim、Jocho 和 Limbingh，已经掌控输入中国市场的胡椒、丁香、肉豆蔻、燕窝、苏木、藤杖、欧洲和印度纺织品、动物角、肉干、咸鱼，当然还有铜、黄金和白银。② 其中仅以锡的商品流动，我们就能窥探到华商跨国网络互动的特质。锡是一种低熔点柔软金属，有良好的可塑性、延展性，可以用于制造合金。锡因其密闭性和无毒性，在储物方面得到广泛应用，如密封得当，茶叶可在锡中保持十年不变质。因此，在清代中国茶叶包装与运输中（包括外销）特别受欢迎。同时，锡还是海船很好的压舱物。因此，锡在广州很受经营茶叶生意的行商们的关注。然而，运到广州的锡并不仅仅来自锡的主产地马来半岛、印尼群岛，越南河仙也是锡的重要供应地，但河仙并不产锡。河仙出口的锡，主要由海外市场，如巨港、邦加等转贩而来。邦加地区大部分锡矿销往巴达维亚，但是有相当一部分锡矿在得到巨港苏丹的默许后运往河仙，或者被邦加的华人走私到河仙，最后销往广州。邦加锡矿的开采热为河仙锡贸易提供了重要的资源保证。③

又如望加锡的玳瑁皮，这对中国人来说是一种非常宝贵的奢侈品。望加锡的玳瑁出口贸易始于 15 世纪中后期，17 世纪时需求量

---

① 转引自钱江《古代亚洲的海洋贸易与闽南商人》，亚平、路熙佳译，《海交史研究》2011 年第 2 期，第 34 页。

② 参见杨国桢《十七世纪海峡两岸贸易的大商人——商人 Hambuhan 文书试探》，《中国史研究》2003 年第 2 期，第 228 页。

③ 李庆新：《莫久、莫天赐与河仙政权》，载《海洋史研究》第一辑，社会科学文献出版社，2010，第 171~216 页。

猛增，引起了欧洲商人的争相购买。在 1657 年的一份报告中写道：望加锡的荷兰东印度公司办事处可以从中国人的手中购买到玳瑁。1660 年，英国商人抱怨他们不能直接从收集者处买到玳瑁，只能通过中间人——中国商人来购买。① 海参作为中国养生学中的"进补"佳品，在中国市场很受青睐，望加锡由于接近盛产海参的澳大利亚北部海岸，遂成为向中国出口海参的重要地区。常驻望加锡的华商几乎垄断了望加锡的海参贸易，一方面是因为华商为了确保优先取得海参，往往向瓦乔武吉斯人提供 200~400 西班牙银元的预付款，以求垄断该项商品；另一方面，"华商是唯一掌握分辨海参优劣技术的人，即使是望加锡土著人也不拥有这项技术"。因而，带着海参回归的瓦乔武吉斯人需要将海参交给华商进行分类。② 据克劳福德的记载，在 19 世纪 20 年代，每年从望加锡出口到中国的海参约有 7000 担，因质量的不同，其价格从望加锡市场的每担 8 西班牙银元，到中国市场每担可以卖到 20 到 110 西班牙银元不等，最高可到 115 西班牙银元。③ 在 19 世纪中叶，每年从望加锡输送到中国的海参约有 14000 担，价值近 60 万西班牙银元。④

长期以来，中国船只为南洋各地，包含苏门答腊岛周边地区提供了包罗万象的商品。虽然荷兰东印度公司曾打算改变这种海洋贸易的流向，也就是说，把它们改为运往巴达维亚，通过巴达维亚转运至东南亚各地。但荷兰人影响这种海洋贸易体系的企图未能遂愿。如竭力减少中国船由巴达维亚运送白银至中国，就是要强迫中国人以胡椒或珍贵木材代替白银运回大陆；后几年，公司又禁止中

---

① 转引自赵璐《16 – 17 世纪望加锡的发展与华人活动》，《东南亚纵横》2016 年第 1 期，第 90 页。

② John Crawfurd, *History of the Indian Archipelago*, Vol. III（Edinburgh：Archibald Constable, 1820), pp. 442 – 443.

③ John Crawfurd, *History of the Indian Archipelago*, Vol. III（Edinburgh：Archibald Constable, 1820), pp. 443 – 444.

④ Albert S. Bickmore, *Travels in the East Indian Archipelago*（Oxford：Oxford University Press, 1991), p. 102.

国人到除巴达维亚以外的所有港口贸易，但是中国人的贸易网络历经挫折，仍牢不可破。各种打压之下，中国船只一如既往地穿梭在东南亚各个地方。其中，尤以福建人为主的华商主要在万丹、旧港、望加锡和帝汶地区购买檀香木、玳瑁、丁香、胡椒等货，在大城（Ayudhya）和北大年为自己和日本市场搜罗苏木、毛皮、药材等物，当然也在马尼拉装上心仪的拉丁美洲白银；而广东船只代表的粤商则更喜欢到印支半岛、苏门答腊北部海岸和渤泥的北部海岸。①

上述史实及列举的部分事例说明，在近代早期的亚洲海域，确曾存在着一个规模宏大的想象中的华商为主的海洋贸易圈域社会。绝大多数当时侨居在海外的华商因此得以相互联系，并进而被整合进不同层次的网络体系中。这种联络和整合，有时是商人们有意识地在进行，但经常是在不自觉的情况下被整合。当然，华商网络体系具有保护他们贸易的职能，使之不仅能够在面临当地殖民政府或土著政权的打击，以及其他族群的竞争时发挥强有力的保障机制，而且能够促进散居在各地的华商群体之间进行商品交换与生意合作，从而形塑中古、近代华商在亚洲的贸易网络体系，为华商早期域外创业奠定坚实基础。

小　结

历史上西方殖民列强在东南亚的殖民贸易基地，大多是因为华人、华商参与才得以形成和发展起来，而荷兰东印度公司的首府巴达维亚无疑是其中最为典型的代表之一。在荷兰东印度公司存在的近两百年（1602~1799年）的时间里，不仅堪称为欧洲人在远东最为强大的商业机构，而且也是远东海域最具优势的西方海上强国。而华商承载的有关中国与巴达维亚间的海洋贸易史，或许可以

①〔德〕普塔克：《1600至1750年前后的华南港口和亚洲海上贸易》，杨芹译，载《海洋史研究》第一辑，社会科学文献出版社，2010，第241~253页。

简要地概括为华商与荷兰东印度公司及其首府巴达维亚的紧密关系。不变的似乎总是荷兰东印度公司董事会希望与中国进行贸易的愿望及华人对海外贸易的需求，而变化的是荷兰东印度公司为达到自己的目的所采取的方法以及中国政府试图规范贸易以避免损害国家所采取的手段。[①] 但无论怎样，华商参与构建的中国与荷属东印度的贸易，是荷印时期中国与东南亚地区经济关系的主要组成部分之一，是中国与印尼海洋外交的重要时期。双方贸易政策哪怕仅有微调，比如增加贸易进口税或出口税，亦将影响来自上述各地的商船、航行线路和经济收益，以及中国与荷印政府的关系。双方为主轴，华商积极实践而构建的亚洲海域多中心贸易网络，影响着全球贸易的格局，锻造了亚洲海洋贸易的高峰，甚至代表着世界海洋贸易的主体。

----

① 聂德宁:《明清海外贸易史与海外华商贸易网络研究的新探索——包乐史著〈巴达维亚华人与中荷贸易〉评介》,《中国社会经济史研究》2000 年第 3 期,第 89 页。

第 四 章

槟榔屿、新加坡港口崛起的海洋
贸易与华商网络

第一节　槟榔屿开埠与华商的海洋贸易网络

一　槟榔屿开埠

历史上，槟榔屿是环苏门答腊岛一个重要的商贸港口。其名"槟榔屿"，为福建人对该地的通称，以其盛产椰子故名。广府人称之为"庇能"，即英文 Penang 之译音。英国人及英文地理书，常称其为威尔斯太子岛（Prince of Wales Island），是因为槟榔屿并入英国之日，恰逢英皇太子威尔斯（Prince of Wales）诞辰日。吉打附近的马来人称槟榔屿为丹绒（Tanjong）。华人社会所称的"槟城"，即英国人所称的乔治城（George Town），位于槟榔屿东北角。谢清高《海录》载：新埠（即槟榔屿）海中岛屿也，一名布路槟榔（即 Pulau Pinang），又名槟榔士（即闽人所称的槟榔屿），英吉利于乾隆年间开辟者，在沙剌我（即雪兰莪）西北大海中。一山独峙，周围约百余里，由红毛浅（指马六甲海峡中的南沙一带）顺东南风约三日可到，西南风亦可行。土番（即土族）甚稀，本无来由（即巫来由）种类。①

1592 年，一名英国航海家兰开斯特（Lancaster）曾航抵槟榔屿，在他的记录中称该岛为"Pulau Pinaon"。1597 年，葡萄牙航海家古定河提伊利地亚（Manoel Godinho De Eredia）在他的《黄金半

---

① 转引自张少宽《槟榔屿丛谈》，南洋田野研究室，2005，第 123 页。

岛题本》书中绘制的黄金半岛（即马来半岛）地图也注明槟榔屿的位置，称它为"Pulau Pinam"，也是根据马来西亚名称音译的地名。1786年8月11日，英国人莱特在旧关仔角登陆，正式宣布占据槟榔屿，取名为"威尔斯太子岛"，以纪念英国威尔斯太子。随后英国殖民地的官方文件上，都采用这名称，唯不见用于民间。

槟榔屿成为英国东印度公司海峡殖民地之初，殖民地政府为了砍伐森林、开辟道路、建筑房屋，就在开发较早、人口较多的马六甲号召华人工人、农民、小贩和商人到槟榔屿来发展。当时华人的人数约有二百，因为那是新辟的码头或商埠，所以大家称它为"新埠"。不过，"新埠"这一名称惯用在当时的广东方言，福建方言则称为"埠"，直至现在，"新埠"已没有人采用，但"埠"这一名称还常在当地华人口中流传。后来，当地华人人口不断增加，大家就以"槟榔"和英国人在旧关仔角所建的"城堡"结合成一个简明的"槟城"，或将"槟榔屿"简称为"槟岛"。清朝末年，中国政府驻槟城领事馆的来往文件上都称其为"槟榔屿"。

槟榔屿整个岛屿的面积大致293平方英里。椭圆形的岛屿地形极为简单，沿海为狭窄平原，中间为花岗岩成分的山脉。海岸线曲折，隐藏其中的港湾成为船舶停靠的优良场所。而且，槟榔屿是通往马六甲海峡的必经之路，是马六甲海峡首要的北方通道，扼守通向中国、印度、马来半岛极其重要的战略位置。它紧密地连接所有覆盖马六甲海峡的港口，其中包括苏门答腊的亚齐、暹罗的西南部海岸，马六甲海峡东面的马来半岛沿岸和西北部的缅甸、印度次大陆的科罗曼德尔海岸。开辟槟榔屿之后，许多印度洋至孟加拉湾的港口就被连接起来，例如，缅甸的勃固、墨吉和丹那沙林（Tenasserim）、暹罗的普吉，这些港口可以通过槟榔屿作为前去马六甲的中转站；从印度次大陆的科罗曼德尔海岸出发，到达槟榔屿之后，中转前去马六甲、马来半岛。总之，作为交通的连接点，槟榔屿的优势地位显而易见。

1771 年莱特巡视槟榔屿后，曾致函给孟加拉湾总部的东印度公司总督：一旦槟榔屿被开辟，必然发挥其港口的优势。同时贸易队伍也可能络绎不绝地从四面八方涌入，英国东印度公司必然会从中获利颇多，来自东方的贸易商船往往会从一些较主要的港口如中国南部的厦门、广州、澳门出发，航行穿过南海，到达中南半岛、暹罗、马六甲，再通过槟榔屿周转到达印度。由此，建议把槟榔屿辟为"东方贸易的便利仓库"，但未获得认可。

随着英国工业革命的大为发展，"英国对于海外市场的依赖程度进一步加深，英帝国的利益也由美洲转移到了东方，在这种政策指导下，英国强调的是贸易货栈和战略基地，而非 17 世纪那样的殖民拓殖"。[①] 当英国商人走上这条通往东方的贸易通道时，政府就必须去保障他们的安全，捍卫他们的利益，而不是听凭法国人在印度洋上进行劫掠，或者让荷兰人在马六甲海峡进行拦截。因此"维持一支占压倒优势的海军舰队，在全世界各主要交通要道建立军事要塞和海军基地，以形成一个全球战略防御体系就成为必然的选择"。[②] 但 18 世纪 80 年代以前，英国在东南亚的对华贸易商道上，除了明古连这一偏僻的据点外，没有一个可靠的属于自己控制的对华贸易中转站。前文中提到的巴达维亚、马辰、邦加岛都是属于荷兰人的势力范围。英国的对华贸易必须依赖荷属东印度的港口。18 世纪 70 年代，随着英、荷在东方殖民地上的矛盾加深，原先建立起来的良好互助关系终结。在巴达维亚，荷兰对英国的商人征收歧视性的关税。迫于此形势，英国急于寻找一个对华贸易的可靠的中转站，控制对华贸易的商道。另外，在英、法海军 1781 年为争夺印度洋的控制权而发生的战事中，法国海军战舰由于能在亚齐停

---

① W. D. Hussy, *The British Empire and Commonwealth, 1500–1961* (Cambridge: Cambridge University Press, 1963), p. 138. 转引自郭家宏《日不落帝国的兴衰——英国与英帝国史的研究》，北京师范大学出版社，2012，第 87 页。

② 张本英：《自由帝国的建立——1815～1870 年的英帝国研究》，安徽大学出版社，2009，第 324 页。

泊，抢先进攻，占尽了优势。

战争结束后，英国人深深地感觉到需要一个据点以保障在东方的利益，且必须在马六甲海峡北端建立据点，以抗拒荷兰（占有印尼及马六甲）及法国（占有越南）势力的坐大。为了争取东印度群岛与马来半岛的商业利益，以及给予荷兰人的领土扩张和商业垄断以打击，英国东印度公司便积极地在东南亚开疆拓地，并接受莱特的建议，开始关注槟城的价值，进而在公元 18 世纪末试图开辟槟城。此时，正巧吉打苏丹有难，面对暹罗的威胁，还有来自霹雳及雪兰莪州的武吉斯人的侵犯，请求莱特说服英国东印度公司派出舰艇保护苏丹的地位，条件是将槟榔屿割让给英国东印度公司。于是，莱特于 1786 年 8 月登陆槟榔屿，开始了英国殖民槟榔屿的历史。① 英国东印度公司出于保护它在远东地区的鸦片和茶叶贸易航线的安全考量，通过莱特的不诚实甚至近乎欺诈的外交手法，从吉打苏丹手中取得槟榔屿，并力图将它建设为英国驻守马六甲海峡的一个桥头堡，以及在东南亚地区中转站的补给港口。

莱特推行自由贸易港和自由贸易政策，槟榔屿人口得以逐年增加，根据莱特 1792 年报告：开辟未及六载，小岛居民已达万人，则证明其土地优良，地位利便而宜于通商。② 但就莱特个人而言，他的任务是为英国东印度公司寻找一个躲避季候风的港口，供英国商船来往于印度与中国之间，也顺便为英国海军寻找一个可充为基地的港口，抵御荷兰及法国军舰的干扰，保护英国的海上势力。获得槟榔屿后，莱特仍有所牵挂，因为槟榔屿在 1790 年上半年，记录共有 104 艘船来做生意，其中最主要还是来自亚齐的商人，虽可以进行各类贸易，但也暴露出缺乏安全屏障，没有安全感。③ 因为，

环苏门答腊岛的海洋贸易与华商网络

---

① 转引自〔马来西亚〕谢诗坚编著《槟城华人两百年》，槟城韩江学院韩江华人文化馆，2012，第 8 页。

② 书蠹编《槟榔屿开辟史》，顾因明、王旦华译，台湾商务出版社，1969，第 119～123 页。

③ 〔马来西亚〕谢诗坚编著《槟城华人两百年》，槟城韩江学院韩江华人文化馆，2012，第 16 页。

莱特占有槟榔屿的第一个目标就是建立军事港口，但这个计划在后来被证明是失败的。然而，把槟榔屿辟为自由港却成功了。这个制度的成功确保了英国东印度公司的商业利益，也塑造了日后槟榔屿的商业模式。①

在英国人据有新加坡之前，槟榔屿是英国东印度公司在马来群岛中距中国最近的一个据点。从 18 世纪末至 19 世纪初，槟榔屿曾一度是英国东印度公司的船只以及那些港脚船从事对华贸易的中转口岸。1797 年，旨在征服马尼拉的军队到此访问，最后证明了槟榔屿的价值，既可以作为一个海军基地，也可以控制马六甲海峡，从而控制对中国的贸易通道。② 为此，到 1805 年，英国东印度公司决议提升槟榔屿为印度的一个省，与马德拉斯和孟买同一等级，直接向英国东印度公司总督负责，其主要目的是尝试在槟榔屿建立一个军事基地，建设船坞设施，作为通向中国和锡兰的驿站。③ 由此，槟榔屿上升为独立的第四管区，标志着槟榔屿的发展达到了顶峰。

但槟榔屿殖民地建立的意义不仅在于它自身的海洋贸易和海军战略地位，而且标志着英国人与荷兰人竞争的开始，是英国人争夺马六甲海峡控制权的第一步，是英国立足东南亚，面向中国战略的支撑，应具有战略地位。然而，随着英国人向东南亚腹地的推进，槟榔屿的作用被证明是有限的，尚不足以承担英国全面开展对华贸易的任务，最终要被新的港口所取代。1819 年后，随着新加坡的开埠，槟榔屿的这一地位遂为新加坡所取代。

二 开埠后的槟榔屿人口与海洋经济

从重商主义时代到帝国主义时代，资本主义的发展都需要开辟

---

① 转引自〔马来西亚〕谢诗坚编著《槟城华人两百年》，槟城韩江学院韩江华人文化馆，2012，第 19 页。
② 〔英〕理查德·温斯泰德：《马来亚史》（上册），姚梓良译，商务印书馆，1974，第 366 页。
③ City Council of George Town Penang, *Penang Past and Present: 1786 - 1963* (Ganesh Printing Press, 1966), p. 7.

国际贸易网络。自由贸易以及 1795～1818 年荷兰人在马六甲竞争的销声匿迹，使槟榔屿在它的发展早期获得良机。英国人正是以槟榔屿为重要门户，通过贸易使东南亚和中国沿海地区成为全球市场的组成部分。而槟榔屿成了广义的全球化进程（以 15 世纪末地理大发现为起点）的一个重要节点，并因此而迅速繁荣起来。① 逐渐地，它发展为"国际贸易中心"，尤其是泰国南部、缅甸及苏门答腊等地货物的集散地。槟榔屿自由港的成功实施，也在后来影响了新加坡（1819 年）和香港（1842 年）自由港的实施。

莱特为了槟榔屿的发展，不得不大力引进劳工。因而，槟榔屿迅速发展成为马来群岛地区一个特别而又极具吸引力的贸易中心，也吸引了大量移民的涌入，其中大部分来自中国和印度。到了 1788 年，市镇的人口增加很快，而且还有若干体面的华人，马拉巴人和马来人的家族居留。这一年，已有 400 亩的土地被垦殖，全槟人口约 1000 人，其中 2/5 为华人。② 1788 年，乔治市有印度人店铺 65 家，共有 334 人，华人店铺 110 家，共有 425 人。③ 而 1788～1802 年，到此的各地移民，以英国商人为首，约占 66%；亚洲籍的商家包括印度次大陆的朱利亚人（Chulias），该区域的马来人、中亚的摩尔人（Moors），东南亚的缅甸人以及东亚的中国人，约占 19%；欧美籍的美国、葡萄牙、荷兰、法国、西班牙和丹麦商人第三，约占 15%。英国、美国和葡萄牙商家拥有航行远洋的船只，往返于印度、中国和东南亚群岛，他们的贸易数额要比亚裔人的大。④ 到

---

① 庄礼伟：《槟城琐记——全球化进程中的东方故事》，《南风窗》2002 年第 9 期（上），第 73 页。

② 叶苦痕、吴允德合编《槟榔屿大观》，槟城海角出版社，1950，第 23 页，转引自〔马来西亚〕谢诗坚编著《槟城华人两百年》，槟城韩江学院韩江华人文化馆，2012，第 14 页。

③ City Council of George Town Penang, *Penang Past and Present*: *1786 – 1963*（Ganesh Printing Press, 1966），pp. 14 – 19.

④ Nordin Hussin, *Trade and Society in the Straits of Melaka*（Singapore：NUS Press, 2007）p. 51.

环苏门答腊岛的海洋贸易与华商网络

1811 年，槟榔屿的人口增长到 25000 以上，其中 10000 余为马来人，另有 7000 名华人及 6000 名印度人。[1] 其后，英国政府又通过以下政策：其一，乔治市成立估税委员会，在 1800 年起向每家每户征收"门牌税"；其二，推行饷码制度，将烟酒赌让人承包以便向政府纳税；其三，在贸易方面采取宽大政策，鼓励各地商船自由往来而增加服务费收入。这样更进一步地带来了槟榔屿的繁荣，槟榔屿的人口也增长很快。在 1812 年，槟榔屿包括威省人口已臻 20000 余人；再过 10 年，即 1822 年，槟榔屿人口跃至 50000 人。[2] 而在 1830 年，飞跃至 77000 万人。[3] 开埠后槟榔屿贸易的发展、人口的增长，说明英国人占领政策的成功。

在英国人据有新加坡之前，槟榔屿是英国东印度公司在马来群岛中距离中国最近的一个据点。故英国人之据有槟榔屿，既可以此发展其商业于东南亚各地，并进而扩展其经济势力于中国，又可借此与荷兰人抗衡，从而打破当时荷兰人对香料贸易的垄断。且槟榔屿位于马六甲海峡的西部，临近盛产胡椒的北苏门答腊如亚齐等地，又可就近获取海洋贸易商品，一举多得。到 1824 年，北苏门答腊依然是世界最重要的胡椒产区，其胡椒产量占世界胡椒生产总量的 58%。[4] 英国利用槟榔屿的地理优势，涉足这项传统的对华贸易，加入中国对外贸易网络中来。槟榔屿在欧亚航路上占据重要位置，以及周边已经开发出大片的种植区和矿山，它的发展方向被迅速定位为中转橡胶、胡椒、茶叶、布匹、锡锭、瓷器以及豆蔻、丁香的国际商贸口岸。仅亚齐的胡椒就由中国帆船源源不断地运往中

---

① 朱敬勤：《槟城的发展与人口的成长史》，载槟州华人大会堂特刊编辑委员会《槟州华人大会堂庆祝成立一百周年纪念特刊》，马来西亚，1983，第 355～366 页。

② 参见朱敬勤《槟城的发展与人口的成长史》，载《槟州华人大会堂一百周年纪念特刊》，1983，第 357～358 页。

③ 〔马来西亚〕谢诗坚编著《槟城华人两百年》，槟城韩江学院韩江华人文化馆，2012，第 41 页。

④ L. A. Mills, *British Malaya 1824 - 2867*, Ⅰ (London: Oxford University Press, 1966), p. 223.

国市场。在自由贸易的政策下，槟榔屿成了中—印—英贸易链条的重要环节。仅 1789 年，槟榔屿的鸦片进出口总额就超过 85 万西班牙银元。三年后，它的对外贸易记录下的顺差数字——近 17.5 万元的鸦片出口额，占总额的 46.8%，一举扭转了中英贸易的逆差倾向。①

英国人莱特登陆时，原想把槟榔屿规划成一个大型种植园，他还命令士兵用大炮把银元发射到森林深处，以鼓励华工前去垦殖。为了实现起初将槟榔屿建设成对华贸易基地的初衷，英国殖民者还在槟榔屿大力发展中国市场需要的香料种植，使之成为"马六甲第二"。到 1810 年，其胡椒产量达到 400 万磅，其胡椒质量是东印度其他地方出产的胡椒所无法匹敌的。② 然而，岛上很有希望的胡椒贸易，曾被克劳福德誉为"完善的农业典范"，在拿破仑战争时期却大大地衰落下去。1805～1816 年，公司曾装运了一批货到伦敦去，其结果是亏损了 50 磅。③ 跌价使胡椒种植无利可图，于是又改种丁香和豆蔻乃至甘蜜果，开始时不利，后来获得成功。但到了 1860 年，病害把树林又弄死。因此，到 19 世纪中叶，槟榔屿的香料种植业逐渐开始走下坡。新入境的华人甘蔗种植者遂陆续走向英国在对岸的新殖民区种植甘蔗和稻米，还算比较成功。④ 由于甘蔗有利可图，英国人介入生产和栽种，也需要大量劳工移入，这种行业为华人带来财富，英国人也从中受惠。以甘蔗种植业为例：1890～1905 年是半岛甘蔗种植最繁荣的时期，马来半岛蔗园面积达 6.5 英

① 高丽珍：《马来西亚槟城地方华人移民社会的形成与发展》，博士学位论文，台湾师范大学地理学系，2010，第 87～93 页。
② L. A. Mills, *British Malaya*, *1824 - 1867* (London：Oxford University Press, 1966)，p. 219.
③ 〔英〕理查德·温斯泰德：《马来亚史》（上册），姚梓良译，商务印书馆，1974，第 370 页。
④ Jackson, James C., *Planters and Speculators：Chinese and European Agricultural Enterprise in Malaya*, *1786 - 1921* (Kuala Lumpur：University of Malaya Press, 1968)，pp. 128 - 130.

环苏门答腊岛的海洋贸易与华商网络

亩；单是 1898 年，霹雳的吉辇、万珍及槟榔屿威斯利省的华人甘蔗园，开发面积已可达五万英亩，使用华工 9000 多人。^① 当橡胶业于 20 世纪兴起后，甘蔗业又走向没落。而橡胶业的发展则延伸向内陆发展，槟榔屿港口遂转向贸易以谋求更大的发展。^②

殖民政府最初开发槟榔屿，主要是引进丁香、豆蔻、槟榔等经济作物，这样较能适应几个世纪以来从东亚到欧洲市场源源不断的需求，有助殖民地维持开发成本。即使英国人在 1800 年最初经营威斯利省，政策也还是鼓励居民种植胡椒、丁香、肉桂及豆蔻等作物。因而，在英国人的治理下，威斯利省及槟榔屿郊区遍种橡胶、胡椒、丁香、豆蔻等农作物，除了后期威斯利省的甘蔗和稻米种植外，其他的种植业发展都不理想，但通过乔治市的中介商，进出口货物十分方便。1800 年，到槟榔屿出任法官的狄更斯向驻印度的大总督报告说："本岛每年都输出大量的槟榔到中国，在这儿，每担槟榔的价格只在三至四元之间，却以每担五元至六元半的价格卖到中国。"^③ 故而，依托港口优势，槟榔屿应大力发展加工工业。如邻国原料产品包括锡米和树胶等，就是通过槟榔屿加工后出口的典型表现。由此，乔治市曾拥有一座全世界最大的熔锡厂（东方熔锡厂），它以能提炼最纯的锡块运往欧美国家而享誉全球。^④ 自 1872 年始，槟榔屿大量地进口锡加工后出口，仅暹罗的进口总值就超过 250 万元，从马来诸邦进口的总值为 1865285 元。1873 年，马来亚锡的进口总值只有 124429 元，而暹罗锡的进口总值却为 2750000 元。但后期槟榔屿的商业由于拿律中国矿工的格斗而失常。槟榔屿同马来

---

① 王琛发：《从全球化与区域性的视野重构槟城历史》，孝恩杂志网，http://www.xiao - en. org/cultural/magazine. asp？cat = 34&loc = zh - cn&id = 561。

② 〔马来西亚〕谢诗坚编著《槟城华人两百年》，槟城韩江学院韩江华人文化馆，2012，第 99~100 页。

③ 书蠹编著《槟榔屿开辟史续篇》，曾松华、〔马来西亚〕陈剑虹译注，马来西亚槟城《星槟日报》，1981 年 3 月 29 日。

④ 〔马来西亚〕谢诗坚编著《槟城华人两百年》，槟城韩江学院韩江华人文化馆，2012，第 42 页。

诸邦的贸易，从 1871 年的 3598927 元下降到 1873 年的 1536020 元。①

1786 年莱特获得槟榔屿之后，本想将其建成英国东印度公司在印度洋的海军中转站，同时又可以将其作为通向中国、东印度群岛、马来半岛的一个中介点。但随着荷兰人的卷土重来；1815 年拿破仑战争结束之后，槟榔屿遭受了经济衰退与萧条，以及"英国东印度公司于 1811 年到 1816 年对槟榔屿至爪哇、菲律宾群岛的考察证明了槟榔屿没有具备成为贸易中心的条件，它仅仅处于这条贸易线路的大门"。② 这就决定了槟榔屿商贸港口地位衰落之势。而且，槟榔屿位于马来群岛的西部边缘，它到群岛东部的贸易受到荷属马六甲的阻隔，且远离对华贸易的主航道。因此槟榔屿并不是一个理想的对华贸易基地。故英国商人开始寻找新的对华贸易基地，于是新加坡成为英国梦寐以求的对华贸易基地。1819 年新加坡的建立，不仅消灭了马六甲的商业，而且在十年之中把槟榔屿的贸易减少了一半，夺走了它同暹罗的贸易的四分之三，只剩下它同马来亚北部、苏门答腊北部和印度的贸易。③ 到 1822 年，除了同缅甸、马来亚北部和苏门答腊北部进行的贸易以外，槟榔屿的贸易大部分已经被新加坡夺取。爪哇被英国人占领后，他们又有了一个新的贸易中心，进一步摧毁了槟榔屿的商业，搏节开支的措施甚至都被提出来讨论。④ 到 1824 年，英、荷双方签订条约，英国人占据马六甲，后又于 1826 年将槟榔屿、马六甲及新加坡合并，组成海峡殖民地，到 1836 年以后海峡殖民地的行政中心又从槟榔屿迁移至新加坡。⑤

① 〔英〕理查德·温斯泰德：《马来亚史》（上册），姚梓良译，商务印书馆，1974，第 414 页。

② J. Kennedy, M. A, *A History of Malaya*, A. D. 1400 – 1959 (Macmillan, 1970), p. 89.

③ 〔英〕理查德·温斯泰德：《马来亚史》（上册），姚梓良译，商务印书馆，1974，第 413 页。

④ 〔英〕理查德·温斯泰德：《马来亚史》（上册），姚梓良译，商务印书馆，1974，第 370 页。

⑤ 聂德宁：《〈槟榔屿志略〉与槟城华侨史料》，《华侨华人历史研究》2000 年第 3 期，第 66~67 页。

至此，槟榔屿在英国殖民地的地位一落千丈。

虽然如此，作为对华贸易的重要基地之一，槟榔屿并没有因为其位置逊于新加坡而被对华贸易的英商所放弃。一定程度上，它还是英国输往中国的海峡地区产品的重要集散地之一。它依然同中国保持着重要的贸易联系，这是因为该岛可以作为来自附近地区的胡椒、锡、燕窝等产品的集中出口中心。这些产品直接从槟榔屿运往中国比送到新加坡再转运到中国更为便捷。因而，大量的丝绸、瓷器等中国产品还会运到这里交换海峡地区产品。在这个世纪余下的岁月里，槟榔屿仍是马来诸邦、苏门答腊北部和泰国西部地区所产橡胶和锡的外销地，同时也是一个国际性的重要港口。① 薛福成的《出使英法意比四国日记》记述道：二十六日记……南洋诸岛各埠林立，商务、工务均赖华人为骨干，合英、荷、日斯巴尼亚（西班牙）各埠，暹罗属埠所在华民，或经商、或佣工、或种植园圃、或开采锡矿，统计约三百余万，而尤以新加坡、槟榔屿为要冲，② 但槟榔屿的战略地位和重要性每况愈下是不可否认的现实。

三 槟榔屿的海洋贸易与华商网络

（一）华人人口变化及其经济活动

1. 华人人口变化及帮群结构

巴素曾言道：华侨移入马来半岛，只有在欧洲殖民地设立后，以及一个安全的基地能使华人毅然踏上远征之途，才开始具有特殊的意义。③ 槟榔屿自1786年开埠之后，华人对于这块"新埠"非常感兴趣，于是近从邻国，远自中国踊跃前来谋生求活。

---

① 〔英〕康斯坦丝·玛丽·滕布尔：《新加坡史（1819~2005）》，欧阳敏译，中国出版集团东方出版中心，2013，第111页。
② 转引自张少宽《槟榔屿丛谈》，南洋田野研究室，2005，第185页。
③ 〔英〕巴素：《马来亚华侨史》，刘前度译，光华日报出版社，1950，第67页。

18 世纪以前，吉兰丹已有数百闽人居埠头，"贩卖货物及种植胡椒"①，华籍渔民数十人②。莱特1783 年至该地访问，使我们略微了解到一些中国人与该邦贸易的情况。他这样说：政府是君主政体，它垄断了所有各港的对外贸易，唯一例外的是每年来此的中国帆船，他们只需付出一定的款项作为捐税，就可以自由地与居民贸易了。这种帆船从中国运来大量的粗糙瓷器、薄铁锅以及许多其他货物。他们从这里输出的货物为燕窝、鱼翅、藤杖、锡、龟甲、鹿皮鹿肉、牛皮牛角，以及其他各种粗货。城中约有房屋三四百间，居民有中国人、吉宁人及马来人。③ 由此可见，在 1786 年 7 月 11日英国人莱特开辟槟榔屿前，岛上已有华人居住。其中，被槟榔屿华社尊为"三伯公"神的张理、丘兆进和马福春最为著名。他们三位客家人很早就到了槟榔屿。根据英国人记载："当占据之初，除少数华人外，人迹罕至"，大埔人张理偕同邑人丘兆进及永定人马福春已经南渡来到荒凉的槟榔屿，三人义结金兰，在岛上风餐露宿、披星戴月，共同开发槟榔屿，是他们艰苦卓绝、义无反顾的共同劳奋斗，奠定了槟榔屿发展繁荣的基础。这三位客家人为马来西亚槟榔屿的华人先驱者。④ 后来，他们就化身为"大伯公"。根据记录估算，他们三人应于1745 年来到槟榔屿，比莱特早41 年。⑤

槟榔屿开辟于 1786 年，但那是西方殖民史掀开帷幕的"信史"。据莱特的记录，他在登陆槟榔屿并插旗开辟之时，便有海上漂来的一叶扁舟，船靠岸后人也跳上岸，看上去是个华人，见面即给他捎来渔网以为赠礼呢。这人后来成了英国人治下槟榔屿的第一任华人甲必丹，即辜鸿铭的祖父辜礼欢。此外，居住在巴达维亚的

---

① 谢清高：《海录》，"吉兰丹"条。

② 吴凤斌主编《东南亚华侨通史》，福建人民出版社，1994，第 120 页。

③ 〔英〕布赛：《东南亚的中国人》，徐平、王陆译，《南洋问题资料译丛》1958 年第 2～3 期，第 48 页。

④ 丘峰：《近代东南亚客商开拓史略述》，http://blog.mzsky.cc/u/9033/blog_209056。

⑤ 黄尧编著《星马华人志》，香港明鉴出版社出版，1966，第 41～42 页。

华人，曾经在 1740 年时遭受荷兰人的血腥屠杀，史称"红溪惨案"。这一时期的马六甲为葡萄牙殖民者所占据，柔佛间接地为荷兰人控制，槟榔屿成为逃出巴达维亚的华人经马六甲海峡北上暹罗进行帆船贸易的必经之地。停留在槟榔屿，一方面可以定居，另一方面仍可继续海洋贸易。

　　而此时，莱特为使槟榔屿迅速成为对华贸易的中转口岸，及其向马来半岛进行殖民扩张的据点，极为重视华人的作用。1794 年，莱特向加尔各答的英国东印度公司上司提出报告：华人成为我们居民中最宝贵的一环，有男女及儿童，约 3000 人，从事各种不同的行业，如木匠、石匠、金匠、店员、种植人、商人。他们用小船和舢板将富有冒险精神的人送到邻近地区，他们是唯一来自东方的人民，可以被征收税收而不必加重政府的额外负担。① 莱特的继任者曼宁顿（Philip Mannington）也曾致函东印度公司大总督：从我长时间对精力充沛的勤劳华人的观察，我非常相信他们是唯一能够有效地开垦这个岛屿，并且成为有用的工人和商人的居民。② 因而，英国人在据有槟榔屿之初，即广招华人移居岛内从事各项开发性的工作。于是大批华族劳工、农民和小商贩由马六甲转移到槟榔屿工作、耕种、从商或定居。同时，也吸引了内陆，包括泰国南部其他地区的早期移民迁移至槟榔屿来生活。华人移民大量增加，奠定了日后商港繁荣的基础。槟榔屿辟为新埠次年（1787 年），即有华人移居者 60 家。③ 魏源的《海国图志》有关槟榔屿的描绘：近粤洋海岛有名新埠（即槟榔屿）者，距大屿山（应在暹罗湾内沿海地区）仅十日程，沃野三百里，闽粤人在彼种植以尽地利者，不啻数万。④

---

① 〔英〕布赛尔：《东南亚的中国人》，徐平、王陆译，《南洋问题资料译丛》1958 年第 2~3 期，第 48 页。
② Nordin Hussin, *Trade and Society in the Straits of Melaka：Dutch Melaka and English Penang，1780 – 1830*（National University of Singapore Press，2006），pp. 305 – 306.
③ 〔马来西亚〕陈剑虹：《槟榔屿华人史图录》，Areca Books，2007，第 20 页。
④ 转引自张少宽《槟榔屿丛谈》，南洋田野研究室，2005，第 124 页。

因此，开始形成一个华人社会。

在殖民初期的发展中，迫切需要大量的人力，那些移民显然不足以应付。于是原已存在于马六甲、新加坡以及马来群岛一带的"猪仔"买卖活动也就自然而然地伸展到槟榔屿来，为槟榔屿的发展提供大量人力。同时，一部分人力也由槟榔屿转口到内陆的矿场，如霹雳的拉律锡矿场去当矿工。1804 年，槟榔屿的总督趁当地一名华人甲必丹回中国的机会，通过东印度公司资助他招引中国劳工。到 1805 年，槟榔屿就正式成立了招募华工的机构。1805 ~ 1815 年的 10 年间，每年都有 500 ~ 1000 名左右的华工从澳门运到槟榔屿。自此之后，华工更是大量涌入槟榔屿，再分散到各地区。① 到 1818 年，槟榔屿的人口已增加至 35000 人，其中有 8000 人是华人，华人社会这时已开始壮大。② 徐继畲的《瀛寰志略》就 1850 年前槟榔屿的人口与籍贯云：马六甲西北海中，有岛曰槟榔屿（原注：英人称为新埠），内有高峰，山水清胜，居民五万四千，闽广人居五分之一。③ 力钧的《槟榔屿志略》也曾提到，槟榔屿居民"五万一千，日增月盛，四方云集，福建人尤多"。④ 根据谢诗坚的研究，到 1854 年时，槟榔屿的华人已近 30000 名，且参与私会党的华人超过 24000 人，几乎占槟榔屿华人人口的 85%。⑤ 而且，私会党组织于 19 世纪 20 年代通过锡矿业在暹罗南部诸省快速发展，矿场对劳动力的需求，吸引了一批槟榔屿的华工参与采矿活动，进而把槟榔屿的义兴公司推介到彼邦。

19 世纪中叶后，槟榔屿由于周遭资源的开发，成为工业原产品

① 林远辉、张应龙：《新加坡马来西亚华侨史》，广东高等教育出版社，1991，第 102 ~ 103 页。
② 梅井：《历史上槟城华人社会的变迁》，http://www. xiao - en. org/cultural/magazine. asp? cat = 34&loc = zh - cn&id = 624。
③ 转引自张少宽《槟榔屿丛谈》，南洋田野研究室，2005，第 124 页。
④ 力钧：《槟榔屿志略》，双镜庐集字板排印，光绪十七年，第 7 册，第 7 ~ 8 页。
⑤ 〔马来西亚〕谢诗坚编著《槟城华人两百年》，槟城韩江学院韩江华人文化馆，2012，第 67 页。

环苏门答腊岛的海洋贸易与华商网络

的输出站，因此槟榔屿在 19 世纪也成了英国人在亚洲最早大量输入劳力的主要港口。它成了中国人在南洋落地生根的目的地或跳板，促成了各邻近地区的拓殖。以矿业来说，霹雳州的拿律地区 1862 年有采锡华工 20000 ~ 25000 人，十几年间虽经拿律内战，但人数还是持续增加。到 1882 年，拿律改名太平，成为英国殖民地。1889 年已跃为全国最大采锡中心的近打区，采锡华工达 4.5 万人，[①] 1890 年达 5 万人。19 世纪 80 年代以后，进入槟榔屿的华工数目增加较快，特别是未付船资者。新客上岸的人数由 1880 年的 30886 人，增加至 1888 年的 78145 人。当然，这是马来土邦锡矿业稳健发展，以及北苏门答腊进一步拓展烟草业种植对劳动力需求增加的结果。当时的华人人口共计 67820，占槟榔屿总人口 190597 人的 35.6%，除了海峡侨生外，各方言群体男女人口的比例异常悬殊。十年后（1898 年）进行第二次人口普查，华人人口降至总人口的 26.2%，共 87920 人。[②]

在这长达百年的时期内，槟榔屿一直都是马六甲海峡地区乃至后来的英属海峡殖民地中人口最为繁多的地方，当然也是海峡殖民地中华人人口最为集中的地方之一，从而逐渐在当地形成了一个庞大的华人移民群体。然而，槟榔屿的华人并不是整齐划一的。他们是一个帮权分化十分严重的社会。各华人群体按照不同的帮权组织起来，经济活动也畛域分明。

据《槟榔屿志略》载："光绪七年辛巳（1881 年）人民 100597 口，内有华人 67820，计居槟榔屿者 45135，居威烈斯烈（笔者按，指威斯利）者 22219，居颠顶（指天定）者 466，其居槟榔屿者计福建人 13888，海南人 2129，客籍人 4591，广府人 9990，潮州人

---

① 王琛发：《从全球化与区域性的视野重构槟城历史》，孝恩杂志网，http://www.xiao-en.org/cultural/magazine.asp? cat = 34&loc = zh - cn&id = 561。

② 〔马来西亚〕陈剑虹：《走进义兴公司》，Taman Desaria, Sungai Ara, 11900 Penang, Malaysia, 2015, 第 62 ~ 63 页。

5335，土生华人 9202，其居威烈斯烈者福建人 2680，海南人 382，客籍人 2312，广府人 2112，潮州人 13458，土生华人 1275。"① 这段史料告诉我们，1881 年在槟榔屿华人当中（包括威斯利省在内），福建人人数最多，达到 16568，占华人总数 67354 的 24.6%，接近当地华人总数的 1/4。如果加上土生华人（主要为福建人），比例将会更高一些。② 而海峡殖民地官方数据也显示，1881～1901 年福建人是该地区主要的方言群，尤其在槟榔屿，1881 年，福建人占总人口的 50%（含 20% 的土生华人）；1891 年为 55%（含 23% 的土生华人）；1901 年为 61%（含 26% 的土生华人）。同时期第二个最大的方言群是广东人，在 1881 年占人口总数的 20%，1891 年为 23%，1901 年为 22%。第三和第四华人方言群分别为潮州人与客家人。③

　　毫无疑问，由于槟榔屿的开发，以及 19 世纪 60 年代后的农工商业发展，其经济价值和地位得到迅速提升，成为吸纳华工南来的引力之一。一般而言，广东籍和客家移民最先充当开发土地的先驱，为香料园工人，并且是非熟练和熟练工人的劳动力资源，诸如木匠、铁匠、裁缝、渔民、鞋匠等。来自漳泉的闽南人多是苦力、小商贩和海商，其富有者则成为香料园主和烟酒饷码商，他们拥有商店、店业和仓库。④ 谢清高《海录》载：闽粤到此种胡椒者万余人，每岁酿酒贩鸦片及开赌场者，榷税银十余万两。⑤ 由于出洋奋斗较闽人缺乏资本，广府人和客家人在很长的一段时期内处于槟榔

----

① 力钧：《槟榔屿志略》卷四《流寓志》，双镜庐集字板排印，出版时间不详，第 7～8 页。
② 王付兵：《清代福建人向海峡殖民地的移民》，《南洋问题研究》2009 年第 2 期，第 69 页。
③ Mak Lau‐Fong, "Chinese Subcommunal Elites in 19th Century Penang," *Southeast Asian Studies* 25（1987）：254‐255.
④ J. D. Vaugham, *Notes on the Chinese of Pinang*, Vol. VIII（Penang：Logan's Journal of the Indian Archipelago, 1854）, pp. 1‐27.
⑤ 转引自张少宽《槟榔屿丛谈》，南洋田野研究室，2005，第 123 页。

屿华人社会的底层。社会精英阶层则长期由闽南方言群的漳、泉人与潮汕人构成。① 在 19 世纪的 30～40 年代，每年来到槟榔屿的新客，约有 2000～3000 人，广东籍的新客公认比福建籍和潮州籍的强壮，他们成为替福建人和潮州人开垦荒地的最好先驱。②

正如 J. D. 沃恩在其 1854 年发表的论文《简论槟榔屿的华人》中提到，槟榔屿的华人社会中，福建人都是店主、商人和香料种植园主。③ 19 世纪下半期，漳泉商人已经成功控制了华商的出入口贸易。当年槟榔屿殖民政权的驻地负责人 W. 路易士报告说，几乎所有乔治市中有社会地位的闽籍商贾都是建德堂（福建人会党组织）的成员，他们在商业经济上的特殊优越地位，极有利于建德堂的发展。④ 而 1854 年建立的建德堂，在邱天德等的组织领导下，终于成了福建商人阶级、侨生成员、下层小商贩、文员和农工艺匠等的强大聚合力量。他们走出槟榔屿和马来半岛，采取纵横联合、分裂和整合的不同手法，组成强大的联合军事集团，与敌对的秘密会党互相争夺各地的政治、人力和经济资源。⑤

因此，相比其他方言群，福建人在槟榔屿拥有相当的经济实力和社会地位。这一点可以从 19 世纪中后期槟榔屿不同方言群对一些公益事业的捐赠行为看出一些端倪。此外，除按地域分化，各私会党也是华人社会自组织的方式之一。曾随郭嵩焘出访英国的张德彝，途中抵达槟榔屿，写下《随使英俄记》一书云：光绪二年（公元 1876 年），居民 61797 口，内有闽粤商贾数万。……闻迩来

① 钱江：《马来西亚槟城福建五大姓氏与传统中国乡土社会在海外之重建》，《南洋学报》2002 年第 56 期，第 152～153 页。
② 〔英〕布赛尔：《东南亚的中国人》，徐平、王陆译，《南洋问题资料译丛》1958 年第 2～3 期，第 41 页。
③ Yen Ching - hwang, *A Social History of the Chinese in Singapore and Malaya, 1800 - 1910* (Singapore: Oxford University Press, 1980), p. 118.
④ 〔马来西亚〕陈剑虹：《走进义兴公司》，Toman Desarin, Sungai Ara 11900, Penang, Malaysia, 2015，第 136～137 页。
⑤ 〔马来西亚〕陈剑虹、黄木锦：《槟城福建公司》，槟城福建公司，2014，第 43～44 页。

各处华商公立一党，名曰"奚格那搜赛伊"（即秘密会社），译言胆号也，彼此保护，与外邦"福立美逊"党同。①

值得注意的是，早在 1800 年，槟榔屿的华人，就存在福建和广东两大帮派。为了共同的利益和处理"华人事务"，他们共同组成广福宫，作为"华社的政府机构"。由此开启华人在此保护自身利益的同时，萌发了与英国统治者分享政治权力的念头。

2. 华人经济活动及海洋贸易网络的拓展

在槟榔屿的华人移居者甚多。传统上，华人以经商者较多，不管是行商，抑或是在地经商，华人都十分热衷，渗透也十分广泛。如北海的《槟榔屿游记》云："至槟榔屿数月，散步河干，临流北望，山峦重叠，未作往游之想。……约导师孙君偕至官码头，登渡客小轮船，展轮东驰。时值风逆潮涌，该船汽机微小，力不足敌，行甚缓。纵观屿港，共泊有大小火船十三艘，夹板帆船两号，其余华民所乘，土番（指马来人）所置，来往各近埠之船又数百船，帆船林立，足征商贩之盛。少刻，船傍北岸行。……舟入对港内河口门，左岸设有船坞为修理船舶之区，口内有水巡捕船一艘横泊为镇。再行数百丈，小船停轮依岸，众皆舍舟登陆。沿岸有村店数家，售卖茶果。"②

但英国殖民者为了就近获得贸易资源，最初也着力在槟榔屿发展经济作物的种植。充分利用槟榔屿的土产，如椰子、烟草、蒌叶、棕树及蓝靛等进行贸易，故大量中国人也涉入经济作物的种植，如中国人是唯一的真正种植蓝靛的人。不过，直到 1822 年以后，蓝靛才具有重要性。华人种植者最爱好的农作物是甘蔗。③ 由于蔗糖的获利丰厚，大量的潮籍华人到此栽种甘蔗。结果，1800 ~ 1846 年，甘蔗种植的垄断权，概由华人所包办，而峇都交湾的人口

---

① 转引自张少宽《槟榔屿丛谈》，南洋田野研究室，2005，第 126 页。
② 转引自张少宽《槟榔屿丛谈》，南洋田野研究室，2005，第 126 页。
③ 〔英〕布赛尔：《东南亚的中国人》，徐平、王陆译，《南洋问题资料译丛》1958 年第 2 ~ 3 期，第 40 页。

也由此骤增，并在之后将甘蔗种植推广到对岸的武吉淡汶地区。①
据当年曾任威省民事监督的英国人詹姆士·洛说：槟榔屿的一些地
区，现正种植甘蔗，在威省，尤其是在威省中部和南部地方，甘蔗
的种植布满着这一带。威省南部的土地肥沃，水利和运输便利，木
材价格也非常便宜，华人深为这些有利条件所吸引，这地区的蔗园
总面积已达九百多依葛，其中只有一小部分，尚未被充分利用而任
其荒芜。② 北海的《槟榔屿游记》也记载："向内行许里，举目四
望，一绿千顷，非蔗糖即稻，畦陇井井，种植有方，不负沃壤之称。
又行数里，见道旁楼舍高矗云际，询知为英商机器制糖公司……至
此换车，取路再行，一路田少园多，各园非蔗即椰，几无旷土。酉
初又至一小镇，名曰新邦安拔，译以华音，即十字路口也，其处有
河，可达于海。……至承顺兴公司糖厂。"（一百多年前的制糖业，
多集中在威省柔府、武吉淡汶地区，著名的糖商有李成茂、许武安
等。新邦安拔地区也是许桩合、许武安父子发展糖业范围之内。）③

　　到 1846 年，英国政府决定对于威省的糖及甜酒按照殖民地税
征税，同时对于新加坡所出产的，则按外货税征收。这是因为新加
坡已经成为来自中国、爪哇马尼拉蔗糖之最大集中地。政府的这种
行动对于新加坡甘蔗种植业是一个致命的打击，但同时给威省种植
者一个极大的刺激。欧洲人中的投机分子很快地利用了这种有利情
况。他们在种植方面模仿华人的办法，但不采取华人制造产品的原
始工具。欧洲人利用现代化技术制糖，渐渐取代华人制糖业的优势
地位。由于华人在甘蔗榨糖上所采用的方法落后，④ 因而，华人较
早且大规模涉及的蔗糖业，也最后为欧洲人所控制。

　　19 世纪 40 年代，香料的高赢利也吸引少部分华人种植。他们

---

① 张少宽：《南溟胜谈——槟榔屿华人史随笔新集》，南洋田野研究室，2007，第 65 页。
② 张少宽：《南溟胜谈——槟榔屿华人史随笔新集》，南洋田野研究室，2007，第 66 页。
③ 转引自张少宽《槟榔屿丛谈》，南洋田野研究室，2005，第 127～128 页。
④ 〔英〕布赛尔：《东南亚的中国人》，徐平、王陆译，《南洋问题资料译丛》1958 年第
　　2～3 期，第 40 页。

运用小资本开发土地，从事以豆蔻为主的香料种植。在槟榔屿东北端和中部的丘陵地带，即有井然有序的豆蔻和丁香园，而在乔治市的平原上，华人也栽种了椰子、槟榔、稻米和甘蔗等作物。槟榔屿的胡椒贸易在 1845 年有更进一步的增长，甚至美国都放弃了他们和亚齐之间的交易，转而向槟榔屿购买。① 加工工业方面，20 世纪初，马来半岛北部诸邦稻米生产扩大，农民迫切需要建立米厂，殖民政府却置之不理，后来华人投资碾米业，在槟榔屿、吉打等地建了八座碾米厂，通过稻米加工控制了马来半岛北部的稻米市场。食品工业方面，20 世纪 30 年代，凤梨罐头业已完全成为华人的一种企业。1938 年凤梨罐头已占了马来亚输出贸易额的 1.2%。②

当马来半岛的大陆部分开辟后，锡矿业和橡胶业发展了，同马六甲一样，槟榔屿也分享了共同的繁荣。③ 华人会党和部分领导人将手中的商业资本转化为工业资本，积极投资于暹罗南部普吉岛和霹雳太平的锡矿业。锡矿业开采是东南亚采矿（锡、金、煤、锌）工业中唯一有大量华侨资本在起较大作用的部门。华人是首先在马来亚、印尼、暹罗开采锡矿的。槟榔屿、邦加、勿里洞、普吉岛等以及马来亚的吉隆坡、太平、怡保等经济中心的发展，都是和华人的经济活动分不开的。④ 而与殖民主义者联系紧密的胡维期、许武安、郑景贵、邱天德和辜上达等华人资本家，在锡矿业的发展上有能力挹注更多的资金和更稳定地输送劳动力，从而协助殖民政府赚取税收，平衡财政收支。⑤ "罅律埠锡矿甚旺，开矿华人约有三万，而属

---

① 〔马来西亚〕陈剑虹：《走进义兴公司》，Taman Desaria, Sungai Ara, 11900 Penang, Malaysia, 2015，第 61 页。
② 〔英〕巴素：《东南亚之华侨》，郭湘章译，台北"国立"编译馆，1965，第 500 页。
③ 〔英〕布赛尔：《东南亚的中国人》，徐平、王陆译，《南洋问题资料译丛》1958 年第 2~3 期，第 39 页。
④ 吴凤斌主编《东南亚华侨通史》，福建人民出版社，1994，第 415 页。
⑤ 〔马来西亚〕陈剑虹：《走进义兴公司》，Taman Desaria, Sungai Ara, 11900 Penang, Malaysia, 2015，第 154 页。

粤人郑贵（郑景贵）者三分之一。"① 可以说，锡矿业的发展奠定了他们发家致富的基础。而通过锡矿业的发展，以槟榔屿为中心的华人构建起一张绵密的商贸网，影响着区域商贸和产业的发展。

除农业经济之外，欧洲人到来后，华人在槟榔屿的角色有了变化。随着商业法律与契约制度的输入，一部分华人成为最能适应市场经济的"本土商人"。② 他们充分利用槟榔屿种植经济的机会，由此而发展为首屈一指的南洋富商。根据研究指出，新加坡会党领袖中，有 9 位从事甘蜜、鸦片、酒类与米粮等大宗产品的产销，槟榔屿亦有 24 位会党领袖从事鸦片、香料、烟酒、锡矿、蔗糖等大宗产品的商贸。③

如 18 世纪中叶（清乾隆年间），福建永定客家人胡泰兴成为槟榔屿第一位著名的华侨实业家。他以种植胡椒为业，拥有大量的胡椒园，继而在闹市区开设大商行，成为巨富。后来槟榔屿的一条繁华马路，被命名为"泰兴路"，就是纪念他开发槟榔屿的丰功伟绩。④ 蔡有格则为槟榔屿航运业巨子和米较业重要人物，19 世纪末叶在槟榔屿权倾一时。⑤ 原名许亚栳的许栳合，年轻时从中国当"猪仔"来到峇都交湾当佣工多年，经过一番奋斗后，于 1830 年左右，他已经是当时威省义兴公司的领袖人物，许栳合以他多年的积蓄，1844 年开始在峇都交湾购置属于自己的土地，从事甘蔗种植。他所创设的丰和号，后来成为当地砂糖业的巨擘。⑥

吉打州最大的包税商之一——庄清建家族商业，在以吉打—槟

① 转引自张少宽《槟榔屿丛谈》，南洋田野研究室，2005，第 184 页。
② 庄礼伟：《槟城琐记——全球化进程中的东方故事》，《南风窗》2002 年第 9 期（上），第 73 页。
③ M. L. Wynne, *Triad and Tabut: A Survey of the Origin and Diffusion of Chinese and Mohamednn Secret Soecieties in the Malay Peninsula 1800－1935* (Singapore: Government Printing Office, 1941), pp. 365－385.
④ 丘峰：《近代东南亚客商开拓史略述》，http://blog.mzsky.cc/u/9033/blog_209056。
⑤ 《英暹时期东南亚北马地区华人家族历史与权力关系：1857－1916》，http://www.hist.pku.edu.cn/news/Article/ShowArticle.asp? ArticleID=1643。
⑥ 张少宽：《南溟胜谈——槟榔屿华人史随笔新集》，南洋田野研究室，2007，第 67 页。

榔屿地区为轴心的北马地区，以鸦片等饷码包税商和米较业为主。这也是吉打经济的两大支柱。前者为 20 世纪初之前东南亚大部分地区（包括英属马来亚）主要经济制度。后者特别是吉打州的经济命脉，因为吉打是马来亚半岛最大的稻米供应地。两者自 19 世纪 80 年代开始进入其发展的黄金时期。庄氏家族以鸦片等饷码包税商的身份奠定第一代家族基业，由创始人庄清建一代完成。随着饷码包税制度于 20 世纪初衰落，第二代庄来福、来兴开始涉足米较业，并成为垄断北马地区米较业少数几个最重要的核心华人家族之一。[①]

郑景贵，槟榔屿著名的海山公司领袖，甲必丹，他于 21 岁，约 1841 年，从广东增城乡村奉母之命前去南洋寻求，不久后，因为在太平发现锡矿，遂前往霹雳发展。初期辅佐父兄发展，约 1848 年开始独立经营，由于他勇于开创，不出二十年已在锡矿业崭露头角，并且以其智谋才干和领导能力被推举为海山公司党魁。他于 1860～1884 年同时领导槟榔屿和太平两地势力雄厚的海山党，党员数以万计。郑景贵除了经营锡矿开采，更因个人财势地位相继与其他华人头家承包拉律、瓜拉江沙（Kuala Kangsar）、近打（Kinta），甚至买下霹雳邦的各种饷码，形成近乎垄断的局面。这使他的财富累积急剧上升，令人望尘莫及，成为当地的南洋首富之一。[②]

黄务美，17 岁背井离乡，最先在槟榔屿工作。不久他来到太平的峇都古劳开设板廊厂，这时期的太平附近一带，大事生产锡米，运来槟榔屿熔炼，然而，却碰上运输的大问题。当年霹雳州工程师总管汉生，于是督建一条铁路，铁路上的枕木，全由黄务美供应。后来又承包铁路的砖块，并陆续承包铁路工程及其他。霹雳的铁道发展，黄务美居功至伟。此外，黄务美位于文丁宝号"美泰"的锡

环苏门答腊岛的海洋贸易与华商网络

① 《英遏时期东南亚北马地区华人家族历史与权力关系：1857－1916》，http://www.hist.pku.edu.cn/news/Article/ShowArticle.asp？ArticleID＝1643。
② 〔马来西亚〕陈耀威：《甲必丹郑景贵的慎之家塾与海记栈》，Pinang Peranakan Mansion Sdn. Bhd，2015，第 19～24 页。

矿场，占地长 2400 英尺，阔 150 英尺，使用华人传统采锡米的方法进行开采。当时（1904 年）的矿场有工人 2500 人，三年后增加到 5000 人。整个矿场犹如一座小镇，里面设有工人宿舍、杂货店、鸦片馆及食堂等，所有工人膳食，由公司供应。后来，它采用外国先进的"铁船"开采，工人就减少了许多。①

李振和则是海外华人中最引以为荣的一位先生。他是 20 世纪初，槟榔屿熔锡业的先驱者。其父李变坪，是太平的著名锡矿家及香料商人，交友广阔，连当年的休罗爵士都与他友善，在太平地区很有影响力。李振和得其父"遗荫"，于 1898 年在槟榔屿柑仔园创立"成记"发展熔锡业，他被誉为第一位使用"石油"的华人，引进了来自欧洲国家的新式反射熔炉。"成记"占地约三英亩，聘用爪哇劳工工作，有四个炉在操作，两个是新科技下的产物，另外两个则保留传统的"古方"进行生产，每日产锡块高达 12 吨半，除了供应本地市场，也输出海外。1907 年，"成记"发售股票，集资 150 万元，筹办为有限公司，并将之改为"东方熔锡有限公司"。董事会成员中，包括当年华商社会领袖如：许心美、许如磋、许如琢、甲必丹郑大平、陆秋泰、林克全、黄务美等。②

一个世纪移民浪潮的持续，改变了槟榔屿的人口结构和生态面貌。槟榔屿从一个新的商业资本主义市镇，演变为一个东西方人文汇集的国际商港，拥有现代资本主义的基础设施。在区域经济上，它掌握马来半岛北端、苏门答腊北区，以及暹罗南部和下缅甸的发展脉搏，形成一个转型中的经济北三角。③ 到 20 世纪初，槟榔屿已发展成为工商业欣欣向荣的城市，工商活动跨过海峡，伸

---

① 张少宽：《南溟胜谈——槟榔屿华人史随笔新集》，南洋田野研究室，2007，第 50 ~ 51 页。
② 张少宽：《南溟胜谈——槟榔屿华人史随笔新集》，南洋田野研究室，2007，第 68 ~ 70 页。
③ 陈剑虹：《走进义兴公司》，Taman Desaria, Sungai Ara, 11900 Penang, Malaysia, 2015，第 63 页。

展到内陆，包括泰南地区，形成北马工商业的枢纽。在此大好契机下，华商觅得众多商机，一批出类拔萃的华商崛起，内引外联，促进了区域华商的跨国联动，壮大了自身，也带动华商群体的发展。因此，当地华人工商界在 1902 年创立"中华总商会"，以照顾槟榔屿华人工商界的利益，遂成为当地华人社会另一个具有影响力的领导组织。①

（二）华商的跨国海洋贸易情势

在据有新加坡之前，槟榔屿是英国东印度公司在马来群岛中距离中国最近的一个据点。故英国人之据有槟榔屿，既可以此发展其商业于东南亚各地，并进而扩展其经济势力于中国，又可借此与荷兰人抗衡，从而打破当时荷兰人对香料贸易的垄断。② 18 世纪末至 19 世纪初，槟榔屿曾一度成为英国东印度公司的船只以及那些从事"港脚贸易"的"港脚船"最为繁盛的中转贸易口岸。③ 因而，自 1786 年英国人莱特从吉打苏丹手里割让槟榔屿之后，槟榔屿一直是英国皇家殖民管辖地，慢慢发展为泰南、北苏门答腊和北马吉达、霹雳、玻璃市等地区贸易重镇和政治中心。薛福成出使英国途中，路过槟榔屿，在《出使英法意比四国日记》写道："槟榔屿四面环海，山水清秀，虽土产无多，各埠所产铅、锡、象牙、胡椒、苏木、甘蜜之类，多转输于此。十余年来，贸易日盛，高阁连云，颇有泰西景象。"④ 1799～1802 年，利用乔治市港

---

① 梅井：《历史上槟城华人社会的变迁》，http://www.xiao-en.org/cultural/magazine.asp? cat=34&loc=zh-cn&id=624。

② 书蠹编《槟榔屿开辟史》，顾因明、王旦华译，台湾商务出版社，1969，第 47 页。

③ 所谓"港脚船"（Country ships）系指那些不属于英国东印度公司，但用该公司执照并在其总监督下航行于印度与中国之间的英国船只。从 17 世纪末叶直到 19 世纪中叶蒸汽轮船出现以前，印度、东印度与中国之间的贸易，都称之为"港脚贸易"（Country trade）。参见〔美〕马士、宓亨利《远东国际关系史》，波士顿、纽约，1931，第 65 页。〔H. B. Morse and H. F. MacNeir, *Far Eastern International Relations*（Boston and New York: Houghton Mifflin Company, 1931）〕

④ 转引自张少宽《槟榔屿丛谈》，南洋田野研究室，2005，第 126 页。

口的欧亚船只，抵达的有 867 只，离岸的 859 只，反映了该地的商业贸易初步发展情况。[①]

可以肯定的是，处在泰南与北马之间的槟榔屿，在英国殖民主义背景下，以华人资本和劳工为主体、以锡矿开采和经济农作物的种植为主要形式的大变动时代，蕴含着巨大的商业机会。由于地理交通和社会经济等因素，华南闽粤沿海、香港，新加坡，槟榔屿，普吉以及缅甸南部等地华人串联成一个整体的中国移民、贸易与文化网络。凭借自由港的优势，槟榔屿成了东西方贸易的中转站。对邻国，诸如缅甸、泰国和印尼的经济起到了有利作用。薛福成说："英属大小白腊（即怡保及太平之谓）之锡，荷属阿齐（亚齐）、伊里之胡椒、劳匿之甘蜜、日里之吕宋烟、加非、商人营运，多的厚利。"[②] 因此，泰国通扣坡、槟榔屿、北马、暹属马来州的经济社会联系，更甚于遥远的首都曼谷。[③] 到 19 世纪，槟榔屿的转口贸易已经逐渐形成。印度布料、锡、鸦片、胡椒、槟榔等占最大的贸易额。1809~1818 年，欧洲生产的布匹和钢铁，以及源自中国的丝绸和瓷器都进入槟榔屿市场。而由它转口的鸦片也扩大买卖范围，外销到北苏门答腊的亚齐。事实上，一个以印度次大陆、槟城和马六甲海峡北端的经贸网络已经建立起来。[④]

槟城的转口贸易成为槟榔屿的主要经济来源。海墘的"水上人家"也建立起来，它成了乔治市的经济脉络，因为舶在码头的大小货船都用舺舡小船来起卸货物，海墘的"水上人家"扮演了中介的角色。正因为当时的海上交通尤重于陆路交通，才有"海上人家"出现。由此，乔治市早期出现的"缅甸郊"（槟城与缅甸的物物交

---

① 〔马来西亚〕陈剑虹：《走进义兴公司》，Taman Desaria, Sungai Ara, 11900 Penang, Malaysia, 2015, 第 57 页。

② 转引自张少宽《槟榔屿丛谈》，南洋田野研究室，2005, 第 126 页。

③ 参阅 J. W. Cushman, *Family and State: The Formation of a Sino - Thai Tin - Mining Dynasty 1797 - 1932* (Singapore: Oxford University Press, 1991)。

④ 〔马来西亚〕陈剑虹：《走进义兴公司》，Taman Desaria, Sungai Ara, 11900 Penang, Malaysia, 2015, 第 60 页。

换)、"亚齐郊"（1913 年成立的亚齐商公会在独立前是一个很有影响力的商团）、"暹罗郊"乃至"香汕厦郊"等商群，成为城市商贸繁荣的一大特色。槟城也靠这些邻近国家的跨国海洋贸易发展起来。①

华工贸易即是槟榔屿跨国海洋贸易的重要例证。槟榔屿是华工移民美洲的中转站。1805 年 4 月，槟榔屿副总督威廉·法古阿（Walliam Farquhar）建议在槟榔屿设立正式招募华工单位，有计划地将征募或拐带的粤籍华工预先集中在澳门，然后用葡萄牙的船只运送到槟榔屿，以避免与当时严禁中国人民非法出洋的满清政府发生纠纷。华工抵埠之后再转送西印度群岛的特立尼达。② 1800 ~ 1820 年曾屡次通过英国东印度公司驻广州商馆的代表，从黄埔、金星门、澳门等地偷募中国工匠和农民，用公司的船只运到槟榔屿、马六甲和圣赫伦拿岛，有的甚至转贩到特立尼达岛，供其役使。③ 1805 ~ 1815 年，每年都有 500 ~ 1000 个华工从澳门被运送到槟榔屿。随着槟榔屿发展的需要，华工已成为市场劳动力的基本资源。④ 据马士《英国东印度公司对华贸易编年纪事》的记载：中国移民们乘帆船来到本岛（指槟榔屿），他们把自己的身体押当船资和为数约西班牙银洋 20 元的伙食费，这笔钱由种植园主垫出，而从工人工资中按月扣还，并称这种劳工为"契约劳工"。立有佣工一年契约的华工还可以值西班牙银洋 30 元在槟榔屿市场上转让，已具备早期契约华工的性质。⑤

由于这种海洋贸易的存在，许多商人将槟城作为其根据地，透过家族间的结盟，建立并不断巩固与其他地域间的贸易网络，如槟

---

① 叶苔痕、吴允德合编《槟榔屿大观》，槟城海角出版社，1950，第 126 ~ 127 页，转引自〔马来西亚〕谢诗坚编著《槟城华人两百年》，槟城韩江学院韩江华人文化馆，2012，第 42 页。
② 陈翰笙：《华工出国史料》第四辑，中华书局，1981，第 501 页。
③ 温广益、蔡仁龙等编著《印度尼西亚华侨史》，海洋出版社，1985，第 206 页。
④ 陈翰笙：《华工出国史料》第四辑，中华书局，1981，第 501 页。
⑤ 温广益、蔡仁龙等编著《印度尼西亚华侨史》，海洋出版社，1985，第 206 页。

城福建五大姓家族的发展即是实例。

在马六甲海峡北端槟榔屿众多的福建籍华侨中，来自保生大帝吴真人故里漳郡澄邑三都的人为数最多，其中槟城华人的邱、杨、谢、林、陈五大姓中，有四大姓是来自当时属于漳州龙溪、海澄三都的单姓村落，他们是新安邱氏、霞阳杨氏、石塘谢氏、锦里林氏，只有陈姓是从各地来的。五大姓氏通过商业往来与姻亲关系编织了一个错综复杂的社会网络，通过这个网络，他们得以在槟城、吉打、霹雳、北苏门答腊和亚齐省、仰光、暹罗南部的邻近地区垄断饷码经营，获利颇丰。①

19 世纪 60 年代初，五大姓氏在槟城还建立了各自的宗亲会，在宗亲会的名义下，五大姓氏的商人和贸易商不断地扩大他们的商业利益和影响。例如，普吉岛的商业长期以来控制在五大家族的手中，普吉岛锡采矿业就主要由槟城和普吉岛的陈氏家族拥有和经营，直到 19 世纪 80 年代。陈氏家族的陈谭是普吉岛甲必丹及建德堂的领导人，除了从事锡矿开采，他还与普吉岛总督联手垄断该岛的饷码经营。② 此外，五大姓氏与暹罗许氏家族也开展有密切的业务合作，控制和掌握着普吉岛及其周边地区的饷码经营。暹罗许氏王朝的创始人许泗漳来自福建漳州，最初居住在槟城，在那里他建立了人际关系网，并积累最初的资本，并在 1844 年获得在暹罗半岛西海岸拉廊地区的锡垄断和饷码权。1844 年许泗漳成为拉廊地区的饷码商，11 年后他被任命为省长，而他被任命为省长反过来又带来了更多的垄断。19 世纪 80 年代末许氏家族的高源公司不仅是泰国在槟城锡的独家代理，而且到 1893 年掌控了对沿海省份生鸦片的垄断供应，多年以后其子许心美领导一个新的辛迪加赢得了曼谷

---

① 沈燕清：《槟城福建华人五大姓氏饷码经营探析》，《八桂侨刊》2013 年第 4 期，第 68 页。

② 沈燕清：《槟城福建华人五大姓氏饷码经营探析》，《八桂侨刊》2013 年第 4 期，第 68 页。

鸦片饷码及其他几个相关的垄断。[①]

五大姓氏甚至将他们对饷码的控制扩大到对岸荷兰殖民领地上。他们在苏门答腊东海岸的饷码经营，1858～1865 年荷兰人在该地区扩展其殖民影响前已经很稳固地建立了。而北苏门答腊阿萨汉（Asa-han）地区进出口关税的收集及鸦片和赌博的饷码经营，早已被委托给五大家族的一个亲密伙伴——槟城商人王文庆，他是暹罗许氏家族在槟城的合作伙伴，并掌控着从 19 世纪 50～70 年代槟城的鸦片饷码。在这个饷码经营中，邱氏家族邱天德等人是其合作伙伴。在 19 世纪 80 年代后期和 90 年代初，五大姓氏也控制了荷属东印度德里地区的饷码，而 1908～1910 年他们与棉兰的客家人侨领张榕轩、张耀轩兄弟合作，获得对整个苏门答腊海岸东部的鸦片垄断。[②]

处在英国殖民统治、暹罗和马来土著宗主国之间的暧昧边界，槟城五大姓氏意识到他们的社会经济的脆弱性，构建并利用跨国贸易网络，不仅要保证自己的生存，而且也要巩固各自的经济优势。这种灵活和环环相扣的跨国海洋贸易网络大大促进了五大姓氏之间的社会经济合作。五大姓氏能够合并自己群体及其他方言群体的精英，以打造一个强大的利益集团，推进从槟城到暹罗南方的商业利益。换句话说，这种广泛的贸易网络、人际网络构成了一个微妙的和非正式的"基础设施"，通过这个设施五大家庭能够形成一个综合的区域贸易网络，它构成了在槟城和暹罗南部的一个拉动经济的力量。[③]

除颇为显著的五大家族外，槟城的大多华商，或多或少地嵌入或透过跨国华商网络而发家致富。力钧在《槟榔屿志略》写道：

① Jennifer W. Cushman and Michael R. Godley, "The Khaw Concern," in John Butcher and Howard Dick, eds., *The Rise and Fall of Revenue Farming: Business Elite and the Emergence of the Modern State in Southeast Asia* (London: The Macmillan Press Ltd., 1993), p. 26.

② Yeetuan Wong, "The Big Five Hokkien Families in Penang, 1830s-1890s," *Chinese Southern Diaspora Studies* 1 (2007): 109-110.

③ Howard Dick, "A Fresh Approach to Southeast Asian History," in John Butcher and Howard Dick, eds., *The Rise and Fall of Revenue Farming: Business Elite and the Emergence of the Modern State in Southeast Asia* (London: The Macmillan Press Ltd., 1993), pp. 7-8.

环苏门答腊岛的海洋贸易与华商网络

（邱）忠波，海外之豪杰也。海外商务之大，忠波为最，中国则上海、宁波、厦门、香港、汕头。海外则新加坡、槟榔屿、马六甲诸埠。契约吉隆坡、白腊（即霹雳）之锡矿，西贡、仰光之春米机器。有轮船十数艘，为之运转，受腹心之寄，任指臂之劳，凡四五千人仰而食之，则不可数计焉。① 李君丕耀，祖籍福建同安，而生长于槟城者也。承父业启有"崇茂"商号，分二大支店，一在仰光，一在加劳吉打（即吉打港口）均业大宗白米乃诸土产。又置大轮船，往来石叻（即新加坡）、香港、厦门、汕头等处。每岁出入亿兆，溢利当数百千，为当时槟城最大商业。②

林宁绰，槟城非常重要的华人头家之一，拥有大生意在吉打。林宁绰的"宁绰公司"，商业贸易、米商、胡椒、烟叶种植、锡矿业、航运业及饷码承包商等，无所不包。他在吉打的居林，拥有大片烟叶、咖啡及椰子的种植园地，在阿罗士打开设米校厂。由于他们与当时的吉打苏丹交情深厚，经苏丹特许，并授权承包该地的烟酒鸦片饷码，期限长达二十年。他也是新加坡（1880 年）烟酒鸦片饷码承包商合伙人之一。他的商业网络，由槟榔屿、吉打、霹雳展开，至新加坡、苏门答腊、缅甸、锡兰及加尔各答等。③

颜五美，生于 1859 年，父元哲乃西贡著名的大米商。五美先后在本屿的教会学校接受教育，及负笈加尔各答著名学院。学成归来开始在其叔父金水店学习经商，兄弟宏基在槟榔屿经营土产、胡椒、锡块。在加尔各答有商店曰"荣丰"由宏基打理。槟榔屿的店号曰"荣裕"，经营白米生意。他对饷码事业感兴趣，联合一班好友，斥巨资竞投在新加坡的饷码权，并成为该组织的经理人（1897～1907 年）。九年后，他返回槟榔屿，从事开采锡矿的事业。

---

① 张少宽：《南溟胜谈——槟榔屿华人史随笔新集》，南洋田野研究室，2007，第 31 页。
② 张少宽：《南溟胜谈——槟榔屿华人史随笔新集》，南洋田野研究室，2007，第 32 页。
③ 张少宽：《南溟胜谈——槟榔屿华人史随笔新集》，南洋田野研究室，2007，第 10～12 页。

他投资"端洛锡矿",顺利成为大股东；本身在朱毛埠拥有锡矿场,更在槟榔屿拥有大片的地皮。①

许泗漳次子许心广继承他成为粦廊郡主,六子许心美更在 1900 年后成为泰国西岸普吉省总督,统帅粦廊至直弄各郡,在普吉省引进现代化管理和铁船采锡法,并于直弄种植橡胶。根据遗嘱,许泗漳及高源号在槟榔屿的产业和商贸由四子许心钦负责处理。许心钦的后裔许如磋、许如琢等,通过姻亲关系和槟榔屿的世家望族共同建立庞大的商业网络,包括建源保险、东方船务、东方熔锡厂、东甲锡厂、东方商务,以及槟榔屿、吉打、霹雳、曼谷和新加坡等地的鸦片饷码。②

柯孟淇,同安鼎美人,他于 1893 年首辟槟榔屿、威省两地的渡轮服务,并且创设源利兴船务公司,其后改为合股经营,称为东方船务公司,专注暹罗、荷印和缅甸进行港口贸易,发展区域经济。他的业务多元化,遍及树胶、椰子业及锡矿业。林文虎是 20 世纪初著名的商人、矿商和种植人。他在槟榔屿、吉打和霹雳等地的土地投资足以佐证他经济事业上的成功。他在暹罗的通叩所拥有的万源兴矿业,当地同行无出其右。③

纵览这些华商的成功,除了自身的克勤克俭、艰苦创业和商业才能外,主要是他们善于利用槟榔屿这个贸易、航运、金融中心的枢纽作用,善于同槟榔屿之外各国的华人社会结合在一起,构建起互动的跨国海洋贸易网络,从而实现共赢发展。

小 结

19 世纪的槟榔屿,虽然承受了两股巨大的历史潮流。一个是欧洲势力循海路西来向远东的扩张,一个是"出洋"华人南来开拓他们生存的新边疆。但两股潮流不期然地在槟榔屿汇合,促使华人在

---

① 张少宽:《南溟胜谈——槟榔屿华人史随笔新集》,南洋田野研究室,2007,第 19 页。
② 〔马来西亚〕陈剑虹:《槟榔屿华人史图录》,Areca Books,2007,第 98 页。
③ 〔马来西亚〕陈剑虹:《槟榔屿华人史图录》,Areca Books,2007,第 109～110 页。

南洋再组建一个农耕社会的蓝图很快就被冲得七零八落，被迫裹挟进全球经济发展的新方向，且又积极参与。① 从而迎头对接上以荷兰、英国为代表的殖民势力向印尼群岛和马来半岛商业扩张的需求。这既成就了以槟榔屿为代表的东南亚海洋商贸港口，也为新加坡的崛起奠定了基础，更是改写世界贸易版图的推动力。由此而言，槟榔屿的历史是与英国人分不开的，更与华人须臾不离。它们之间的互动关系，构成槟榔屿历史的主轴。槟榔屿的华人改变了英国在新马的政策，也改变了槟榔屿的政治模式，更改变了亚洲乃至全世界的秩序。

---

① 庄礼伟：《槟城琐记——全球化进程中的东方故事》，《南风窗》2002 年第 9 期（上），第 73 页。

第二节 新加坡港口的崛起与其海洋经贸发展

一 新加坡的概况及其与中国的往来

(一) 新加坡的概况

新加坡岛位于马来半岛南端之马六甲海峡的东侧，扼太平洋与印度洋之咽喉，"西以苏门答腊为蔽，南以爪亚（哇）为屏，东以婆罗洲为障，四面环水"，[①] 具有相当重要的战略地位，自古以来就是东南亚地区乃至东、西方海上交通的要冲之一。它与槟榔屿、马六甲共同扼守马六甲海峡交通要道，是重要的国际贸易港口。

新加坡全岛地势大多平坦，岛内小河众多，内地水运极为方便，为其经济的发展创造了极为便利的条件。新加坡的季风每年有两度转换，从十月末至次年三月为东北季风，从六月起到九月为西南季风。这为早期的帆船贸易提供了极大的便利性。因而，早期的中新贸易具有明显的季节性特征。整个新加坡被一条非常狭窄的柔佛海峡将它同马来半岛隔开，柔佛海峡最窄的地方也不过 300 英尺左右。再往西，出海口的宽度可达到 8 英里，这里分布着星星点点由新加坡岛延伸出来的岛链，这里就是沟通东西方的重要商业通道。通过新加坡转运各地的线路四通八达，从这里出发的货物可以转运到马来半岛、荷兰东印度公司在东印度群岛的各个据点以及中

---

① 李钟钰：《新加坡风土记》（南洋珍本文献之一），新加坡 1973 年重刊本，第 1 页。

南半岛，甚至到达印度本土、中国、日本、西澳大利亚。

在英国人莱佛士未登陆之前，新加坡在 12 世纪中叶由室利佛逝的王子建立，当时命名为 Singapura，即狮城的意思。中国史书称之为单马锡（又作"淡马锡"），后来称为新加坡。在室利佛逝王子的治理下，新加坡迅速发展，港内船只云集，成为阿拉伯、印度与中国之间的重要贸易港口。贸易给新加坡带来了大量财富，国富民强，室利佛逝因此更加强大，周围王国的国力不足以向其挑战。到 14 世纪中叶，随着以巨港为中心的古代帝国室利佛逝对这片海域的控制力下降，马来半岛的地方酋长和岛民开始各自为政，重新操起了海盗营生，而淡马锡则同时受到来自两个均在扩张的敌对帝国——满者伯夷和泰国的冲击。淡马锡经受住了泰国的一次长期围攻，还在 14 世纪中期击退了爪哇人的一次早期进攻，但到 1365 年，满者伯夷最终将这个岛屿收为自己的诸侯属地。① 繁华的新加坡从此不复存在，仅是海盗出没之所。从 14 世纪开始，新加坡在马来世界的政治事务中变得微不足道。

新加坡曾经的黄金时代是 14 世纪，马六甲王国在 15 世纪崛起后，新加坡就进一步地衰落了。一直到 1600 年前后新加坡都没有和外界贸易往来的证据。② 当马六甲被葡萄牙人占领后，马来王族流亡到柔佛河流域和廖内群岛一带建立基地，史称柔佛廖内苏丹王朝。他们继续对抗葡萄牙，新加坡海峡遂成为葡萄牙、荷兰、亚齐、柔佛廖内与武吉斯人等多方角力的舞台。③ 1811 年，柔佛苏丹派大臣天猛公阿都拉曼（Temenggong Abdul Rahman）带领 150 名马来随从到新加坡河口定居。④ 在新加坡河口附近建立起了一个村庄。

---

① 〔英〕康斯坦丝·玛丽·滕布尔：《新加坡史（1819~2005）》，欧阳敏译，中国出版集团东方出版中心，2013，导言第 3 页。

② 丘濂、刘畅：《穿越马六甲海峡，有船只，还有历史》，《三联生活周刊》2015 年第 30 期，http://www.dooland.com/magazine/article_710508.html。

③ 〔新加坡〕柯木林主编《新加坡华人通史》，新加坡宗乡会馆联合总会，2015，第 34 页。

④ 〔新加坡〕柯木林主编《新加坡华人通史》，新加坡宗乡会馆联合总会，2015，第 35 页。

村庄附近还住着一些华人，他们由自己的甲必丹统管，但也有一些人居住在附近的小山上种植甘蜜。直到 1819 年 1 月，新加坡岛上总共有约 1000 个居民，包括 500 名左右的奥朗 – 加冷人，200 名奥朗 – 谢勒塔人，150 名奥朗 – 格兰人，另外，在岌巴港一带还有其他一些奥朗 – 劳特人，有 20 ~ 30 个马来人是天猛公的随员，华人的数量也大致是这个数。①

（二）早期新加坡与中国的往来

地处东南亚交通要道和季候风交汇点的古代新加坡，是马来群岛的一部分。中国很早就与新加坡和马来亚地区有交通和贸易往来，从两汉直至清代，历代古籍不但记载了中国与它们的交通、贸易关系，而且保存了古代新加坡和马来亚地区最丰富、最具体的历史资料，是研究该地区古代历史的重要依据。

中国古籍称新加坡为凌牙门、龙牙门、单马锡、淡马锡和息辣、息力、石叻等。据《汉书》卷二十八下《地理志八下》的记载，至少从公元前 12 世纪中期开始，地扼东南亚海上交通要道的马来亚和新加坡就已经成了东西方船舶往来必经之地。《汉书·地理志》里面所载的"皮宗"，一般认为就是今新加坡西面的皮散岛。② 汉代中国与印度等国之间的远洋贸易航线必定经过这里，它也是汉代中国—缅甸—印度的中转站。当时的航海者在新加坡还留下了汉代的遗物，如现在的新加坡国家博物馆内陈列有一件当地出土的典型的"汉代罐鼓"，③ 是汉文化随远洋贸易船队传播到这里的历史见证。可见，新加坡很早就和中国有了交通和贸易的关系了。

《新唐书》有这样的记载："罗越者，北距海五千里，西南哥

---

① 〔英〕康斯坦丝·玛丽·滕布尔：《新加坡史（1819 ~ 2005）》，欧阳敏译，中国出版集团东方出版中心，2013，第 9 ~ 10 页。

② 李炳东：《广西对外贸易的历史概述》，《广西社会科学》1994 年第 1 期，第 61 ~ 66 页。

③ 张维华：《中国对外关系史》，高等教育出版社，1993，第 27 页。

谷罗。商贾往来所凑集，俗与堕罗钵底同。岁乘船至广州，州必以闻"，说明在唐代广州就成了中国和新加坡地区贸易的中心。据贾耽的《广州入四夷道里记》第七道"广州通海夷道"的记载，罗越就在马来西亚半岛的南端，包括今天的柔佛，甚至还可能包括今天的新加坡，从雷州半岛出发到印度的黄支国只需要五六十天的时间，说明中国的航速提高其快捷程度比汉代快六七倍。[①]

在宋元时期，新加坡与中国有着更为密切的关系。在新加坡出土了大批宋钱和宋瓷碎片，就是证明。中国和新加坡的贸易在宋代的一些书籍中亦可以见到。如宋代赵汝适的《诸蕃志》"三佛齐国"中说，中国商船到三佛齐贸易，必先在"凌牙门经商三分之一"，然后始到三佛齐，这里的凌牙门就是新加坡。新加坡出土的宋代真宗（998～1022 年）、仁宗（1023～1063 年）时期的铜钱和瓷片，可以从实物方面证明中国和新加坡的贸易关系。另根据颜斯综的《南洋蠡测》记载，在 907～1274 年的 360 多年间，新加坡已经有不少的中国人居住在那里了。[②] 元代新加坡已成为中国与南洋贸易的一个中心点。据《马来纪年》的记载，从 12 世纪中叶至 14 世纪中叶，新加坡建立了信诃补罗王朝，元代把它视为一个国家，称为龙牙门，并且互派使节往来。1320 年，元政府曾遣使龙牙门索驯象。[③] 1325 年，龙牙门也遣使奉表贡方物。[④] 元政府和龙牙门的这些友好往来给更多的中国人往新加坡贸易和定居提供了有利的条件。当年这里可能是中国商品的转口贸易站。

明代时期中国与新加坡的交往更为频繁。郑和第一次下西洋是在明代永乐三年（1405 年）。郑和下西洋的一张航海图，即《武备志·郑和航海图》中清楚地记载着郑和的舰队经过新加坡开往马六

---

① 周勤淑：《民国时期的中新贸易（1912～1941 年）》，硕士学位论文，广西师范大学，2004，第 6 页。

② 林远辉、张应龙：《新加坡马来西亚华侨史》，广东高等教育出版社，1991，第 35 页。

③ 宋濂等：《元史·英宗本纪一》，中华书局，1976。

④ 宋濂等：《元史·英宗本纪一》，中华书局，1976。

甲的行程，其中写到"淡马锡"，这个"淡马锡"就是新加坡的古名。《瀛涯胜览》中记载："自占城向正南，好风船行八日到龙牙门。入门往西行，二日可到。"这证明郑和确实到过新加坡。费信在《星槎胜览》中还详细地描述当时新加坡的风土人情。其中云："在三佛齐之西北也，山门相对，若龙牙状，中通过船。山涂田瘠，米谷甚厚，气候常热，四五月间淫雨。男女椎髻，穿短衫，围稍布。掳掠为豪，迂有番船则驾小船百只，迎敌数日，若得顺风，侥幸而脱，否则被其截，财被所劫。泛海之客，宜当谨防。"有诗云："山峻龙牙状，中通水激湍，居人为掳易，番船往来难；入夏常多雨，经秋且不寒，从容陪使节，到此得游观。"从多方面考证，龙牙门就是今日新加坡的"石叻门"，也就是岌巴港。据 17 世纪葡萄牙人伊利地亚所绘的地图，所称"老砍"即龙牙门，西口两山相对，一边是新加坡岛西南隅的花蕻山脊，一边是圣淘沙的尖端，水道很窄，船舶经过时，海盗很容易上船洗劫。[1] 郑和七次下西洋就是以马六甲作为中心站和贮存货物、粮食的仓库重地。随着交往的不断发展，中国的丝绸、布匹、陶瓷、金银、铜钱和铜器等远销新加坡、马来西亚广大地区，交换当地的香料、花锡、象牙、袜帽等名贵产品，促进了双方经济、文化的发展。[2]

14 世纪时，随着海岛贸易模式的变化，马来世界兴起了一批小港口，新加坡似乎就是其中之一。近来的考古说明，14 世纪时，新加坡是一个繁荣的市镇，住有殷实的精英阶层。新加坡作为这个区域中比较繁荣的港口之一，曾兴盛一时。14 世纪时的新加坡曾经是个繁荣的商埠，提供适合通商的条件。虽然不是马来世界政治权力的中心，却是政治上争取控制的要点。它跟巨港、马六甲、巴达维

① 郑文彬：《郑和下西洋到过新加坡》，《福建论坛》（文史哲版）1993 年第 3 期，第 53 页。
② 林远辉、张应龙：《新加坡马来西亚华侨史》，广东高等教育出版社，1991，第 11~12 页。

环苏门答腊岛的海洋贸易与华商网络

亚、马尼拉、曼谷和亚齐等区域中心，曾经一度属于海洋经济与区域商贸网络的一个环节，是印度与中国间，东西两个世界的商贸与文化交流史上的一个角色。① 但在 14 世纪末，突然有些神秘地被毁，其统治者侥幸逃离，并建立了更为昌盛和长久的马六甲。在新加坡被毁之后，这个岛上就再没发生过什么可书写的大事，直到 1819 年莱佛士一行人登陆。②

二 新加坡港口开埠与海洋经贸的发展

1. 新加坡港口开埠的因由

1786 年，莱特从吉打苏丹的手中取得了渺无人烟的槟城的控制权。当时英国东印度公司希望利用槟城作为据点，再把触角伸入东印度群岛，以便扩大他们的商业范围。可是槟城开埠后，发觉并不能达到他们的目标。而 1818 年荷兰将爪哇殖民地收回后，英国占领的明古连就陷于一个孤立的地位，莱佛士便立即前往印度，拜见 1813 年就任的新总督弗朗西斯·黑斯廷斯。见到黑斯廷斯，莱佛士首先提到明古连的处境，恳求总督同意在亚齐至马六甲海峡一线再开辟一个新基地的计划。这个计划也是为了保障英国的船舰可以随时安然地通过马六甲海峡，也可以建立一块新的又比槟榔屿优越的补给站，或者可以说是通向马来半岛的中介。③

莱佛士的舰队很快便到达西阿克，考察了新加坡周边的卡里蒙群岛，但是觉得不适合驻扎，便继续往前，到达新加坡。法夸尔在呈交给英国东印度公司的报告中这样描述："新加坡岛，由一条海峡将它同柔佛王国隔开，但是还是柔佛王国的组成部分，受它管辖，在新加坡最南端海角处，同时又有许多小岛屿环绕；新加坡的

---

① 〔新加坡〕柯木林主编《新加坡华人通史》，新加坡宗乡会馆联合总会，2015，第 38 页。

② 〔英〕康斯坦丝·玛丽·滕布尔：《新加坡史（1819～2005）》，欧阳敏译，中国出版集团东方出版中心，2013，导言第 6 页。

③ 卢虹：《试析英国在马来半岛的殖民扩张（1824－1874）》，硕士学位论文，苏州科技学院，2014，第 27 页。

位置刚刚好和廖内一样远离大陆，可以以新加坡为制高点观察廖内的行动；所有前往中国的贸易经过廖内海峡的同时，也相应地经过新加坡。新加坡是一处优良的港口，似乎在每一个方面都十分符合我们的期望。"① 于是莱佛士于 1819 年 2 月 6 日与柔佛苏丹胡先穆罕默德沙（Sultan Hussin Mohamad Shah）以及统治新加坡的拿督天猛公利摩诃拉惹押杜剌曼（Dato Temenggong Sri Maharajah Abdul Rahman）会谈并签订条约。根据条约，英国人占有新加坡，进而使新加坡成为世界上最重要的港口之一。②

　　莱佛士到达新加坡时，新加坡虽然是个平庸的渔村，但莱佛士看到了它的过去以及未来。伯士伯格教授这样说，能够看得出，莱佛士对自己的选择非常满意。他尤其喜欢福康宁山这个古木参天又带有历史感的区域。他为自己在山上建了一间木屋。1823 年，他写信给朋友说："从木屋望出去景色美极了。我的不远处就是马来国王的坟墓。我决定要是死了也一起埋在这里，而不是在明古连（苏门答腊岛上）。"③ 莱佛士对新加坡的发展充满信心，认定它必将成为东方的商业中心。新加坡对荷兰无一利，对英国则有百利，它将使英国主宰与中国、日本、暹罗以及柬埔寨的贸易。④ 如果没有新加坡，英国就无法保护对华贸易，保护船只通过马六甲海峡。万一战事发生，新加坡可确保英国的对华贸易高枕无忧。⑤ 而且，"拥有这片港口，政府便可以获得一处从日本到加尔各答的稳定服务站"。⑥

①　Charles Burton Buckley, *An Anecdotal History of old times in Singapore*（Singapore：Fraser and Neave Ltd.，1902），pp. 304 - 305.
②　〔马来西亚〕陈秋平：《移民与佛教：英殖民时代得槟城佛教》，南方学院出版社，2004，第 71 页。
③　丘濂、刘畅：《穿越马六甲海峡，有船只，还有历史》，《三联生活周刊》2015 年第 30 期，http://www.dooland.com/magazine/article_710508.html.
④　南洋商报编纂《新加坡一百五十年》，南洋商报出版，1969，第 27 页。
⑤　南洋商报编纂《新加坡一百五十年》，南洋商报出版，1969，第 26 页。
⑥　Fraser & Neave, *A Short History of the port of Singapore：With particular Referencce to the Undertakings of the Singapore Harbour Board*（Singapore：Harbour Board Raffles Liabrary，1922），p. 4.

环苏门答腊岛的海洋贸易与华商网络

虽然莱佛士长期受雇于英国东印度公司那种老式垄断公司，英国当时也还是一个实行贸易保护的国家，他却信仰亚当·斯密的原则，决定把新加坡发展成一座自由港。这意味着外国商船可以自由进出港口，全部免交关税。政策一出就吸引了大量的商人前来交易，尤其对南洋的华人具有吸引力。第一批来到这里的华人多在南洋已经经商很久，他们都体会过重税、朝令夕改的法令和各种隐形的歧视，而到达新加坡就感受到这是个贸易的天堂。1820年，新加坡人口有1.2万人，其中绝大部分是华人，从而奠定了新加坡之后的人口结构。莱佛士将附近一座小山的土填在新加坡河南岸的沼泽地中，在码头边规划了一片社区，主要是中国人的住家和店铺集中在这里。今天这片白墙红顶的二层建筑依然保留下来，改成了餐馆和酒吧，是高楼林立的中央商务区中一道独特的风景。①

在莱佛士的政策推动下，新加坡开埠后主要发展转口贸易，商品输入输出均不课税。华商迅速地被吸引到这儿，分散于各地的中国帆船逐渐云集于此进行贸易。新加坡的贸易地位迅速超过荷属巴达维亚，于1824年一跃成为当时东南亚地区最大的货物集散中心，逐渐发展为华商跨国网络的中心。此前，荷兰东印度当局一直利用各种手段，包括使用武力，试图将中国帆船贸易集中到巴达维亚，但未能如愿。而莱佛士利用自由贸易政策，利用东南亚的华商网络，和平、不动声色地将周边华人吸引到新加坡来。短短几年就实现了人口与贸易的增长。

1824年5月，关于马六甲归属的《伦敦条约》最终被签订。这份英国与荷兰的条约，也是荷兰对于之前向英国举债后无力偿还而寻求解决途径的一次外交活动。而英国不愿因债务问题和海外殖民地的问题让其与荷兰的关系陷入窘困。虽然莱佛士在苏门答腊的活动以及1819年新加坡的建立可能引起荷兰的不悦，但为解决这

---

① 丘濂、刘畅：《穿越马六甲海峡，有船只，还有历史》，《三联生活周刊》2015年第30期，http://www.dooland.com/magazine/article_710508.html。

些分歧,《伦敦条约》仍是签订了。《伦敦条约》的内容大致分为三个部分:"划定势力范围、贸易规定、偿还债务。"[1] 其中最重要的意义在于确立了马六甲的归属,同时,彻底地划分了 19 世纪以后英荷双方在东南亚的界限:一条是苏门答腊东面与西马来亚的分界线,另一条是柔佛王国本土、新加坡与廖内龙牙群岛的分界线。[2]

从条约的文本内容看,英国人完全达到了他们所想达到的目的:①关于势力范围的划分。英国人虽然失去了在苏门答腊岛扩张的机会,但其以明古连换马六甲,使新加坡、马六甲、槟榔屿连成一线,实现了对这一战略海峡的控制。从此,英国在印度洋的海权和对印度的统治稳如泰山,印度洋成为英国的"内湖";在东南亚、马六甲虽然失去了贸易上、战略上的重要地位,但其优越的地理位置使其仍可成为向半岛地区扩张的跳板,它仍是英国人在半岛及海峡地区的政治统治中心。更重要的是,获得了马六甲,占领了新加坡,标志着英国人获得了对马六甲海峡的完全控制权,并由此打开了往中国扩张的通道。所以,英国人对马六甲海峡的控制,在英帝国东方殖民的整体战略中具有关键性的作用。②关于自由贸易的协定。该条约虽然保留了荷兰人对群岛地区香料贸易的垄断权,但在此时,香料已在其他殖民地培植成功,荷兰人对群岛地区香料贸易的垄断已没有多大实际意义,实际取消了荷兰人的垄断制度。而整个东南亚市场向英国商人开放,适应了英国国内日益扩大市场的趋势和需要。同时,该条约也扫除了英国商人前往中国贸易和英国政府进一步开拓东方殖民地的障碍,最明显的例证便是英国人于 19 世纪中叶开始了对中国的殖民入侵。[3]

---

① Webster, Anthony, "Gentlemen Capitalists: British Imperialism in Southeast Asia," Tauris Academic Studies, New York, 1998, http://en.wikipedia.org/wiki/Treaty_of_London.

② 卢虹:《试析英国在马来半岛的殖民扩张 (1824 - 1874)》,硕士学位论文,苏州科技学院,2014,第 25 页。

③ 翁惠明:《早期殖民者对马六甲海峡的争夺 (1511~1824)》,《东岳论丛》2001 年第 5 期,第 91 页。

辟其地为自由贸易口岸的新加坡，在 1826 年英国人在马六甲海峡地区成立海峡殖民地时，还只是其中的一个重要组成部分。到 1836 年以后又成为英国海峡殖民地的行政首府。从此，新加坡迅速发展成为当时东、西方海上贸易的一大转运贸易中心。中国与新加坡的早期贸易往来就是其中的重要活动内容之一。

英国散商在通过新加坡向中国贩运英国棉织品的同时，也将中国的生丝及丝织品经由新加坡转运到英国去。1825 年英国丝类关税的降低，使得英国对于中国丝货的需求有了突然的增长。与此相应，新加坡作为广州和伦敦之间货物集散地的地位也日趋重要起来。在英国东印度公司独揽对华贸易的最后 10 年（1824～1834 年）里，新加坡的开埠，使得从事港脚贸易的英国散商们以此为据点来挑战东印度公司对华贸易的垄断权。首先，在当时英国的东方各殖民地中，新加坡是英国散商从中国运送钱款货物回英国最为便利的转运口岸。其次，对西方横帆船来说，新加坡在当时为他们提供了一个贩运肉桂、樟脑、夏布以及生丝等东方产品前往欧洲市场的重要中转口岸，在他们贩运的各种东方产品中，以生丝最为重要并最具价值。在通常的情况下，生丝从中国运抵新加坡，待其价格上升后，便出口到英国和欧洲大陆去。再次，新加坡还为英国的散商们提供了一个借以回避东印度公司垄断英中贸易特权的有效途径。[①]

1869 年，苏伊士运河开通，更是对马来亚带来了巨大的影响。马六甲海峡的重要性也重新加强，槟城和马六甲的商业由此改观，新加坡的地位被进一步提高。新加坡遂成为英国港口与采矿要地之间航路（从直布罗陀，经马耳他、苏伊士、亚丁、亭可马里一直到香港）上重要的节点。欧洲到中国的交通，从此由好望角—巽他海峡，彻底转为苏伊士运河—马六甲海峡。一个有意思的结果是，蒸汽轮船出现后，新加坡又成了一个麦加朝圣贸易的中心。19 世纪

---

① 聂德宁：《中国与新加坡的早期贸易往来》，《近代史研究》1997 年第 1 期，第 88 页。

末，每年有 7000 多名穆斯林要从新加坡出发前往麦加。他们在朝圣前需要花数月甚至数年在新加坡打工，有些人可能积蓄总是不够，于是一直留在了新加坡。①

2. 新加坡港口开埠后的海洋经贸发展

垄断政策是荷兰人赖以苟延残喘的护身符，自由贸易政策则成为英国人破坏荷兰人垄断政策的尚方宝剑。早在莱特开辟槟榔屿的时候，就曾一度实行过这一政策。但只有到莱佛士时，才以"近乎宗教的热情来确定这个政策"。自由贸易政策吸引了来自荷属群岛、中国、菲律宾、半岛地区以及阿拉伯、印度和西方的商人，使新加坡迅速繁荣起来，成为闻名遐迩的世界性贸易中心。它直接导致了荷兰人垄断政策的破产。米尔斯说："自由贸易政策是莱佛士开发新加坡计划的基石，也是他获得奇迹般成功的主要原因"，② 确非过誉之词。

到了 1819 年 6 月，由于中国人、布吉斯人、马六甲人和马来人的涌入，到 1821 年，这个多元化的城镇已经有了 5000 名居民，其中有近 3000 名马来人，1000 多名华人，500 ~ 600 名布吉斯人，另外还有印度人、阿拉伯人、亚美尼亚人、欧洲人、欧亚裔以及其他少数族群。③ "新加坡出乎意料地繁荣兴旺。土著船只所载运的进出口货物，在这一年内甚至已超过四百万元。"

（1）新加坡的商品转口贸易

新加坡开埠后不久便吸引了周围大量的华商和东南亚土著商人，尤其是布吉斯人，因而新加坡的贸易迅速发展。法夸尔也曾经写信给他说："请看我们现在的港口，除了船舶舟楫等以外，有二

---

① 丘濓、刘畅：《穿越马六甲海峡，有船只，还有历史》，《三联生活周刊》2015 年第 30 期，http://www.dooland.com/magazine/article_710508.html。

② L. A. Mills, *British Malaya 1824 - 1867*, Ⅰ（London：Oxford University Press, 1966），p. 193.

③ 〔英〕康斯坦丝·玛丽·滕布尔：《新加坡史（1819 ~ 2005）》，欧阳敏译，中国出版集团东方出版中心，2013，第 21 ~ 22 页。

十艘以上的大帆船，其中三艘来自中国，两艘来自印度支那。其余来自暹罗和其他地区，都停泊在此。"① 这个新生港口吸引了来自暹罗、柬埔寨和交趾支那的中国帆船，还有来自印度的欧洲商船。1821 年 2 月，还首次有中国帆船从厦门驶来，五个月后，第一艘欧洲对华贸易商船入港。当时新加坡的进出口额总计达 80 万元，其中 50 万元货额由亚洲船只带来，30 万元由欧洲船只带来。在英国政府仍然对新加坡港口的未来没有把握之时，私人商贩们已经表明了他们对这个新港口的信心。②

到 19 世纪 20 年代，新加坡的国际贸易地位发展得很快，并已超过巴达维亚，成为欧亚货物集散的最大中心。③ 19 世纪 60 年代之后，新一轮的殖民地化浪潮使整个东南亚更深地卷入到世界市场体系中。欧美国家由于受新工业革命浪潮的推动，增加了对东南亚原料的需求，这促进了东南亚地区的经济开发，东南亚作为欧美国家原料产地和工业品销售市场与西方的贸易空前发展。新加坡此时作为大英帝国殖民地中转港口从中受益最大，其贸易量急剧增长。到 1824 年，新加坡就超过荷兰经营多年的巴达维亚，一跃成为东南亚地区最大的货物集散中心。到 1826 年时，新加坡已经取代巴达维亚，成为暹罗与马来半岛进行贸易的转运港。④

大多数移民都是冲着新加坡是个贸易中心才来到这里的，当时英国和印度的贸易几乎完全由欧洲人垄断。但新加坡迅速成为由亚裔主导的，与印尼、暹罗、中国和马来西亚贸易的一处重要的交易中心。这里的港口总是壮观地停泊着好多样式独特的亚洲船只，动

---

① 〔英〕理查德·温斯泰德：《马来亚史》（上册），姚梓良译，商务印书馆，1974，第 393 页。

② 〔英〕康斯坦丝·玛丽·滕布尔：《新加坡史（1819~2005）》，欧阳敏译，中国出版集团东方出版中心，2013，第 21 页。

③ 〔新加坡〕柯木林主编《新加坡华人通史》，新加坡宗乡会馆联合总会，2015，第 65 页。

④ 〔英〕康斯坦丝·玛丽·滕布尔：《新加坡史（1819~2005）》，欧阳敏译，中国出版集团东方出版中心，2013，第 56 页。

辄好几百艘，包括马来船、中国帆船，以及布吉和阿拉伯船只。①
事实上，在 1825 年，当马六甲的贸易还只刚刚超过 30 万磅，槟榔
屿刚刚超过 100 万镑时，新加坡的贸易估计已为 2610440 磅了。在
这个位于对华主要通道而且与马来群岛交通方便的港口中，自由贸
易的果实是那么丰硕，使这一港口注定要列入世界十大港口之中。②
到 1835 年，新加坡的对外贸易总额已达 1344236 元（西班牙银
元）。③ 1855 年《鲍林条约》签署后，新加坡迅速成为曼谷进行贸
易的重要集散地。直到 1857 年时，贸易额已经快比 15 年前翻了
一番。④

在 20 世纪前半叶，新加坡的贸易增长主要依靠马来亚地区的
三大主要产品的出口，这三大产品在新加坡的出口中居于核心地
位。三大主要产品分别是：马来半岛的锡、马来亚和荷属印度的橡
胶以及荷属印度的石油。进入 20 世纪后，锡、香料等热带作物产
品和大米都陷入停滞甚至萎缩状态，但这时的汽车工业发展带动了
对橡胶和石油的消费，使得新加坡获得了新的发展机会。新兴的汽
车行业对橡胶轮胎的需求使橡胶种植兴盛起来。橡胶业的转口贸易
也成为新加坡开展海洋贸易的主要商品之一。在 1905 ~ 1914 年的
九年时间里，马来亚出口的橡胶从 104 吨飙升到 19.6 万吨，比全
球总供应量的一半还多，其中大多数都是从新加坡运出去的。1911
年时，新加坡商会成立了一个橡胶协会来管理新加坡的橡胶销售，
从而使新加坡成为国际上一个重要的橡胶市场。⑤

① 〔英〕康斯坦丝·玛丽·滕布尔：《新加坡史（1819～2005）》，欧阳敏译，中国出版
　集团东方出版中心，2013，第 55 页。
② 〔英〕理查德·温斯泰德：《马来亚史》（上册），姚梓良译，商务印书馆，1974，第
　394 页．
③ Wang Lin Ken, "The Trade of Singapore 1819 – 1869," *Journal of Malayan Branch of the
　Royal Asiatic Society*, Vol. XXXIII, Part14, 1960.
④ 〔英〕康斯坦丝·玛丽·滕布尔：《新加坡史（1819～2005）》，欧阳敏译，中国出版
　集团东方出版中心，2013，第 63 页。
⑤ 〔英〕康斯坦丝·玛丽·滕布尔：《新加坡史（1819～2005）》，欧阳敏译，中国出版
　集团东方出版中心，2013，第 125 页。

石油在 20 世纪初也成了新加坡贸易中重要的一部分。19 世纪末，塞姆公司在毛广岛的近海区建立了一个油库，因为法律禁止商人在市镇中大量储藏石油。几年后马来半岛上的荷兰与英国石油公司合并组成了亚细亚石油公司（即后来的壳牌石油公司），到 1902 年，毛广岛成为远东石油供应的中心。[1] 石油贸易的增长速度是非常快的，1921 年石油出口还只是停留在 10000 吨，十五年后便达到了 415000 吨，到 1938 年又增加到 743000 吨。在两次世界大战之间，新加坡港西部入口处小岛一跃而成"世界石油产业的主要中心"，并改变了该港的出口量。[2]

经过新加坡的生丝输出量也明显增长。1826～1831 年，英国船只由广州输出的生丝数量从 2700 多担增长至 6500 多担，这其中有相当部分是通过英国散商之手输出的。到 1831 年，每季度有 4 艘英国散商的船只往来于广州与伦敦之间，他们的货物大都是经过新加坡转运的。除丝货之外，茶叶在当时一直是英国人从中国输出的最大宗货物。但在英国东印度公司垄断对华贸易时期，茶叶贸易始终为公司所独揽，英国的散商一时无法染指。大约 1831 年起，在广州的英国散商才开始用不属于英国的船只向欧洲各地，诸如汉堡、波尔多、里斯本等地运送中国茶叶。当然，英国散商首次将中国茶叶输往英国是在 1834 年 5 月经由新加坡转运的。此时英国东印度公司对华贸易的特许权已于当年 4 月宣告结束。因此，在接下来的 1835 年，经由新加坡出口到英国的中国茶叶价值迅速从 1834 年的 5026 元增长到 112209 元。[3] 新加坡一直是中国外销瓷的转口中心，19 世纪以来，临海的美芝路（Beach Road）即俗称为碗店前

---

① 〔英〕康斯坦丝·玛丽·滕布尔：《新加坡史（1819～2005）》，欧阳敏译，中国出版集团东方出版中心，2013，第 125 页。

② 〔英〕W. G. 赫夫：《新加坡的经济增长：20 世纪里的贸易与发展》，牛磊、李洁译，中国经济出版社，2001，第 71 页。

③ 黄麟根：《新加坡的贸易，1819～1869 年》，《皇家亚洲学会马来分会会刊》第 33 卷第 4 部分，1960，第 117～118 页。

或碗店口，街上数十家瓷器商，形成陶瓷买卖一条街。另外纽马吉路（New Market Road）、沙球劳路上段（Upper Circular Road，俗称潮州马车街）、桥南路（俗称漆木街）等处，亦聚集许多瓷器商店号，陶瓷转口贸易盛极一时。[①]

在新加坡集中出口甘蜜、橡胶及石油产品的同时，当然这些产品主要是用于向工业化国家出口，通过这些产品的出口同时又带来了港口城市的发展，进而带动了新加坡港口和交通运输业方面的发展。第一次世界大战以后，每年有六百万吨的船舶进入新加坡港。1917年，新加坡港全年进出口总额有数可查的计达11900万英镑。到20世纪50年代，新加坡的转口贸易规模更为可观，1955年进出口总额已经超过50亿叻币。[②]

（2）新加坡的种植业

1819年，英国人莱佛士"登陆"新加坡时，甘蜜已被引进新加坡种植。在此之前，廖内一直是苏门答腊南部与布吉斯人开展贸易的中心，也是华人生产甘蜜的重要中心地区，但此后，这些发展势头良好的贸易大部分转去了新加坡。而且有资料显示，种植者主要是潮州人。这里有大约二十家甘蜜种植园，有些是华人开办的，有些则是马来人的。莱佛士登陆后，欧洲因拿破仑战争结束，工业革命的快速发展，对甘蜜、胡椒的需求量增加，大大刺激了潮籍华侨来新加坡和柔佛从事甘蜜、胡椒种植。

1832年以前，甘蜜主要出口到暹罗、中国和日本。1834年，英国将甘蜜的进口税取消之后，大量的甘蜜就输往了英国，1836年输往英国的甘蜜达到9921担，比上一年增加了30%。很快英国就成为马来亚甘蜜的最大进口国。[③] 在19世纪30年代，英国的染料

① 〔新加坡〕柯木林主编《新加坡华人通史》，新加坡宗乡会馆联合总会，2015，第67页。
② 武桂馥：《转口贸易在新加坡近代经济发展中的复兴与作用》，《东南亚》1984年第3期，第36页。
③ 潘醒农：《回顾新加坡柔佛潮人甘蜜史》，载《汕头侨史论丛》第一辑，汕头华侨历史学会，第162页。

环苏门答腊岛的海洋贸易与华商网络

和鞣制工业跃升为消费新加坡甘蜜的最大市场。旺盛的需求催生了新的种植园,华人开始往北和往西,推进到新加坡的内陆地区开办庄园。[①]众所周知,英国当时走在世界工业革命的前沿,正是对工业原料需求旺盛的时期,率先引起技术革新的纺织部门相关行业更是如此。强烈的市场需求进一步刺激了甘蜜的种植。1836年,新加坡甘蜜与胡椒的种植面积达到 350 英亩。1848 年,仅甘蜜的种植面积就急速扩展到 24220 英亩。[②]在 1848 年时,新加坡的甘蜜种植达到高潮。甘蜜店有整百家,甘蜜和胡椒种植占当时新加坡岛耕地总面积的 76%,而且从事者都是潮籍人士,占 90% 以上,所开拓的杨厝港、蔡厝港,至今仍是新加坡的地方。[③]此时,岛上共有 600 家正常运营的甘蜜和胡椒混合种植园,雇用了约 6000名华人劳工。[④]

(3)新加坡的运输业

新加坡是个港口城市,又是一个自由港,注重发展海洋贸易。因而,海洋交通运输业有着现实基础。首个由此建立的合资公司是海峡轮船公司。它于 1890 年在新加坡注册成立,创始人是曼斯菲尔德公司的总监和三位华商:陈若锦、陈拱沙以及李清渊。三位华商都出身于马六甲峇峇人家族,这些家族早就从事航运,并与欧洲公司有长期的联系。海峡轮船公司主导了马来亚沿海的贸易,从 19世纪 90 年代开始,欧洲公司开始深入马来诸邦,并牢牢掌控了当地的经济。[⑤]

---

① J. C. Jackson, *Planters and Speculators*: *Chinese and European Agricultural Enterprise in Malaya, 1786 – 1921* (Kuala Lumpur, 1968), pp. 7 – 30.

② 潘醒农:《回顾新加坡柔佛潮人甘蜜史》,载《汕头侨史论丛》第一辑,汕头华侨历史学会,第 165 页。

③ 黄成仁:《新加坡的甘蜜和胡椒种植业》,《新社季刊》1970 年第 1 期,第 32 页。

④ C. M. Turnbull, "The Johore Gambier and Pepper Trade in the Midnineteeth Century," *Journal of South Seas Society 15* (1959), pp. 257 – 258.

⑤ 〔英〕康斯坦丝·玛丽·滕布尔:《新加坡史(1819~2005)》,欧阳敏译,中国出版集团东方出版中心,2013,第 129 页。

（4）新加坡的加工工业

随着内部开始变得和平有序，以及新兴的美洲罐头制造业对锡的巨大需求，新加坡的锡矿加工产业发展迅速。冶炼业则成为新加坡的第一种现代工业。1890 年，由当地欧洲资本支持兴建的海峡贸易公司在布拉尼岛建立了一个炼锡厂。矿砂来自马来联邦，后来也有来自荷属东印度群岛的邦加岛和勿里洞岛的，到了 20 世纪早期，则来自暹罗、澳大利亚阿拉斯加和南非。[1] 而且，除华人资本外，大量的欧洲资本涌向锡矿开采和炼锡工业。1912 年第一台锡采掘船投入运作，到 20 世纪 30 年代，西方人已经主宰了锡矿业。西方人的优势在于资本雄厚和股份集资的公司。通过开发大型机械，他们在锡矿业中获胜，而通过招募来自印度南部的廉价劳动力，他们在橡胶业中也赢得了胜利。[2] 1873～1913 年，新加坡的贸易额扩展到原来的八倍，而且售卖的商品也发生了变化，从 19 世纪早期一些具有异国情调的东西改为转运大量原材料（如橡胶、锡、干椰子肉和糖），以及进行初级加工，如炼锡、橡胶处理和制作凤梨罐头等。[3]

总而言之，工业革命后逐渐强大起来的英国殖民势力，认识到新加坡的地理价值后，迅速将其纳入英国在亚洲殖民贸易战略的一环，并大力提倡自由贸易，迎合了世界海洋经济的发展浪潮，使新加坡一跃而起，成为亚洲最为辉煌耀眼的海洋商贸中心。东西方的人、财、物、信息汇集于此，创造了亚洲海洋贸易的新时代。

① K. G. Tregonning, *Straits Tin: A Brief Account of the First Seventy-five Yeas of the Strait Trading Company Ltd.*, *1887 – 1962* (Singapore, 1962).

② 〔英〕康斯坦丝·玛丽·滕布尔：《新加坡史（1819～2005）》，欧阳敏译，中国出版集团东方出版中心，2013，第 129 页。

③ 〔英〕康斯坦丝·玛丽·滕布尔：《新加坡史（1819～2005）》，欧阳敏译，中国出版集团东方出版中心，2013，第 124 页。

第三节　新加坡与中国的海洋贸易

根据莱佛士所拟定的计划，新加坡要开辟成为一个自由港，必须全力拓展与中国的直接贸易。换言之，唯有依赖于同中国的直接贸易，新加坡这个自由港才有可能吸引众多的中国商船和中国商人前来贸易，从而在短时间内把新加坡建设发展成为连接欧洲、东南亚及中国的一大中转口岸。为此，在新加坡开埠之初，英国人不得不倚重当时航行于东南亚各地的中国商船和中国商人。

一　互通有无的帆船贸易

从 18 世纪初至 19 世纪的 40～50 年代，在一个多世纪的时间里，是中国帆船进一步发展的时期。1819 年，莱佛士占领新加坡，他从西班牙人、荷兰人对马尼拉和巴达维亚统治失败中吸取经验教训，力图将新加坡建成一个根据自由贸易原则运营、最低限度行政干预的港口，发展同东方，尤其同中国的贸易。因此，英国人不得不借助当时往来于东南亚各地的中国帆船。莱佛士计划利用中国帆船的力量开辟新加坡与安南、中国以及日本的贸易，发展新加坡的对外贸易。他认为，这段漫长的航程只有中国帆船才能为新加坡服务。[①] 而利用中国帆船的活动力量来发展新加坡对外贸易，是莱佛

---

① C. E. Wurtzburg, *Raffles of the Eastern Isles* (London: Hodder & Stoughton, 1954), p. 589.

士当时发展新加坡计划的重中之重。

新加坡开埠之前,马尼拉与巴达维亚是中国帆船贸易的中心。根据哥罗福(J. Crawfurd)的调查报告:19 世纪初,中国帆船在马来群岛的活动十分活跃,每年在东印度群岛出现的中国帆船约有 23 艘,共约 14000 吨位;在马来半岛东西海岸进行贸易的,至少三艘,计 3000 多吨位。[①] 开埠后不久,莱佛士宣布新加坡为自由港,除了征收低微的入港税外,入口货物免税。1820 年 5 月,对帆船征收 10 元。[②] 莱佛士的这个政策可以说是划时代的。因为在东南亚,荷兰、西班牙等大部分殖民主义者皆实行保护主义,对外来商船征收重税。同时期,菲律宾土人误信谣言,排斥华船,文莱对华船多有刁难,不甚友好,而莱佛士却以开明政策鼓励华船。因此,中国帆船逐渐集聚到新加坡来。

19 世纪 20 年代早期,来自中国本土的帆船到新加坡的并不很多,新加坡的贸易只占中国帆船贸易中很少的份额。据记载,当时在 222 艘中国帆船中,平均每艘 200 吨,主要来自沿海省份:浙江、海南、福建、广东等。其中只有 8 艘到达新加坡,其余到日本、菲律宾等地。造成这种状况的原因是多方面的,主要原因是当地苏丹对帆船征收重税,甚至敲诈。[③] 这种情况因莱佛士干预和苏丹的失势而迅速消除,到新加坡的中国帆船逐渐增多。1824 年,《英荷条约》的签订更是使得新加坡走向繁荣的轨道。莱佛士一方面大肆推行其市区发展计划,一方面鼓励马六甲的华人前来经商。莱佛士这个做法,完全基于积极与中国帆船商队建立良好商贸关系的考量。因为西方的商人需要借助马六甲的华商,搭起一座与中国

① J. Crawfurd, *History of Indian Archipelago*, Vol. 3 (Edinburgh: Archibald Constable and Co., 1820), pp. 184 – 186.

② 林孝胜:《开埠初期的新华社会》,载《新加坡华商与华社》,新加坡亚洲学会,1995,第 8 页。

③ 姚贤镐:《中国近代对外贸易史资料(1840—1895)》第一册,中华书局,1962,第 63 页。

帆船商队的沟通桥梁。而侨居马六甲已经三代的马六甲华商（主要为漳泉籍华商）因通晓华巫双语，正好是扮演这个中介的最佳选择。

对于早期侨居在新加坡的中国移民来说，中国帆船贸易是新加坡商业生活中的一件大事。新加坡华人每年都焦急地渴望着中国帆船的来临。每年东北季风盛行之时，便是中国帆船成群结队出现于新加坡海岸之时，也是新加坡港口最繁荣和热闹的时节。中国帆船通常在元月至三月由厦门、汕头、广州等地抵达新加坡。Earl 对这种情况做了详尽、细致的描述：第一艘帆船的来临，通常在圣诞节稍前一点的时候，此时人们在焦急地期待着，马来舟子朝东方等待它的出现，华族社区里弥漫着一片喧嚣杂沓的气氛；有些人把这些重要消息告诉给朋友们，报讯的人冒冒失失地迎面而来；许多人赶着看帆船，以探听中国家乡方面的消息，凡是能在水面浮起的东西从小舢板到货船，都被征用。当帆船还在离岸好几里的海面时，第一艘船就直驶到它那边去，帆船的甲板上挤满了新客，大多数来访的人，都不得不留在自己的船上，他们向帆船上的人们大声发问，希望得到尽可能多的消息……其他的帆船陆续而来，人们虽然没有像对第一艘表现得那么高度的激动和兴奋，但是每一艘船都有同样的场面。他们抵埠一两日后，都不做生意，因为舟子们忙着在船上架起棚顶以护盖正要陈列在甲板上出售的货物。当这些安排妥当后，市集就开始了。这些帆船从早上到天黑都被岸上华商驾来的小舟团团绕着。当西南季风向西北吹起之时，中国帆船便准备回国。①

来自中国东南沿海各港口的帆船扬帆南下驶往新加坡，给当地的中国居民带来了日常生活所需的各种中国货物，诸如丝绸、茶叶、砖瓦、石条、石板、纸伞、蜜饯、咸菜、中草药材、衣服、鞋

---

① G. W. Earl, *The Eastern Seas: Or Vogages and Adventures in the Indian Archipelago*, in *1832 - 33 - 34*, pp. 23 - 24，参见李业霖《中国帆船与早期的新加坡》，载〔新加坡〕柯木林、吴振强编《新加坡华族史论集》，新加坡出版社，1977。

帽、烟草等，这些货物通常价值不菲。当西南季风来临的时候，中国帆船便准备起航回中国去。对于当地的中国移民来说，这些中国帆船的回航如同其驶抵新加坡一样也是一项重要的事情，他们大都会借此机会将货物或钱款托返航的中国帆船带回去出售或赡养家属，也有不少华人乘这些返航中国的帆船回国去探亲访友或祭拜其祖先的坟墓。所以，中国帆船频繁的贸易往来，很大程度上是为了适应广大华人在物质上和精神上的需求。①

　　作为一个新开辟的贸易口岸，新加坡以其优越的地理位置及自由的贸易政策吸引了越来越多的中国帆船前来贸易。这些前来新加坡贸易的中国帆船不仅装载了中国的货物，而且也装载了诸如暹罗、越南以及日本等其他国家和地区的货物。据载，1824 年 2 艘来自中国的帆船，总吨位为 852 吨，装载了价值约 135000 元（西班牙银元）的货物驶抵新加坡。1825 年，又有 2 艘来自中国的帆船，总吨位为 851 吨，船上除装载了价值约为 120000 元的货物之外，还运载了 1295 名中国乘客前来新加坡。每当东北季风时节，南来的中国帆船便云集于新加坡，载来诸如生丝、茶叶以及陶瓷器等中国货物；到了西南季风时节，中国帆船便扬帆北上，运载从新加坡购置的锡矿、香料、香木、燕窝、海产等海峡土产方物，以及印度和孟加拉的棉花、鸦片，英国的军火、纺织品等西洋货物回中国去。②

　　在中国帆船运往新加坡的货物中，有大量的各种日常生活用品。1829 年 8 艘来自中国的帆船驶抵新加坡，其中 3 艘来自厦门，其余皆来自广州，这些船只的载重量 250～400 吨不等。来自厦门的货物主要是陶瓷器、砖瓦、花岗岩石板、纸伞、粉条、干果、线香、纸钱、烟草，以及土布、生丝之类，价值为 3 万～6 万元。来

环苏门答腊岛的海洋贸易与华商网络

---

① 聂德宁：《中国与新加坡的早期贸易往来》，《近代史研究》1997 年第 1 期，第 94 页。

② 参见 H. H. Lindsay, *Report of Proceedings on A Voyage to the Northern Ports of China* (London, 1833), pp. 13 – 15.

自广州的货物，除上述各项之外，还有羽缎、缎子、樟脑、糖果及茶，土布有蓝、绿、黄三色，生丝所占的比例亦较大。广州来的货物价值与厦门的货物大约相等。两处帆船的货物基本相似，主要是适应华侨、马来人和布吉斯人的需求。"年复一年均相似，很少变动。"1830～1831年度，来自中国的帆船较前一年度几乎增加了1倍，达18艘之多。其中，来自广东口岸的帆船计11艘，载重量为100～400吨，它们的特征是船头部分用红色油漆，称为"红头船"。来自厦门的帆船2艘，一艘载重300吨，另一艘250吨，它们叫作"青头船"。来自广东蕉岭者2艘，每艘载重200吨，亦为"红头船"。来自上海及浙江宁波附近者2艘，一艘载重500吨，另一艘175吨，船头油漆绿色，为"青头船"。来自饶平者1艘，载重200吨，亦为"红头船"。这18艘中国帆船的总吨位是3713吨，所装载的货物价值共计218927元。[①] 到1835年，新加坡的对外贸易总额已达1344236元，其中，中国帆船与新加坡的贩运贸易额为635415元，几乎占当年新加坡对外贸易总额的一半。[②] 且在每年由中国帆船输往新加坡的大量货物中，还包括14万枚西班牙银元，这是新加坡开埠初期使用了几十年的主要流通货币之一。[③] 新加坡从中国输入的产品都是华商传统的贸易商品。东南亚的此类贸易一直都由华商控制，欧洲商人若需要，必须向华商购买。大部分的生丝、土布和樟脑被欧洲人购买，然后转运至欧洲或世界其他地方。其余的商品全是华人和一些土著喜爱的消费品，具有广阔的市场。

19世纪中叶以前，中国还是世界茶叶市场的重要供应者。中国帆船很早就把茶叶运到马来群岛，供给当地的华人居民和一些土

① John Phipps, *Practical Treaties on the China and Eastern Trade* (Calcutta, 1836), pp. 281 - 282.
② Wan Lin - Ken, "The Trade of Singapore, 1819—1869", *Journal of Malayan Branch of the Royal Asiatic Society*, Vol. Ⅲ, Part. 4, 1960, p. 106. 黄麟根：《新加坡的贸易，1819～1869年》，《皇家亚洲学会马来分会会刊》第33卷第4部分，1960，第106页。
③ 约翰·F. 卡迪：《东南亚的历史发展》，姚楠、马宁译，上海人民出版社，1988，第551页。

著。欧洲早期的茶叶主要是从马来群岛购买。欧洲人利用横帆船，除了从广州运走大量的茶叶外，还从东南亚的中国商船那里获得大量茶叶。以新加坡开埠当年为例，英国从广州采购的茶叶，总值达750多万元（西班牙银元）。[1] 因中国帆船运载茶叶到新加坡很有市场，自开埠以来，欧洲商人鼓励中国帆船多运茶叶前来贸易，1833年时，中国帆船入口的茶叶总值为5026元，次年增至12万元。[2] 1840年1月30日，《新加坡自由西报》报道，中国帆船已经运来一万箱茶叶，而且价钱比往年便宜。1842年经销的茶叶价值最高，共约47万元。[3]

　　1840年的鸦片战争以及随后的五口通商，极大地限制了中国帆船海外贸易活动的发展。与此相应的，中国帆船与新加坡的贩运贸易活动亦深受其影响。以中国帆船输往新加坡的大宗货物茶叶为例，1843~1844年度，输往新加坡的茶叶数量为12万箱，到1844~1845年度骤然减少为6000箱，不及上一年度的1/20。[4] 五口通商以后，闽南茶叶直接由厦门出口，浙江茶叶从宁波出口，逐渐削弱广州在海外贸易的地位。西方列强的船只可以直接从中国的各条约通商口岸运载其所需要的中国茶叶，尤其是英国人，他们不再像以往那样需要通过新加坡向英国转运中国茶叶。因此，1845年后新加坡对英国的茶叶贸易不可避免地受到极大的冲击而陷于衰落，到1847~1848年度，新加坡对英国的茶叶出口已完全停滞。尽管如此，中国帆船对新加坡的贩运贸易活动依然不遗余力。[5]

　　第一次世界大战期间，列强输入南洋地区的工业品减少，中国

环苏门答腊岛的海洋贸易与华商网络

---

① 〔美〕马士：《东印度公司对华贸易编年史》卷3，欧宗华译，中山大学出版社，1991，第364页。

② Wong Lin Ken, "The Trade of Singapore with China, 1819 – 1869," *Journal of Malayan Branch of the Royal Asiatic Society* 33（1960）：119.

③ Wong Lin Ken, "The Trade of Singapore with China, 1819 – 1869," *Journal of Malayan Branch of the Royal Asiatic Society* 33（1960）：119.

④ 田汝康：《中国帆船与对外关系论集》，浙江人民出版社，1987，第26页。

⑤ 聂德宁：《中国与新加坡的早期贸易往来》，《近代史研究》1997年第1期，第85页。

工业品乘机打开销路，再加上华侨商人的积极活动，"南洋华侨需用祖国物品甚广，消费品在十万两以上者共有七八十种"，[①]因而内地许多商品都输往东南亚诸国，当然包括新加坡。民国初期，中国输往新加坡的出口货物主要有：烟类、丝绸类、纸张、茶、棉制品、动植物产品、豆类以及瓷器等。食品杂货类始终是中国出口到新加坡的主要货物，当然这些食品杂货主要是提供给新加坡当地的华人消费使用的。特别是在 20 世纪初，新加坡的华人达到了其总人口的 70% 以上。这些华人受生活习俗的影响，往往使用从中国运去的食品、货物等。运往新加坡的食品大体上包括：干鲜水果、蔬菜、茶、家禽、豆类酒、糖类、花生油以及一部分动植物产品等，其他的杂货包括：瓷器品、纸伞、纸张、爆竹焰火、渔网、竹及竹器、麻及麻绳、书籍以及中药等。这些产品随着新加坡华人人口的不断增加其出口数量基本上都呈增长的趋势，其中很多商品都是由中国商人经营出口至新加坡以满足当地华侨的生活起居所需。[②]

在中国帆船输往新加坡的货物迅速增长的同时，新加坡输往中国的货物也有大幅度的增加。新加坡属于热带岛国，盛产多种热带特产，主要有槟榔、树脂、树胶、胡椒以及藤材等，中国自新加坡进口的热带产品主要来自海峡产品，包括胡椒、香料、甘蜜、锡、樟脑、咖啡、乌木、龟甲、燕窝、沙藤、金箔、珍珠、檀香木、鱼翅、石花菜、树胶之类。鸦片也是中国帆船从新加坡输入的大宗商品。[③] 1839～1840 年度，新加坡对中国的出口货物价值为 1499139元；1840～1841 年度为 2892872 元。其中棉花增加了 2 万包，纺织

① 樊卫国：《近代外贸类型分析及其对中国工业化的影响（1900～1937）》，载张东刚《世界经济体制下的民国时期经济》，中国财政经济出版社，2005，第 29 页。
② 周勤淑：《民国时期的中新贸易（1912～1941 年）》，硕士学位论文，广西师范大学，2004，第 19 页。
③ Wong Lin Ken，"The Trade of Singapore with China, 1819 - 1869，" *Journal of Malayan Branch of the Royal Asiatic Society* 33（1960）：108.

品增加了 5 万件，本年度往来的帆船数目为 148 艘，总吨位 14446 吨。① 总体来说，此时新加坡对中国贸易处于入超的情势。到 19 世纪初，英国成功地将鸦片运销中国，扭转了中英乃至整个世界贸易的收支平衡。新加坡自开埠以来，一直是英国向中国贩卖印度鸦片的一大中转口岸。莱佛士公开要求中国帆船把鸦片运到中国去。1838 年，新加坡的英国官员直言不讳地说，每年借助中国帆船将大批鸦片从新加坡运销中国，并说机敏的船商将鸦片藏在帆船的甲板或其他地方以逃脱中国关税官吏的检查。② 另外，有一些军火从新加坡运到中国。"贩运军火虽系违禁，然自洪杨发难以还，此项贸易，曾盛极一时，本期（1843～1855 年）某年新加坡华人商店售出枪支，计达三千枝之谱，至于沪、港两埠，凡售船用器具之行号，均有大小枪支出卖。"③

　　中国在民国初期自新加坡进口产品中占绝对大比例的是煤油产品，主要来自于荷属印度，除此之外还有荷属印度的橡胶。当然新加坡本身也有很多出口土特产品、热带产品，胡椒是新加坡的主要出口商品之一，也是中国另一种自新加坡进口的主要货物。它在进口货物中所占的比例几乎是排在前几位的，并且进口货物的比重也是呈现增长的趋势。由 1912 年的 2.36% 即第六位，上升到了 1916 年的 10.55% 即第二位，并且这种情况还持续到了 1920 年（除了 1919 年是排在第七位外）。在随后的年份里面，胡椒的比重有所下降，但下降不多，仍然是主要进口货物之一。作为新加坡热带特产的各种藤材，也是中国自新加坡进口的主要货物之一。④ 鱼干海产

环苏门答腊岛的海洋贸易与华商网络

---

① R. M. Martin, *China: Political, Commercial and Social* (London, James Madden, 1847), p. 139.
② 李业霖：《中国帆船与早期的新加坡》，载〔新加坡〕柯木林、吴振强编《新加坡华族史论集》，新加坡出版社，1970，第 7 页。
③ 姚贤镐：《中国近代对外贸易史资料（1840—1895）》第一册，中华书局，1962，第 444 页。
④ 周勤淑：《民国时期的中新贸易（1912～1941 年）》，硕士学位论文，广西师范大学，2004，第 17 页。

308

品、糖、各种石蜡、米及谷类产品、藤条、树胶等都是中国自新加坡进口的主要商品。从这些新加坡出口到中国的商品来看，中国在新加坡的贸易中也是占据了一定的地位。①

帆船贸易是鸦片战争前中国与新加坡及东南亚贸易网络的主要形式。贸易网络的形成促进了中新贸易的繁荣，这从中国帆船运输的兴盛便可看出。以1835年为例，新加坡对华贸易总额是1344236元，由中国帆船运载的货物总值为636415元，几乎占了货物总值的一半。② 1841年中国帆船运输的数量和吨位达到高峰。1850年厦门与海峡殖民地之间的大部分商业航运由悬挂西班牙旗帜的中国船只来完成。③ 步入19世纪60年代，驶往新加坡的中国帆船数量逐年减少，1862～1863年度为134艘，到1865～1866年度锐减为30艘左右。值得注意的是，到19世纪60年代，不少往来于中国与新加坡等地的中国帆船开始悬挂英国的旗帜，以便继续从事其贩运贸易活动。④ 1867年，在进入厦门口岸的67艘英国帆船当中，"有17艘为中国人所有，船主大多是本地人并居住在厦门。他们的船只在槟榔屿或新加坡注册，雇用印度水手，极少由英国人掌管。根据新的章程，中国人被允许拥有国外建造的船只"。⑤

在新加坡开埠的最初50年（1819～1869年），中国与新加坡的贸易往来基本上是由两大部分组成的：其一是由中国帆船从事的中国与新加坡之间的贩运贸易；其二是由西方横帆船从事的中国与新加坡之间的贩运贸易。⑥ 早期的贸易网络主要收购海峡产品，以满

---

① 周勤淑：《民国时期的中新贸易（1912～1941年）》，硕士学位论文，广西师范大学，2004，第12页。

② Wong Lin Ken, "The Trade of Singapore with China, 1819–1869," *Journal of Malayan Branch of the Royal Asiatic Society* 33（1960）：106.

③ Wong Lin Ken, "The Trade of Singapore with China, 1819–1869," *Journal of Malayan Branch of the Royal Asiatic Society* 33（1960）：124.

④ 聂德宁：《中国与新加坡的早期贸易往来》，《近代史研究》1997年第1期，第85页。

⑤ 《厦门海关1867年度贸易报告》，转引自厦门市志编纂委员会《近代厦门社会经济概况》，厦门鹭江出版社，1990，第15～16页。

⑥ 聂德宁：《中国与新加坡的早期贸易往来》，《近代史研究》1997年第1期，第81页。

足中国和欧洲的需求；同时从中国进口日用品及其他华人和土著喜欢的亚洲地区的产品；从欧洲主要进口棉织品、金属制品，然后由分销网络销售到马来群岛内地。[①] 因此，华商被迅速地吸引到新加坡，分散于各地的中国帆船也逐渐云集到新加坡进行贸易。早期新加坡的经济史实际上可以说是一部贸易史。而新加坡与中国的帆船贸易则是 19 世纪 20 年代后新加坡海洋贸易的重要组成部分。因此，中国帆船贸易是新加坡商业生活中的一件大事。即使是在东印度公司享有对华贸易垄断权之时，中国与新加坡之间的转口贸易也十分兴盛。

二　华工贸易——特殊时期的另类海洋贸易

华工贸易是中国与新加坡帆船贸易的一种特殊形式，它既独立于帆船贸易，也是帆船贸易的组成部分，从海洋的视角来看，这也是中国与新加坡海洋贸易的题中之意。

华工贸易萌芽于 17 世纪的荷属巴达维亚，初期的华工主要通过中国商人招募，自愿前来的居多，多由中国商船运往南洋。明清之际，闽、粤沿海劳动人民在同族、同乡的招引下，常自愿结伙随泉、漳商船到南洋各地谋生。他们自发地订立公凭（即约据），规定在一定时期内，以部分劳动所得，扣还"客头"垫付的船资。后来的契约华工制，即由此演变而来。到 1800 年，槟榔屿就出现了转卖契约华工的公开行情。立约劳动一年的华工，每名售价为银币30 元。[②] 逐渐地，南洋各殖民地对华工的需求不断增加，这形成一种诱骗或拐贩华工谋利的贸易体系。

在英国夺取新加坡后，面临着一个极为突出的问题，就是人口稀少，严重缺乏劳动力。英国殖民主义者解决这个难题的办法之一，就是大量地从印度和中国输入被他们认为是最理想、最廉价的

---

① 焦建华：《19 世纪 20 年代至 20 世纪前 10 年的新中经贸关系》，硕士学位论文，厦门大学，2002，第 10 页。

② 彭家礼：《19 世纪开发西方殖民地的华工》，《世界历史》1980 年第 1 期，第 5 页。

劳工。当时南洋各地以及广州、澳门等处人口贩子把拐骗来的华工称为猪仔。猪仔贩运具体始于何时何地，现尚未见到确证。但 19 世纪 20 年代新加坡开埠后，契约华工制却由此发展到苦力贸易（即"猪仔"贸易）阶段。当时称鸦片走私为"贩茶"，称苦力贸易为"贩猪仔"或"猪仔买卖"。① 在英国殖民者的操纵和支持下，当地华侨社会少数有权势的黑社会人物被利用出面经营。1823 年，莱佛士就任新加坡总督时曾制定关于猪仔买卖的法令，限定垫付猪仔旅费不得超过 20 元，偿还欠款期限，不得超过 2 年。可见这时海峡殖民地（包括马六甲、槟榔屿和新加坡）的猪仔贩运已经开始盛行，不久新加坡便发展为转贩华工的最大中心。②

1821 年有 1 艘中国厦门的帆船来到新加坡，船上装载了近百名中国人。1825 年有 2 艘船，运载了 1295 人到新加坡。1829～1830 年又有 9 艘船运载 1870 人到新加坡。③ 1829 年 10 月 23 日的《新加坡报》记载："本季帆船运来的二千名中国人，很少留在本岛，几天后，在来阿、马六甲、槟榔屿等地从事贸易的舯舨等船，即拥挤地载往邻近各埠，去胡椒、咖啡及槟榔垦殖园和锡矿中工作。很多人到爪哇的甘蔗和咖啡垦殖园去，又有许多人往婆罗洲及其他地方去淘取沙金。如果没有这些勤劳移民的企业精神，新加坡的贸易，恐将微不足道。"又据 1830 年 3 月 25 日《新加坡报》记载："此次来自上海、潮州及广州的五只帆船，共载移民三百名，来自厦门的四只移民船不下一千五百七十名。这些移民很少留于此间，大部分已去爪哇、槟榔屿、来阿、巴塘等地，期望在那里找到咖啡、甘蔗、槟榔垦殖园和锡矿、金矿方面的工作。"④ 19 世纪 30 年代上半

---

① 吴凤斌：《契约华工史》，江西人民出版社，1988，第 31～32 页。
② 彭家礼：《19 世纪开发西方殖民地的华工》，《世界历史》1980 年第 1 期，第 5 页。
③ 傅衣凌：《厦门海沧石塘〈谢氏家乘〉有关华侨史料》，《华侨问题资料》1981 年第 1 期，第 63～74 页。
④ 姚贤镐：《中国近代对外贸易史资料（1840～1895）》第一册，中华书局，1962，第 67 页。

期，每年"十二月和一月份输送到新加坡的华工，从未少于六千到八千的数目"。①

英国掳掠中国劳工开发槟榔屿和新加坡的尝试，为其大规模贩卖华工进行殖民地开发取得了经验。被招进槟榔屿、新加坡以及马六甲等地的华工，为英国创造了惊人的利润。每一名华工在一年内便可生产超过拐运费用以及投资费用3倍以上价格的农产品。1860年7月11日英国外交大臣在其给驻外大使的信件中宣称："关于中国苦力的劳动效率是无须多说的，那已经为一切有过使用他们经验的人们所公认。"因此，必须大力"推动中国移民出洋"，以满足"从中国获得劳动力的需求"。获得华工已经成为英国开发海峡殖民地的保证。随着半岛内部锡矿的大规模开采，半岛内部和加里曼丹北部各种甘蜜、胡椒、甘蔗、木薯、烟草等的广泛种植，对华工等需求越来越大。因此，到19世纪中期，英国更借发动鸦片战争之机，打破了中国的"海禁"，打开了封锁人民出国的大门，使其掠夺中国劳工合法化，从而掀起了人类历史上继奴隶贸易之后又一场贩卖"猪仔"华工的贸易大潮。

运载到新加坡的华工，除部分转运到东南亚的其他地区外，大多数都留在新加坡从事城建、筑港、铺路、修船等各项基础性的建设。据英国《华工文件》记载，1845~1852年的前8个月，从厦门被非法运出的华工共有6255人。以后，由于外国人口贩子掠卖华工的卑劣行径遭到厦门人民的坚决抵制和反抗，1853年起，拐运华工的中心便逐渐移往汕头等地。随着1860年"北京条约"签订后，汕头很快发展成为外国人口贩子来华拐贩华工的另一个中心。到1876年时，这里的猪仔馆已发展到二三十家，据薛福成《出使四国日记》（1890年）记载："华工出口，每岁十余万人，由汕头来

---

① 姚贤镐：《中国近代对外贸易史资料（1840~1895）》第一册，中华书局，1962，第463~464页。

者十居七八。"① 按年均入境人数计，1877 年以前：1801～1860 年年均入境人数为 23000 人；1861～1870 年年均入境人数为 50000 人；1871～1876 年年均入境人数为 60000 人；② 从 1877 年起，海峡殖民政府劳工委员会每年的年度报告都附有华民保护司提供的华民入境人数统计表。据计算，1877～1898 年累计入境人数为 2822790 人。可以说，这个时期是南洋"猪仔"贩卖高潮，就是说去南洋的"猪仔"比前一阶段（1801～1876 年）有了很大的增长。

　　新加坡因其优越的地理位置和大量华人聚居区，在华工贸易网络中也起了关键作用。华工首先运往新加坡或槟榔屿，然后分别运到其他各埠，如印尼 1885 年前的绝大部分契约华工由上述两地供应。不但前往东南亚各地的华工由此转运，而且往澳洲、非洲、美洲的华工也以此为中转站，澳大利亚 1837 年计划从新加坡输入契约华工。③ 据曾任美国驻厦门领事布拉德雷（Bradley）的报告，1847～1853 年三月从厦门运往南北美洲、澳洲和檀香山的护工共有 12151 人。④ 由此，凸现新加坡在近代华人移民网络中的重要性，成为华人移民必不可缺的一道中转站。

　　贩卖华工的利润非常高，成为中外商人发财致富的捷径。各船主为此大量超载、滥载，造成海上华工大量死亡的悲剧。一个熟练的工匠，不论是铁匠、裁缝还是木匠，均可以卖到 10～16 元，一个苦力可以卖 6～10 元，一个贫弱有病的人可以卖 3～4 元。据估计，1876 年苦力经纪人把一个苦力从中国招到新加坡的全部费用，包括在中国的食宿和招雇费用、船票钱在内，总计 12～13 元。苦力经纪人在新加坡出售这个苦力的价格常达 20～24 元，如果当时行情看涨，

---

① 温广益、蔡仁龙等编著《印度尼西亚华侨史》，海洋出版社，1985，第 208 页。
② 转引自彭家礼《十九世纪七十年代后中国劳力资源外流和"猪仔"贩卖的高潮》，《中国经济史研究》1987 年第 4 期，第 141～142 页。
③ 姚贤镐：《中国近代对外贸易史资料（1840—1895）》第一册，中华书局，1962，第 463～464 页。
④ 温广益、蔡仁龙等编著《印度尼西亚华侨史》，海洋出版社，1985，第 208 页。

最高可以卖到 30 ~ 40 元，一般在 20 元左右。经纪人替劳工开销的实际费用不过 13 元，除去这个开销，剩下的全是经纪人的净利。[1]

　　海峡殖民地的"猪仔"贩卖，开始是由雇主出资租船，委派"客头"随船前往"客头"家乡，以到南洋做工发财、垫付船资伙食等诱骗乡民出洋承工，运到槟城或新加坡交给雇主，收取佣金。由于华工供不应求，"客头"或船户从事拐贩者渐多。不久槟城和新加坡便出现专门经营"猪仔"贩卖的组织——（"猪仔"）客馆，受当地华人社会会党（大伯公）头目的控制，如槟城的陈德和、新加坡的梁阿宝，还有吉隆坡的叶德来和文岛的林阿八，都是把持"猪仔"贩卖的恶霸。名为客馆，实际是关押和刑逼"猪仔"的牢房。所有运到海峡殖民地的"猪仔"都要送到客馆出售。海峡会党势力浩大，得到殖民当局的包庇纵容。[2]

　　中国开来的船一到岸，雇主的代理人就蜂拥上船，和新加坡的苦力经纪人磋商，讨论购买苦力的价格和具体人数。苦力价格多少随需要的缓急而不同，从事苦力业务的经纪人主要为了利润，对苦力毫不关心。苦力一到雇主手里，雇主不管他花钱多少，拼命榨取苦力价值。有的移民运到新加坡后马上关进猪仔馆，即苦力收容所。为防止华工逃跑，所有的窗口都钉有铁棒木条，并雇有会党的打手在门外把守。"这种房舍，即使猪也不适于关在里头。"馆主派人四处联系，主要是种植园、锡矿以及其他急需劳动力的地方，替这些"猪仔""找工作"。由于劳动力供不应求，因此有时种植园和锡矿派人来领"猪仔"。新客若没有人买，就被扣在船上或关在仓库里，直到有人把他买走。[3] 此外，有些人却是通过诱拐的方式

① 〔英〕布赛尔：《东南亚的中国人》，徐平、王陆译，《南洋问题资料译丛》1958 年第 2 ~ 3 期，第 41 页。

② 彭家礼：《十九世纪七十年代后中国劳力资源外流和"猪仔"贩卖的高潮》，《中国经济史研究》1987 年第 4 期，第 133 页。

③ 焦建华：《19 世纪 20 年代至 20 世纪前 10 年的新中经贸关系》，硕士学位论文，厦门大学，2002，第 24 页。

环苏门答腊岛的海洋贸易与华商网络

被骗到马来半岛的，他们的生活比起契约劳工更加的不如。

以海峡殖民地为中心的"猪仔"贩卖制度，在 19 世纪 70 年代以后，发生了根本性的变化。第一，由于半岛西部各邦扩大开发，对华工的需求猛增。因国际市场锡价猛涨刺激锡矿的扩展，甘蔗、咖啡等英资大型种植园也大量开辟，特别是槟城英资大型甘蔗园对华工的需求最为迫切，造成华工供应严重不足。海峡劳动市场出现激烈的争夺。第二，英国殖民当局为了控制局势，原来包庇利用、依赖华人会党的政策，一变而为镇压和消除会党势力的政策。第三，把原由华人会党头目把持的私营"猪仔"馆改为由殖民政府直接控制的"猪仔"收容站，把海峡殖民地的"猪仔"贩卖完全置于保护司的监督管制之下。第四，变口头契约为书面契约，并制定条例保证白人雇主的利益，加重对华工的虐待与迫害。而此时期清政府在洋务派主持下改变了多年一贯禁止外国在中国拐贩人口的政策，对南洋"猪仔"贩卖高潮，也起了推波助澜、助纣为虐的作用。①

中国的经纪人招募了劳工，他们或亲自送来新加坡，或通过客栈送来。只要在中国把招募的劳工送到客栈，也即意味着劳工已经进入了移民网络。不用多久，新加坡便可以接到劳工，然后再转销马来亚及印尼各地。中国沿海的劳工客栈与新加坡的客栈经常联系，新加坡又和马来亚内地种植园、锡矿厂相联系。新加坡和槟榔屿华人经纪人经常和汕头、厦门的客栈合作，有时也与香港和澳门的客栈合作。这些地方定期得到客栈老板与新加坡、槟榔屿经纪人的建议和关于海峡殖民地劳工市场的信息。这些人除了提供新马各地各项开发事业对劳动力的需要外，有相当大的部分，通过这里转往其他各殖民地从事开发苦役，主要有苏东日里烟园、邦加和勿里洞锡矿、西加里曼丹、北加里曼丹的沙捞越、文莱、沙巴、廖内、

---

① 彭家礼：《十九世纪七十年代后中国劳力资源外流和"猪仔"贩卖的高潮》，《中国经济史研究》1987 年第 4 期，第 135 页。

和纳闽岛。另外到泰国、缅甸等地谋生的华工，有从陆路去的，有从海路到新加坡转口去的，也有从中国口岸直接坐船去的。去泰国的华工较多，同苏门答腊岛一样，绝大多数是直接或间接从汕头去的。[①]

到民国时期华工贸易已经开始走下坡路了。欧美由于经济危机排斥华工。一战之后，新加坡经济衰退，出现了劳动力过剩、华工失业的局面，殖民政府为避免社会动乱减少了华工贸易，甚至分批遣送华工回国。但是随着橡胶种植业的发展，又有更多的人被招引到新加坡来，1880 年为 5 万人，1900 年增加到 20 万人，1907 年为22.7 万人，1911 年为 27 万人，1927 年增加到 36 万人，为历史最高水平。到 1937 年，只橡胶种植业就雇用了 65 万人，大概占英属马来亚总劳动人口的三分之一。[②] 海峡殖民地入境华民人数的最高峰在 1927 年，入境人数高达 359260 人（笔者按：这仅仅是新加坡入境人数，加上直接去马来半岛的人数，这一年一共去了 435708 人）。[③]

华工贸易作为一种特殊形式的海洋贸易，是华工制度发展到一定阶段的产物，也是海洋性殖民国家视殖民地人民为一种商品而利用的直接体现。它产生于新加坡开埠之后，到 20 世纪走向衰落。由于中国低廉的劳动力能带来极大的利润，且贩运成本很低，"猪仔"贩运要么以拐骗或绑架的方式进行招募，要么在一定契约形式蒙蔽下像商品一样的出卖。拐卖猪仔也可获取极大的利润，因此苦力贩卖在东南亚一带猖獗。据不完全统计，1881～1930 年华人到达海峡殖民地共达 830 万人次，其中 70% 是猪仔。50 年之中到达海峡殖民地的"猪仔"约 600 万人，平均每年达 10 万多人。[④] 新加坡

---

① 彭家礼：《十九世纪七十年代后中国劳力资源外流和"猪仔"贩卖的高潮》，《中国经济史研究》1987 年第 4 期，第 143 页。

② 林远辉、张应龙：《新加坡马来西亚华侨史》，广东高等教育出版社，1991，第 350 页。

③ 福建师范大学历史系华侨史资料选辑组：《晚清海外笔记选》，海洋出版社，1983，第 43 页。

④ 陈翰笙主编《华工出国史料汇编·序言》，中华书局，1985。

作为转运贩卖华工的中心，完全取代了槟榔屿早期的地位。这些华工充当了开发新加坡和马来亚的先锋、奠基人和主力，为开发新加坡等付出了艰辛的劳动并做出了巨大的牺牲，无论是在城市、港口、公路、铁路和其他公共建筑的建设中，还是在矿山、工厂和各种种植园，处处都洒下了华工的血，留下了他们永载史册的丰功伟绩。通过贩卖华工，许多新加坡华商积累了大量原始资本，这也是最初的华人资本来源。

三 侨批、侨汇——金融类的海洋贸易

侨批、侨汇构成的民间金融贸易，亦是新加坡与中国海洋贸易的重要构成。新加坡华侨众多，又为东南亚与中国的中转站，因而汇款多，民信业十分发达，形成了遍布南洋、香港、中国侨乡的侨汇网络。

侨汇业是伴随着中国与新加坡的频繁贸易往来而产生发展起来的。在新加坡开埠初期，日益增多的华人移民，大多数来自中国东南沿海（主要是闽粤两省），他们当中很多人是因家乡生活困难而出洋谋生。新加坡开埠初期的农业、建筑，以及港口码头设施建设等开发性的工作，也大多是由华人移民承担。他们勤奋工作，节衣缩食，稍有积蓄便汇款回家抚养家小。汇钱者虽然有富有者，但也有很多是在矿山、胶园等从事下层工作的普通劳动者。因而，早期新加坡的侨汇是通过南来北往的中国帆船捎带回国以为安家之用。汇款的方式可用现款也可用货物，委托那些在船上专门为人带款回乡的水客（或称南洋客）带回国内。水客须将银信交给国内的收款人，换回凭据才算完成任务。通常水客收取 10% 的佣金，若汇款人以汇款投资货物则可免抽佣金。当时这种水客在新加坡有 1000 多人，他们每年年底随海船南来，于次年 5 月方才北归。在此期间，他们大多以寄宿的旅馆、客店作为其收集侨汇的据点。久而久之，一些专营收寄汇款的店铺便发展成为专门从事侨汇递送

业务的民信局。①

如祖籍澄海东湖的黄继英，清嘉庆二十年（1815 年）赴新加坡谋生后，创办了致成染坊，自派水客为乡亲们服务，并在家乡建起行馆，接待往来的水客。后来，由于托寄侨批回家的乡亲越来越多，黄继英从古代的邮驿得到启发，便于清道光十五年（1835 年）正式挂出"致成信局"招牌，专营侨批业务，成为目前已知最早创办的潮帮侨批局。② 到 1840 年前后，侨汇业在新加坡就成为一种固定的行业。新加坡最早的一间专门从事侨汇、侨批的民信局是在源顺街（即直落亚逸街）一带，但因人事变迁，时代久远，确切的地址已不可考。自 1821 年起，厦门至新加坡开始有直达帆船。1845年，新港之间已有定期的邮船，每月来往一次。海上交通的发展大大有助于民信局的经营。侨汇递送业务因此得以迅速发展，到 1873年，侨汇、侨批的传递，已为少数华商所垄断。寄回国内的侨汇额也有了大幅度的增长，这在一定程度上改善了东南沿海地区侨乡居民的生活条件。③ 据新加坡华人富商佘有进估计，1846 ~ 1847 年海峡殖民地华人每年汇回中国的钱款达 3 万 ~ 7 万海峡元。④

在新加坡华人小邮局设立之前，因没有政府的管制及邮局与银行的竞争，侨批局处于自由发展状态，不需邮局、海关检验，有利于侨批局的业务经营。侨批局一般在南洋群岛各首埠设总局，各埠设分支局；国内在厦门、汕头设总局，各侨区设分支局。⑤ 1887 年，新加坡已有 49 家民信局，其中潮帮占 34 家，闽帮占 12 家，客家帮占 2家，广府帮占 1 家。据统计，1886 年寄出的侨批为 18 万封，1889 年

① 聂德宁：《中国与新加坡的早期贸易往来》，《近代史研究》1997 年第 1 期，第 95 页。
② 王炜中：《试论侨批的跨国属性——以潮汕侨批为例》，《广东档案》2012 年第 1 期，第 33 页。
③ 聂德宁：《中国与新加坡的早期贸易往来》，《近代史研究》1997 年第 1 期，第 95 页。
④ Yen Ching‑hwang, *The Overseas Chinese and the 1911 Revolution, With Special Reference to Singapore and Malaya* (Oxford University Press, 1976).
⑤ 李小燕：《新加坡民信业的兴衰》，《五邑大学学报》（社会科学版）2009 年第 1 期，第 42 页。

为 28 万封，汇款数额大约每年为 100 万元。至 1891 年，除原有正式开铺的民信局外，还有无固定地址的水客 16 人，往返于各地，作流动式收取侨汇银信。[1] 据 1890 年薛福成的估计，新加坡"设立领事已十三年，……而商佣十四五万人，其前后携寄回华者，当亦不下一二千万两"。[2] 到 1891 年，新加坡一埠的华侨民信局平均每年的汇款额达 100 万元（海峡元）。[3] 到 20 世纪初期，华侨民信局在新加坡发展到近 200 家，平均每年的汇款额为 2000 万元。[4]

20 世纪初期的侨批局利用海外交通等有利条件，形成了以大的通商口岸为核心，向海外侨居地和国内祖籍地辐射的双放射形结构。于是，侨批局便形成了头、二、三盘局紧密联系的"三盘经营制"结构。所谓"三盘制"是指派送侨批时国内与国外侨批局三种不同的关系：头盘局基本为国外局的分支机构，若接受国外侨批局总分号的委托则称为头盘兼二盘；二盘局指接受国外侨批局委托，办理转驳内地汇款的侨批局；三盘局则专办头二盘委托解付侨批业务，又可分为纯三盘和头二盘兼营三盘两种。[5] 为了保证劳工所寄赡养家庭汇款之安全，华民政务司要求各帮的头人、富人必须出面负责侨批局。于是，福建帮的林秉祥设立了和丰信局，潮帮的李伟南设立了再和成信局，专营侨汇业务。[6] 当时以中国为据点在南洋广泛设立分店的只有天一、悦仁与再和成三家侨批局，以东南亚为据点的侨批局 90% 以上是代理合作关系，只有不到 10% 才在中国东南沿海设立分局。侨批局经营的一个突出特点是通过"联

---

① 寒潭：《华侨民信局小史》，《南洋中华汇业总会年刊》，1947，第 60 页。
② 薛福成：《薛福成日记》，蔡少卿整理，吉林文史出版社，2004，第 595 页。
③ 〔新加坡〕柯木林：《新加坡侨汇与民信局研究》，载吴振强、〔新加坡〕柯木林主编《新加坡华族史论集》，新加坡南洋大学毕业生协会，1972，第 180 页。
④ George L. Hicks, *Overseas Chinese Remittances from Southeast Asia 1910 – 1940*（Singapore：Pet. Ltd.，1993），p. 78.
⑤ 杜桂芳：《义务与权利——以强烈的心理需求为特征的家族观念》，《华侨华人历史研究》1995 年第 4 期，第 11 ~ 14 页。
⑥ 转引自李小燕《新加坡民信业的兴衰》，《五邑大学学报》（社会科学版）2009 年第 1 期，第 43 页。

号"，形成层层委托代理。它们之间的利益分配形式比较复杂，从以东南亚为据点的侨批局为例，可以分为三类：①共同营业，每年结算一次，利益均分；②中国代理店承担所有经营费用，收取1%～1.7%的佣金；③中国代理店一切经营费用实报实销，收取0.2%～0.4%的佣金。上述三类中，以第二类和第三类代理局最为普遍。①

就营业范围而言，侨批局的营运兼具邮政和金融两方面的性质，其日常业务活动的正常开展，依赖于一个相对稳定的有信誉的商业网络的存在。在侨批机构"声请书"或"一览表"中，我们可以见到"总号"与"分号"之间的关系，反映的也是这种网络关系的一个侧面。以1933年潮阳人陈少怀在汕头市创办的"长发号"批局为例，其"分号"包括了潮阳县的陈四合（1923年开设）、陈裕发（1933年开设）、刘喜合（1912年开设）和陈益隆（1916年开设），揭阳县光德成（1913年开设）和洪万隆（1926年开设），以及槟榔屿的旭和号（1934年开设）和荣泰昌（1926年开设），新加坡的恒发号（1934年开设），安南西贡的庆发号（1934年开设），暹罗曼谷的顺发号（1934年开设）等。可以看出，"长发号"在国内的营业地域主要限于潮阳和其邻县揭阳。而且，其11个"分号"中，除洪万隆、光德成和刘喜合外，其余的营业人都是姓陈的潮阳人，而海外的5个"分号"中有4个是汕头"长发号"创办的次年建立的。② 在文献中，我们可以见到带有跨国性质的侨批汇兑机构系列，以潮阳县东湖乡朱裕锦为例，他"伙创源利隆号于新嘉坡，源荣隆号于暹罗，源裕隆号于香港，源泰隆号于汕头，经营出入口汇兑生意"。③

侨批网络主要承担华侨汇款与民信的传递，沟通包括中国福建

① 陈训先：《论侨批的起源》，《华侨华人历史研究》1987年第3期，第21~23页。
② 转引自陈春声《近代华侨汇款与侨批业的经营——以潮汕地区的研究为中心》，《中国社会经济史研究》2004年第4期，第60页。
③ 潘醒农：《马来亚潮侨通鉴》，新加坡南岛出版社，1950，第216页。

环苏门答腊岛的海洋贸易与华商网络

和东南亚的菲律宾、印尼、新加坡和马来西亚等国家的城市、乡村之间的联系，充当了沟通国内外信息、互递亲友馈赠的使者，传递着国内外信息和钱物。侨批网络因而成为近代亚洲著名的跨国海洋贸易网络。新加坡是南洋各地的中枢地，苏门答腊岛、加里曼丹和爪哇岛等也以它为中心，侨批局数量极多。到20世纪初，约200多家中，潮汕帮较大的有15家，较小的40余家；福建帮较大的约36家，较小的50余家；广东帮较大的有17家，其他惠州、高州和雷州等约50余家；槟城较大批信局有6家，其他有7~80家，数目仅次于新加坡。① 新加坡信局收寄或中转周边地区的侨批。如北加里曼丹（现为马来西亚之沙巴州）和沙捞越、荷属东印度各岛或各埠（即独立后的印度尼西亚）马来亚的柔佛邦等各地如没有设侨批局的，都要到新加坡寄批或由新加坡侨批局派人到周边各地收批，周边地区如果有设立代理局或分局也是以新加坡为中心据点。新加坡侨批局中转代理或委托局的侨批，距离新加坡较远的华侨聚集地有设立侨批局的，与新加坡侨批局建立代理或委托关系，除了方便邮政传递信件外，调拨侨汇头寸也是需要通过贸易来完成的，这正是新加坡的贸易中心发挥的作用。如1880年开设于新加坡的天一信局，就是以新加坡为枢纽和中心，其民信支局广布于东南亚的马来西亚吉隆坡，印尼雅加达、泗水，缅甸，安南（越南），金塔（柬埔寨金边）以及中国的厦门、漳州、泉州。②

　　新加坡是东南亚华人汇款的中心，除吸引马来亚内地的汇款外，还吸收来自印尼、泰国等东南亚国家汇款。它也为华商的投资提供了重要的作用，带动了新加坡相关金融行业的发展，为其经济繁荣创造了条件。同时，侨批局还经常为"华南—东南亚市场圈"提供资金，对亚洲其他地方贷款和投资，促进了亚洲贸易圈的投资

---

① 杨建成主编《侨汇流通之研究》，台北中华学术研究院南洋研究所，1984，第96~100页。

② 李良溪：《泉州侨批业史料》，厦门大学出版社，1994，第102页。

活动，^① 构成了东南亚华人资本、投资网络的雏形。

新加坡的侨汇网络正是依托其信用卓著的侨批局，然后委托该局派得力的人士返回劳工的家乡，交付汇款和传递消息，再从收款人得到回复，另外还为海外华人带回家乡的消息。由于汇款网络规范、稳定的运作模式，侨批局在金融周转及信用方面都比寻常水客或客头强。因此，侨批业日益取代水客或客头，占据主导地位；经营侨批局的人为拉生意，还会利用他们丰富的知识和经验与汇款人洽谈，帮助汇款人解决精神和物质上的各项难题。寄款人与侨批局不仅通过侨批往来，而且建立了密切的合作或私人关系。由于各方面因素，侨批局迅猛发展，20 世纪 30 年代及二战结束后步入黄金时期。^② 1930～1934年，由于受到当时世界经济危机的影响，马来亚的经济正处于萧条时期，新马侨汇亦呈逐年递减之势：1930 年为 5000 万元，1931 年为 4500 万元，1932 年为 3700 万元，1933 年为 3600 万元，1934 年为 2500 万元。^③ 到了 1935 年以后，随着马来亚经济的逐渐复苏，华侨的侨汇业也有所回升。据保守估计，到 20 世纪 30 年代末，新马地区的侨汇额平均每年达 6750 万海峡元，折合国币约 1 亿元左右，这一数额几乎占当时中国国际收支中收入总额的 10%。^④

至 1939 年，闽帮侨批局增加到 42 家，在各帮中位居第一，而同年琼帮侨批局为 37 家，潮帮 18 家，广帮 5 家，客帮 4 家。^⑤ 1942年 2 月 15 日，新加坡被日军占领后，侨汇事业便完全停滞。日本投降以后，闽侨汇兑公会、潮侨汇兑公会及琼侨汇兑公会于 1945年 9 月 3 日分别登记各帮侨批局，计有：闽帮 32 家，琼帮 24 家，

---

① 〔日〕滨下武志：《香港大视野：亚洲网络中心》，马宋芝译，香港：商务印书馆，1997，第 66～69 页。

② 焦建华：《19 世纪 20 年代至 20 世纪前 10 年的新中经贸关系》，硕士学位论文，厦门大学，2002，第 33 页。

③ 单岩基：《南洋贸易论》，上海《申报》馆，1943，第 270 页。

④ 许云樵、许直编《新嘉坡工商业全貌》，新加坡华侨出版社，1948，第 39 页。

⑤ 转引自李小燕《新加坡民信业的兴衰》，《五邑大学学报》（社会科学版）2009 年第 1 期，第 43 页。

潮 11 家，共 77 家。各侨批局经过三四年的"冬眠"，适逢"风和日丽"，于是纷纷准备复业。首先是领取新的执照，因为战前各信局所领取的营业执照都已过期。当时，侨批局的负责人林树彦先生已是业界知名人士，他挺身而出，请求政府发给业者新执照。同时，侨胞们也急于汇款回国救济家眷，两相配合，使新侨批业又盛极一时。而 1945 年 11 月到 1948 年，是新侨批业畸形发展的时期，也可说是汇兑业的又一个黄金时代。当时全新侨批局总数增达 200 余家，是经济不景气中之独秀者。[①] 1949 年，中华人民共和国成立后，新加坡的侨批业逐渐走向衰落。

饶宗颐教授曾说过："透过侨批可以看出哪个时候潮人（华人）在那些国家及其活动，还可以从潮人（华人）活动看那个国家的经济和政治。"由此透射出侨批与华商流动性、国际化的紧密关系。新加坡作为 19～20 世纪初中国帆船贸易的主要目的地，华侨出国必经之地，扮演着人、财、物汇聚流转的枢纽。因而，它发展成为侨批、侨汇业构成的跨国金融贸易中心实属必然。侨汇、侨批构建的金融类海洋贸易，就像一条汇聚于海洋的民间信息流、金融流、货物流、劳工流、亲情流、友情流，是中国与新加坡海洋贸易的独特组成部分。他们所蕴含的形式与内涵，既是经济的，也是文化的，更是中国海上丝绸之路的独特见证。

---

① 李小燕：《新加坡民信业的兴衰》，《五邑大学学报》（社会科学版）2009 年第 1 期，第 44 页。

第四节　新加坡的华人社会与华商的
海洋贸易网络

一　新加坡开埠后华人人口变化与海洋经贸的发展

(一) 新加坡华人人口变化

根据 1819 年登陆新加坡的莱佛士记录，在 1820 年，除了他领导的军政人员之外，岛上的人口总数是 4727，其中华人有 1159 人。当时岛上的华人事务是交由一位潮州籍的华人甲必丹陈浩盛负责。由这一点看来，可见在新加坡初开辟时，华人在新加坡有了不少的数量。其实莱佛士上岸之前，新加坡早已有华人居住。莱佛士登陆时，发现新加坡岛上早已有 20 处巫人和华人耕作的甘蜜园丘，分布在新加坡岛屿的北部、西北和西部。另外，根据一名荷兰学者的研究，早在 1784 年之前，新加坡邻近的廖内岛，已出现华人甲必丹制度，岛上分别有福建村和潮州村。当时，廖内和新加坡都同属柔佛王朝政权统治之下，与莱佛士签约的天猛公和苏丹，亦是莱佛士从廖内找来拥立的。因此，两地人民来往、出现村落人烟，并不稀奇。①

英国人占领新加坡后，大力吸引华人移民。到新加坡的第一批华人主要来自马六甲和廖内岛。伴随着中国帆船与新加坡贸易往来的

---

① 王琛发：《潮人开拓马来亚事迹（二）——星加坡的潮人》，孝恩杂志网，http://www. xiao － en. org/cultural/magazine. asp？cat ＝ 34＆loc ＝ zh － cn＆id ＝ 647。

兴盛，不断有大量的华人移居新加坡，给新加坡早期的社会经济发展带来了最具活力的人力资源。到 19 世纪 30 年代，新加坡的华人人口以每年 5000~8000 人的速度递增。据不完全统计，仅在东南沿海地区，中国帆船每季度都要运载 800~2000 名华工前往新加坡。[①] 1821 年新加坡的总人口为 4727 人，其中华人人口为 1150 人。两年后（1823 年），华人人口增至 3317 人。到 1826 年英国人成立海峡殖民地时，华侨人口已在万人以上。[②] 1839 年更增至 13749 人，已经超过岛上其他任何民族。1840 年华人人口为 17704 人，占新加坡人口的一半。1860 年后，华人人口占新加坡总人口的 60% 以上，[③] 到 1867 年，新加坡的华人人口已达 55000 人，占当时新加坡总人口的 65%，[④] 比新加坡开埠之初多了几万倍，增长速度之迅猛令人吃惊。大多数华人移民中，有近 5 万人是 1880 年来到新加坡的，20 万人于 1900 年到达，25 万人于 1912 年到达。还有许多人途经此地去往马来诸邦或荷属东印度群岛，但新加坡的华人数量仍然从 1871 年的 5.5 万人上升到 1881 年的 8.7 万人，在接下来的 20 年中几乎翻了一倍，达到 16.4 万人。[⑤] 海峡殖民地华侨人口迅速增加的情况如表 4-1 所示：

表 4-1　海峡殖民地人口变化

单位：人

年份	槟榔屿		马六甲		新加坡	
	总人口	华侨	总人口	华侨	总人口	华侨
1812	26107	7558	9635	2161	4727	1159

① 聂德宁：《中国与新加坡的早期贸易往来》，《近代史研究》1997 年第 1 期，第 94 页。
② 郁树锟主编《南洋年鉴》第十篇"华侨"，吉隆坡南洋报社有限公司，1951，第 55~58 页。
③ 王拱辰：《中国移民论》，出版社不祥，1937，第 53~54 页。
④ C. W. Turnbull, *A History of Singapore*, *1819 - 1975*（Oxford：Oxford Universing Press, 1977），p. 36.
⑤ 〔英〕康斯坦丝·玛丽·滕布尔：《新加坡史（1819~2005）》，欧阳敏译，中国出版集团东方出版中心，2013，第 133 页。

年份	槟榔屿		马六甲		新加坡	
	总人口	华侨	总人口	华侨	总人口	华侨
1833	86275	11010	33162	5006	29984	13749
1861	107914	24188	62514	10608	52891	27988
1881	188245	67354	93579	19408	139208	86766
1901	244094	97471	95487	19701	228804	164681

资料来源：林金枝主编《华侨华人与中国革命和建设》，福建人民出版社，1993，第8页。

贸易与移民有着相互促进的作用。在中国与新加坡早期的贸易往来中，大量的移民前往新加坡。在 1844 年，英国帆船也从厦门驶抵新加坡，并运载了 100 名中国乘客，这是日益增多的中国移民开始搭乘西方帆船驶抵新加坡的标志。1844～1845 年度，搭乘西方帆船驶抵新加坡的中国移民为 1168 人，约占当年度中国移民总数 10680 的 11%；到 1853～1854 年度，搭乘西方帆船抵达新加坡的中国移民为 3411 人，约占当年度中国移民总数 13096 人的 26%。[1] 而英国人对中国的移民和劳工不仅不加以限制，反而大加鼓励，这种状况一直持续到 20 世纪 20 年代末，从而使新加坡、马来亚地区迅速成为海外华侨最为重要的聚居地之一。

20 世纪初，新的华人移民大量来到新加坡。移民的数量每年都不太一样。而数量的多少又取决于马来亚当时的繁荣程度和中国当年收成如何。1907 年，22.7 万华人移民到新加坡，1909 年移民数量跌至 15.2 万，而 1911 年由于中国南方发生水灾和饥荒，移民数量创纪录地飙升到 27 万。[2] 根据 20 世纪初期英属马来亚政府每 10 年一次的人口调查统计，1911 年全马来亚的华侨总人口为 916619

环苏门答腊岛的海洋贸易与华商网络

---

① 黄麟根：《新加坡的贸易，1819～1869 年》，载《皇家亚洲学会马来分会会刊》第 33 卷第 4 部分，1960，第 123～124 页。

② 〔英〕康斯坦丝·玛丽·滕布尔：《新加坡史（1819～2005）》，欧阳敏译，中国出版集团东方出版中心，2013，第 145 页。

人，其中 219577 人居住在新加坡。10 年之后（1921 年），华侨人口增至 1117777 人，其中新加坡的华侨人口为 317491 人。到 1931 年，马来亚的华人人口已达 1709392 人，约占马来亚总人口的 40%，其中新加坡的华人人口为 567453 人，占新加坡总人口的 70%以上。[①] 另据统计，截至 1939 年 11 月，新马地区的华侨人口达 1960772 人，接近 200 万人。[②] 据此可知，二战前马来亚的华人人口在当时而居海外华人人口的第二位，仅次于暹罗的华人人口。

19 世纪 80 年代，大多数华人都是中国出生的，几乎所有的华人移民都来自中国东南部的福建和广东两省，1876 年 12 月 13 日，抵达新加坡清朝使节团考察后说："新加坡约有 20 万人，西洋人 2000，番人及印度人盈万，余皆闽广人也，而粤人较多。据胡璇泽云，广属人已至 7 万之多。"[③] 但到了 1881 年人口普查时，海峡殖民地出生的华人已经紧随闽南、潮汕和广东地区之后，成为第四大华人社群。[④] 其中，按照潮州人流传的说法，潮州人在新加坡岛上的历史，可以远溯到莱佛士占据新加坡之前。而且，也是更早于莱特占领槟榔屿之前。有据可考的是"粤海清庙"的传言。[⑤] 这为早期新加坡华人社会的帮权结构奠定了基础。"潮商多业椒蜜，闽商以各项海货及往来各埠之轮船为宗，资本俱钜，他商不能及"。[⑥]

源源不断的华人移民通过贸易的渠道涌入新加坡，极大地促进了中国与新加坡之间频繁的贸易往来，而且也为新加坡早期的社会经济发展提供了丰富的劳动力资源。如同 1832 年访问过新加坡和

---

① 姚楠：《马来亚华侨经济概况》，南京南洋经济协进会，1946，第 4 ~ 5 页。

② 张荫桐译述《南洋华侨与经济之现势》，上海商务印书馆，1946，第 2 ~ 4 页。

③ 郭嵩焘：《郭嵩焘日记》卷 3，湖南人民出版社，1982，第 70 ~ 72 页。

④ 〔英〕康斯坦丝·玛丽·滕布尔：《新加坡史（1819 ~ 2005）》，欧阳敏译，中国出版集团东方出版中心，2013，第 138 页。

⑤ 王琛发：《潮人开拓马来亚事迹（二）——星加坡的潮人》，孝恩杂志网，http://www.xiao-en.org/cultural/magazine.asp? cat = 34&loc = zh - cn&id = 647。

⑥ 李钟珏：《新加坡风土记》，载王云五主编《丛书集成初编》624 册，商务印书馆，1936，第 5 本。

海峡殖民地的英国人厄尔所言："他们（指华人）的辛勤劳动为目前殖民地的繁荣做出了主要的贡献。"①

（二）新加坡华人海洋经贸的发展

以贸易而迁居新加坡的华人，逐渐定居下来，并开始涉足种植业。随着开埠后的新加坡的发展，华人人口不断增加，他们所从事的经济活动范围也逐渐拓展至各行各业，并在新加坡的经济发展中发挥越来越重要的作用。

1. 甘蜜种植业

种植甘蜜无疑是华人在新加坡较早从事种植业、开发当地热带经济作物的一个方面。而新加坡的早期甘蜜种植蓬勃发展，正是得力于华人付出的艰辛努力。"新加坡新开山开垦土者，悉皆华人。"② 在莱佛士到来之前，华人已经得到天猛公的同意在今新加坡的实利基山、福康宁山和珍珠山一带种植甘蜜。③

新加坡开埠后，适应英国工业革命需要的甘蜜种植更进一步地受到刺激，种植面积和产量飞速增长。到 19 世纪 20 ~ 40 年代，新加坡就有甘蜜园 400 ~ 500 处。英国人巴克利在其所著《新加坡轶史》中曾描写到当时的景象："他在一名公路承建商的陪同下，徒步走了五小时……这段路途须穿过起伏的山丘、沼泽地和溪流，全程十四里，其中四分之三的路程，触目皆是甘蜜园和胡椒园。到 1827 年，华族种植人已经开辟了一条至少十哩半长的地带，种植胡椒和甘蜜。"④ 也是从这个时候起，新马的甘蜜业日益蓬勃。1836 年，新加坡的甘蜜产量，估计有 22000 担；1839 年，增加至 48000 担；

① G. W. Earl, *The Eastern Seas: or Voyages and Discoveries in the Indian Archipelago in 1832 – 33 –34* (London: British Library, 1837), p. 361.

② 夏东元：《郑观应集》下册，上海人民出版社，1988，第 977 ~ 978 页。

③ 林孝胜，《开埠初期的新华社会》，载《新加坡华商与华社》，新加坡亚洲学会，1995，第 4 ~ 5 页。

④ 潘醒农：《回顾新加坡柔佛潮人甘蜜史》，《汕头侨史论丛》第一辑，汕头华侨历史学会，第 164 页。

环苏门答腊岛的海洋贸易与华商网络

到 1848 年，已增加至 60000 担。① 1848 年是甘蜜种植业鼎盛的一年，当时仅新加坡一地就有甘蜜店百家，栈房 200 单位。而且从事甘蜜种植业的差不多均为华人，据统计，当时甘蜜与胡椒的种植园丘和从业人数如表 4-2 所示：

表 4-2　甘蜜与胡椒种植园丘和人数统计

年份	园丘数量	估计人数
1836	250	2250
1839	350	3150
1840	477	4293
1841	500	4500
1848	800	7200
1850	400	3600
1855	543	4887

资料来源：潘醒农《回顾新加坡柔佛潮人甘蜜史》，《汕头侨史论丛》第一辑，汕头华侨历史学会，第 165~166 页。

当然，甘蜜种植业也是早期华人资本积累的一个途径。例如，广东澄海人佘有进，1823 年只身到新加坡，起初当帆船理账，继为航舶代理人，其后广置地产，致力于种植业。但是试种茶叶、豆蔻和其他农作物，均告失败，后来改种甘蜜，终获巨利；又如广东潮安人陈旭年，青年时当油贩，受富豪欺凌，故而搭船到新加坡谋生，后因与柔佛苏丹结识，取得了柔佛州第一至第十条港的主权，招募工人在这些港地河边一带大量种植甘蜜和胡椒，最后成为柔佛州最大的港主，资产相当丰厚。②

2. 橡胶业

19 世纪末 20 世纪初在欧美各国迅速兴起的汽车制造业，使得

---

① 潘醒农：《回顾新加坡柔佛潮人甘蜜史》，《汕头侨史论丛》第一辑，汕头华侨历史学会，第 162 页。

② 芦敏：《近代新马华人甘蜜种植业的兴衰》，《八桂侨刊》2005 年第 1 期，第 22 页。

世界市场对橡胶的需求急剧增长，这刺激了热带国家和地区橡胶种植业的兴起。市场对橡胶的需求激增，橡胶种植的利润越来越大。另外，第一次世界大战又刺激了工业对橡胶的需求。因而，华人利用"一战"赐予的机会使自己在橡胶业获得发展机遇。

新加坡、马来亚的华侨迅速掀起了一个种植橡胶的热潮。新加坡的华人投入橡胶种植业，1890 年种植面积不过 1000 英亩，到 1902 年扩展到 16000 英亩，后又由 1905 年的 38000 英亩跃进到 1906 年的 100000 英亩，到 1926 年底达 2250000 英亩，占全世界橡胶种植总面积的一大半。[1] 到 20 世纪 30 年代，英属马来亚原料生产领域的两大支柱产业——橡胶业和锡矿业中，40% 的橡胶种植园为华侨所拥有，90% 的橡胶加工制品亦为华侨所生产和经营。[2] 据 1932 年统计，100 亩以上的橡胶园主，欧美人占 84%，华人占 12.5%，印度人只占 2.3%；但在小型种植园方面坚守住了阵地，100 亩以下的小橡胶园，华人拥有的总面积共 1215522 英亩，远远超过欧美人的面积。同时，大部分马来人拥有的橡胶园都租给华人去割树胶。因此，华人的小园总产量几乎与欧美人的大园总产量相等。在橡胶价格跌落期间，华人橡胶园主比成本较高的欧洲大园主居有利地位。[3]

到第二次世界大战时，华人占有的大橡胶园面积虽然只占 16%，而 100 英亩以下的小园占 60% 左右，二者合计共 100 多万英亩，占马来亚橡胶园种植面积的三分之一。[4] "二战"后，1947～1948 年华人橡胶地达 1010571 亩，资本总额为 2.44 亿海峡币，生产量 277880 吨，销售量 257566 吨，从事橡胶种植的华工占当时华

① 中山大学东南亚历史研究所编《东南亚历史论丛》，中山大学东南亚历史研究所，1979，第 185 页。
② George L. Hicks, *Overseas Chinese Remittances from Southeast Asia 1910 – 1940* (Singapore: Pet. Ltd., 1993), p. 140.
③ 熊孝梅：《马来亚殖民经济中的华人》，《广西师院学报》（哲学社会科学版）2000 年第 2 期，第 23 页。
④ 梁初鸿、郑民：《华侨华人史研究集》第 2 辑，海洋出版社，1989，第 34 页。

环苏门答腊岛的海洋贸易与华商网络

人总就业人口的 33.8% ，是各种种植业中最高的品种。^① 在橡胶业方面，华人建立了橡胶精制工厂、制造工厂。1947 ~ 1948 年西马来亚、新加坡华侨橡胶工厂有 48 家，资本额达 1 050 万海峡币。马来小农生产的橡胶有 90% 是由华人加工后输往新加坡市场的。华商对橡胶贸易的控制显然与华人遍及马来亚各地的橡胶加工厂有着不可分割的联系。②

同时，华侨橡胶种植业的发展又推动了华侨橡胶贸易的产生和发展。这些华侨在各地设立分厂和收购点，形成了一个以新加坡为中心的橡胶加工和贸易的网络。在 1919 年，仅新加坡一地，经营橡胶贸易的华侨胶行即达 40 ~ 50 家，至 1928 年又增加到 260 家以上。③ 1919 年，新加坡橡胶出口量达 157000 吨，占世界出口总量的 2/5。荷属印度在 20 世纪 20 年代开始向新加坡大量供应橡胶，1929 年新加坡橡胶出口量达 254000 吨，几乎占世界总量的 1/3，此外还有大量橡胶经新加坡港转运，因此世界橡胶出口总量的 40% 要经过这个英帝国的港口。橡胶出口在 20 世纪 30 年代继续增长，并在两次世界大战之间的 1934 年达到 316000 吨的顶峰。④

3. 锡矿业

锡在 19 世纪 40 年代逐渐成为一种国际性原料，需求巨大。英、法等国逐渐取代中国成为马来亚锡的主要消费市场。华商网络在国际市场的刺激下，不断向马来亚内地延伸，逐渐控制锡的生产和销售。且大量华工移民涌入马来亚开发锡矿。⑤ 故 19 世纪末以

---

① 〔英〕巴素，《东南亚之华侨》，郭湘章译，台北"国立"编译馆，1974，第 125 ~ 126 页。

② 转引自熊孝梅《马来亚殖民经济中的华人》，《广西师院学报》（哲学社会科学版）2000 年第 2 期，第 24 页。

③ 林远辉、张应龙：《新加坡马来西亚华侨史》，广东高等教育出版社，1991，第 302 页。

④ 〔英〕W. G. 赫夫：《新加坡的经济增长：20 世纪里的贸易与发展》，牛磊、李洁译，中国经济出版社，2001，第 70 页。

⑤ 焦建华：《19 世纪 20 年代至 20 世纪前 10 年的新中经贸关系》，硕士学位论文，厦门大学，2002，第 16 页。

前，马来亚锡矿差不多完全是由华人经营的。

到了 20 世纪初，由于罐头业的发展、军事工业的需要，华人生产的锡产量大大提高，价格也不断上涨，英殖民者这时才觉得经营锡矿有利可图，于是，英国资本家开始将手伸入锡矿业，并逐渐将大部分锡矿业从华人手中抢过去。1910 年马来亚生产的锡，78% 来自华人的矿场，来自欧洲人的只有 22%；到 1930 年，63% 来自欧洲人的矿场，来自华人的只剩 27%。[①] 不过，在两次世界大战期间，由于战争的刺激，以及英国参战而终止投资，华人乘机发展了自己的锡矿业。1936 年的最新锡矿生产资料统计，世界年平均约 17 万吨，其中 10 万吨来自马来亚，这 10 万吨里有 3.4 万吨出自华人之手，华人生产的锡在全国总产量中的比例由 1930 年的 27% 回升到 1936 年的 34%。[②] 20 世纪 30 年代，锡矿业中 80% 的劳工业也为华侨所承担。[③]

为了保证锡的供应，海峡殖民地的大华商经常运用资金支持锡矿的生产。他们向华人采矿者提供贷款，支持运输的船只和相关贸易。作为回报，华人贷款者拥有锡产量的 10%，还可以低于市场 4% 的价格购买剩余的锡。[④] 随着采矿业的发展，华人建立起了炼锡厂。由于华人炼矿技术高，成本比别国低 25%~45%，华人资本控制了炼锡业的绝大部分。[⑤] 而在菠萝（凤梨）的生产以及椰干、椰油的加工业方面，华人则占有绝对的优势。

4. 航运业

新加坡华人开办的海洋运输公司更是遍布新马各地。尤其是在内

---

① 〔英〕布赛尔：《东南亚的中国人》，徐平、王陆译，《南洋问题研究》1958 年第 2~3 期，第 60 页。

② 熊孝梅：《马来亚殖民经济中的华人》，《广西师院学报》（哲学社会科学版）2000 年第 2 期，第 22 页。

③ George L. Hicks, *Overseas Chinese Remittances from Southeast Asia 1910 - 1940*（Singapore：Pet. Ltd, 1993），p. 140.

④ Rajeswary Ampalavanar Brown, *Capital and Entrepreneurship in Southeast Asia*（Hampshire Britain：Macmillan Press Ltd.，1994），p. 82.

⑤ 熊孝梅：《马来亚殖民经济中的华人》，《广西师院学报》（哲学社会科学版）2000 年第 2 期，第 24 页。

环苏门答腊岛的海洋贸易与华商网络

陆和岛际交通方面，华人占有较大优势。他们自购或租赁船只，大量地雇用船工，从事新加坡、槟榔屿与中国、东南亚诸国的转口贸易。

1869 年，在新加坡根据国会法令注册的船只 178 艘，其中属于欧洲人、印度人和马来人的有 58 艘，其余 120 艘均为华人所有。[①]其中，从事航运业较著名的华人有黄敏、戴河水、邱忠波等。黄敏（1823～1865 年）创建的黄敏公司，属下有一支由 20 多只船组成的船队，来往于中国和荷属东印度群岛，并成为巴厘岛进口货的最大商行。戴河水（1834～1903 年）也是较早从事远洋运输的华商之一。他的轮船往返于新加坡和丁加奴与宋卡之间，还有两艘大帆船多年运载木板到上海和天津销售，是 19 世纪 70 年代新加坡华侨社会中一个非常有影响的人物，至今新加坡还有个叫"河水山"的地方，就是纪念他的。邱忠波（1830～1892 年）在新加坡开设轮船公司，在槟榔屿和香港、汕头、厦门设有分行，拥有轮船十多艘，在槟榔屿和厦门之间设有定期航班。其轮船航行于新加坡和仰光、槟榔屿、马六甲、吉隆坡、曼谷、西贡与上海、宁波、汕头、香港之间。另外，陈金钟（1829～1892 年）也是兼任船运的早期华人商业资产阶级代表人物，他继承父业经营粮食进口业，并拥有两只火轮船——"暹罗号"和"新加坡号"。[②]

自 1863 年起，中国帆船贸易在新中贸易中急剧衰落。1865 年中国帆船吨位不及 1829 年的一半。[③]但中国帆船衰落并不意味着华商在中新贸易中衰落与退出。在激烈的竞争中，许多有远见的华商开始采用横帆船从事中新贸易。轮船出现后，华商又采用轮船运输货物和人员。1871 年，陈金殿创立的陈金殿公司以 4 万元购买了英

---

① 林远辉、张应龙：《新加坡马来西亚华侨史》，广东高等教育出版社，1991，第 144 页。

② 梁初鸿、郑民：《华侨华人史研究集》第 2 辑，海洋出版社，1989，第 19 页。

③ 张彬村：《十六至十八世纪华人在东亚水域的贸易优势》，见张炎宪主编《中国海洋发展史论文集》第三辑，（台北）"中央研究院"中山人文社会科学研究所，1988，第 345～368 页。

国印度汽轮运输公司的仰光号汽轮。他是"使用汽轮代替帆船从事沿海贸易的第一人"。① 1875 年，另一家轮船公司为加入英国籍的新加坡华人所有，轮船悬挂英国国旗，该公司从事厦门与槟榔屿以及其他口岸的航运贸易，与霍系特轮船公司激烈竞争。

华人在经营马来半岛沿海航运贸易的同时，也经营着东南亚各大港口以及中国东南沿海各口岸乃至日本等地的远洋海运业。到 20 世纪初期，华人陆续在新加坡开办了 10 家轮船公司，较为著名的有：和丰轮船公司、汇通公司、陈嘉庚公司、瑞丰盛公司、和兴隆公司、同益公司以及和益公司等。其中，规模最大的当属新加坡华商巨擘林秉祥于 1904 年投资 500 万元创办的和丰轮船有限公司。② 该公司拥有大、中、小型轮船 20 多艘，航行于北加里曼丹、菲律宾、荷属东印度、马来亚与中国东南沿海的香港、汕头和厦门等各大港口从事客货运输业务。③

5. 华人零售、中介商业

华人从事海外贸易和定居当地进行商业活动，是早期华侨经济的重要组成部分。新加坡自开埠以来，主要是从事与转口贸易有关的活动，从而涌现出大批从事外贸的华人中介商，在与欧商搭上关系后为他们推销工业品及收购土产，尤以胡椒、甘蜜为大宗。

新加坡被宣布为自由港以后，代表英国大资产阶级利益的英国大商行便纷纷在槟榔屿，主要是新加坡开设了。如在新加坡早期开设的英国人大商行，便有 1820 年开办的约翰士敦商行，1821 年开办的牙得利公司，1828 年开办的莫实德公司，1844 年开办的夏理逊·克罗斯菲德公司等。其后代表西欧一些国家的大资产阶级利益的大商行也相继开设。这些欧洲人大商行，主要是英国人大商行，

---

① 〔新加坡〕宋旺相：《新加坡华人百年史》，叶书德译，新加坡中华总商会，1993，第 95 页。

② 杨进发：《新加坡殖民时期林秉祥与和丰集团的建立》，《亚洲文化》2004 年第 28 期。

③ 林金枝、庄为玑：《近代华侨投资国内企业资料选辑》福建卷，福建人民出版社，1985，第 33 页。

财力雄厚，且与殖民政权有着密切的联系，控制着进出口贸易，处于经济的支配地位。华人中介商通常以赊账的形式，一般以 3 ~ 6 个月为限，从这些大商行取得自欧美和印度运来的货物，如英国的棉织品、毛织品、金属制品和武器等工业品，印度的鸦片、麻袋和谷物等，然后分别由华人零售商贩卖。这些华人零售商深入穷乡僻壤，把上列货物售卖给消费者，同时又向当地的生产者收购各种土产和原料，如锡、甘蜜、胡椒和橡胶等，再把他们运到新加坡和槟榔屿，交与华人中介商。也有一部分土产和原料是由当地人民运到新加坡或槟榔屿，售卖与华人中介商。华人中介商再把这些土产和原料，转卖给大商行，由这些大商行运销西欧。① 这样就出现了"贸易的种族分工"，即欧洲各国的进出口贸易由欧洲贸易商行承担、东南亚区域内的贸易由亚洲商人（主要是华商）承担这样一种"种族分工"的代理关系。②

在新加坡、马来亚当地，英国贸易商行位于这种流通结构的顶点。欧美商人通过贸易商行控制了东南亚的进出口业务，而华商网络则日益中介化，以此将马来亚产品与欧洲、美国的市场联系在一起，华人中介商数逐渐增多。出口物品如此，进口商品亦如此。西方商品，尤其是纺织品，大量输入东南亚。华人更多经营西方商品，他们向西方商人购买商品，输入到东南亚内地。华人网络逐渐从属于西方资本，主要是英国资本。华商作为西方中介机构和消费者及生产者的中间人，在新加坡的转口贸易中起到了关键的作用。他们通过销售西方工业品、收购当地土产的渠道使自己的足迹遍及马来亚的穷乡僻壤，几乎达到凡有欧洲商品处皆有华商的程度。新加坡、马来亚绝大部分的进口商品零售和出口商品供货为华商所经

① 林远辉、张应龙：《新加坡马来西亚华侨史》，广东高等教育出版社，1991，第 142 页。
② 焦建华：《19 世纪 20 年代至 20 世纪前 10 年的新中经贸关系》，硕士学位论文，厦门大学，2002，第 16 页。

营。据统计，到 20 世纪 30 年代末，从事这一行业的华人员工达 39 万人之多。^① 间接的，以新加坡为中心的华人贸易网迅速扩展、延伸，最终遍布于马来亚城乡各地。

6. 银行金融、投资领域

早期华人投资于金融业，以新加坡最为突出。华人银行业的发展满足了华侨经济发展扩大生产需要。20 世纪时，由于新马通货制度的确立，华人经济也随之高速发展。华人企业家迫切需要成立自己的金融机构。过去，华人限于资本规模，无法和欧美资本竞争。而欧美银行对华人贷款十分苛刻，这是促使华人按照西方制度组建银行的动因。因此，在 1903 年以后，华人银行陆续开设起来。新加坡的第一家华人银行是"广益银行"，创立于 1903 年；第二家为"四海通银行"，成立于 1906 年。1910 年后，又有若干家华人银行相继成立，如 1912 年，闽侨陈延谦、林文庆等发起成立了其中最为著名的是"华侨（商）银行"，林秉祥创办的和丰银行也于 1918 年成立。该行和华侨银行被称为"创造了新加坡华侨商业活动的新时代"。^② 华人银行的组建，对增强华人经济竞争力，促进华人的经济发展益处多多。据估计，1930 年以前，华人在马来亚的各项经济事业的投资总额达 4193 亿元（海峡元）。其中，在生产行业（包括农业、锡矿业、橡胶加工业、碾米业、椰油业以及凤梨业）方面的投资额达 3118 亿元，在商业（包括贸易及中介商业、金融业）方面的^③投资额达 1165 亿元，其他方面的投资额为 1000

二 华商跨国海洋贸易网络的动态

"南洋华侨生活的中心，是在经商"，他们的经济活动，"不仅

---

① George L. Hicks, *Overseas Chinese Remittances from Southeast Asia 1910 – 1940*（Singapore：Pet. Ltd. , 1993），p. 140.

② Tan Ee Leong, "The Chinese Banks Incorporated in Singapore and the Federation of Malay," *Journal of the Malayan Branch of the Royal Asiatic Society* 26（1953）：454.

③ 〔日〕福田省三：《华侨经济论》，东京岩松堂，1939，第 151～152 页，转引自聂德宁《二战前中马贸易关系中的华侨因素》，《东南亚研究》2007 年第 5 期，第 55 页。

限于南洋，且推及中国，经营中国与南洋间的商务"，并以此为主轴，延伸扩大到东南亚全域。由此而构建起的华商海洋贸易网络，为新加坡的发展起了巨大作用。华商首先为新加坡开辟了与亚洲诸国的贸易航线，将其他国家和地区的货物运到新加坡，然后再转运他地，为新加坡确立中转港地位有举足轻重的作用。[①]

新加坡的商业体系主要依赖于欧洲资本与华人企业的结合。大多数欧洲商人进口的是本国商人委托他们出售的商品，运来后，则依靠华人中间商去与华人及其他亚裔商贩商谈售卖。早期的海峡产品贸易基本都由华商掌握，他们组成了严密的贸易网络，西方商人很难插足。西方商人一直试图挤入华商这个复杂的跨国贸易网络，导致了早期激烈的竞争。经过激烈的竞争后，虽然西方人在胡椒、锡等方面取得了进展，但华人仍控制着大部分的海峡产品市场。

华商在东南亚的跨国海洋商贸网络，岛际转口贸易是其中一个重要方面。新加坡开埠前，槟榔屿、马六甲是马来亚贸易中心，开埠后新加坡成为集散、分销中心。槟榔屿收集的海峡产品并不直接输往英国、印度和中国，而是先用船运到新加坡，然后从新加坡转运到其他地方。马六甲则将附近地区，尤其是雪兰莪、森美兰的产品收集后运到新加坡。马六甲的华商因而更多参与海峡地区与马来半岛的贸易。海峡产品进口量非常大，与爪哇、马来亚内地的贸易在 19 世纪上半期在新加坡的对外贸易中分别位居第四、第五位，仅次于与中国、印度、英国的贸易额。[②]

此外，华商还经营着新加坡、槟榔屿、缅甸、越南、柬埔寨、苏门答腊、爪哇、加里曼丹、马鲁古群岛、菲律宾以至日本等国家和地区的转口贸易。例如，前面提到的海峡产品，并不是由新加坡

第四章　槟榔屿、新加坡港口崛起的海洋贸易与华商网络

---

① 〔美〕约翰·F. 卡迪：《东南亚的历史发展》，姚楠、马宁译，上海译文出版社，1988，第 551 页。

② Newbold, *Political and Statistical Account of the British Settlements in the Straits of Malacca*, Vol. I（London：Oxford University Press, 1971），pp. 352 – 354.

或海峡殖民地本地生产，而是从周围地区收集，然后主要经新加坡输出到世界其他国家和地区的马来群岛的丛林产品和海产品。马来亚当地船只从半岛的东岸运来金子、胡椒、锡；从西海岸运来锡；从加里曼丹西部和北部、苏鲁地区运来胡椒、藤、城拍、金沙、钻石、燕窝、珠母、西米和安息香；从苏门答腊运来胡椒、安息香、龙血、蜂蜡、树脂、西米、槟榔、咖啡和藤条；在群岛中远如摩鹿加的地方也由布吉斯人将其与新加坡联系起来，对该地区居民而言，新加坡现在是"最近"的地方，也最有吸引力。① 当然，大部分海峡产品是华商用帆船从新加坡周围的岛屿或群岛地区运来。因而，新加坡逐渐发展为华商贸易网络的中心，成为遢罗，甚至比遢罗更北的地方，以及分散在新几内亚至苏门答腊间各岛的各种香料、森林产品和其他原料（著名的海峡产品）天然的收集和分销中心。这些产品主要由出产地的华商收集。② 华商的地位与作用可谓举足轻重。

实际上，早在英国人据有马来半岛以前，中国帆船与马来半岛等地的贸易往来已持续了好几个世纪，其结果之一就是马来半岛的许多地方诸如马六甲、北大年以及槟榔屿等地逐渐成为海外华人的聚居地。这些华人大多来自福建、广东沿海地区，他们与其祖籍地尤其是厦门这个当时中国帆船对外贸易的主要港口保持着频繁的贸易往来。新加坡沦为英国殖民地后，被开辟为自由港，大部分货物免征关税，允许商人自由买卖。一些福建商人由此从马六甲移居新加坡。如，漳州海澄籍的陈笃生（1789~1850年），出生在马六甲的永春籍的陈金声（1805~1864年），漳州漳浦籍的薛佛记（1793~1847年），漳州海澄籍的蔡沧浪（1788~1838年）等。③ 他们开始将自己

① Nicholas Tarling, *British Policy in the Malay Peninsula and Archipelago 1824 – 1871* (Oxford University Press: Kuala Lumpur, Singapore, 1969).

② 〔马来西亚〕T. H. Silock:《马来亚的经济》，黄文端译，《南洋问题资料译丛》1959年第3期，第130~151页。

③ 〔新加坡〕柯木林:《新华历史人物列传》，新加坡宗乡会馆联合总会、教育出版私营有限公司，1995，第86、81、206、213页。

的家族和地区联系网络与商贸网络紧密结合起来，广泛扩展，不仅海峡殖民地，而且苏门答腊岛皆有他们的商贸影响力。

早期华商跨国、跨域海洋贸易网络开拓者中最有名的则是陈送。1778年，陈送15岁时就离开了家乡广东，来到廖内、槟榔屿和马六甲一带闯荡。1819年，他来到新加坡，建立了这里的第一间货仓，为早期来这里的中国舢板船充当代理。他在马六甲时就已经与法夸尔相识，到这里后，陈送为那些需要赊账购买货物的新来者提供担保，鼓励他们到这里定居。闽南人蔡沧浪是早期新加坡唯一能够在财富上与陈送匹敌的华人。他出生在荷属马六甲，父亲是当地的华人头领，他在新加坡成为来自福建的华人组成的"闽帮"首领，也是当地第一个鸦片种植商。在1836年离开新加坡返回中国之前，他一直是当地政府最信任的与华人社群打交道的中间人。①

华人在经营马来半岛沿海航运贸易的同时，也经营新加坡、槟榔屿与中国乃至日本等地的远洋海运业，有的甚至自购或租赁船只，经营航运，航行于北加里曼丹、菲律宾、荷属东印度、马来亚与中国东南沿海的香港、汕头和厦门等各大港口，从事客货运输业务。同时，在国外，马来亚华人与东南亚地区（爪哇、苏岛、缅甸、暹罗、安南等）的华商建立了密切的贸易关系，与中国南方各口岸的贸易也日益增长。这些为数众多的马来亚进出口商的商业资本跨国活动，一方面促使马来亚华人商业资产阶级力量增强，另一方面有助于促进东南亚各国华商力量的壮大。②

例如，陈明水在上海为金声公司开办了分公司，陈金钟则在暹罗和西贡开设了磨坊。他们是20世纪由某个家族主导的大型南洋

---

① 〔英〕康斯坦丝·玛丽·滕布尔：《新加坡史（1819~2005）》，欧阳敏译，中国出版集团东方出版中心，2013，第23页。

② 熊孝梅：《马来亚殖民经济中的华人》，《广西师院学报》（哲学社会科学版）2000年第2期，第23~24页。

商业帝国的先锋。这些大型企业一般都以新加坡为中心，其分支则遍布整个东方。① 陈金钟为新加坡著名华人慈善家陈笃生之长子。陈笃生（1798~1850 年）祖籍福建漳州海澄，生于马六甲，1819 年新加坡开埠以后，迁往新加坡，以商贩致富。陈金钟继承父业，经营米行，为新马地区著名之侨领。由于经营米业的关系，陈金钟与暹罗政府关系密切，在马来亚与暹罗的边界地区拥有相当的声望和势力，1863 年暹罗国王拉玛四世特别委任陈金钟为暹罗驻海峡殖民地钦差大臣兼总领事，并授予他披耶（Phya，侯爵）的尊号。② 章桂苑，即章芳林，为当时新加坡著名的华人富商，祖籍福建漳州长泰县，1825年生于新加坡。其所经营之商号名为"章芳林公司"（后改为"苑生公司"），家产雄厚，横跨周边地域。福建海澄县人邱忠波在新加坡创办的万兴商行，在槟城、香港、厦门设有分行。光绪初年，该商行的轮船航行于新加坡、槟城和香港、汕头、厦门之间。③ 王邦杰（1856~1930 年），华人社群领袖，一作王贵河，祖籍广东省潮安县。1871 年南来新加坡后创设生怡兴布店、永隆昌布店、生怡丰汇信兑局。又与友人合资创设瑞兴洋杂店、厚丰香汕郊、怡裕号米厂。也在马六甲开设长兴号，为新加坡亚洲保险有限公司发起人之一。④

　　二战前夕，华人企业在东南亚区域内跨国经营的现象已屡见不鲜，出现为数众多的大型跨国企业集团。譬如，陈嘉庚（1874~1961 年），1904 年开始创业，商号谦益。1906 年，开始涉足树胶种植。至 1925 年，他已成为东南亚的"橡胶大王"，著名的大企业家，其业务跨越新加坡，拓展到到泰国、马来亚及厦门等地。⑤ 又

---

① 〔英〕康斯坦丝·玛丽·滕布尔：《新加坡史（1819~2005）》，欧阳敏译，中国出版集团东方出版中心，2013，第 128 页。
② 〔新加坡〕吴华：《狮城掌故》，教育出版社私营有限公司，1981，第 79~80 页。
③ 陈达：《南洋华侨与闽粤社会》，长沙商务印书馆，1937，第 47 页。
④ 〔新加坡〕柯木林：《新华历史人物列传》，新加坡宗乡会馆联合总会、教育出版私营有限公司，1995，第 4 页。
⑤ 杨进发：《马来西亚华人历史与人物——陈嘉庚》，http://www. mychinesefamilytree. net/ ppl/wellknown/549. html，2010. 04. 03。

如胡文虎，出生于仰光，是东南亚土生土长的福建华侨。胡以新加坡为事业发展基地，在东南亚大力推广销售虎标永安堂系列的成药，广受东南亚华侨欢迎，并进而经营报纸。1929～1938年，先后创办了十多份"星"字系列报纸，发展起一个庞大的药业和报业商业王国，形成广泛的经济网络。①

小　结

多年来，华人在廖内、马六甲、槟榔屿、曼谷、马尼拉、巴达维亚以及其他一些爪哇港口苦心经营着一个商业网络，并在这个地区定居下来，成为商人、农民和矿工。他们参与当地建设，也跟家乡保持联系，并相互交织为南洋网络，这个富有流动与互补性群体，得不到中国政府的官方支持，因为当时中国官方是禁止向外移民或私人从事海外贸易的。但他们努力聚集到各方面条件相对比较好的地方。然而，南洋早期的商业中心没有一个环境特别理想。但新加坡对南洋一带的华人尤其具有吸引力。因为在莱佛士的苦心经营下，新加坡被建成为一个商业自由港，成长为东南亚的贸易中心和枢纽。马来群岛的海峡产品，印度的棉花，鸦片和英国的工业品，中国的丝绸、瓷器等商品在此地汇聚、转运，演绎着世界商贸传奇。而拥有跟西洋殖民地丰富生活经验的南洋网络里的各地华人，他们从南洋的其他港口纷纷移居到这里，深深嵌入新加坡的发展历程。由此实现新加坡的繁荣发展。同时，这也掀开了新加坡华人乃至东南亚华商历史的新篇章，开启了东南亚华人的新天地。二者有效地实现了合作共赢。

①　李培德：《族群与帮权——胡文虎的跨界商业网络》，2010年中国福州"首届闽商国际研讨会"会议论文。

第 五 章

棉兰城市崛起后的海洋贸易与华商网络

第一节 从日里到棉兰——种植园经济催生的海洋贸易与华人移民

一 棉兰概况及其华商在日里的早期活动

1. 棉兰城市概况

印尼北苏门答腊省,简称苏北省,西临太平洋、东濒马六甲海峡与马来西亚槟榔屿相望;北接亚齐省,南与西苏门答腊省相邻,人口1100多万,是一个以回教为主、拥有大量基督教徒、民族混居交杂的省份。棉兰为苏北省省会,位于苏门答腊岛东北面,勿拉湾(Belwan,又译作不老湾)河与白株河(Bertjoet,或布帝河)之间。港口在勿拉湾河口,距离棉兰市20余公里,与马来半岛的槟榔屿互为屏障,为极佳之良港。

作为省会城市的棉兰①,是苏门答腊岛第一大城市,印度尼西亚共和国第三大城市(第一是雅加达,第二是泗水),人口220多万。主要由华族、马达族、马来由族(即为马来族)、米南加保族、

---

① 棉兰作为苏北省首府,过去属日里地区的一个小村镇,其发展崛起于19世纪末,得益于种植园发展和华人移居,故棉兰城市的华人历史比较短。但由于今天棉兰作为苏门答腊岛一个重要的政治经济中心,也是苏北省份华人活动的中心,且所辖地区华人的历史更为久远、华人又具有地区流动性强的特点,故行文中论述棉兰华侨华人时,并不仅限于棉兰城市的华人,是以棉兰华人为主体,包括苏北省其他各县市华人围绕棉兰为中心的活动。因而,文中论述棉兰华人时,也会涉及苏北省各县市华人活动情况,甚至苏北省管辖以外的亚齐地区等华人。

爪哇族、阿拉伯族、印度族等民族构成，华人约占 20% 的比例，估计有 40 万～50 万人，大多数从事工商贸易业，市内 80% 的商店为华人所有①。棉兰既是华人汇聚群居的地方，也是印尼政治、经济、文化、交通、旅游、工农渔业和贸易中心。今天棉兰的发展是与华人在此地经营分不开的。

棉兰，印尼文和英文词汇相同，表达为 Medan。因为福建闽南人将"d"发音为"l"，所以汉语翻译采用了闽南音译，即为"棉兰"之意。在印尼语中，"Medan"的意思解释有几种说法：《印尼语汉语大辞典》中译为"场地、平原"之意；另有形容为富饶的土地之意；还有一个富有争议的解释，即印尼语中因"Medan Perang"是指战场的意思，所以印尼文教育中说棉兰历史上是一个"残酷""充满暴力"和"诉诸武力"的地方。据印尼史学家 Lukman Sinar 考证，棉兰的含义乃"万物聚集之地"，这应该是准确的解释。

棉兰旧属荷兰殖民统治的日里地区（印尼文为 Deli，今天的日里仅为一个县，位于棉兰市区约 30 分钟车程距离的巴甘镇附近），曾经是日里回教王国的一部分。过去的棉兰盛产烟叶，有着广袤的烟草种植园地。棉兰所产烟叶是世界优良的烟叶品种，当时是荷兰生产雪茄的主要原料供给者。现在这里则是一望无际的橡胶和棕榈种植园，但过去荷兰时代的影子仍依稀存在。棉兰开埠于公元 1590 年，至今 400 多年。历史上一个土耳其商船队 Sidi Ali Celebi 在 *Al Muhit*（写于公元 1554 年）一书中提到，这儿有 Aru 和 Medina，就是现在变成港口的棉兰城。② 到 1590 年，棉兰历史上称为罕巴兰·比叻王和苏加·比玲王的曾祖父 GuRu Patimpus 确立王朝后，③ 在日

① 该数据是 2008 年 2～4 月份采访时华人共同的说法。因为当时印尼一直没有进行人口统计。

② Tengku Luckman Sinar, *The History of Medan in the Olden Time*（Percetakan Perwira Medan, 2005），p. 7.

③ 黄健大：《棉兰》，棉兰亚洲国际友好学院陈民生先生提供资料。

里河与巴布拉河交汇处逐步建立了 Medan Putri 村，这就是现在棉兰大都市之雏形。棉兰在其发展过程中曾赢得各种美称：文化城、学生城、苏岛巴黎。[①]

今天的棉兰市设有 21 个区和 151 个分区，面积达 265.1 平方公里，被称为印尼的北大门。勿拉湾目前是印尼的优良深水港，隔着马六甲与马来西亚的槟城相望。附近是全国最大的种植园区，所种植的经济作物，例如，橡胶、棕榈油、可可、烟草，都经由勿拉湾输出，土产出口冠居全国。进出口船舶吨位居印尼第四，仅次于雅加达、巨港和泗水，来自亚齐省的出口产品通常也都经过勿拉湾港口。由此，棉兰的经济依托于港口和农产品出口，在马来西亚、新加坡的夹缝之中艰难成长着。

2. 从日里到棉兰港埠的城市发展

棉兰所辖地域被称为日里，该名称盛行于 16 世纪，主要涵盖日里河流域。日里河旧称伯达尼河，是日里一带的交通动脉。除日里河外，流经棉兰日里平原的大小河流还有勿拉湾河、巴布拉河、昔梨冷河、布帝河、史甘滨河、瓜拉纳穆河等。[②] 日里地区的发展是和当时统治该地区的胡鲁王朝（Haru Kingdom）息息相关的。但这个地区从来都没有出现过一个强大的土著王朝来主导它，反之却因几个封建王朝的争权夺利而陷入不断冲突。[③] 在荷兰殖民者势力真正进入日里之前，当时的日里苏丹所要面对的敌人主要来自北方亚齐军队的入侵和骚扰，以及内部王权的争夺。直到 1612 年，来自亚齐的伊斯干达苏丹将旧日里（棉兰市南区）建都的阿鲁王朝征服后，随即建立了日里苏丹王朝，并委任科查·巴拉湾（Gocah Pahlawan，又译作"不老湾"）为首位日里苏丹执政，其统治的领

---

① 刘结平主编《棉中建校 60 周年纪念特刊》，2005，第 28 页。

② 刘结平：《日里区与日里河》，未刊稿。

③ Christopher Airriess, "Port – Center Transport Development in Colonial North Sumatra," *Indonesia* 59（1995）：68.

域涵盖了苏北省的各县区。日里苏丹被尊称为 Sri Paduka Tuanku Sulta，后续沿袭王位至今。

16～17世纪，因早期欧洲人的渗透，亚洲的远距离贸易更富有竞争性。由此，苏门答腊岛东北部一带港口商业活动也逐渐活跃起来。在1641年6月，当 Arent Patter 率领一艘荷属东印度公司的船，载着一些奴隶在日里河畔停靠上岸准备推进贸易时，[①] 发现日里苏丹仍处在亚齐人的控制范围下。面对当时荷兰人突然出现和通商的要求，当时的"亚齐苏丹还曾派人送了一封信给当时驻守日里的政府军 A. Van Dismen，并提请允许荷兰在日里和 Besitang 两地进行贸易"。[②] 由此说明，当时的亚齐也已经开始接受荷属东印度公司的领导。自此，荷兰人也开始涉足日里地区一带。亚齐人控制之下的日里苏丹遂与荷属东印度公司维持着稳定的贸易关系。到1661年，为摆脱亚齐人的控制，日里苏丹私下派人前往巴达维亚请求荷兰殖民者支持。在获得保证后，日里苏丹于"1669年自行宣布摆脱亚齐的控制，接受荷兰女王的统治"。[③] 这种试图借助外来势力挣脱或抵御亚齐人控制的意图，不仅导致了日里苏丹王国重新又陷入荷兰人的控制之中，而且致使日里苏丹王朝因内部意见不统一而分裂为几个势力范围，陷入了内战的泥潭。因此，日里苏丹地区也并没有全部接受荷兰的统治。

17～18世纪，荷兰东印度公司开始逐步统治印尼。但由于荷兰殖民者力量有限，只能把主要力量放在征服摩鹿加、望加锡、爪哇等地区，对苏门答腊、加里曼丹及其他零散的外岛控制则暂时搁置。[④]

---

① Tengku Luckman Sinar, *The History of Medan in the Olden Time* (Percetakan Perwira Medan, 2005), p. 24.

② Tengku Luckman Sinar, *The History of Medan in the Olden Time* (Percetakan Perwira Medan, 2005), p. 24.

③ Tengku Luckman Sinar, *The History of Medan in the Olden Time* (Percetakan Perwira Medan, 2005), p. 25.

④ 李学民、黄昆章：《印尼华侨史》（古代至1949年），广东高等教育出版社，2005，第198页。

"他们的精力集中在爪哇和处在荷兰'文化体系'下的热带产品出口贸易中，很少有盈余资本维持它的所谓文化体系，也很少有派驻军队和花销行政管理费用意图达到殖民控制的动机。"① 故外岛的发展和控制一直落后于爪哇岛。根据英国人约翰·安德森写的《到苏门答腊东岸的使团》（*Missing to the East Sumatra*）一书记载，他们②于 1823 年访问棉兰时，棉兰不过是只有大约 2000 村民的小村。显而易见，当时的棉兰仍未获得发展的契机。"虽然 1824 年英国与荷兰签订了《伦敦条约》，确认苏门答腊岛归属荷兰的势力范围内。"③ 但直到 1833 年，巴达维亚的荷印殖民政府仍未发出对外声称统领各地区王国的宣言和通知。这不仅影响着土著苏丹的主权控制，而且对以英国为主的国际联系和谈判受到限制。尤其是在东印度群岛存在英、荷交错控制殖民地的情形下，荷兰东印度统一事业也不易完成。④ "虽然荷兰殖民者意识到苏门答腊岛有着重要的经济和战略地位，但直到 19 世纪中期，他们仍限于占领苏门答腊岛沿岸的几个定居点而没有继续深入。这是因为如果继续扩张的话，需要花费荷兰殖民者大笔的金钱，需要大量的荷兰殖民者国内人员来管理该地区。由于人员不足，他们现在的人力和金钱更多地需要来管理爪哇岛。"⑤ 因而，棉兰地区的发展和建设受到严重制约。

　　一直到 1865 年，荷兰远征军进入日里地区，与苏门答腊岛东岸的日里苏丹、Langkat 苏丹、Serdang 苏丹、Kualuh 苏丹、亚沙汗（Asahan）苏丹、Siak 苏丹签订了"政治协议"，宣告荷兰对这几个

---

① Christopher Airriess, "Port – Center Transport Development in Colonial North Sumatra," *Indonesia* 59（1995）: 68.

② 这个使团是当时英国驻槟榔屿的殖民政府官员。

③ Christopher Airriess, "Port – Center Transport Development in Colonial North Sumatra," *Indonesia* 59（1995）: 1.

④ 刘焕然：《荷属东印度概览》第四编"外岛重要市镇及名胜"，新加坡南洋报社，1930，第 1 页。

⑤ Thee Kian Wee, Plantation Agriculture and Export Growth: An Economic History of East Sumatra, 1863—1942（Ph. D. dissertation, University of Wisconsin, 1969）, p. 1.

地区的完全控制。当然，"这个'政治协议'的内容后来也被荷兰人逐渐增加，以便利荷兰人逐步控制棉兰一带。随着殖民势力的深入和强大，苏丹的权力范围也不断受到压缩，甚至苏丹死后，他的继任者也需要荷兰人的认可"。[1] 同时，荷兰人对外岛，主要是苏门答腊岛的殖民事业开始投入关注。但据荷兰人葛尔美在他的书中写到，一直到荷兰人雅各布·尼亚胡斯（Jacob Nienhuys）于1869年搬迁到棉兰时，当时的棉兰仍只是一个防御亚齐入侵的大要塞，基本的公共建设还没有。很明显，当时棉兰的经济发展和城市建设仍无起色。

根据1872年的苏门答腊新约约定，荷兰以几尼亚让渡于英国，英国则放弃苏门答腊岛的控制要求。由此，荷印殖民政府才在真正意义上完全正式地拥有了统领苏门答腊岛的权力。因此，在各种条件都具备的情况下，殖民政府为政权确立的征伐也随之展开。[2] 但荷兰在这一地区的殖民进程并不是一帆风顺的。为抗击荷兰殖民者的侵略，苏门答腊岛北部民众，主要由马达人和马来人组成的军队在1872～1895年的23年间，针对荷兰殖民者的侵略展开了英勇的斗争。他们在抗击荷兰殖民侵略的战争长达23年，史称"颂牙战争"或"马达之战"。它是印尼人抗击荷兰殖民战争的杰出事例，同时也有许多多华人投入这场战争，是早期华人支持印尼反殖民斗争的重要实例。由于遭遇不间断、强烈的抵抗，荷兰殖民者对外岛的征服，直到1907年才告正式完成。[3]

一方面，荷兰殖民统治者不断地征伐，另一方面对外岛的开发也逐步提上日程。1863年，荷兰人雅各布·尼亚胡斯和埃利奥特得

① Tengku Luckman Sinar, *The History of Medan in the Olden Time* (Percetakan Perwira Medan, 2005), p. 35.
② 刘焕然：《荷属东印度概览》第四编"外岛重要市镇及名胜"，新加坡南洋报社，1930，第1页。
③ 李学民、黄昆章：《印尼华侨史》（古代至1949年），广东高等教育出版社，2005，第198页。

到日里苏丹的形式允许，获准租借靠近老武汉（Labuhan，或Lawhan）的土地种植烟草。虽然面临很多困难，但是烟草种植还是有着一个乐观的未来。因为"这种烟叶，叶薄而味醇，可作为雪茄烟的外包烟叶，积成百叶，重量不过一磅，足够五百支以上的包卷。荷兰烟叶专家经过试验以后，认为质量良好，有利可图"。[1] 因烟草质量上乘，利润丰厚，促使欧洲商人趋之若鹜。荷兰、英国和美国的资本家，也开始在这里投资，开辟烟草种植园。除尼亚胡斯发起成立的日里烟草公司之外，其他较有名的烟草公司还有西连巴公司、日里巴达维亚公司（1875）、阿姆斯特丹日里公司、阿连斯斯堡烟草公司、联合朗加种植公司、英荷烟草有限公司与荷美种植企业公司等也纷纷成立。在日里地区，适合烟草种植的土地开始变得越来越稀缺。因此，烟草种植园区也开始逐渐扩展至邻近的朗加和塞当。仅仅当尼亚胡斯在苏门答腊东岸建立第一个西方企业之后的 25 年时间里，烟草庄园已经遍布整个日里地区的，并向东苏门答腊沿岸扩展，延伸南至亚沙汗河，北达巴淡干河地区，南北包含距离 200 公里的范围。[2] 这个地区的景观也因此而完全改变了。

　　在烟草种植和出口带动的繁荣景象下，棉兰这个 19 世纪末还仅为小村庄的地方，逐渐崛起为中心城市，并通过勿拉湾港口（距离棉兰市约 20 公里）体系，得以把自己与工业化的外部世界紧密联系在一起。通过烟草主导的海洋贸易，到 1884 年，"日里已经变成了世界最重要的烟草生产地区之一，相应地，阿姆斯特丹也变成了世界最重要的烟草交易市场。"[3] 而棉兰则因为"具备联系土地和深水港口的节点功能，有着经济交易据点的港口，起到链接农业

---

[1]　温广益、蔡仁龙等编著《印度尼西亚华侨史》，海洋出版社，1985，第 217 页。

[2]　Thee Kian Wee, Plantation Agriculture and Export Growth: an Economic History of East Sumatra, 1863—1942（Ph. D. dissertation, University of Wisconsin, 1969），p. 7.

[3]　Thee Kian Wee, Plantation Agriculture and Export Growth: an Economic History of East Sumatra, 1863—1942（Ph. D. dissertation, University of Wisconsin, 1969），p. 7.

边疆区和遥远的农业资源消费为主的的工业化世界的作用，从而登上世界舞台"。① 自 20 世纪头 10 年开始，由于外国资本更全面的空间渗透，北苏门答腊省的社会因广泛多样的种植作物引进、配有更为成熟的种植生产体系，创造了与地区港口交通体系几乎同步的变化反应。② 棉兰成为荷兰殖民者烟草、橡胶、椰子、茶、油棕等农产品集散地和加工出口中心，深深地嵌入世界资本主义的市场经济轨道中，并逐步受到殖民者重视。

既适应种植业繁荣需要，又具有交通便利，棉兰从过去的军事要地跃升为大量人群聚集的城市生活中心。"开始兴建很多基本设施，如由棉兰至老武汉铺设了铁路通了火车，1885 年兴建依丽沙白医院、1886 年架设电话线，1888 年兴建迈摩安王宫（Istana Malmoon，苏丹王宫），其他建筑物也陆续兴建起来了、交通和通信飞快发展，当时荷兰殖民政府很快采用相应的管理方法，……把棉兰作为重点和中心升格发展为一个城市。1870 年把棉兰定位苏门答腊东的州府。1884 年定为省府。"③ 到 1918 年，棉兰成为荷兰东印度公司直接领地，城市自治区获得第一个市长 Baron Daniel Mackay，辖有各沙湾（Kesawan）、Sungai、冷吉（Rengas）、Petisah Hulu、和 Petisah Hilir。④ 自此开始，棉兰作为东苏门答腊省的首府，一个区域城市中心开始发展起来，一切政治设施、经济建设，仅次于当时的本岛爪哇。同时，适应种植园人口聚居需要而建立的先达、民礼、直名丁宜等地，也依托于棉兰城市中心繁荣带动而发展起来。

3. 华商在日里早期活动

历史上日里地区由于优良的港口（其港口先后为巴耶巴西、老

① Thee Kian Wee, Plantation Agriculture and Export Growth: an Economic History of East Sumatra, 1863—1942 (Ph. D. dissertation, University of Wisconsin, 1969), p. 65.
② Thee Kian Wee, Plantation Agriculture and Export Growth: an Economic History of East Sumatra, 1863—1942 (Ph. D. dissertation, University of Wisconsin, 1969), p. 78.
③ 黄健大：《棉兰》，棉兰亚洲国际友好学院陈民生先生提供资料。
④ Tengku Luckman Sinar, The History of Medan in the Olden Time (Percetakan Perwira Medan, 2005), p. 70.

武汉到现在的勿拉湾）优势，在中国古代海上丝绸之路扮演着重要枢纽的角色。因而，华人在日里也有着悠长的历史。

但就华人在日里地区的最早记录，现无从考证。而棉兰附近"中国镇"的传言一直存在于民间和考古界。公元1823年，英国考古学家约韩逊·安德生（John Anderson）到苏门答腊岛东海岸地区进行勘察，并在一处被称为"中国镇"的地点，挖掘到一块有文字记载的石碑。这是最早有关"中国镇"的学术考证。一直到1973年，另一位外国学者迈京浓继续追踪有关"中国镇"的下落，但没有收获。1974年，还是在"中国镇"遗址地，一位当地居民在无意间发现了一尊石雕佛相，引起印尼考古学家关注。由此，1973~1994年，印尼考古学家先后在传言"中国镇"的25公顷土地上展开考古挖掘，出土了不少的历史遗物。这才做出结论，认为当时位于日里河畔的相关地点，很有可能在公元11~13世纪曾建立过一座"中国镇"。[①] 今天棉兰市内的"苏北省国家博物馆"保存的中国古代陶瓷器，即是印尼考古学家从"中国镇"挖掘到的遗物。陶瓷来源除宋元两代生产的青白瓷外，也有源自福建德化的瓷器。

印尼华人历史学家许天堂先生的研究也指出，早在13世纪前，在苏门答腊港口城市巨港就已经有华人聚居，主要是从事贸易的商人。在唐朝年间更频繁，当时海外所遣往唐朝的使臣，或僧侣往来，或到唐朝献艺之工匠和留学生，以及唐朝馈赠使唐者所捎回的

---

① 考古学家当然并非凭空推测他们的说法。因为在上述地点所进行的挖掘过程，他们曾经取得埋藏在地底下的船板和不少古代中国陶瓷器和石雕佛像。有唐代和元代多件陶瓷器。印尼考古学家分别在1978年、1979年、1981年、1984年、1989年，最后是1994年，先后有6次前往巴雅巴西尔考查与挖掘，所获得的地下遗物包括有佛像石雕像2尊，兴都教石雕像2尊，而这四尊石相与南印度的打米纳杜（TAMILNADU）地方的石雕相近似，都是属于9~16世纪年代之遗物。最受考古学家所关注的是从"中国镇"所挖掘到的公元11世纪的唐代陶瓷器和13~14世纪年代的元代陶瓷品。此外还有安南年代（现在的越南）15世纪的陶瓷器。因此考古学家推论，在公元11~16世纪，该处应该是属于拥有重要码头，成为接通大海的一个商贸往来中心。

陶瓷，或自购之陶瓷工艺品，都让中国瓷器大量流传到海外。因此，可以肯定地说，早在公元 9 世纪，海外许多国家，早已拥有中国运来的各种陶瓷器，并深受欢迎。宋朝开宝四年（971 年），在当时的中国东南沿海重要港口，已设立有市舶司专门管理海上贸易等事务。而当时宋朝实行"开洋裕国"的海洋贸易国策，海外贸易往来甚为发达，远超唐朝。且宋朝所输出的瓷器以龙泉青瓷为最多，还有江西景德镇生产的青白瓷（输出居第二位），再有德化窑的白瓷及青白瓷（输出居第三位）。根据汪大渊所著《岛夷志略》记述，当时输往的海外地区有印尼的爪哇、苏门答腊岛的巨港以及今泰国、文莱、马来西亚、越南、印度、菲律宾、朝鲜，甚至还有伊朗、伊拉克、阿曼以及非洲的坦桑尼亚、埃及等国家。

元朝的海外贸易已十分发达，并在各地港口设有市舶司处理进出口贸易。出口的船只东到高丽、日本；南到印度、南洋各国；西到中亚、波斯与阿拉伯各国和地中海，甚至还到达非洲东海岸。所出口的货物有金、银、铜、铁、丝绸、陶瓷器等中国特产。《元朝史话》作者邱树森根据史料指出，忽必烈统治期间，元朝已开始遣使出口到东南亚，元朝建立于 1271 年，由于采取门户开放，南洋各国商人皆愿建立友好往来，而元朝有遣使臣到过阇婆（今爪哇）和木剌油（马来西亚）和蓝无里（今苏门答腊岛西北部）。当时中国的海船在爪哇、苏门答腊、渤泥（今加里曼丹）都很活跃。因为通商之故，大量的华人也开始在这些地方定居下来。

棉兰作为马六甲海峡沿岸的港口城市，邻近亚齐，是船只进入印度洋的一个重要停靠点。因拥有方便往来船只停靠的日里河码头，遂逐渐形成与当时中国具有密切商贸关系的市镇，必然也聚居了许多中国与本地人，因而建立起特殊的中国市镇。"中国镇"遗址留存下当时的文物，见证了几个世纪前的繁荣景象。① "中国镇"

---

① 〔印尼〕《国际日报》，2009 年 08 月 21 日。

相距棉兰市区约 20 公里，靠近马六甲海峡，行政管辖权属今天棉兰马勒兰郡（Kecamatan Medan Marelan）。这里过去曾被当地居民称为"哥打支那"（Kota Cina），也就是"中国镇"的意思。当时的这个市镇地点屹立在日里河流域左岸陆地区域内。当地居民如今把该地方称为巴耶巴西尔（Paya Pasir），为舞额布劳村（Desa Ringat Pulo）属地范围之内。根据印尼考古学者的推论，"中国镇"存在的年代，日里河畔应拥有过非常良好的通商码头，许多船只都能自由进出该码头之河道停留和经商。

印尼历史学家也根据史料考证认为，当时管辖上述码头的统治王朝，就是阿鲁或哈鲁王朝（Aru/Haru）。据亚齐历史记述：在 16 世纪该王朝用军队曾征服了日里地区，"阿鲁王朝"后来才改名为"日里王朝"。[1] 根据笔者现场考察，"中国镇"所在地靠近棉兰早期的码头巴耶巴西尔港，继之为老武汉港[2]，后因淤塞而废弃，再到今天的勿拉湾港。最早的华人来到苏北一带，应是从巴耶巴西尔港口（现已淤积为平坦的农地）进入日里地区。据考察，今天的巴耶巴西尔港口附近仍有华人乡村、小镇、菜地。而大规模的华工经由老武汉港口上岸进入日里地区，则是在 1869 年之后，即烟草种植园大规模兴起的时间。考证棉兰老武汉港口附近建于 1886 年、崇奉观音佛祖的"寿山宫"，便可知当时已经有大数量的华人聚居生活于这一带。而寿山宫建宫时所立的碑则写着，早此 30 年（大约 1856 年）已有"唐人到幼里（日里）"，这足以见证华人到日里地区的历史，应早于日里烟草种植开发之前。

---

① 〔印尼〕《国际日报》，2009 年 08 月 21 日。

② 当时契约华工主要从这里登陆上岸，主要是坟场的记录可以说明很多广东海陆丰籍的华人生活在苏北棉兰附近农村。同时根据许多华人宗亲或宗乡组织的历史发展可以知道，他们大多的早期会所是建立在老武汉一带即可说明问题。因为老武汉港口的开发，所以很多华人生活在这一带，现在存在着很多华人建筑和街道，但是后来因为排华运动，以及老武汉港口较浅，码头逐渐衰落，所以许多华人逐渐迁出老武汉地区，现有华人不多，且主要是广东海陆丰一带的苦力贸易港口。继之为另一深水港勿老湾港。

二 棉兰种植园经济兴起下的华工贸易与棉兰华商发展

(一) 华工贸易与华人人口变化

印尼外岛的殖民开发，始于 19 世纪 70 年代后棉兰一带的烟草种植。因而，来到外岛的华人除少部分是商贸自由移民外，大多是透过苦力贸易而来的华工。故与东南亚其他地方相比，华人较大规模地向棉兰移入时间比较晚。

大概从 19 世纪中期起，荷兰殖民者在苏门答腊的日里、朗卡特和实丹 (塞当) 等地大规模地开发烟草种植园，需要大量的劳动力。而在东苏门答腊沿岸[①]的烟草公司中，最初的种植园劳工主要雇用马来人，但所生产的烟草在数量和质量上无法获得保障。且种植烟草需要经过一套复杂的工序，实践中也证明了唯有华工才能胜任。于是荷兰种植园公司开始尝试从中国、新加坡、槟城及马来亚其他地区等招募华人劳工。

种植园初始阶段，日里周边地区入境的贸易华工并不多，1875 年不过 1088 人，以后随着需求量的日增，每年流入 3000~4000 人。到 1887 年，日里贸易华工增至 6 万余人。[②] 薛福成所写的《出使四国日记》(成书于 1894 年，出使时为 1890 年) 曾提道：其荷属苏门答腊日里埠，每岁所到华工以八九千计，皆从英属埠华人猪仔馆分雇前往。[③] 这一时间荷兰种植园公司已有开始从中国本土招募华工移民的进入，从而带来了华工数量的增长。而华工移民的大量进入，带来烟草种植和加工效率的提升，烟草产量也得以增长。"1870 年，烟草作物的产量为 2868 bales (一种计量单位)，比较与

---

① 苏北省建省于 1948 年，它所控制的范围源自过去的苏门答腊东岸省，且苏门答腊东岸省地理位置涵盖更广，包括今天的苏北省全部范围。

② 王彦威、王亮编《清季外交史料》第 74 卷，1932 年铅印本，第 23 页，转引自李学民、黄昆章《印尼华侨史》(古代至 1949 年)，广东高等教育出版社，2005，第 273 页。

③ (清) 薛福成：《出使四国日记》卷 3，湖南人民出版社，1981，第 116 页。

高效率的优点。

由于烟草种植利润的可观，烟草种植园开始大规模开辟，特别是苏门答腊东海岸地区种植园的规模更甚，华工数量的需求也急剧增长。同时，19 世纪中叶以来，荷兰锡矿主也在锐意开发邦加和勿里洞煤矿，也有着大量的劳工需求。因而，种植园主面临着严重的劳动力短缺。但是，新加坡、槟榔屿招募的华工，价格既高，又远远不能满足需求。苏门答腊东海岸地区和爪哇又不可能为这些种植园和矿场提供劳动力，原因是：①外岛地广人稀，没有多少可以利用的劳动力，当地居民都不愿为殖民者所雇用。②爪哇本岛在实行强迫种植制度期间，人民相继大批死亡，劳动力大量减少。因此，想从爪哇得到劳动力也颇为困难。最重要的，自 19 世纪 70 年代开始，荷印殖民政府被迫废除了"强迫种植制度（1830～1870 年）"，开始实行"自由竞争"的新殖民政策，也不能强制获得劳动力。多种因素共同促使下，荷兰种植园主于是就把眼光投向中国，开始了从中国大规模募集华工的历史。

事实上，早在 1863 年，荷兰与中国签订的《中荷通商条约》已有规定：和民（即荷兰人）任便觅致诸色华庶勷执分内工艺，即准许荷兰从中国雇工。由此奠定了契约华工出洋的合法化。它也为资本主义国家掠夺中国劳工敞开了大门，使越来越多契约华工涌到世界各地，包括印尼。到 1866 年，清政府又在与英法 1860 年签订《北京条约》之后，继而签订了《外国招工章程条约》（即二十二条），准予英法两国在广东招募华工。条约规定了契约华工的招募、载运、报酬以及遣送回国等事宜。然而，英国和法国后来拒绝批准这项协定。一直到 1873 年，荷兰与清政府签订了该项协定之后，欧美殖民者直接来华招募契约华工的道路才畅通无阻。

---

① 温广益、蔡仁龙编著《印度尼西亚华侨史》，海洋出版社，1985，第 220 页。

在此情势下，荷兰公司得到清廷许可，也开始派员前往汕头、厦门活动，试图延揽华工。1885 年，日里烟草公司、阿姆斯特丹日里公司、日里巴达维亚公司、阿连斯布鲁格烟草公司经理，特委托来华执行某项任务的荷印殖民政府汉语翻译官员赫鲁特，顺便关照日里种植园的招工事宜。① 1888 年，在得到福建和广东两省当局的特别允许下，荷兰可以直接到中国购买移民到日里。② 由此，日里地区的种植园主就开始直接从我国的厦门和汕头两地大量招购买华工充实种植园劳动力。斯时，中国国内战乱频仍，民不聊生，闽粤之人多有南渡谋生的念头。而且，这一时期，汽动轮船的出现，大大便利了华南与东南亚之间的交通。推拉之间的合力使然，辅以交通的便捷，形成了贸易华工移民的第一波浪潮。根据蔡仁龙、温广益的说法，华工招募的历史粗略可分为两个阶段，即 1888 年之前，荷兰殖民者主要从新加坡和槟榔屿贩运华工；1888 年之后，则改为直接到中国东南沿海以及香港诱拐招募华工。

为了便于行动，1888 年，日里 47 个种植园成立了日里种植园主联合会，并在汕头成立移民局，直接从中国招募华工。1910 年以后，由于转为较多从爪哇招工，这个被华工称为"黑店"的"移民局"才于 1919 年正式撤销。③ 为方便华工运载，1890～1914 年，德国轮船公司开辟勿拉湾港至我国华南的专门航线，负责运载华工。1914～1931 年，则改由荷兰轮船公司运载。由此，英属海峡殖民地转输的华工日渐减少，大量的中国劳工直接从中国运抵日里种植园。种植园的华工数量得到显著增长。1888 年，从汕头直接运往日里的契约华工为 1152 人，以后逐年增加，一般每年 5000～8000人，最多是的 1907 年，达 10820 人。1892 年因日里种植园不景气，

① 温广益、蔡仁龙等编著《印度尼西亚华侨史》，海洋出版社，1985 年，第 220 页。
② 〔英〕W. J. 凯特：《荷属东印度华人的经济地位》，王云翔、蔡寿康译，厦门大学出版社，1988 年，第 30 页。
③ 温广益、蔡仁龙等编著《印度尼西亚华侨史》，海洋出版社，1985，第 212 页。

环苏门答腊岛的海洋贸易与华商网络

运来的契约华工只有 2160 人。1896～1897 年，汕头发生鼠疫以及粮食歉收，到日里的人也不多，1896 年为 6661 人，1897 年为 4435人。总计 1888～1908 年，从汕头到日里的契约华工总数达 132167人。① 每年"平均以 6295 人的数目从汕头直接移入日里"。② 根据苏北省国立博物馆藏书，1991 年东姑鹿曼西纳法学士著《昔日棉兰的历史》中表格③统计的劳工族群人数构成，可以见证这一时期华工在日里地区的比例有显著增加（见表 5 - 1）。

表 5 - 1　棉兰种植园劳工族群人数构成

工人人数 劳工族别	1874 年	1890 年	1900 年
华工	4476	53806	58516
印度淡美族	459	2460	3270
爪哇族	316	14874	25224

虽然后期发展橡胶原因，对契约华工的需求有所减少，但是，在 1913 至 1928 年，契约华工（不包括其家属子女）每年平均仍以4754 人的数目移入日里。④ 至此，苏门答腊各地烟草种植园的华工人数也在 1930 年达到高峰，达 210000 人。⑤ 由此总计，1888～1933 年，共有 300257 名华工贩运入境，每年平均运达 6938 人。而由移民局经办送回国的有 124028 人，留在日里的尚有 181222 人。⑥

参考民国七年（1918 年）《南洋实地调查录》记载，以日里全

---

① 〔日〕福田省三：《华侨经济论》，东京岩松堂书店，1939，第 254 页，转引自李学民、黄昆章《印尼华侨史》（古代至 1949 年），广东高等教育出版社，2005，第 274页。
② 温广益、蔡仁龙等编著《印度尼西亚华侨史》，海洋出版社，1985，第 221 页。
③ Dipetik dari, *Sejarah Medan Tempo Doeloe*, oleh *Tengku Luckman Sina SH*（Perpustakaan Museum Negeri Sumatera，1911）.
④ 温广益、蔡仁龙等编著《印度尼西亚华侨史》，海洋出版社，1985，第 222 页。
⑤ 〔印尼〕许天堂：《政治漩涡中的华人》，周南京译，香港社会科学出版有限公司，2004，第 191～195 页。
⑥ 陈碧笙：《世界华侨华人简史》，厦门大学出版社，1991，第 328 页。

州计之，此种号称华工，实为"猪仔"之现数，约有4万多。华商则仅有其十分之六（核算应为2万多，因而，此间华人应有6万多人）。[1] 据1926年调查，5~6年来，苏门答腊岛东岸农园华工人数多则达3万，少亦2.2万~2.3万。而十之九则受雇于烟园也。[2] 根据学者桂光华采访老华工所言，他们所种过烟草的种植园，华工人数平均约为400人。其中爪哇工人比华工多，有的甚至超过华工总数的2倍以上。曾于1912~1914年在双沟逝佛种过烟草的曾九谈及：双沟逝佛烟园是荷兰十二公司最大的烟园之一。它离棉兰百余公里，在班者峇都附近。烟园占地约40平方公里，有工人3000~4000人。华工800多人，其中，种烟工人600余人，杂工百余人；爪哇工2000余人，其中男工和女工约各占一半。爪哇工也是契约劳工，同是卖身来烟园的，很多事夫妇同卖……华工以25~40岁的健壮男子居多，年纪虽小的也有20岁，……最大的有50多岁。[3]

华工的大量移入，烟草种植园面积也得到扩张，烟草种植利润得以显著增长。根据民国七年（1918年）《南洋实地调查录》载，出产烟叶为大宗，日里烟叶公司资本金5000万，种植地域92575荷亩，每年产额87000多担，其他有1万荷亩之烟叶公司。尚有十余耕地七年一种植，使地力得借以修养。故所出烟叶，质薄品良，以卷雪茄烟之外皮，最为实用。该烟叶之出售，经同行会议规定，须悉数运往荷国，不得私卖他国人。他国人需要者，须向荷人专卖，垄断利权，斯其一也。[4] 到1923年，全岛已有烟草种植园62所，1924年增加到70所，总面积为319518荷亩，实际种植面积为

① 林有壬：《南洋实地调查录》，上海商务印书馆，1918，第257~259页。
② 张相时：《华侨中心之南洋》（上卷）"荷属东印度"，琼州海口海南书局印行，1927，第39~43页。
③ 桂光华：《二十世纪初期印尼苏东烟草种植园的契约华工》，《南洋问题研究》1984年第1期，第21页。
④ 林有壬：《南洋实地调查录》，上海商务印书馆，1918，第257~259页。

22754 荷亩，占种植园总面积的 7%。① 到 1931 年烟叶产量达 17350 公吨，每百公斤为 1805 盾，1934 年涨为 2416 盾，仅荷商尼亚胡斯的烟草公司 1893～1903 年获红利总额为股本的 4.25 倍，另提有公积金为股本总额的 2 倍，总共获利在 5 倍以上。②

苏门答腊岛烟叶虽如是之名贵，利润奇高，而其种植则非华工不可也，一般土著人无法胜任。欲知烟园何以必用华人，盖因烟草种植业之性质与一般农业不同。烟草种植必为劳动集约型，不得粗率从事，此非土人劳动者所具有的优势。且烟草种植、培育和加工有一套严格的顺序。因劳动者多为潮州人，彼自有术语，如收苦力；上坝，即上工；捉烟虫；收获；入库。时间花费较长，非华人劳动者一般不能胜任。因而，留住华工成为种植园主的重要考量。虽然在后期因橡胶种植获得较快发展，日里烟草种植有所衰落，对华工的需求有所降低，但华工的效率和工作能力仍无法取代。为此，种植园除招募大量的爪哇劳工应付橡胶种植所需外，留住华人劳工也是爪哇劳工输入的主要原因。据作者在棉兰当地实地调查了解，一方面由于割胶类的工作性质对爪哇女性劳工有需求；另一方面殖民者为了稳定华人劳工的情绪，大量地招募爪哇女工，以达到缓解华人劳工在异乡的生理需要，从而促使华工和爪哇女工结婚以便长期在园丘工作。另外，种植园主借助招募爪哇女性可以开办一些妓院，诱使华人消费，使他们长期无钱回归故土，从而实现多重目的。

棉兰的最终发展和崛起始于种植园经济，并随着大量的华工，俗称新客华人陆续进入而兴起。在棉兰开埠华商张榕轩、张耀轩兄弟的戮力经营下，大量华人和其他各族民众聚集于此，棉兰城市也就逐步繁荣起来。过去，棉兰城市街道普遍以中文命名。如中山

---

① 张相时：《华侨中心之南洋》（上卷）《荷属东印度》，琼州海口海南书局印行，1927，第 44 页。

② 〔泰〕许茂春编著《东南亚华人与侨批》，泰国国际邮票有限公司编辑部，2008，第 304 页。

街、广东街、香港街、张榕轩街、山东街、上海街、汉口街等（现在保存有的中文名街道仅为孙逸仙街），凸显了棉兰华人与这个新兴城市的紧密关系。可以说，市区街道与建筑物布局整齐，生活设施完善，离不开荷兰人的经营，但城市商业的繁荣，更离不开广大华侨华人在棉兰的奋斗。

华人初来棉兰，都聚居于海口区，如老武汉（旧港口）、巴耶巴西尔等旧城镇附近。根据《南洋实地调查录》载，苏门答腊岛都会在东海岸日里州之棉兰，荷兰巡抚驻焉。港口勿拉湾，规模宏大，可泊 4000 千吨大之轮舶。由港口乘汽，车之棉兰市，车程 1 小时。[①] 自 1863 年起，尼亚胡斯开辟烟叶种植以来，大量的华工来到日里地区，分散在周边地区种植园中。随着棉兰城市中心地位崛起，华商或者摆脱契约华工身份的华人开始汇聚于棉兰。"1905 年，棉兰城市人口数仅仅 14250 人（欧洲人约 950 人，土著 2000 多人，印度人、阿拉伯人和马来人等 3700 人），其中华人人口已达到 6400 人左右，几达棉兰整体人口的一半。"到 1920 年，棉兰城市人口就增加到 45248 人。1920 年的人口中，欧洲为 3128 人，土著 23823 人，东方外国人 18297 人（主要是由华人、阿拉伯人、印度人及其他民族人口组成）。"[②] 据"1930 年的人口统计，棉兰人口总数为 7 万余人，其中华侨人口有 27000 人，约居总人口数量的三分之一，以此比例而言，其数量已超出荷印首都巴达维亚"。[③] 而且，城市人口的大多数来自其他区域再移民，这构成棉兰一种特殊的再移民文化。

大规模的华人劳工，籍贯以广东潮汕、梅州、嘉应、广肇、海南以及少量的福建闽南泉州、厦门等地为主。他们从老武汉码头登陆进入日里地区后，分散居住于各个种植园中，由各个荷兰殖民者

环苏门答腊岛的海洋贸易与华商网络

---

① 林有壬：《南洋实地调查录》，上海商务印书馆，1918，第 257～259 页。

② Tengku Luckman Sinar, *The History of Medan in the Olden Time* (Percetakan Perwira Medan, 2005), p. 72.

③ 刘焕然：《荷属东印度概览》第四编，新加坡南洋报社，1930，第 57 页。

组织的华人工头负责管理，以达到"以华制华"的目的。这些华工在各个园丘的生活及日常需要，渐渐催生了一些经商华人的进入。虽然华人在荷兰种植园经济还没有开始以前，就已经在苏门答腊沿岸城市与英国殖民管辖下的门户槟城和新加坡等地从事着贸易活动。据文章描述："华人主要是从事着在世界范围有较大需求的、土著种植的胡椒等农作物出口，大量进口代表英国资本主义经济的纺织品等商品贸易。"[1] 但大规模经商华人进入苏门答腊岛仍是在进行种植园开辟、华工大规模进入之后。在"1867 年，老武汉附近已发现有经商的华人约 1000 人"。[2] 到"在 19 世纪 90 年代中期，已有七个华人拥有的船运公司，以新加坡和槟城为基地，用 9 条溪流船操控着北苏门答腊至两个海峡殖民地的客运业"。"这种紧密联系的证据，可从直到 20 世纪 20 年代北苏门答腊还在使用海峡美元货币得以证明。"[3] 许多对经商充满智慧的华人，不仅在种植园中心聚居区从事商业活动，而且在荷兰殖民者统治未能涉及的区域，通过自身的服务和优势，把一些小区域的苏门答腊腹地城市与殖民地的港口联系起来，发挥着商业中介作用。

随着棉兰市政管理体系的建立，城市独立地位确立，城市商业发展非常迅速。大批以经商为目的华人从槟城、合艾、仰光、新加坡等地汇聚而来，人口迅速增加。数量较大的是福建闽南一带的华人，他们以经商为主，抱着寻找做生意机会从各地移民而来，与早期广东省一带的华人苦力有所区别。一般来说，爪哇各地，苏门答腊西部、南部及东岸，加里曼丹东南部，苏拉威西，马鲁古等地多福建籍华侨；爪哇、苏门答腊北部、邦加、勿里洞、西加里曼丹多

---

① Christopher Airriess, "Port – Center Transport Development in Colonial North Sumatra," *Indonesia* 59 (1995): 69.

② Tengku Luckman Sinar, *The History of Medan in the Olden Time* (Percetakan Pereira Medan, 2005), p. 27.

③ Christopher Airriess, "Port – Center Transport Development in Colonial North Sumatra," *Indonesia* 59 (1995): 76 – 77.

客家人；潮州人多在苏门答腊东岸、廖内、西加里曼丹等地，广府
人多在加里曼丹东南部、苏门答腊东岸、邦加、苏拉威西、马鲁古
及小巽他群岛等地。[①] 1912～1920 年，潮州人占 36%，陆丰和海丰
人（属潮州帮）占 41%，福建人占 5%，客家人占 4%，其余属其
他各地，[②] 具体分布情况见表 5－2：

表 5－2　苏门答腊岛人口分布

单位：人

州名	总人口数	中国人数
西海岸州（West Coast）	1522240	10000
他巴奴里（Tapanoeli）	843585	2000
班库里（Bancoolen）	257140	3000
南榜（Lampongs）	233903	2000
巨港（Palembang）	1061348	10000
东海岸州（East Coast）	1197554	20000
亚齐（Atjeh）	736365	10000
里茇（Riouw）	223122	20000
邦加（舍比利敦）	222723	55000

　　资料来源：张相时《华侨中心之南洋》（上卷）"荷属东印度"，琼州海口海南书局印行，
1927，第 350 页。

（二）张氏兄弟为代表的华商经济活动

　　棉兰海洋经济的发展与兴盛，离不开张榕轩、张耀轩兄弟二人
的戮力经营。其中，张榕轩自巴达维亚后入日里发展，并成为棉兰
崛起的创建者。张氏兄弟担任荷属官员甲必丹，采取"立市场"的
举措，使棉兰"地利日兴，商务是盛"，华夷工商辐辏云集，"大

---

① 李学民、黄昆章：《印尼华侨史》（古代至 1949 年），广东高等教育出版社，2005，
　　第 229 页。
② 转引自〔英〕W. J. 凯特《荷属东印度华人的经济地位》，王云翔、蔡寿康译，厦门
　　大学出版社，1988，第 247 页。

抵 20 年间，城市已达十余万众，遂俨然一大都会"。与此同时，经过十几年的努力，张榕轩的资产已达千万荷兰盾，成了印尼，甚至东南亚叱咤风云的商界人物。[①] 其功绩正如刘焕然在《荷属东印度概览》中所评价的："棉兰之开辟，其主要由于垦殖，从荆棘遍生之荒域，进而成为繁华锦绣之重镇，高楼大厦，广阔街区，为荷印大埠之一，近且列为苏门答腊省之省会，其能至此者，仍不能不归功我华侨刻苦毅力之功也。而领导此无数刻苦毅力之华侨，勤工守法，则贤侨张公榕轩耀轩昆仲之力也。"[②]

正是由于两兄弟对棉兰开埠有巨大功劳，又具有首屈一指的经济实力，而当时"和政府进略棉兰，思辟为首邑，而和商于园中所佣工类皆闽广游民，门别户分，时事械斗劫掠，和官苦之耳。公与熠南公名先后，任以老富坑（老武汉）及棉兰雷珍兰，职华人事，咸依赖焉时。公年仅二十有四，受职之始，即与和官订约，安抚流寓、剔除烦苛，市尘差安，地方政务亦得进行"。[③] 1876 年，张榕轩和张耀轩兄弟搬迁移业到日里棉兰市继续发展。同时，张榕轩又被荷印政府推荐为尉级官员。1893 年提升为上尉（甲必丹）；五年后再度升为少校（玛腰）。[④]

作为荷印政府的行政官员，张氏两兄弟作为协调管理当地华人的侨领，因势利导，切身为华人利益着想，秉公处事，虽然当时有闽广两地侨民的帮派斗争，但都认可张氏兄弟作为华侨的领袖地位。由此，华人内部械斗逐渐减少。同时，为推动华社建设，张榕轩独资创建了敦本学校、建造了济安医院、麻风病医院等。此外，张榕轩与张耀轩昆仲还集众之力，于辛丑（1901 年）春筑室为馆，

---

① 《华侨成印尼棉兰地区开发功臣》，海外网，http://www.haiwainet.cn/n/2012/0802/c232660-17313714.html。
② 刘焕然：《荷属东印度概览》（上）"现代贤侨典型人物志"，新加坡南洋报社，1930。
③ 谢则直：《当代事业大家张公鸿南传略》，载《张耀轩博士拓殖南洋三十年纪念册》，未刊稿，第 1 页。
④ 《印广日报》2004 年 3 月 27 日。

作为团体活动之重要活动场所，初名燕贵轩。历久而侨居人口增多，张氏兄弟获得荷兰十二公司基址一处，拓展建筑规模，建馆舍匾额曰"燕庆轩"公馆，其宗旨为联络乡情，集议公益。为推动华人与当地土著和睦发展，张氏兄弟也为当地土著民族捐建清真寺，捐赠钱物修建日里苏丹王宫等，为华人在棉兰的长久生存立下牢固根基。如谢则直所言，"苏岛各埠数十万生灵，日处水深火热之中，其颠沛流离，诸苦无可告语，幸公坐镇其地，视为虐政，即与外人力争，今得自由空气，安居乐业"。[①]

在加强华人社会建设同时，张氏兄弟也为解决当地各族子弟教育问题殚精竭虑。随着商业发展，到 20 世纪初，棉兰地区华人已达 3 万多，华侨商店也多达 1000 间。但此地没有一间华人学校，许多华人子弟无法上学。张榕轩兄弟看在眼里，时时为华人青年一代的前途担心。1908 年，他们独资捐献在棉兰创办了敦本学校，实行免费入学。这是苏门答腊岛第一间华人学校，也开创了棉兰地区民办华人学校的先河。1903 年，敦本学堂在榕轩公积极筹建下，借用棉兰天后宫前后堂先行开课。后张氏兄弟出资 15 万元（印尼盾），在今万隆街与茂物街中间择地皮建新校址，新校舍于宣统元年（1909 年）落成。不仅如此，张榕轩兄弟还捐款给荷兰人的子弟学校，以改善教学条件，为当地原住民创办了一间女工学校。而且，张榕轩兄弟还分别捐资在棉兰地区兴建关帝庙、天后宫、观音堂，甚至清真寺，以满足当地各族人民宗教生活的需要。总之，凡棉兰地区的义举，他们都尽力去做。如此"前后数十年，蒙其惠者以数十万计。以故商南洋者识与不识，羡慕其德而乐道之"。张榕轩兄弟遂成南洋慈善界之翘楚。[②]

---

① 谢则直，《当代事业大家张公鸿南传略》，载《张耀轩博士拓殖南洋三十年纪念册》，未刊稿，第 5 页。

② 《华侨成印尼棉兰地区开发功臣》，海外网，http://www.haiwainet.cn/n/2012/0802/c232660-17313714.html。

1910 年，响应晚清政府海外建立华人商会的号召，张榕轩联络华侨商人，创立了"棉兰中华总商会"。创立之前，棉兰市侨民与中国的商务，同侨之间、同乡之间的联系，均靠会馆或书报社。当然，这些公益团体均有得到张氏昆仲的资助。棉兰中华总商会成立后，侨民与祖国政府通过总商会取得密切的联系，对国内情况更方便地了解。而中华总商会的主要职能为兼代发护照，维护华商权益等。自此之后，华侨归国省亲者不复为内地移民关卡所为难。[1] 因张榕轩为华社、荷兰政府的和谐社会建设有功，在棉兰的主流社会中赢得了很好的声誉和尊重。荷印当局为表彰张榕轩的贡献，先后授予他"阿兰惹拿苏"勋章，并聘为荷印政府的"高级顾问"。荷印当局还把棉兰一条最繁荣的街道，命名为"张榕轩街"，虽然今天已改名，但老百姓仍然照旧称之为"张榕轩街"。为此，日里苏丹还特别赠给张榕轩一块 1200 平方英尺的地块修建住宅。这就是今天榕荫堂的所在地。[2]

至于张耀轩（张亚辉或张鸿南），其于 1879 年在其兄所办企业任总管。后来也在西甫兰买下一处大种植园，种植橡胶，成为该地区第一个华人种植园主。[3] 1911 年张榕轩谢世，经日里苏丹的推荐，张耀轩继任玛腰[4]，并当选棉兰市市政委员。张耀轩继任棉兰玛腰后，独资创办了苏门答腊华巫双语日报，经理为刘士木。自报社开业后，公之善举，广传于华、印尼两族间。1912 年，荷印政府以张耀轩功劳卓著，是年颁"阿兰惹那来苏"勋章褒奖。1914 年，第一次世界大战爆发，荷属各地，无论政界、民界都起恐慌，商人受战争影响或受牵制，陷入困境，荷商因之倒闭者，损失者为数不

① 吴奕光：《苏岛闻人录》，2009，第 18 ~ 25 页。
② 《华侨成印尼棉兰地区开发功臣》，海外网，http://www. haiwainet. cn/n/2012/0802/c232660 - 17313714. html。
③ 《印广日报》2004 年 3 月 27 日。
④ 玛腰，荷印官职，东苏门答腊地区史上有三个玛腰，分别是张榕轩（Tjong Yong Hian，1850 ~ 1911），张耀轩（张亚辉，Tjong A Fie）与丘清德（Khoe Tjin Tek）。此三人 1898 ~ 1942 年日本入侵总领着所有东苏门答腊地区的华人，也是当地最富有的华商。

小，耀轩公设法扶持，棉兰市状况因之得以保持无恙。1916 年，荷印政府请耀轩公为高等顾问，凡有所举措，均先咨询于公，对其倍加重视。当时荷印政府实行集权，凡华官甲必丹、玛腰均被撤销，只有日里区的甲必丹、玛腰未见变动。①

中华民国成立后，张榕轩长子张步青（1885～1963 年）于民国四年（1915 年）被委任为中华民国驻棉兰第一任领事，那时他年方 34 岁。民国十五年，张步青领事又奉令加总领事衔。自民国四年（1915 年）至民国十九年（1930 年），张步青任驻棉兰总领事共计 15 年。②此外，张步青也曾荣膺清朝和民国政府的官衔、荣誉奖章：前清花翎二品顶戴广东提学使司、广东汕头正始学校校长、清朝陆军部职方司主事、邮传部丞参上行走路务议员、代理督办潮汕铁路事务，考察各国海军王大臣随员、佩戴各国赠给勋章，候补三四品京堂庠生；荣获民国政府二等大绶嘉禾章、教育行政二等奖章。③同时，他也曾任棉兰中华侨团联合筹赈祖国难民委员会主席，对苏岛棉兰之文化教育、修桥造路等各项公益事业贡献良多，尤其是棉兰苏东中学之创办，他与多位侨贤共同捐建校舍并捐助办学经费，成绩斐然。

张氏兄弟及其子张步青对棉兰的早期开发与华社治理，对棉兰城市的崛起做出了较大贡献。同时，他们在棉兰举办的各类型公益事业与捐赠，使得他们在棉兰历史上留下了浓墨重彩的一笔。而他们留下来的遗产，也见证了棉兰这个多元文化城市族群的和谐发展。1911 年 9 月、1921 年 2 月，张榕轩、张耀轩分别逝世于棉兰。出殡之日，棉兰市万人空巷，各族百姓都来送别这两位开发棉兰的功臣，可见他俩在棉兰市百姓心中的地位，也是华人在异域他乡建设者、和平使者的重要体现。

① 吴奕光：《苏岛闻人录》，2009，第 18～25 页。
② 吴奕光：《苏岛闻人录》，2009，第 43 页。
③ 《印尼苏北客属联谊会五周年纪念特刊》2006 年 3 月，第 146～147 页。

环苏门答腊岛的海洋贸易与华商网络

棉兰是为适应近代工业世界对种植农业资源需求而繁荣起来的城市。华人移居历史较短，主要以劳工和经商两大职业群体为主，最初是从国外的马来西亚、泰国、新加坡等地移入，之后则以来自中国本土的华人劳工占多数。经商的华人多是从周边地域和周边国家移民而来，属"再移民"群体。因而城市的华人构成复杂，社会包容性较强，充满活力和竞争力，与祖籍国联系也较为频繁。

三　20 世纪 20～30 年代棉兰华人人口与海洋经济情况

1929 年开始的经济危机，明显地波及烟草种植业，也严重影响了苏门答腊岛东岸人们的经济生活。进出口数据的急遽变化深刻体现出经济危机的严重影响。1928 年，苏门答腊岛东岸进口 24200 万荷盾，出口 11200 万荷盾；1929 年进口则为 10600 万荷盾，出口 3500 万荷盾。[①] 作为以种植经济出口为主的苏东省，出口减少最显著地影响即为烟草出口萎缩。相应的，这也导致烟草种植业的衰退，烟园日渐萧条，码头因缺乏疏浚而堵塞、废弃，码头附近的华人聚居区也逐渐荒废。受经济危机的冲击，烟草种植园也从此一蹶不振，劳工需求也逐步减少。日里烟园也不再从中国输入契约华工。

同时，受契约劳工的不断反抗，荷兰殖民政府被迫于 1931 年修改了产生于 1880 年的刑法条例，也不敢再明目张胆地授予资方虐待工人的特权。但条例仍保留有刑罚规定，如可拘禁长达 1 个月或罚款 100 盾等，并规定 1921 年创办的农园，到 1940 年时不得再用契约劳工；1922～1927 年创办的农园，到 1946 年后必须用 90% 的自由劳工；1928～1930 年创办的农园，到 1946 年必须完全雇佣自由劳工；1931～1941 年创办的农园，从 1942 年起必须采用半数

---

① 〔英〕W. J. 凯特：《荷属东印度华人的经济地位》，王云翔、蔡寿康译，厦门大学出版社，1988，第 254～255 页。

自由劳工。① 一方面，荷印政府为完全废除刑罚制裁制度在做努力；另一方面，美国参议院又通过"布莱恩修正案"，禁止输入任何"附有刑罚条件的契约劳工"所生产的产品，烟叶出口销售愈发困难。到 1932 年末，迫于形势需要，日里所有烟草种植园都废除了刑罚制度。尤其是后期殖民者考虑人力成本需要，逐渐转向大量使用爪哇劳工，契约华工数量显著减少。而且，从省外招来的劳工中也只有那些确能谋生的人留下来，其余的人都被雇主遣返回去。结果雇佣的劳工（包括华工和当地人）数量锐减，被遣送回国的华人也数以千计。到 1940 年以后，契约华工实际上数量已越来越少，逐渐由爪哇劳工所代替。表 5 - 3 是截至 1935 年苏门答腊岛东岸的华工人数统计资料：

表 5 - 3 苏门答腊岛东岸华工人数统计

	1930 年	1931 年	1932 年	1933 年	1934 年	1935 年
附有刑罚条件的契约劳工	26037	22245	17497	905	—	—
自由劳工	782	569	987	12918	12802	12550
共计	26819	22814	18484	13823	12802	12550

资料来源：〔英〕W. J. 凯特：《荷属东印度华人的经济地位》，王云翔、蔡寿康译，厦门大学出版社，1988，第 246 页。

随着日里种植园的衰落，契约华工使用数量的减少，土著劳工逐渐取代了华人劳工，但华人仍支配了主要外岛的市场经济。种植园的不景气，殖民者对华人身份控制有所弱化。定居下来的华人为生存需要，逐渐涉入各行各业，职业上也分散开来，逐渐地，华人成为城镇里最主要的商人及工匠，他们在工业界、商业界及金融界扮演了重要角色。② 除商业与工业外，还有一部分华人在苏门答腊

① 李学民、黄昆章：《印尼华侨史》（古代至 1949 年），广东高等教育出版社，2005，第 289～290 页。

② 潘翎主编《海外华人百科全书》，崔贵强编译，香港：三联书店，1998，第 162 页。

岛地区从事农业活动，其中契约华工占有相当重要的地位。他们租赁土地，从事种植蔬菜、甘薯、硕莪、橡胶等农业生产活动。除个别后来经营稍具规模的橡胶园外，他们之中的绝大部分和加里曼丹华农一样，从事个体小农经济的职业。但这也使他们能在这一行业维持相当不错的生活。据 1930 年统计，在苏北棉兰地区一带务农的华人共 17351 人，1920~1922 年向土邦租借地有 324 块，面积 616 公顷，每块平均不到 2 公顷；至 20 世纪 30 年代，长期租借地有 249 块，面积 1372 公顷（其中邦加 7648 人，廖内岛 6526 人，苏门答腊岛其他地区 3177 人），每块平均不超过 5.5 公顷。[①] 总体说来，由于荷兰殖民当局对华人拥有土地的限制，而且，遍布苏门答腊岛（集中在苏北和苏东）地区的大种植园绝大部分为西方资本主义所有，使得华人务农的数量并不是很多，也主要是分布在外岛种植园区附近。同时，由于华工数量的逐步减少，自 1920 年以来，从事木材业和渔业的华人也有所减少。此外，华人在整个苏门答腊岛东岸的沿海和内河航运以及那里所有的大河（其中有许多河流可以行驶海轮）航运业中的地位也很重要。[②]

到 1930 年，在苏门答腊东岸省已居住有 192000 名华人，占该省当年人口总数 1673623 的 11.5%，华人所占的比重逐年增加（1920 年只占 11.2%）。虽然这期间从爪哇移入的工人比华人移民多，但华人数目的增长仍然比当地人快。这说明，华人在其他经济领域（制造业、商业和农业）的活动大为增加。1920~1930 年，华人增加了 42%，当地人增加了 39%。首府棉兰有 27000 华人，占该市人口总数的 36%，是华人最大的集中地，表 5-4 为苏门答腊岛东岸省华人数量及籍贯统计。

① 陈碧笙：《世界华侨华人简史》，厦门大学出版社，1991，第 219 页。
② 〔英〕W. J. 凯特：《荷属东印度华人的经济地位》，王云翔、蔡寿康译，厦门大学出版社，1988，第 261 页。

表 5 - 4　苏门答腊岛东岸省华人数量及籍贯统计

单位：人

籍贯	在荷印境内出生者	在荷印境外出生者	合计
福建	30722	35750	66643
潮州	10000	26236	36363
广府	10540	24462	35089
客家	5568	9468	15099
其他	10711	28495	39628
总计	67541	124411	192822

　　大量的华人汇聚于棉兰，经济和职业日渐多样化，社会组织也逐渐健全起来。到 1930 年，苏门答腊东岸省（现已更名为苏北省）已经形成一个完全独立的华人社会。①

环苏门答腊岛的海洋贸易与华商网络

①　〔英〕W. J. 凯特：《荷属东印度华人的经济地位》，王云翔、蔡寿康译，厦门大学出版社，1988，第 250～251 页。

第二节　棉兰华人的海洋经贸活动与
　　　　华商跨国海洋贸易

一　棉兰华人的海洋经贸活动与组织发展

1. 棉兰华人的海洋经贸活动与地域分化

随着城市繁荣，人口聚集功能得以彰显，催生了棉兰商业的繁荣。相应的，华商实力也得到增长。

如玛腰丘清德①，在 1900 年前后开设江栈，联忠号，1913 年又增设万盛德号，并设分栈于星洲，均巨号也。拥有产业，为棉兰鲜有匹敌之富侨。② 除张榕轩、张弼士创办的日里华侨银行外，1913年，为便利华侨商业，丘清德又约同温发金、陈东和等 27 名侨商，联合创办了"中华商业有限公司"（又名"中华商业银行"），注册资本为 200 万盾，实收 100 万盾，经营一切金融业务。③ 棉兰其他商业组织还有棉兰维善祀社、棉兰轩辕行、潮州公司、惠州公司、福建公司、棉兰文华行、棉兰鲁北行、棉兰番鞋行、棉兰古城馆、棉兰合胜堂、棉兰福裕堂、棉兰广益堂、棉兰广华居、棉兰老吧公

---

① 丘清德，福建漳州海澄县新安社人，受任于 1922 年。初来时居住于老武汉，颇孚众望，官民信赖，荷兰政府选贤任能，于 1887 年担任老武汉雷珍兰之职务。
② 刘焕然：《荷属东印度概览》（丘清德 1940 年作于棉兰），新加坡南洋报社，1930。
③ 《南洋年鉴》癸 144 页，新加坡南洋报社有限公司，1951，转引自蔡仁龙《印尼华侨与华人概论》，香港南岛出版社，2000，第 96 页。

司、日里烟酒当公司等。到 20 世纪初，棉兰市仅华人人口已达 3
万左右，华侨商店 1000 多间以上。虽然具体的商业景象我们无法
描述，但透过《荷属东印度概览》记载华商于 1917 年发起组织神
州公司，负责创办神州学校的华商名单，我们也得以窥探棉兰华人
商业状况与华商实力。主要热心华商人士有刘洪光、钟汉翘、刘炳
寅、陶雁宾、阮吉生、伍满文、廖履初、冯少强诸先生，商店有祥
兴、广和、广万隆、广万祥、三益、朱有兰、广泰隆、永胜、东合
隆、昇昌、庆云芳、广顺和、祥珍、宝华、同仁堂、正和昌、公
益、瑞芝祥、佐记、广生财、均益等。① 同时，华商组织的发展，
不管是主动还是被动，亦能体现棉兰华商的繁荣。棉兰华商为维护
自身权益，响应清政府建立商会组织的动员，于 1909 年 10 月，在
张榕轩联络丘清德等华商的支持下，于 1910 年 11 月 2 日成立了半
官方性质的"日里中华商务总会"，会员有 600 余人。这个数字也
从一个侧面反映出当年棉兰市华人商业的繁荣景象。第一届总理为
张榕轩，第二届总理为张耀轩。②

　　到 1936 年，根据南京《侨务月报》统计，在苏门答腊岛东部
地区已经有华人 10 万余人，大半从事于农园劳动，还有一大部分
从事工商业。从事商业的情况是：经营糖、米、杂货者最多，共计
988 家，其中从事进出口批发者，棉兰有 13 家米商、8 家黄豆商、
8 家酱油商，其他各埠五六十家，大部分是小杂货店；咖啡店及旅
馆 361 家；布匹商 147 家；金店 160 家。缝衣、渔业、药材业都是
华侨经营。药材业在国货业中占 36% 以上，居第二位。全苏东商店
的 99% 操纵在广东、福建籍华侨手中，广东籍者有 1722 家，福建
籍者有 1516 家。③ 由此分析，外岛华侨多数从事原料生产或从事农

环苏门答腊岛的海洋贸易与华商网络

---

① 刘焕然：《荷属东印度概览》第五编"苏岛棉兰华侨教育总会过去之历史"，新加坡
　　南洋报社，1930。
② 〔马来西亚〕林博爱编《南洋名人集传》，点石斋印刷承印，1924，第 9 页。
③ 〔泰〕许茂春编著《东南亚华人与侨批》，泰国国际邮票有限公司编辑部，2008，第
　　301 页。

园生产，占 44.6%，从事商业者为 23.1%，从事工业者为 19.4%。而考证各籍贯华侨所从事的执业情况来看，在从事商业活动的华侨中，福建籍华侨多从事商业，以土产生意为主，广东籍华侨多经营杂货生意。如果再细分，漳州、泉州籍者多从事土产、鱼、米、布匹生意和经营印刷业、橡胶厂及油厂。兴化人操纵金融业。梅县籍华侨多经营杂货、酒类、鞋、首饰、缝衣、洗衣店及理发店。永定、长汀籍华侨多经营药材。广府人多经营饮食、旅店、照相业、土木工程及机器修理等。江浙人散居大城市，经营书店、印刷业，文具业、眼镜店、古玩及洗衣业。山东人经营布匹店，湖北人多经营镶牙业。①

　　具体到棉兰来说，华人的主要地域构成为今粤北一带的潮州人、惠州人居多，以及数量可观的闽南一带的福建人。潮州人和惠州等地华人从过去的巴耶巴西尔港口开始，历经老武汉港口的衰落，在日里地区主要活动是苦力劳动及相关的商业活动。而福建人除少量契约劳工外，大部分是从今天的槟城、新加坡、泰国的合艾、缅甸的仰光等地陆续再移民进入，从事着商业为主的经营活动，主要生活在棉兰市中心一带。因此，在日里地区的版图上，曾经广东人占优势的人口比例，开始向福建人倾斜。而且，由于后来的福建人主要为泉州、厦门同安一带的闽南人，他们以经商为主，生活在城市，在当时代表着先进的生产力。随着商业的繁荣，夹杂着一些印尼文的闽南话渐渐成为该地区华人的主要交流语言。这也凸显了福建人尤其是闽南人在棉兰的经济控制力。因而，在印尼棉兰的华人中多为福建人，主要经营土产，即是印尼的糖业销售、烟叶销售及橡胶等；第二是客家人，主要在布料生意、教书方面的工作；第三是广东人（普遍都指广肇以南和以西的人，潮州人、海陆丰人以及梅州人都不称自己为广东人）；第四是潮州人，主要从事

---

① 李学民、黄昆章：《印尼华侨史》（古代至 1949 年），广东高等教育出版社，2005，第 236～237 页。

农业和菜园的比较多，又称之为潮州怒汉，就是指潮州人粗鲁、没文化的意思。①

笔者采访棉兰鹅城基金会卢萌德先生也指出：他是1938年出生于印尼的第二代华人，其祖伯父是当时劳工的工头。他父亲移民过来后帮助其祖伯父管理工人，也是从勿拉湾港口进来的。当时移民过来的职业分布具有明显地域性，如广东人在园坵中工作，少数为木匠；福州人踩三轮车、开咖啡店，住在马达区；兴化人踩脚踏车、福建闽南一带也有人做杂货店的；广肇人主要从事木工；客家人主要做文书这一行业等。因为福建闽南一带经商的较多，潮州话、福佬话（惠州话）都与闽南话相近。因此，苏北省一带形成了以闽南方言为主流，并融入了一些潮州话、福佬话的共同性语言，即棉兰的闽南话。且因棉兰城市中福建闽南人占有优势，在整个苏北省地区应该是广东人占优势。但因为福建人的经济实力较强，又主要生活在城市，其语言成为主流就成为经济决定一切的必然结果了。②

根据20世纪30年代人口调查表明，福建人的经济活动以商业为主，客家人主要从事农业和采矿业，潮州人多从事原料的生产，而广府人则多从事工业。经济地位的不同，也影响着各地域华人群体的社会地位。早期的广东人大多是做苦力，因为人数较多，控制着园坵、菜园、码头的地盘。据说当时在观音庙的祭拜中，因福建人人数较少，站在前排的为广东人，后排的则是福建人。因此，福建人决定重新建筑一座自己拥有的观音庙，即为今天的寿山宫，旁边建有的福建会所而今仍存在。随着城市发展，经济融合，华人的地域和职业区分逐渐淡化，但是福建人的经济实力仍在这个城市占据着一定优势。在今天的棉兰城区，过去潮州人主要经营木材，如做棺木等工作，今天的生活聚居区主要是中层以下的人士。而且做

---

① 2008年3月17日于棉兰鹅城慈善基金会采访董事成员卢萌德记录整理。
② 2008年3月17日于棉兰鹅城慈善基金会采访董事成员卢萌德记录整理。

环苏门答腊岛的海洋贸易与华商网络

小吃的也是广东人居多，如叉烧饭、米粉鸭、客家面、潮州粥等，且多是独门经营的生意。而福建闽南人经商为主，目前的经济实力也较为强大。湖北人、海南人等更多是在 20 世纪 30 年代之后因为中国被日本入侵下南洋的，所以人数较少、职业分布也较为单一，湖北人多为牙医，海南人经商。① 这种格局在今天仍依稀可见。

除商业外，外岛华侨从事较大规模种植业的首推为张氏兄弟。"惟迩年橡皮业渐兴，仅华玛腰张鸿南氏之橡皮园，已有七八所，耕地近千亩，投资数百万，产额之盛，将驾烟叶而上之矣"。②

1910～1940 年的三十年，可以形容为西方在印尼的农业，确切说是世界热带农业发展的"繁荣时代"。③ 由于世界资本主义的大发展以及第一次世界大战的刺激，全球市场对种植作物的需求不断增长，使紧紧依附在世界资本主义经济中心的外围体系、主要为资源和原料供应的殖民地获得了繁荣景象。由此，作为连接腹地和港口的棉兰华人经济也迎来了一段发展的黄金时期。这以后直至日本南侵则处于缓慢发展的时期。

商业和种植业的繁荣，相应的，也催生了棉兰中心城市的大发展。城市的集聚功能也得以显现。作为 19 世纪末的小村庄，棉兰不仅成为人口聚集，商业活跃的中心，而且是当时各种农产品的集散地和加工中心。因为是新兴城市，市区街道与建筑物布局整齐，作为重要的商业城市，是苏门答腊岛北部地区经济中心。工业有炼油、化工、纺织、机械制造、椰油、橡胶制品、卷烟、肥皂、饮料等，设有种植园、油田和铁路管理局、货栈及与之紧密联系的国内外银行机构，是印民仅次于雅加达的金融和商业中心。外港勿老湾是现代化港口，是石油装运港，也是国内橡胶、烟草、剑麻和棕油

① 2008 年 3 月 16 日根据林来荣访谈记录整理。
② 林有壬：《南洋实地调查录》，上海商务印书馆，1918，第 257～259 页。
③ Christopher Airriess, "Port – Center Transport Development in Colonial North Sumatra," *Indonesia* 59（1995）：78.

的最大出港口。

2. 棉兰的华商与商业组织

虽然契约华工人口减少，但逐渐定居下来的华人在审慎中得到发展。这一时期发展较好的棉兰及其周边华人企业及企业家主要有：

棉兰糖米公会副主席张尚树，福建南安人，于 1907 年来南洋，抵棉兰，年仅弱冠，初任店伙计两年，略有积蓄，乃自创"福成利"商号，经营杂货。生意扩展迅速，"福成利有限公司"为棉兰巨号，规模宏大，从事出入口贸易，远达欧美各邦，近遍南洋各埠以及中国，其经营货品以咖啡粉、椰干、糖米及大农园之建筑材料，1934 年又创办福成利树胶厂，任总理，1935 年扩张厂务，招收股份，改为"福利橡胶有限公司"，1929 年，因扩充营业，增加股份，退为董事。此外，他还在棉兰至马达山中途辟有茶园，占地甚广，产量甚丰，质料亦甚佳，苏岛华侨经营大规模茶园者，唯此一处。在亚齐属冷沙，设有米厂，棉兰设有油厂，均属规模宏大指企业。服务社会方面，除苏岛华商糖米公会及中华营业公所任副主席外，历任苏东中学董事、中华商会执行委员。①

日里中华总商会②首任会长温发金，漳州海澄人，棉兰巨商新福兴店东。侨生于英属新加坡，由星洲（新加坡）来棉兰年仅 12 岁。温发金经商棉兰，其基业创自他的父亲温树桂。他父亲经商棉兰创设新福兴，销售杂货及板厂。温发金继承父亲基业后，贸易便愈见发展，成为今日棉兰之富侨，也是最老之因式字号。苏东中学初办之时，他不但斥资资助，当建设校舍，他还不避辛苦，规划指挥，监督建筑，竭尽其力。故苏东中学第一任主席即为温发金，一连四任。苏东中学为表彰其功绩，推崇他为名誉董事（按苏东中学

---

① 刘焕然：《荷属东印度概览》（张尚树 1940 年作于棉兰），新加坡南洋报社，1930。

② 棉兰早期有商会为张榕轩创建，初名棉兰中华商务总会，总理一职，必由华人玛腰充任，到丘清德玛腰时代，更名为日里中华总商会，会长改为由委员公选，温发金被推选为第一任商会会长。

只有四位名誉董事，丘清德玛腰、首任棉兰领事张步青、侨兴国货公司谢联棠与温发金）。后他又与丘清德创设福建会馆，并设互助部。至于其输将国用，为数更具。巨万之数，抗战以来，年有呈献，惟君不欲宣扬，故欲知之者鲜。计其 1926 年呈献者，为 2 万元；1927 年呈献者为 1 万元，1928 年呈献者 1 万元，皆出自动，非经人劝募者，其他零星散数，更不胜记。①

苏岛棉兰新中华报股东总理丘卫材，福建金门人，棉兰生活兄弟公司股东总理。年仅 17 岁时，家境中落，不得已废学经商。1916 年再来南洋，初到冷葛，任某商号书记一年，旋即自设店号"金合丰"，经营杂货，为时日 18 年，迁居火水山，经营砖厂，厂号"成美"，50 余岁后，又任巴眼亚比盐业公司总理。不久，盐业归官卖，又返回火水山经营砖厂，经过多年生活积累，于棉兰组织生活兄弟公司，专制肥皂，经营大批肥皂原料。生活兄弟公司成立以来，生意稳定，经济收入可观。于是丘卫材于 1934 年收购棉兰兴中华报，又兼及新闻事业。在社会方面，创办妇女家政学校、改良家政；创办棉兰智育会，广置图书，籍以启迪民智。② 1928 年曾任火水山中华学校总理，1928～1936 年任火水山中华义山总理，1932 年发起组织福建会馆，为首任总理，连任至 1933 年，1932 年任火水山中华商会及中华学校主席。至 1934 年，任新中华报总理，当时已经 70 岁。③

其他还有火水山的卢博文，以销售杂货的"昆记"起家，逐步发展到"源安"，为当地巨商；先达的沈成玉，于 1919 年创设有"玉成"号，经营糖米杂货兼进出口大宗贸易，代理亚细亚油业公司产品，成为先达的富商等。这些苏北省一带的华人企业家，在殖民地与日本经济的夹缝中求生，保持了华人经济的特性，也对华人

① 刘焕然：《荷属东印度概览》（温发金 1940 年作于棉兰），新加坡南洋报社，1930。
② 刘焕然：《荷属东印度概览》（丘卫材 1940 年作于棉兰），新加坡南洋报社，1930。
③ 刘焕然：《荷属东印度概览》（丘卫材 1940 年作于棉兰），新加坡南洋报社，1930。

经济在独立后的印尼发挥较大的贡献奠定了基础。[1]

商业的繁荣，与商业组织的变化密切。自棉兰中华商务总会于1910 年成立后，其职能远远超出商业范围。该商会促进华人之间的互助，帮助他们解决纠纷，遣送贫穷的华人回国，以及负担诸如此类的各种事宜发挥了应有的作用。棉兰中华商会的工作方针是通过组织以糖、米、什货为主的同业工会，团结各业侨商；由中华商会代表侨商与荷印政府打交道，为侨商谋利益；同时还要负责华人社会的公益事业，如办学校、养老院、幼稚园等教育和福利事业。[2]棉兰中华商务总会的成立，标志着侨商的团结，是华侨社会的一大进步。棉兰华侨商人以福建籍人居多，经济实力比较雄厚，其次是客家人、广府人以及潮州、海南人等，过去侨商彼此没有多少联系，偶尔还有畛域界线，遇事不能相互支援，商会这个组织，能把各行各业华侨商人团结起来，向荷印当局争取侨商的合法权益。[3]

苏东省一带的经济以欧资农场企业为中心，华商遍布各镇，深入民间，但经济力量不强，十之八九居零售商地位，能自营进出口者极少。苏东省中华商会联合会为荷印境内中华商会之一，虽不及泗水、巴达维亚各中华商会之重要，但棉兰市亦有华人 3 万（1935 年），华籍商店 1000 家以上。以苏东一省而言，则华侨有 19 万，各埠已经成立之中华商会，共有 13 处。全在以本会为中坚之苏门答腊岛中华商会联合会领导之下活动。据本会调查，棉兰市内所有华侨商店，于去年（1934 年）正月共有 978 间，现有苏东中华总商会会员已逾 600 名（内中外埠会员计 150 名），如此计算，则棉兰华商之加入商会已达半数。[4] 代表 1000 多家商店和商行

① 温广益、蔡仁龙等编著《印度尼西亚华侨史》，海洋出版社，1985，第 405 页。
② 黄书海主编《忘不了的岁月》，世界知识出版社，2003，第 430 页。
③ 黑婴（张又君）：《费振东在南洋》，《侨史资料》1987 年 4 月第 2 期，http://blog. si-na. com. cn/s/blog_649f7a4001015evs. html。
④ 刘焕然：《荷属东印度概览》之第五编《二十五年来的本会》，新加坡南洋报社，1930。

的权益。

另外，苏门答腊岛的棉兰又在 1931 年冬，由棉兰华侨实业家谢联棠氏"侨兴国货有限公司总理"，及大糖商信丰公司、利兴栈、福成利、福兴，怡成等发起组织"苏岛华商糖业杂货公会"。[1] 不久，棉兰又成立了糖米商公会，是经营糖米业的侨商联合组织，办公地点就在棉兰中华商会右侧。糖米商公会秘书姚尔融，是棉兰"侨生"，受中国教育，在他的努力下，糖米商公会的会务也日益发展。[2] 公会成立后，联络苏东及亚齐各埠之头盘进口糖商 170 余家，在各地组织分会，向 KPM 船局（荷兰朱敏船运局）及实得力船局订立了互惠互助合约：即领取爪糖及出口新加坡、槟城的苏东米粮杂货运费的佣金，成立迄今，业已十载。该公会七年前并在棉兰巴里街中段，购地建筑堂皇壮丽，宽敞适用之会所（苏门答腊岛中华商会联合会、棉兰中华商会及煤油上工会等都免费附设在内），而该会的产业，目前亦拥有 10 万盾做优质数额矣。[3] 棉兰糖米杂货公会成立，公会会员同时加入苏东中华总商会。

同时，棉兰的华人同业公会或工会也有很大影响力。这类组织在 1925 年共有 16 个（其中包括金银首饰业公会、屠宰业公会、制鞋业公会、烟草业公会和蔬菜水果公会等）。雇主和劳工都可取得同业公会的会员资格，因为在他们看来，这两类人之间并没利害冲突。除此之外，棉兰其他的商业组织还有：属于职业商务者的有：中华营业公所、华商布定杂货公会、苏岛华侨商业团、行商同业社、存益团、工商团、苏岛汽车商会、苏岛全属金业总工会及棉兰分会、轩辕缝业团、革履同业团、泥水同业团、中华油漆公会、中华木业团、广益团、华侨机器工会、金业商团、柴业合作社、理发

① 姚寄鸿：《荷印糖业及华侨糖商》，《华侨经济季刊》1941 年第 3 期，第 47～48 页。
② 黑婴（张又君）：《费振东在南洋》，《侨史资料》1987 年 4 月第 2 期，http://blog.sina.com.cn/s/blog_649f7a4001015evs.html。
③ 姚寄鸿：《荷印糖业及华侨糖商》，《华侨经济季刊》1941 年第 3 期，第 47～48 页。

同业团、苏岛中华汽车公会、华侨工联会、华侨齿科公会、海产公会、中国中央国医馆驻荷属苏门答腊国医支馆等。①

　　大量商业组织的成立和存在，保障了华人经济的快速成长，并主导着棉兰及周边的经济。但随着世界经济危机的影响，中小企业，绝大部分属于手工作坊、手工业的华侨工业，资金缺乏，在殖民地经济的夹缝中艰难生存。同样，华人商业由于经历了殖民地政府和日本占领政府的双重挤压，也经历了繁荣到萧条的过程，二战结束后，在区域经济上，棉兰也难再与槟城、新加坡共荣。尤其随着往来马六甲海峡商轮渐渐不再选择棉兰外港作为转口港，棉兰也就从 19 世纪末到 20 世纪中叶处在东南亚华人跨国纽带靠近中心的位置，而终于褪色为东南亚华人跨国商业与文化纽带上的一个次要节点。

二　棉兰华商的跨国海洋贸易活动

　　著名学者 Ruth McVey 认为：东南亚华人经济从 19 世纪以来就存在着区域性依存的关系。② 因而，历史上，在印尼、马来西亚或新加坡等国家还没有成立的时候，这三个国家基本上处于同一个经济文化领域，华商在此期间经常性地流动迁徙。如果中国大陆居民要漂洋过海到"新马印"地区，并不是用"要去印度尼西亚"，或用"要去马来西亚"，又或者用"要去新加坡"来表达，而是说"要下南洋"，意思就是说"要南渡大海洋"。正是在这种关系的基础上，东南亚华人的跨国互动频繁，成为一种常态。华商在这一地区特别活跃，华人资金与劳动力也在其间处于一种不断跨国流动的状态。

　　殖民地时期，传统国家和苏丹势力的疆域分布被打破，固有的

---

① 刘焕然：《荷属东印度概览》第四编"外岛重要市镇及名胜"，新加坡南洋报社，1930，第 58～59 页。

② Ruth McVey, "Change and Continuity in Southeast Asian Studies," *Journal of Southeast Asian Studies* 26（1995）: 8.

分离领土之间的联系得到加强。借助移民背景的家族性和地缘性，印尼华人已透露出明显的区域内互相依附、跨国流动的趋势。

20 世纪初，荷印殖民政府改变某些统治的策略和方法，先后废除一些限制华人的措施，客观上使华侨在贸易领域比过去有较大的活动自由。因而，无论是华人中介商、批发商和零售商业都得到了较大的发展。华人批发商和中介商大部分从欧洲输出入商行赊账和得到贷款，依靠信用从进口商那里得到商品而后批发转售给零售商和小商、摊贩。与此同时，爪哇、苏门答腊、加里曼丹等地区，部分华商也直接经营起进出口贸易业务了。有人甚至夸张地说："在婆罗洲一切商店，实际上不问零售什么，都是中国人经营的。除木材、烟草和橡胶外，全部出口贸易也都落在他们手里。"而且岛际之间的贸易活动更加蓬勃发展起来了。例如在西里伯斯岛（现苏拉威西岛）、马鲁古群岛、小巽他群岛与东爪哇泗水等地之间，华人批发商和中介商利用荷兰皇家轮船公司的定期轮船，从泗水或西里伯斯岛首府望加锡把各种商品运到各小岛的港口和城市，批发转售给当地的华侨商行。再从这些商行中收购回当地的农副土特产品，如椰干、树脂、白树油、木棉、燕窝、藤等转卖给泗水或望加锡的商行（包括进出口商）。①

（一）跨国海洋贸易的基础与构建

考虑到人力成本的需要，荷兰殖民企业开始减少中国劳工的输入，逐步大量使用爪哇劳工，这更加促使棉兰华人向商业移民的转变。作为连接资源腹地和勿老湾港的棉兰市政管理体系建立后，城市独立地位得以确立，发展迅速，渐成外岛商业中心、荷兰殖民者的主要据点。城市的发达，经济的繁荣，吸引着华人从马来亚、泰国、缅甸及英属新加坡等地移入，数量较大的是闽南一带的华人，他们以经商为主，抱着寻找生意机会的目的从周边再移民而来，与

---

① 温广益、蔡仁龙等编著《印度尼西亚华侨史》，海洋出版社，1985，第 388～389 页。

早期粤北、粤东一带的华人苦力有所不同，他们是带着资本而来的。据采访卢萌德①所言，过去广东人大量移民到苏北一带，最初是作为契约劳工，应该属于较早的移民群体，后期一些摆脱劳工身份的广东人通过经商也逐步进入城市，进而带领家中人陆续移居棉兰。而福建人作为劳工进入苏北较少，更多的是在勿拉湾港开埠后，因经商而再移居，与槟城、吉打、合艾、仰光等共同形成一个福建人贸易与文化圈。作为后来者，福建人没办法拥有土地及码头，因而进入市场较早。

华人在各园丘的日常生活需要，促使了经商华人的进入，虽然在荷兰种植园经济开始以前，属英国殖民管辖下的苏门答腊沿岸城市中，已有华人从事着贸易活动，并"主导着苏门答腊进出口商品的往来"。② 荷兰殖民者的到来，华商海洋贸易的主力地位虽受到削弱，但许多华商在荷兰殖民统治未能涉及的领域里，甚至跨国贸易方面，通过自身的服务和优势，仍在苏门答腊一些腹地城市与海峡殖民地的港口间发挥着重要的商业中介作用。

例如，直到 20 世纪上半叶，日里和槟榔屿，前者属荷兰在印尼的殖民地，后者是英国殖民政府的领地，中间相隔着马六甲海峡。而槟榔屿曾经是印尼、马来亚华人跨国生活的轴心。马六甲海峡两岸许多华商，很多人都是一般跨地区投资和贸易，商业遍及"别埠"，进而出现跨国生活。如林德水，墓碑上刻着故乡名称"吾贯"，在清代原属漳州海澄，后来改名"鳌冠"，归属今厦门市海沧区。更重要的是碑上记载的两个身份：一个是"日里"的甲必丹身份，另一个"中议大夫"，则是由大清皇朝授予的官衔。林德水生前，其事业与荣耀是在马六甲海峡西岸的日里；死后，他却长眠在马六甲海峡东岸槟城的福建义冢。在作为前英国属地的槟榔

---

① 祖籍惠州，为棉兰鹅城慈善基金会董事会成员。

② Christopher Airriess, "Port – Center Transport Development in Colonial North Sumatra," *Indonesia* 59（1995）：69.

屿，这座至今沿用中国"福建"地名的义冢，山上埋葬的都是闽裔华侨。他的墓碑反映出他效忠清朝，要子孙世代记得"吾贯"。从墓碑看林德水，可以四个关键词总结："荷印官员、英殖居民，大清臣子、魂归漳郡。"而与林德水同葬在槟榔屿福建义冢的还有一位邱登果，籍漳郡海澄县，是和林德水同一期但任日里的雷珍兰。据张少宽《槟榔屿福建公冢暨家冢碑铭集》，除林德水与邱登果，葬在槟城的荷印属地华官尚有谢崇义、邱珍兰、温拔卿、谢如仁、林安顿等，皆属荷属印尼的华侨。林德水与邱登果等生意在荷殖印尼棉兰，当官在荷殖印尼，而选择英殖槟城作为家居养老以至最后的葬身之地，如此情形之所以发生，实际上是移民、贸易、网络、市场与国家的情势使然。

根据马来西亚学者王琛发的研究，来自荷属殖民地的华商，他们生活、创业在荷属殖民地，而死后却葬在英属殖民地的槟城，但历史记忆又是指向中国，这是活脱的跨国写实。当然，这种跨国生活状况是建立在长期跨国海洋经济活动基础上。否则，这种状况毫无可能。

而且，这种跨国海洋经贸活动，我们透过槟城华商的视角亦可得以窥探。槟城五大姓氏公司，依托槟城、立足于血缘和利益考虑，其经营的触角延伸到泰国南部、缅甸南部，马六甲对岸的日里或棉兰则是当仁不让。1858～1865 年荷兰人在该地区扩展其殖民影响前，他们在苏门答腊岛东海岸的饷码经营已经很稳固地建立起来。而北苏门答腊阿萨汉地区进出口关税的收集及鸦片和赌博的饷码经营，已被委托给五大家族的一个亲密伙伴——槟城商人王文庆，他是暹罗许氏家族在槟城的合作伙伴，并掌控着 19 世纪 50～70 年代槟城的鸦片饷码，在这个饷码经营中，邱氏家族邱天德等人是其合作伙伴。在荷兰殖民深度介入棉兰控制后，即 19 世纪 80 年代后期和 19 世纪 90 年代初，五大姓氏仍控制了荷属东印度德里地区的饷码，而 1908～1910 年，他们与棉兰的某些客家人侨领合作，获得对整个苏门答腊海岸东部的鸦片垄断。^① 当然，五大姓氏的跨海洋经贸合作，除了经济利益使然，姻亲关系也是跨海洋进行的。一些跨方言群的通婚也被交织在五个形式的婚姻关系网中，如许氏、谢氏和陈氏家族与客家的胡氏家族订立姻亲关系，如谢增熠和陈谦福都与客家锡矿主胡泰兴的女儿结婚，而德里银行的创始董事之一、阿莎汉地区甲必丹邱昭忠的长子邱善佑是胡泰兴的外孙。^②

（二）华商跨国海洋贸易的具体表现

1. 以棉兰为中心的华商跨国海洋贸易活动

棉兰的近现代史是与华人在此地的长期耕耘分不开的，其中，张榕轩和张耀轩兄弟则是与棉兰开埠和发展壮大息息相关的华人。他们在棉兰的初建阶段的戮力经营，从而奠定了今日棉兰之根基。

张榕轩早年因家贫而前往东南亚谋生，成为当时华人张弼士的职员。他在巴达维亚与槟榔屿生意场上摸爬滚打三年多后，来到棉兰。凭着客家人擅于开垦和种植的特长，张榕轩在棉兰获得了发展的机遇。

1878 年，张榕轩与张弼士在离今棉兰市区十多公里的老武汉，合伙开设了万永昌公司经营商业。同时，他租借了一大片土地进行开垦，并招徕了一批家乡——广东梅县的乡亲和本地的原住民，边开垦边种植甘蔗、烟草和橡胶等经济作物。当时，有一位诗人曾参观过张榕轩的种植园，写下这样的诗句："垦土为栽吕宋烟，招士先办买山钱，收成利市真三倍，赢得洋银十万元。"^③ 仅两三年时间，张榕轩就在棉兰掘得了第一桶金。随着种植业的繁荣，棉兰的市区建设，商业发展均迅速跃进。但是当时棉兰的交通海运，一切对外国的运输却都操纵在荷兰人手中，甚至岛际间的货物运输也都

---

① Yeetuan Wong, "The Big Five Hokkien Families in Penang, 1830s – 1890s," *Chinese Southern Diaspora Studies* 1 (2007): 109 – 110.

② Michael J. Montesano and Patrick Jory, eds., *Thai South and Malay North: Ethnic Interactions om a Plural Peninsula* (NUS Press, 2009), pp. 208 – 209.

③ 〔马来西亚〕林博爱编《南洋名人集传》，点石斋印刷承印，1924，第9页。

得依靠荷轮，运输费形成垄断。而且荷兰运输公司对待华侨商务，诸多刁难。为此，张榕轩又联合张弼士投下巨资，集股创办了广福、裕昌两家远洋轮船公司，购轮船经营运输业，航行于棉兰、槟榔屿、新加坡、香港、上海各埠，大大拓展了棉兰与各商埠的联系，挑战荷兰人垄断运输费的天价。① 继后，张榕轩又思忖棉兰商业的繁盛而无银行引导资金周转，继续与当时东南亚华侨首富张弼士一起，集股创办了银行，以调剂棉兰全市的金融，它是棉兰创设的第一家华侨私人银行——日里华侨银行。

1879 年，张榕轩又把 18 岁的弟弟张耀轩从家乡广东梅县召唤到棉兰，协助他开展商务。兄弟俩先后投资数百万荷兰盾，在日里平原上开辟了七八座橡胶园和茶叶、油、糖等加工场，占地面积一百多平方公里，职工人数多达数千，最多时竟达一万多人。张耀轩还买下一处荷兰人经营不善的大种植园，并委托荷兰人为其 30 多个种植园的总管，成为第一个委任白人为总管的华人种植园主。在他们的种植园与加工场的职工里，有华人、马来人、爪哇人、马达人等，其中绝大部分为当地的原住民。张榕轩兄弟的经济活动不仅促进了棉兰地区的开发，而且为棉兰地区提供了大量就业机会。② 随着棉兰的崛起和繁荣，长期在爪哇岛经营的张弼士本人，也把荷属印尼的事业从巴达维扩展到北苏门答腊。

除专注于棉兰华社建设以外，张榕轩、张耀轩兄弟对祖国国内事务也是倾力支持。1894 年，张榕轩被委任为清廷驻英属槟榔屿副领事（当时没有正领事）。槟城与日里的勿老湾相距仅 125 海里，比槟城到马来亚其他地区更快，也比从日里到苏门答腊其他地区快。作为前任槟城副领事张弼士的继任者，张榕轩既任荷属日里的玛腰，又任清廷驻槟榔屿副领事，在马六甲海峡两地跨国行走。因

---

① 吴奕光：《苏岛闻人录》，2009，第 12~13 页。
② 《华侨成印尼棉兰地区开发功臣》，海外网，http://www.haiwainet.cn/n/2012/0802/c232660-17313714.html。

而，清朝要宣慰荷属华侨的上层绅商，不一定要到荷属东印度群岛，只要到槟城就可完成任务。除张氏兄弟外，日里有些身家较多的荷属华商，也多在当时英属殖民统治中心的槟城安家置业以保家产。这是华人早期跨国实践的历史见证。张榕轩之后继任的张耀轩，亦受清廷委为驻槟城副领事，因此荣誉加身后，亦官亦商，对祖籍地的建设兴起投入巨大。最为人津津乐道的是，他于1904至1908年为清廷承担起兴建潮汕铁路的重责。这条铁路虽然"在商业上并没有获得重大的成功"，却是中国现代化铁路的首创，"给全体中国人带来了自信心和民族自豪感"。① 而且，1912年，孙中山临时大总统特为张耀轩亲笔题写"博爱"大字一幅，以表彰他对辛亥革命的支持。

又如张弼士，在1866年左右获得荷兰殖民政府的首肯与资助，在巴达维亚附近的郊区进行开垦工程，开始投资于种植业（稻米、椰子）。19世纪70年代开始，其相关业务，先后扩展到荷属苏门答腊地区、英属马来亚地区，种植树胶、咖啡及中国茶等，甚至渡过马六甲海峡，在槟榔屿亦开始置产创业。此外，他还在英属文冬（今马来西亚彭亨州内）、英属巴生（今马来西亚雪兰莪州内）开办东兴公司，以开辟商场和经营锡矿业务。他在中国各地亦有大量的投资产业，例如在烟台开设酿酒厂（张裕酿酒公司）。拥有纺织厂（广州亚通织布厂）、金矿公司（广东开建金矿公司）和砖瓦厂（广州裕益砂砖公司）等，同时在汕头、大埔、广州等地亦广置不动产。1897年，张弼士还经李鸿章的举荐，参与了中国第一家华资银行，即中国通商银行的筹办。② 从19世纪70年代开始，张弼士的经济活动和社会影响力便逐渐跨越马六甲海峡，辐射两岸各重要

① 颜清湟:《张煜南与潮汕铁路（1904~1908）：华侨从事中国现代企业的一个实例研究》，吴凤斌译，《南洋资料译丛》1986年第3期，第139页。
② 李学民、黄昆章:《印尼华侨华人史》（古代至1949年），广东高等教育出版社，2005，第258~259页。

市镇。他在槟榔屿置业投资，包括在 1886 年创设的万裕兴公司，拥有轮船穿行于苏门答腊岛北部的亚齐和槟榔屿港口。1890 年初，张弼士被清政府委任为中国驻槟榔屿首任副领事，并次年末升任驻新加坡代理总领事，至 1897 年止。①

谢梦池（1847～1912 年），名荣光，字春生，1847 年在坤甸出生，受中文教育。既冠，与同伴六人转至亚齐谋生，尝承办军营伙食八年，然后移至苏岛西岸的哥打拉惹（Kota Raja），仍重操承包商，且范围越来越大，包括承建铁路、鸦片等项饷码。与此同时，受封雷珍兰衔（地位次于甲必丹），任 21 年之久，后升甲必丹，世称谢甲。且荷印殖民政府授予其"金星"勋章。他在该地置业颇多，1896 年（光绪二十二年）被委任为清廷驻英属槟榔屿领事（第三任），他结束在哥打拉惹的产业，将资本移入本屿。1901 年 8 月离职，1907 年再任至是年冬辞职，该位由其婿梁辉（广辉、字碧如、名廷光）接任。在此期间，他与女婿合创吡叻咖啡山锡矿公司，在淡汶与彭亨文冬两地开矿。在棉兰鸦片烟承包局，他亦有股份，曾任平章公馆协理。妻张氏，系坤甸市长千金，子一女四谊子三。1922 年在屿弃世，遗嘱拨 10 万元助慈善事业，譬如女学即是在这笔基金下办理。②

二战前夕，印尼棉兰华人企业多以进出口贸易之故，在东南亚区域内跨国经营的现象已屡见不鲜，如棉兰丘清德玛腰，拥有产业，为棉兰鲜有匹敌之富侨。1900 年先后开设江栈，联忠号，1913 年又增设万盛德号，并设分栈于星洲，均巨号也。③ 黄奕住的"黄日兴"在北加浪岸、巴达维亚、三宝垄、棉兰、新加坡、槟榔屿等地都设有分号或代理处。④ 张尚树的"福成号"远达欧美，近及南

---

① 〔马来西亚〕陈剑虹：《槟榔屿华人史图录》，Areca Books，2007，第 123 页。
② 槟城谢诗坚提供资料，未刊稿。
③ 刘焕然：《荷属东印度概览》（丘清德 1940 年作于棉兰），新加坡南洋报社，1930。
④ 李学民、黄昆章：《印尼华侨华人史》（古代至 1949 年），广东高等教育出版社，2005，第 247 页。

洋与中国；丘已村的生活兄弟公司，亦是跨国经营的范例。

　　在荷属印尼的贸易当中，有若干华商是做大口的输入商及输出商的，他们几乎都以荷兰商与日本商为对象做生意，但是在这方面华侨贸易所占的地位仅有一成左右，另外在米的输入及砂糖打输出方面则占极为优越的地位。[①] 米主要是从西贡、盘谷、兰贡、印度（这些地方，米的经纪及输出入业全部都掌握在华商手中）输入，其中九成左右是由华商承接。论其额，在世界经济恐慌以前其量有七十万吨，价格是八千万盾至一亿盾，输入金额占荷属印尼输入商品的第二位。……华侨对其他如大豆、日本商品及粮食品等是以直接输入的方式运营，而其金融几乎全部都依靠欧洲银行。输出也以砂糖为主，砂糖输出之际华商所扮演的地位不及米的输入那般意义重大。华商糖业者中爪哇收购糖而输出者，首推三宝垄的郭河东、黄建源等糖商。[②]

　　近代中国台湾、香港、澳门及其与东南亚华侨之间存在着广泛的跨国、跨地区经济联系和网络，特别是东南亚各国华侨之间的广泛经济联系，是华侨早期跨国实践的一个重要组成部分。根据日本学者杉原薰的推算，19 世纪 70 年到 20 世纪 30 年代，在东南亚内部，发生了超越殖民地统治的框架，向区域经济统合发展的倾向。[③]这其中，最为显著和耀眼的当推华人移民经济圈的跨国贡献。

2. 面向新加坡的华商海洋贸易网络

　　对于荷属印尼华商来说，与新加坡之间的贸易颇为重要，这当然与新加坡在东南亚贸易中是世界性的中心有关，但更重要的原因是荷属印尼工商业从新加坡华侨贸易商那边或多或少接纳了一些融资，并且荷属印尼特别是加里曼丹、苏门答腊的华侨输出业者与新

① 杨建成：《荷属东印度华侨商人》，台北中华学术院南洋研究所，1984，第 49 页。
② 杨建成：《荷属东印度华侨商人》，台北中华学术院南洋研究所，1984，第 50 页。
③ 〔日〕古田和子：《上海网络与近代东亚——19 世纪后半期东亚的贸易与交流》，王小嘉译，中国社会科学出版社，2009，第 223 页。

加坡的华侨批发商之间有密切的联络。①

苏门答腊东岸省，含省会棉兰的华人贸易，实际上都集中在新加坡。在朋卡利斯地区（以及英得拉吉利和占碑）有一个突出的情况，即种植西谷米的规模日益扩大。华人在沿海各地开办了许多西谷米去糙小工厂，其中有一些装配有现代化的机械设备。在塞拉潘姜地区就有一百多家这种工厂。货物多半是经新加坡海运到欧洲和美洲。1932 年，约有二万吨西谷米从塞拉潘姜运往新加坡。② 可以说廖内、英得拉吉利、占碑和苏门答腊东岸省的各种贸易和商业都操纵在华人手里。许多华商实际上只不过是新加坡资本家的代理人。③

华工贸易，荷兰殖民者改由直接到中国沿海城镇和香港进行华工贸易。有些专轮往来于这些城镇与招工地区之间，有些定期班轮除了装运货物和普通旅客，也装运卖身华工。从汕头开出的轮船很少中途停泊，而是直达东苏门答腊棉兰的勿拉湾；从香港开出的轮船一般都在新加坡停泊一天，卸客卸货后再开至邦加的文岛或东苏门答腊的勿拉湾。根据布赛尔的记载，"从 1890～1914 年间，德国轮船公司在勿拉湾及华南港口之间，来回运送中国苦力，但从 1914 到 1931 年，K. P. M（荷兰皇家轮船公司）船只运劳工来苏门答腊"。④ 1876 年的报告书中，有提及 70 名原来持有新加坡船票的新客被送到槟榔屿出售，便是一个例子。槟榔屿副华民护卫司得悉后，即往监禁这些华工的客馆调查，并要求当地的警察长介入。最终调查清楚其中 28 名已被廉价出售，4 名到威省，4 名不知去向，另外 20 名则远售到苏门答腊的日里。在 1878 年，新客的数目是

---

① 杨建成：《荷属东印度华侨商人》，台北中华学术院南洋研究所，1984，第 51 页。

② 〔英〕J. W. 凯特：《荷属东印度华人的经济》，王云翔、蔡康寿等译，厦门大学出版社，1988，第 252 页。

③ 〔英〕J. W. 凯特：《荷属东印度华人的经济》，王云翔、蔡康寿等译，厦门大学出版社，1988，第 262 页。

④ 转引自温广益、蔡仁龙等编《印度尼西亚华侨史》，海洋出版社，1985，第 216 页。

24818 名，一年后则稍降至 21523 名，而在华民护卫司署签订的契约却只有 8570 件，其中在槟榔屿工作的有 4215 件，在槟榔屿外苏门答腊的则有 4355 件。在 1877 年法令下注册的有 15 名正式招募代理人，以及八间坐落于福建街一带的客馆。[①] 新客们多被发配到槟榔屿、威尔士两地开荒拓地，其中一些被转售到霹雳的矿地，或跨海到荷属东印度，包括苏门答腊岛。实际上签下合约在槟榔屿、威尔士两地工作的只有 6939 件，而同意在两地以外劳动生活的却达 12104 件，基本上折射出华工劳动力的流向。[②]

苏东地区木材采伐业的兴起亦与新加坡的建设和贸易发展有密切关系。因为新加坡地区缺乏木材业资源，而当地的建筑、造船及生活用的燃料都要用大量的木材。同时，新加坡又是一个得天独厚的货物转口贸易站。而苏东地区林业资源丰富，距离新加坡较近，运输便利，在 19 世纪中叶，宾坦岛、吉利门岛即已出现华侨的伐木场。但由于岛小，林木资源有限，后来逐渐转移到苏门答腊岛东岸的孟加丽，廖内的林加岛等地。1880 年这些地区的林木企业已有数百家，不过中、小型企业居多，资本及规模都不大。这些木材厂的企业主相当大部分是居住在新加坡地区的华侨。据 1898 年统计，孟加丽地区的 131 家木材厂中，一家属槟榔屿华侨，128 家属新加坡华侨，只有两家才属印尼的华侨。[③] 此外，在亚齐和占碑也有部分伐木场。苏东（苏门答腊东岸省简称）一带的伐木场除伐木外，还分别开设了初步加工的锯木厂、船梁锯制厂、木柴厂、烧炭厂等，然后将产品运至新加坡等地。1913 年后，木材采伐场中已没有锯木厂，因为改为将圆木直接出口到新加坡，在新加坡设立锯木厂进行加工；船梁锯制厂相当多，这是为了适应新加坡造船业及海运

① 转引自温广益、蔡仁龙等编著《印度尼西亚华侨史》，海洋出版社，1985，第 216 页。
② 〔马来西亚〕陈剑虹：《槟榔屿华人史图录》，Areca Books，2007，第 22 页。
③ 〔美〕W. J. 凯特：《荷属东印度华人的经济地位》，王云翔、蔡康寿等译，厦门大学出版社，1988，第 235 页。

发展的需要；染料厂特别是木炭厂的数目相当多，这是为了供应新马等地居民的生活需要。[①]

特别值得一提的华侨对巴眼亚比（Bagan Siapiapi）渔场开发所起的有益作用。巴眼亚比位于罗甘河下游，原来是一片荒凉沼泽之地。据《同安县志》记载："清同治年间（1862～1874），翔凤十三都（今同安新店公社洪厝大队）洪思返、洪思良……共十一人在洋业渔，冒险寻至其地，见山川秀丽，鱼虾充满，因筑草庐其间，以收渔利……后获利渐丰，以次建筑屋舍，人烟稠密，户口数万，遂成贸易市区。"经过华侨十年的辛勤劳动，巴眼亚比已发展成为世界上最大的渔场之一，与挪威的卑尔根、荷兰的艾默伊登齐名。[②]据1928年的统计，巴眼亚比经营渔笼渔业的有400多家，其中绝大部分是华侨经营的。巴眼亚比生产的鱼、虾主要是加工后出口至各地销售。从1907年1月到1925年年底，当地出口的鱼和渔产品，包括鱼虾酱和虾屑等，平均每年达34000吨，产值约达550万盾。1929年上升到52000吨，产值达700万盾以上。[③]巴眼亚比的渔产品，腌鱼和鱼虾酱等，主要出口到爪哇，虾类则多出口到新加坡。鱼屑则多销售到西加里曼丹、邦加、勿里洞、廖岛等地。巴眼亚比的渔业生产在20世纪20年代末可说已经发展到高峰。[④]

而且，笔者在田野调查中了解到，印尼华人既有源自中国本土的华人移民，也存在着数量巨大的周边华社再移民，如新加坡、泰国及马来西亚的再移民。他们基于共同的语言、文化和传统，三地华人的跨国联动十分频繁。尤其是19世纪末，华人资本也在一定程度上也以这一传统而跨越国境发展。尤其是19世纪末印尼华人资本的形成，也在一定程度上以这一传统为依托跨越国境发展海洋

① 温广益、蔡仁龙等编著《印度尼西亚华侨史》，海洋出版社，1985，第412～413页。
② 温广益、蔡仁龙等编著《印度尼西亚华侨史》，海洋出版社，1985，第129页。
③ 温广益、蔡仁龙等编著《印度尼西亚华侨史》，海洋出版社，1985，第410页。
④ 温广益、蔡仁龙等编著《印度尼西亚华侨史》，海洋出版社，1985，第411页。

经贸。

小　结

总之，正是这些不同形式的跨国实践，为印尼棉兰及其周边地域华商个体与组织之间的跨国往来构筑起一个绵密的跨国交织网络。它使空间上分隔的新马印华人社会和中国及侨乡社会可以在同一时间内互相慰藉，相互支援，发挥着跨国主义的关联效应。

殖民地时期，因移民背景的家族性和地缘性，东南亚华人就已透露出明显的区域内互相依附、跨国互动的趋势。他们以地缘和血缘关系为原则组织起来的华侨资本及其企业，不仅在国内建立了相互间的信用关系和商事往来，而且把这种关系扩及整个东南亚地区，在 13～19 世纪中期长达 600 年的历史岁月中不断经营出成果。由此，东亚、东南亚华人社会因亚洲经济贸易圈、华商网络的发展而形成的跨国互动，也一直影响和形塑着东亚、东南亚华人社会的发展与变迁。

第 六 章

环苏门答腊岛的港口变迁、海洋贸易、华商网络与海洋中国

第一节　港口变迁、商品要素与华人活动

一　多重要素、多元特征的港口变迁

环苏门答腊岛的诸多港口，伴随着海洋贸易的兴盛而逐步崛起。而海洋贸易的发展，又得益于诸港口扼守东西方交通与贸易要道。因而，古代的波斯人、阿拉伯人、印度人自印度洋而来，在南中国海开展频繁的贸易活动，且多数发生在环苏门答腊岛地区诸港口。著名历史学家霍尔指出："东南亚的西部港口与印度的关系可以追溯到史前时期，双方的商人和运货人都参与了这种往来活动。"[①] 同时，他们也与来自中国东南沿海的中国商人实现人、财、物的有效对接，互通有无，实现了东西方的经济与文化交流。商人互动、政治更迭、商品种类要素此消彼长、中国影响及其后来殖民者的到来，皆成为形塑东南亚港口不断变迁的因由。

东南亚因地理的破碎，未曾出现过大一统的国家。更多历史时期是以港口为中心的城邦国家，大多以海洋贸易立国。但因记载缺失，许多已无从考证。而中国史籍的记载成为该地历史溯源不可或缺的依据。本书在此不一一赘述。其中，中国史籍对苏门答腊岛及其周边港口或者城邦国的记载，较早提到的是阇婆、巴赛、蓝无

---

① 〔英〕霍尔：《东南亚史》（上册），中大东南亚历史研究所译，商务印书馆，1982，第31页。

里、婆利（巴厘）港、诃陵（爪哇）与末罗瑜（占碑）等，涉及地域广泛。婆利自公元 630 年遣使以后，就不见于中国载籍，它与中国进行贸易，确是较早时期的事。《唐书》记载说："俗以夜为市，自掩其面。"但这并不能证明它在唐初以后曾与中国通商。这个国家有可能被其邻国诃陵国吞并，而诃陵国是在公元 640 年被首次提到的。末罗瑜也只在公元 644 年派遣过一个使团到唐代中国；其后唯有义净在公元 671～672 年提到此国（称作末罗瑜）。随着印支半岛地区扶南王国走向衰微，印度尼西亚古国室利佛逝逐步崛起，并将许多周边小国逐渐吞并，形成一个在东南亚实行海洋贸易的垄断性商业新帝国。它不仅牢牢控制着马六甲海峡、爪哇海的制海权，成为一个海洋性强国，而且是苏门答腊岛东南部"四海为家"的海洋商人的聚居中心，风光无限。

室利佛逝由一个佛教的学习中心，进而成为一个海洋性商业大国，夺得东南亚海岛地区的"商业霸权"。在五十余年内，它基本上控制着东南亚的所有商业和商人，并与中国往来密切。唐代贾耽记载了从广州经交州、占婆、马莱半岛东岸的郎趣成、苏门答腊岛的室利佛逝、马来半岛西岸的揭茶，而至印度、阿拉伯帝国首都巴格达的航程。[1] 其早期都城旧港又称巨港，为苏门答腊岛一大都会，自古以来就是东西方海上贸易往来的重要枢纽之一。[2] 而在义净第一次到巨港时，巨港不仅是佛教徒集合的中心地，而且是东西方航运贸易的汇聚地。其后继起的三佛齐帝国，仍以苏门答腊岛的巨港、占碑为中心，向北延伸，并横跨马六甲海峡，延及马来半岛大部分地区，也是称霸一时的海洋性强国，并继续与中国有着密切的官方往来。

室利佛逝的崛起，得益于陆上帝国扶南国的衰落。因而，早期

---

① 转引自桂光华《室利佛逝王国兴衰试析》，《南洋问题研究》1992 年第 2 期，第 56 页。

② （元）汪大渊：《岛夷志略》，"放拜"条，苏继颃校释，中华书局，1981，第 377 页。

透过地峡进入苏门答腊岛周边港口，进而直达印度、中东的海陆结合贸易，切实转向了海岛型贸易。这是环苏门答腊岛地区海洋贸易大为繁盛的前奏。公元 1025 年，南印度的注辇王朝成功攻占马六甲区域的各港口，室利佛逝海上帝国时代随之结束。不过，东南亚的海上贸易却迎来了新的发展局面，海洋性贸易渐渐成为主导。11 ~ 12 世纪，印度商人、中国商人、阿拉伯商人等都从印度洋而经马六甲海峡，更广泛地进入了东南亚各港口开展贸易，甚至直接到达东南亚的香料产地。随着贸易的发展，爪哇岛北部和东部的港口也连通起来，通向中国途中的越南南部沿岸贸易也重新恢复了活力。这一时期，东南亚与中国的海洋贸易规模逐渐扩大，重要性不断上升。而出现这种变化的主要原因是宋朝时期，中国北方陆路贸易受阻，政府遂转而重视海外贸易。与此同时，半岛地区缅甸蒲甘王朝的兴起以及吴哥王朝强盛起来，并积极参与国际贸易。由此在后室利佛逝时代直接拉动了孟加拉湾地区贸易的发展。在这个区域，马来半岛北部、苏门答腊岛西北沿海与南印度、斯里兰卡国际航线紧密联系着。此外，在苏门答腊岛南部以及马来半岛南部的国际海洋贸易也持续活跃。[1]

继承室利佛逝帝国而崛起的三佛齐帝国，仍以巨港为中心，充分利用交通要道和土特产出口的区位优势，同时吸收印度、中国和阿拉伯三种文化，因而发展最快、占地最宽、势力最大。三佛齐帝国曾多次遣使向宋朝廷贡献乳香、水晶、犀象、火油等物，中国皇帝则赐予丝绸、瓷器等名优手工制品。进贡和赐赠实际上是封建社会里两个国家之间的宫廷贸易关系，是当时对外贸易的一个组成部分和特殊形式。许多随船而来的"贡使"和"番客"也是打着"进献方物"的招牌来中国做生意的。[2] 由此说明，中国宋王朝与

---

① 赵文红：《试论早期东南亚海上贸易的发展与特点》，《东南亚纵横》2009 年第 4 期，第 43 页。

② 马冠武：《论华商在宋钱流入印尼古代诸国中的作用》，《广西金融研究》2004 年增刊，第 53 页。

三佛齐为代表的东南亚诸国官方与私人贸易之兴盛。

继之 13～15 世纪，海上贸易的主导权转移到新柯沙里（1222～1292 年），以及更为强大的满者伯夷（1293～1528 年）。这些有着广阔内陆腹地的海洋性国家，仍以海洋贸易立国，但其所具有的腹地优势是他们能够崛起的保障。虽然，这一时期环苏门答腊岛的海洋贸易与港口，仍是以马六甲海峡沿岸为主，偏重于苏门答腊岛南部。但印尼群岛，尤其是爪哇岛的各港口也得到有效开发。他们依靠扼守港口、航线的优势，依托自身出产的商品资源，得以强大起来。但无论怎样，与中国保持着朝贡贸易，依靠遥远中国的某种声威和贸易，仍是多个城邦国家繁荣复兴支撑。一直到马六甲王国出现，它既是环苏门答腊岛海洋贸易格局的发展高峰，也是这一格局改变的嚆矢。它的出现是环苏门答腊岛海洋贸易多重因素塑造的结果。

马六甲港口的崛起，及马六甲王国（1405～1511 年）的出现，是环苏门答腊岛海洋贸易彻底转向以马来半岛西岸为中心的开始，也是该区域海洋贸易发展的新开端。马六甲王国依托的马六甲港口，为天然良港，易于风帆船舶停留，从而汇聚东西方商人前来。更进一步的，它更靠近香料和胡椒贸易产地，有着源源不断的商品供应，是其强大、崛起的保证。当然，马六甲的立足与强大，与中国明朝政府的强力支持不无关系。在 15 世纪初，马六甲因郑和七下西洋的舰队停驻，从而建立起与中国的紧密关系而得以威名远播，郑和的舰队是马六甲王国强大和繁荣的安全保证。相应的，中国则通过马六甲港口的中转，与世界各地频繁地贸易交往与人文交流，中国海洋事业亦走向巅峰。中国短暂地获得了东南亚、印度洋的海上优势。因而，审视东南亚诸港口的繁荣走向，可知大多遵循以下一种趋势：只要印度与中国有所联系，并且通过马来半岛作为中介，贸易就不会中断。而这三个地方的相互联系，即马来半岛提供原材料，中国与印度生产制成品，从而形成利益共生链。由此，远距离的印度到中国的贸易利润汇集于此，短距离的群岛间及半岛间的利润也同样在此集中，人流、物流、财流集聚，开创了马六甲及其众多港口前所未有的繁荣景象。

然而，盛世中也难掩马六甲港口的衰落。这既有其自身的原因，但外部的冲击，尤其是葡萄牙殖民势力的东来，进而占据马六甲港口，并试图垄断这种海洋贸易，从而导致马六甲港口日趋没落。1511 年，马六甲港口的陷落，既是东南亚近代史的开端，也是环苏门答腊岛周边地域陆续陷入殖民势力范围的开始。间接的，葡萄牙以果阿、马六甲和澳门这些商业堡垒为支点，依靠海洋的征服，16 世纪后半叶至 17 世纪 40 年代的澳门贸易与果阿、长崎、马尼拉、东南亚等各大贸易区域互相沟通，连接欧美，开创了东南亚，乃至全球性海洋贸易的新时代。

葡萄牙在环苏门答腊岛周边海域的海洋殖民和贸易垄断，打碎了旧的海洋贸易格局，试图建立有利于自身的贸易，但终难如愿，却摧垮了马六甲港口的繁荣和优势地位。1511 年以后，马六甲王国实际上已不存在了，马六甲港口也开始没落了。在马来半岛上，出现了继承马六甲王国的许多国家。譬如说，柔佛帝国和霹雳王国，但马来亚人对马来群岛的大部分领土（特别是苏门答腊岛的东海岸）的控制，已经一去不复返了。同时，许多新的商贸港口依次崛起。中国商人由于受到葡萄牙的排挤，于是改道马来亚东岸、暹罗湾的北大年、曼谷、越南以及苏门答腊岛的其他口岸做买卖。[1] 为扩大葡萄牙的势力，挽救马六甲港口渐趋衰退的海洋贸易，葡萄牙人又在 1545 年占领了下港，即万丹。虽未能重现马六甲港口时代的海洋贸易辉煌，但它间接地使西爪哇的经济追赶上东爪哇和中爪哇，奠定了其日后成为爪哇全岛政治、经济和文化中心之一的基础。而且，正是因为葡萄牙的海洋贸易政策，使得望加锡、马辰等

---

① 〔新加坡〕王赓武：《南洋华人简史》，张奕善译，台北：水牛出版社，1988，第35～37 页。

逐渐崛起为贸易据点。当然，这也是殖民统治后贸易产品扩大的结果。

　　无论是有意还是无意，葡萄牙人的海洋贸易垄断政策催生了许多贸易港口的崛起，这已成为无法改变事实。相应地，这就导致葡萄牙商人无法在亚洲市场形成本国出口商品的优势，缺乏可以控制亚洲现行生产体系的资源。他们只能采取各种手段，带着商品往返于各港口之间，进行"很不起眼"的购销转售，参与亚洲贸易。这种贸易给葡萄牙人带来的好处其实相当可观。葡萄牙人在亚洲拥有广阔的殖民地、丰富的资源、优良的港口，特别是中国人、印度人、阿拉伯人、东南亚各国商人千百年来开拓的商业、航运网络和广阔市场，葡萄牙人"受到居住在葡萄牙人所控制的港口的富裕的亚洲商人所提供的支持、鼓励和启发"，取得满意的贸易收益。[①] 它不是大量从本国输出商品，虽然有效地降低了远程海运所带来的风险和经营成本，但庞大的殖民地并未能促进葡萄牙国家的持续强大，辉煌难以为继。到 16 世纪末，随着荷兰人开辟好望角直航巽他海峡直达中国的航路后，荷兰人和英国人就逐步取代了葡萄牙人的贸易地位。

　　葡萄牙、西班牙所开创的全球海洋贸易，使亚洲与欧洲紧紧联系在一起。这也使欧洲的另一个强国荷兰十分觊觎。荷兰殖民者追随葡萄牙前往东方海洋贸易的步伐，虽屡经阻拦、挫折，但巨大的利益诱惑仍驱使他们走向东方，开启殖民贸易的掠夺。在获得中国瓷器、丝绸等高利润商品并为其所折服后，荷兰殖民者一直在苏门答腊岛及其周边区域锐意进取，力图开创面向中国的海洋贸易。虽然他们先占据台湾，然后又被迫退出，但终于 1619 年牢牢控制了巴达维亚，从而赢得面向东方中国海洋贸易的制高点。在荷兰殖民者精心营建下，巴达维亚迅速繁荣起来，取代了万丹的地位，成为

---

① 李庆新：《1550～1640 年代澳门对东南亚贸易》，《广东社会科学》2004 年第 2 期，第 109 页。

群岛区域贸易的中心与中国帆船"西洋航线"的终点。每年都有中国帆船来到这里开展贸易，在华商贸易网络的形成时期（1619~1680年），平均每年有5艘中国帆船抵达巴达维亚；到鼎盛时期（1680~1740年），除了4年中断外，平均每年约有20艘帆船来到这里。[①] 当然，巴达维亚的海洋贸易盛况，是与华人大规模进入，以及华商网络体系沿苏门答腊岛周边地域逐渐构建成型密切关联。继之又占领望加锡和万丹，荷兰东印度公司从根本上巩固了对马六甲以东岛屿的控制。对于自由海上贸易来说，虽然仍然保留着个别也算重要的商贸中心，譬如马辰，一个主要由中国人前往、倍受欢迎的胡椒港口，但是原则上，无论在销售方面还是在商品多样化方面，现在可能更加紧密地依靠荷兰人的权势。[②]

在这段时期，欧洲资本主义正处于上升的阶段，且对外贸易方面，葡萄牙和西班牙已趋衰微，而英国却以锐进的姿态猛然向前发展，并与荷兰展开激烈的竞争。从18世纪30年代开始，英国逐渐在亚洲的争夺中占了上风，荷兰东印度公司的区间贸易随之衰落。1732年，荷兰在科罗曼德尔海岸的首要殖民地纳加帕塔姆和锡兰岛上的重要殖民地亭可马里（Trincomalle，斯里兰卡港口）被英国占领。1795年，荷兰的势力被英国从印度、锡兰、马六甲、班达、安汉和柯钦赶走，他们在马来半岛的殖民地也被英国人占领。荷兰的势力被逐出东印度，重要殖民地好望角也陷入英国人之手。[③] 就在这一年（1795年），荷兰共和国被颠覆，1799年荷兰东印度公司也终止了它将近200年的历史。虽然如此，在荷兰东印度公司存在的近200年（1602~1799年）的时间里，它堪称远东海域最具优势的

---

① 〔荷〕包乐史：《巴达维亚华人与中荷贸易》，庄国土、吴龙等译，广西人民出版社，1997，第110页。

② 普塔克：《1600至1750年前后的华南港口和亚洲海上贸易》，杨芹译，载《海洋史研究》第一辑，社会科学文献出版社，2010，第241~253页。

③ Ramkrishna Mukherjee, *The Rise and Fall of the East India Company* (New York & London, 1974), p. 109.

西方海上强国，① 为它赢得"海上马车夫"的誉称。

与此同时，英国人莱特于1786年利用马来半岛国家吉打苏丹正陷入暹罗的压迫之下苦寻外援的机遇，通过积极交涉和欺骗手段，使吉打苏丹献出槟榔屿。虽然双方协议要求英国必须保护吉打安全，但是英国从未履行义务。不久拿破仑战争爆发，荷属马六甲托管于英国，在此期间，马六甲也成为英国不可分割的部分。尤其是1824年的《伦敦条约》，最终确认了马六甲归属于英国的地位。其时，英国人莱佛士也在为获得另一个更有利的战略点——新加坡而不懈努力，于1819年租下新加坡，进而实现控制新加坡为英国所有。1826年，槟榔屿、马六甲、新加坡合成统一的区域——海峡殖民地。海峡殖民地是英国东印度公司在马来半岛最先建立的一块殖民地，也是一块向马来半岛内陆继续扩张的基地。② 本着军事和贸易的需求，英国人后来居上，在槟城、新加坡、仰光等地建立商馆或殖民地，并以其所建立的殖民基地组建各自的贸易圈，与欧洲和美洲直接贸易，形成了世界性的贸易网络。这一间接触发东西方直接贸易的网络，大大激发了欧美各地对远东商品的需求，也带动了远东贸易网络地区的经济开发，由此创造了前所未有的谋生机会，成为中国东南沿海海外移民的拉力。③ 而置身于世界贸易网络中的这些港口开发，也对邻近区域海洋性产业和港口的崛起有着不小的带动作用。泰国的普吉、印尼的棉兰、泰国的宋卡等，由此构建起一个跨国的海洋贸易网络。

在英国侵占马来亚之前，华人在马来亚进行的商业活动，主要是从中国带来陶瓷、丝绸等商品，带回马来亚的香料、锡和奇珍异

环苏门答腊岛的海洋贸易与华商网络

---

① 聂德宁：《明清海外贸易史与海外华商贸易网络研究的新探索——包乐史著〈巴达维亚华人与中荷贸易〉评介》，《中国社会经济史研究》2000年第3期，第89页。

② 卢虹：《试析英国在马来半岛的殖民扩张（1824～1874）》，硕士学位论文，苏州科技学院，2014，第11页。

③ 庄国土：《海贸与移民互动：17～18世纪闽南人移民海外原因分析——以闽南人移民台湾为例》，《华侨华人历史研究》2001年第1期，第31页。

宝等土产，进行的是以货易货、互通有无的交换贸易。因而，英国最初侵占槟榔屿，特别是新加坡的一个重要目的，就是要以之作为与中国和东南亚进行贸易的集散基地，推销英国的工业品，取得马来亚及其周围地区和中国土产与原料。要达到这个目的，就需要有大批的中介商和零售商，通过他们把英国的工业品送到中国和东南亚地区的消费者手上，又通过他们把中国和东南亚地区的土产和原料收集起来，以便出口到英国去。① 尤其是 1819 年莱佛士占领新加坡之后，英国凭据着强大的工业生产力量，急于寻求货物的销售市场。而莱佛士一向的方针又是借中国帆船的力量来开辟新加坡的对外贸易。因而，位于马六甲海峡的西南端，处于印度、中国和马来群岛间贸易往来的交汇点这一战略位置的新加坡，因其提供的港口、仓储、银行等便利独一无二，使它比在这个地区的其他任何港口更为优越，更具吸引力。

我们知道，东南亚最重要的航道，第一是马六甲海峡，第二是巽他海峡。东南亚港口交通中心相继兴起于这两条航道两岸。东南亚交通中心转移的方向是：从半岛到海岛，又从海岛回到半岛；近代则定格在马六甲海峡峡口、马来半岛最南端的新加坡。新加坡既有的历史要素，独特的地理区域，尤其是英国人实行的自由港优惠政策，成为吸引周边各地商贾前来贸易不可多得的理由。因此，新加坡迅速成为对华贸易的重要基地。马来群岛的海峡产品、印度的棉花、鸦片和英国的工业品，经英国东印度公司和其他商人之手运抵新加坡。在这里，商船领取对华贸易的执照，继续运载原货前往中国贸易；或者，出售给中国商人，依靠中国的大帆船将这些货物运往中国。同时，中国帆船也会运来英商需要的诸如丝绸、瓷器、茶叶等中国特产。于是他们又将这些中国货贩运到印度和西方。甚至，殖民者还利用新加坡作为对华鸦片输入的贸易中转站。多重合

---

① 林远辉、张应龙：《新加坡马来西亚华侨史》，广东高等教育出版社，1991，第 141 页。

力作用之下，新加坡遂崛起为近代环苏门答腊岛区域海洋贸易的中心和焦点，成长为东南亚区间海洋贸易的枢纽、东亚的贸易中心、金融中心，更是东南亚华人移民的重要聚居地。

纵览环苏门答腊岛区域港口的兴衰，发现它们的消失受到内在和外在多重因素的影响。它们之间某种形式的联动往往导致港口的崛起或者衰败，并有所迁移和变动。航路变更，商品消费变化，中国政权、政策更迭，以及殖民政权轮替等，往往意味着一批海洋城市的衰败，同时又是另一批海洋城市的兴起，透射出环苏门答腊岛区域复杂的政治、经济和商贸格局，以及各种海洋势力在此区域博弈的现实。

二 商品要素变化与华人活动

环苏门答腊岛区域的港口变迁，除政治和殖民因素之外，商品贸易的消费影响尤为显著。而且，纵观该区域的海洋性商品贸易发现，每个时代，环苏门答腊岛地区的商品贸易，始终存在几个主导性的世界性商品，不管是产自环苏门答腊岛周边地域，还是来自中国，甚至来自遥远的南美洲，因其而实现的市场流转适应了该区域的多种贸易形态，催生了环苏门答腊岛海洋贸易的繁荣。与此同时，贸易与移民，相伴相行，从而构成了华人移民在东南亚区域的历史。

中国产品历来受到国际市场的欢迎。唐代以前，中国对外贸易输出的商品，主要是丝绸、瓷器和少量的黄金。进口的商品，主要是香料、珠玑、翠羽、犀角、象牙、玳瑁、琉璃、玻璃、玛瑙及各种宝石等奢侈品。唐代以后，陶瓷在海外市场广受青睐，成为主要出口的商品。但实际上，汉代就已经有中国生产的陶器通过海洋贸易销售到了印尼等地。在今印尼境内的苏门答腊、爪哇、加里曼丹、巴厘和苏拉威西诸岛都发现有中国汉代的陶器。且丝绸、瓷器的比重逐步增加外，进口商品中，珠宝的比重在减少，香料的比重在增加，终至超过了珠宝。① 但不管怎样，直到公元 10 世纪，东南亚的产品都未能在国际贸易中占有重要地位。

宋代以前，记载东南亚各方面情况最为丰富的中国文献，甚少提及东南亚产品成为必不可少的或大宗的贸易商品。但公元 11 世纪后，东南亚的商品逐渐在国际贸易中出现，并且影响越来越大，② 譬如胡椒、丁香、肉豆蔻等。与此同时，继承室利佛逝而起的三佛齐，恰是中国宋元时期，商品经济活跃，海洋贸易繁盛，中国的丝绸、瓷器更是大规模地进入环苏门答腊岛区域。除易货贸易外，中国缗钱和优质货物与印尼古国三佛齐互通有无。这是当时两国之间通商的基本内涵，也是宋代铜钱源源不断流入印尼的主要渠道。③ 商品的流转，华商的迁移，也带动各地商品贸易的兴盛。据宋代赵汝适《诸蕃志》所记，泉州各邑所产的青瓷、白瓷、黑釉瓷等瓷器外销的国家和地区有占城（今越南中部）、真腊（今柬埔寨）、凌牙斯加（马来半岛北部）、三佛齐（今印尼）、单马令（马来半岛南部）、三屿（今菲律宾的三岛）等，同时也传回了棉花种植技术等。④ 随着华人向印尼移民，中国的制瓷技术也随着移民传播到印尼各地。印尼在接受中国制瓷技术的基础上，大约从公元 9 世纪开始仿造中国陶瓷器。"刺激了当时的南苏门答腊室利佛逝王国陶瓷业的发展。"⑤

在中国，人们很早就知道东南亚香料，但中国成为重要的香料消费市场却经历了一个漫长的过程。一直到宋代，香料需求才开始节节攀升。有学者指出："大约自公元 1000 年起到 19 世纪'工业

---

① 张国刚：《宋元时代南海香瓷之路》，《南风窗》2015 年第 22 期，第 100 页。
② 赵文红：《试论早期东南亚海上贸易的发展与特点》，《东南亚纵横》2009 年第 4 期，第 45 页。
③ 马冠武：《论华商在宋钱流入印尼古代诸国中的作用》，《广西金融研究》2004 年增刊，第 54 页。
④ 钱江：《波斯人、阿拉伯商贾、室利佛逝帝国与印尼 Belitung 海底沉船：对唐代海外贸易的观察和讨论》，载《国家航海》第一辑，上海古籍出版社，2012，第 98 页。
⑤ 孔远志：《从印尼的中国陶瓷看中印（尼）文化交流》，《东南亚》1990 年第 3 期，第 56~58 页。

时代'止，整个世界贸易或多或少都受到东南亚香料的兴衰和流动的支配。"① 结合历史、考古和人类学材料来看，香料贸易是早期牵动环苏门答腊岛区域历史和港口变迁的独特元素。虽然在亚洲香料贸易的历史过程中有类似的需求、模式和集散市场，但可能由于地理位置、航线、区域物产组合、移民等多项因素，丁香和肉豆蔻产地的社会结构和政治组织的演化产生了差异性的结果。② 无论如何，香料贸易激发了中国人、阿拉伯人、印度人、欧洲人在环苏门答腊岛周边地域的活跃往来。庞大的社会需求，巨额的利润，驱动着阿拉伯人、印度人、波斯人、马来人、武吉斯人、中国人等汇聚东南亚不同时期的贸易港口，开展海洋贸易。东西方的商品与周边地域的香料一起，成为各地商人的厚爱，尤其是香料贸易，促成了马六甲港口的崛起。一般而言，商人们将东南亚的胡椒、丁香等销到中国、琉球、波斯、阿拉伯和埃及，将来自西方的产品分销到东南亚各地、中国和琉球，同时将中国的商品输往西方。与此同时，中国、欧洲先后成为东南亚香料最主要的消费市场，马六甲港口则因居间地位，靠近香料场地而成为集散地，并由此而得以繁荣昌盛。

明朝建立伊始，为了确保官方对海外贸易的垄断，以及出于海防安全的考虑，实行了严厉的海禁政策，禁止民间海商出海通番贸易。然而民间海商违禁下海通番的贸易活动仍旧时有发生。究其缘由，则是因为香料的巨大市场需求和利润诱致。而且，这也是明朝郑和下西洋的原因之一。间接地，郑和下西洋又进一步激发了华人前往东南亚贸易和定居，开始散落式地居住于环苏门答腊岛周边地区大大小小的商贸港口，并积极参与中国和东南亚香料贸易的活动。

这些早期定居于苏门答腊岛及其周边地区的中国移民，也与胡

---

① 〔新〕尼古拉斯·塔林主编《剑桥东南亚史》第一卷，贺圣达等译，云南人民出版社，2003，第 150 页。

② 熊仲卿：《亚洲香料贸易与印尼马鲁古群岛的社会文化变迁》，《中山大学学报》（社会科学版）2015 年第 3 期，第 160 页。

椒为主的种植和贸易紧密结合。明末爪哇万丹胡椒收购的竞争就是一个典型实例。据荷兰人鲁法尔和艾泽曼所著《霍曼率领的荷兰人到东印度的第一次航行（1595～1597）》卷三的记载，1596年荷兰的商船抵万丹前不久，就有5艘（一说7艘）中国帆船刚离开这个港口回国。每年有8艘或9艘，此后每年有3～4艘帆船来万丹。中国帆船每年约十二月乘东北季风，满载着陶瓷器、纺织品（其中仅生丝一项，每年约有300～400担，每担为133磅）和其他日用品从漳州、厦门等地驶抵万丹，然后于翌年五六月乘西南季风，将收购的胡椒和香料等运载回国。[①] 当时万丹港是世界上最大的胡椒贸易中心。由于印度洋和太平洋的季候风方向和时间不同，每年来自印度洋的商船通常都比中国商船先抵达万丹，但华商早已囤积货物，待价而沽，或是为中国帆船备货。这既说明了以胡椒为主的香料贸易的盛景，也显示出华人在此的聚居景象。

自从欧洲人孜孜以求于东方胡椒等香料时，以胡椒为主导的香料贸易开始形塑着环苏门答腊岛周边地域的命运，包括华人移民。这一影响和活动贯穿到整个18世纪，甚至19世纪，也使环苏门答腊岛各港口跟随除香料以外的商品要素，主要是产自这些地区的胡椒经济作物此消彼长而不断变迁。

马六甲最终于1511年被葡萄牙占领，源自大航海时代寻找东方奢侈品——香料的巨大驱动力。而此时，葡萄牙、西班牙、荷兰进入西太平洋后，占领或控制南洋一些国家和地区，特别是占领了盛产香料的群岛，垄断了传统贸易的大宗商品之一——香料的销售。他们占领海上要津，抢劫过往商船，使传统的贸易结构逐渐解体，其表现为：第一，葡萄牙占领马六甲海峡后，印度和阿拉伯商船进入西太平洋者几乎绝迹，他们只能到葡萄牙人控制的马六甲、印度沿海据点转贩香料和中国的瓷器、丝绸等物；[②] 第二，为规避葡

---

① 温广益、蔡仁龙等编著《印度尼西亚华侨史》，海洋出版社，1985，第78页。
② G. S. P. Freeman-Grenville, *The East Africa Coast* (Qxford: Clarendon Press, 1962), p. 126.

萄牙的商贸垄断，环苏门答腊岛周边更多的小型海港崛起，在华商和华船参与的情况下，岛际贸易、区间贸易更甚于以往。我们窥视 1640 年一份荷兰人的信件所说内容应能一目了然。信件说："上等丝织品（向来葡萄牙人常能得之，而我等则不能）并非以葡萄牙人之智能或努力而到手者，又公司之不能到手，并非我等怠慢，而皆由于有能力且敏捷之中国人予以援助故耳。中国人颇用心于制品之订购，而葡萄牙人则努力贩卖。如此互相扶助，乃葡萄牙人所不可得之成功。"①

此种格局也正是荷兰占据巴达维亚，并努力经营，进而汇聚大量华人与华商，营造出亚洲区间贸易盛况的原因。大量的华商及华人移民来到巴达维亚，相应地带来了帆船贸易的兴盛。荷兰学者包乐史的研究表明，17 世纪 20 ~ 30 年代，中国运往巴达维亚的商品主要是来自闽南的丝织品、糖、瓷器、铁锅、钉子和针、伞、木屐、金箔纸、干鲜水果及大量低档粗糙的纺织品。② 中国帆船在 17 世纪从巴达维亚运回国的主要是以下产品：大量的银币和热带产品，胡椒、肉豆蔻、丁香、檀香木、牛角、象牙、香料、燕窝及各种药材。1684 ~ 1754 年，与中国帆船贸易来往达 853 艘，平均每年 115 艘。③ 18 世纪 30 年代，在加里曼丹北部（现文莱）的大批华人经营的胡椒种植园，从沿海向内陆延伸数十里。那些能停泊 500 ~ 600 吨船的港口，都忙于接待中国帆船运胡椒。④

此时（明朝时期），因为中国的需求，白银贸易与香料及其他商品的贸易产生联动，大量白银流入中国。这有两个原因。一是，

---

① 〔日〕村上直次郎原译《巴达维亚城日记》，郭辉中译，南投：台湾省文献委员会，1970，第 275 ~ 276 页。

② 〔荷〕包乐史：《巴达维亚华人与中荷贸易》，庄国土、吴龙等译，广西人民出版社，1997，第 111 页。

③ 〔荷〕包乐史：《中荷交往史》，庄国土、程绍刚译，路口店出版社，1989，第 98 页。

④ Thomas Forrest, *A Voyage to New Guinea, And the Moluccas, From Balambangan, Including an Account of Magindano, Sooloo, And Other Islands and Illustrated with Thirty Copperplates, Performed in the Tartar Galley, Belonging to the East India Company, During the Years 1774, 1775 and 1776* (London: G. Scott, 1780), p27.

由于明朝前期用于大额交易和缴税的宝钞，发行太过泛滥，到 15
世纪中期，几乎停止流通；白银渐渐取代宝钞的地位，和用于小额
交易的铜钱并用。15 世纪后期起，商业发展快速，造成国内所产白
银不敷使用，对外贸易流入的海外白银，正好补上了这个缺口。①
二是，由于中国商品（丝绸、瓷器、棉纺织品）的价格与品质极具
国际竞争力，在当时的世界市场享有盛誉并具有竞争的优势。以丝
织品为例，中国生丝色泽艳亮、各类丝绸价格便宜，织造技术更令
同时期欧洲人望尘莫及。而且中国丝绸价廉物美，在东南亚中国丝
货不及荷兰的 1/3，② 在欧洲中国丝货约为当地同类产品的 1/3 至
1/4，③ 就棉织品来说，明代中国的棉织品吸收外来的技术长处，同
时又借鉴丝织业的经验，故在明清之际，其发展令人瞩目，产品
质、量均超中南半岛、东南亚诸国，而且棉布价格低廉，除日本、
东南亚的传统市场之外，中国棉布更远销美洲、欧洲和非洲等地。④
再以铁制品来说，明代已用焦炭炼铁代替宋代用煤炼铁，欧洲人
迟至 18 世纪才掌握，东南亚历来是中国生铁、铁器的传统市场。
每年从广州、厦门开出的商船，均在有大量的生铁、铁锅、铁
钉、铁板、铁刀等制品赴苏禄、棉兰老岛、爪哇等地，且价格相
当于当地的一半。⑤ 正由于技术上的优势与价格低廉，明代生铁及
制品在世界市场上同样表现出强劲的竞争力。先进技术商品大量流
入环苏门答腊岛地区，换回大量白银流入中国。

  仅在 1570~1760 年的海外贸易中，每年输入福建的白银达 118

---

① 〔德〕弗兰克：《白银资本：重视全球化中的东方》，刘北成译，中央编译出版社，
  2001，第 162 页。

② J. C. Van Leur, *Indonesian Trade and Society Eaasys Asian Social and Economic History*（The
  Hague：W. van Hoeve Publishers Ltd.，1955），p. 218.

③ 〔意〕利玛窦、金尼阁：《利玛窦中国札记》，李申译，中华书局，1983，第 13~14
  页。

④ K. Glamann，"Dutch Asiatic Trade 1620—1740," *Economic History Review* 12（1981）：244 –
  265.

⑤ 转引自沈定平《从国际市场的商品竞争看明清之际的生产发展水平》，《中国史研究》
  1988 年第 3 期，第 21 页。

万两。① 到 18 世纪 30 年代，从厦门出海贸易的福建商船虽不过 30 艘，但每年带回的银元则在 200 万～300 万。② 自 17 世纪中叶到 18 世纪末，银元也一直是英国东印度公司输华的主要商品。1637 年，英船首航广州，就携带 62000 西班牙银元。③ 1700～1753 年，英国东印度公司共有 178 艘船前往中国贸易。我们已知其中的 65 艘船共载 7099068 两白银或每船平均携带白银 109226 两。④ 若以 109226 作为 178 艘英船每船携带白银的平均数，则在 1700～1753 年，英船共运 19440000 两白银到中国。18 世纪中叶以后，英国东印度公司扩大对华的货物出口，主要是铅、锡和棉花，白银在总货值中的比例有所下降。然而，由于对华贸易，特别是茶叶贸易的迅速增长，白银输华的绝对量仍持续增加。1758～1762 年，公司每年对华输出货物值 174000 两，白银 219000 两。⑤ 因而，白银与香料，实现与中国丝绸、瓷器、茶叶等的互动与互益，构成 16～18 世纪亚洲海洋贸易的重要一环。

与此同时，明清之际制陶技术的发展，同样"为开辟海外输出的道路，促成了大量的生产"，⑥ 而技术上有优势和产量的急剧增长，使其可低于市场价格出售；如 17 世纪初，陶瓷在日本的价格为广州的 2～3 倍，同时运销印度果阿陶瓷的利润为投资的100%～200%，又如康熙十五年（1776 年）每件陶瓷器皿，在厦门值 1

① 钱江：《1570～1760 年中国和吕宋贸易的发展及贸易额的估算》，《中国社会经济史研究》1986 年第 3 期，第 69～78 页。

② "国立"故宫博物院编辑委员会编《宫中档雍正朝奏折》第 23 辑，"国立"故宫博物院，1982，第 353～354 页。

③ H. B. Morse, *The Chronicles of The East India Company Trading to China*, 1635 – 1834 (Oxford University, 1966), Vol. 1, p. 307.

④ H. B. Morse, *The Chronicles of The East India Company Trading to China*, 1635 – 1834 (Oxford University, 1966), Vol. 1, pp. 307, 307 –313.

⑤ A. J. Sargent, *Anglo – China Commerce and Diplomacy* (Oxford: The Clarendon Press, 1907), p. 49.

⑥ 〔日〕木村康一：《中国制陶技术》，载薮内清等《天工开物研究文集》，章熊、吴杰译，商务印书馆，1961，第 149 页。

元，运菲律宾岛、苏禄售价 2 元，正由于中国陶瓷相当世界市场的
1/2、1/3 或 1/4，所以它在开辟市场上极具潜力。17 世纪后，中国
陶瓷大量输入欧洲成为普通家庭的日常用品，而且在技术上直接推
动了欧洲陶瓷工业的兴起。[①] 其时，荷兰是西方各国仅次于英国的
最重要的对华贸易国。荷兰人对中国商品的需求主要有五类：茶、
瓷器、粗丝、纺织品（包括丝绸、南京布）、药材杂货等。因而，
荷兰对华贸易输入白银也是常态。但 18 世纪 50 年代后，荷兰东印
度公司因为白银匮乏，只好依赖东南亚物产来从事对华贸易。荷兰
人将胡椒、丁香、锡等土特产从巴达维亚运销广州，然后再采购荷
兰所需的茶叶、瓷器、丝绸、药材等商品回航。然而，1785 年以
后，巨港苏丹却拒绝向荷兰人大量供应锡，而让中国帆船每年将六
七船的锡走私运往暹罗。与此同时，英国人在广州市场上极力排挤
荷兰商人，他们开出的买价比荷兰商馆的大班（Supercargo）所敢
开出的还要高，而且让东南亚的锡与胡椒充斥广州市场，造成价格
下跌。此外，荷兰商船在 1785 年后不断失事。这一系列的因素使
得中荷瓷器贸易逐步衰退。[②]

　　明末输入欧洲的茶叶逐渐成为荷兰人大宗购买的主要商品。强
大的荷兰东印度公司本可以自己参与茶叶采购，但他们把这个领域
让给了中国船只，因为运送茶叶、瓷器以及其他中国货物的运费多
数要比用荷兰船更为便宜。荷兰人因其保守谨慎错过了在对他们十
分有利的时间点切入中国贸易。此外，荷属巴达维亚当局还在另一
方面吃了大亏：以中国船为主的爪哇贸易徘徊在一个相对低下的价
格水平。这意味着，英国东印度公司经常得到质量更好的产品，而
荷兰东印度公司则只能退而求其次。因而，大量销往欧洲的中国茶

---

① 李木妙：《海上丝路与环球经济——以 16 至 18 世纪中国海外贸易为案例》，载《三
条丝绸之路比较研究学术讨论会论文集》，2001，第 224 页。
② 钱江：《十七至十八世纪中国与荷兰的瓷器贸易》，《南洋问题研究》1989 年第 1 期，
第 85 页。

叶，也就逐渐为英国所掌控。而且，透过英国与中国的茶叶贸易，也能一定程度上解构英国人推进鸦片贸易，要求福州、厦门作为通商口岸开放的理由。

欧洲殖民者因慕求中国商品贸易而来东方，并在东南亚站稳脚跟，建立起与中国推进海洋贸易的据点和大本营。开发市场、获取贸易商品等的利益驱动，诱发华人移民东南亚热潮。在整个 17～18 世纪，始终存在的华人海洋商贸和海外移民的互动，从而使对中国商贩和劳力需求大增，形成吸引华人移民的拉力，甚至华人移民成为中国商船最重要的出口商品之一。彭慕兰在《大分流：欧洲、中国及现代世界经济的发展》中也认为，西欧海外殖民地的开阔，与中国的商品贸易有极大关联，中国扮演主要的驱动力。他说："欧洲的奢侈品需求、消费主义和资本主义政治经济却是在一个方面起到了明显作用，即刺激了新大陆经济增长和非洲的奴隶贸易。但即使在这一领域，推动向新大陆移民的也是欧洲的政治经济与欧、亚两洲——特别是中国——需求的一种结合。尽管有一些殖民者受宗教和政治的激励，但如果殖民地居民没有发现他们可以在欧洲或亚洲出售的商品，难以令人相信欧洲在新大陆的殖民地会有很大的发展。"[1] 正如乔德赫里（K. N. Chaudhuri）在《印度洋贸易与文明》一书中所说："当然，中国对欧洲消费者总拥有不可抗拒的魅力，因为它生产出无与伦比的丝绸和瓷器。"[2]

因而荷据时期的巴达维亚，为促进与中国的丝绸、瓷器等商品贸易发展，也采取措施大力吸引中国移民和中国帆船，从而掀起中国移民环苏门答腊岛周边地域的高潮。华商船舶运载华民出国规模从雍正五年（1727 年）闽浙总督高其倬的奏折中可见一斑："查从

① 〔美〕彭慕兰：《大分流：欧洲、中国及现代世界经济的发展》，史建云译，江苏人民出版社，2003，第 177 页。

② K. N. Chaudhuri, *Trade and Civilization in the Indian Ocean – An Economic History from the Rise of Islam to 1750* (Cambridge: Cambridge University Press, 1985), p. 94.

前商船出洋之时，每船所报人数连舵、水、客商总计多者不过七八十人，少者六七十人，其实每船私载二三百人。到彼之后，照外多出之人俱存留不归。更有一种嗜利船户，略载些须货物，竟将游手之人偷载四五百之多。每人索银八两或十余两，载往彼地，即行留住。此等人大约闽省居十之六七，粤省与江浙等省居十之三四。"①虽然 1743 年以后，荷兰殖民者出于经济利益的迫切需要，不得不略加限制地允许中国移民再前往巴达维亚，但贸易的繁盛，仍诱惑着华人源源不断地移入这一地区。1744 年，14 艘中国船只，载着大约 1400 名中国移民前往巴达维亚。由于中国移民的不断涌入，还使曾经成为亚洲两大蔗糖制造业中心（台湾和巴达维亚）的巴达维亚蔗糖业迅速重现生机。② 而蔗糖也成为荷兰运往欧洲销售的主要商品之一。

荷属东印度时代，海外华商开始了有别往日以中国市场为依托，以中国东南沿海为基地的崭新经营。在这复杂的国际贸易当中，东印度群岛的华人起到的是中国商品的进口商以及东印度群岛商品的出口商的作用，也正是因为有了华人在其中的努力，从而开始了各方商人在东印度群岛贸易当中的竞争。华人的这种作用是无可替代的。据粗略的估计，18 世纪末至 19 世纪初期，中国帆船（包括暹罗制造的）每年在东南亚各地贩运的有 300 多艘，总计达8.4 万吨位。可见这段时期，中国帆船对东南亚的贸易发展，占有重要的地位。③ 同时，成千上万的中国人跟随船只前往环苏门答腊岛周边地域。而且，这种局面一直维持到英国人的殖民时代。

1786 年 8 月 11 日，英国东印度公司上尉莱特将槟城开辟为英国在马来半岛的第一个殖民地，并在此实行自由贸易政策，极力鼓

---

① 郝玉麟编《朱批喻旨》，上海点石斋本，1887，第 27 页。
② 〔英〕J. W. 凯特：《荷属东印度华人的经济地位》，王云翔、蔡康寿等译，厦门大学出版社，1988，第 10 页。
③ 〔新加坡〕柯木林主编《新加坡华人通史》，新加坡宗乡会馆联合总会，2015，第 63页。

励华人移居槟榔屿，从而吸引大批华人从邻近港埠及华南涌向槟城，其中闽人尤甚。而 18 世纪末期移居槟城的闽人来自三个地方：一部分是当时已经在泰国南部（包括吉打州）立足的福建商人自吉打南下；另一部分是从福建帮在马来半岛的发祥地马六甲北上；最后一部分则来自福建故乡。① 明人冯璋在《通番舶议》中说："泉漳风俗，嗜利通番，今虽重以充军、处死之条，尚犹结党成风，造船出海，私相贸易，恬无畏忌。"② 海禁时期尚且如此，等到漳州月港开放后，"望海谋生者十居五、六，内地贱菲无足重轻之物，载至番境，皆同珍贝，是以沿海居民造作小巧，技艺以及女工针皆于洋船行销，岁敛诸岛银钱货物百余万入我中土"。③ "殷富之家大都以贩洋为业"。④ 漳州海商崛起并主导 16 世纪后期到 17 世纪初华商海外贸易，并带动中国的海外移民主要是前往西属马尼拉和荷属巴达维亚，辗转至槟榔屿的也大有人在，尤其是 1740 年巴达维亚发生"红溪惨案"后，许多闽人移居到苏门答腊岛西岸的巴东、普吉岛及槟城等地。

槟榔屿的开埠，最大的贸易产品仍然是胡椒等香料，以及蔗糖，但也不能忽视英国人试图打破荷兰人对马来半岛锡矿垄断权的考量。英国建立一个为自己提供锡矿的原料产地，只能通过控制马来半岛才可以实现。这可能也是他力图在马六甲海峡获得一块根据地的缘由。槟榔屿发展种植农业未能获得成功，反而采锡业迅速发展为环苏门答腊岛区域的产业中心。因为其时中国茶叶开始大量转运东南亚而到达欧洲，茶叶长途运输保存需要锡纸，中国市场对锡需求迅速增长。而锡的分布有很强的地域性。世界最大的锡矿带在东南亚，约占世界锡总储量的 2/3，从印尼的勿里洞岛、邦加岛，经马来半岛的西部和缅

① 钱江：《马来西亚槟城福建五大姓氏与传统中国乡土社会在海外之重建》，《南洋学报》2002 年第 56 期，第 150～151 页。

② 《明经世文编》卷 280，《冯养虚集》第 2967 页。

③ 《皇朝经世文编》卷 83。

④ 德福：《闽政领要》卷中，清乾隆二十二年本。

环苏门答腊岛的海洋贸易与华商网络

甸的丹那沙林海岸，一直延伸到缅甸掸邦高原和云南。由此，英国占据槟榔屿的海洋贸易中大量增加了锡的供应。故 18 世纪始，移居苏门答腊岛周边地区的华人，也开始较早进入采锡业。1710 年，苏门答腊岛东南的邦加岛发现锡矿，华人甲必丹阿生（A Sheng）即组织华人前往开采。此后一直到 20 世纪初，邦加锡矿基本上以华人为主开采。[①] 18 世纪初，马来半岛的霹雳、养西岭、雪兰莪、森美兰、双溪芙蓉等地，都出现华人采矿场。19 世纪中叶以后，华人主导大规模锡矿开采进入一个高峰时期。在 1824 年，霹雳有 400 名以上的华人从事采矿和贸易，1828 年，森美兰和双溪芙蓉已有华人采矿者 1000 多人，在丁家奴有 600 多人。[②]

　　虽然意料之外的锡矿产业与槟榔屿发展实现了共赢，但槟榔屿的地理劣势，使其仍非英国所期待的东西方最佳据点。故新加坡开始跃入英国东印度公司的视野，这促使英国殖民者代表莱佛士为获取新加坡而行动。得天独厚的地理位置，宽松的人口与贸易政策，使得新加坡成为当时华商聚居的不二选择。而在新加坡岛上，胡椒和甘蜜种植若干年中一直是华人巨额利润的不竭源泉，再后来发展为橡胶种植业，以及苏门答腊岛的烟草种植业。种植园经济的兴盛更进一步壮大了新加坡的海洋贸易地位。更重要的，新加坡还供应着一种特殊的商品——苦力贸易。大量的中国劳工通过合法或非法的渠道，成为海洋贸易的的重要构成。新加坡则成为这种贸易的重要中转口。这既为新加坡提供了成长需要的劳动力，也为新加坡带来了收入，由此逐步奠定新加坡作为中国移民记忆的枢纽和中心。这也是新加坡成为侨汇贸易中心的基础。

　　甘蜜、橡胶等种植业不但使新马的热带经济作物得到开发，而且更为重要的是围绕着种植园形成了小型的商业网，从而扩大与完

---

① 《三宝垄殖民地展览材料》，厦大南洋研究院藏，《资料辑存》第 596 期。
② 〔英〕布莱司：《马来亚华侨劳工简史》，王陆译，《南洋问题资料译丛》1957 年第 2 期，第 2~24 页。

善了原有的商业网络，推动了新马海洋商贸经济的发展。同时，为供应种植园华工的粮食、衣着和其他日用品，一些华商还在种植园及其附近直接开设了商店，其结果就是延展了商品经济的触角。这种商店除了向种植园提供衣食和其他日用品以及生产资料外，同时又把园区收获的甘蜜、橡胶等收购起来以供出口。这样，伴随着甘蜜、橡胶种植业的发展，华人商贸的触角扩大到马来半岛、苏门答腊岛的广大地区。因而，19世纪80年代，马来半岛、苏门答腊岛上的商业贸易大多由华人控制。而且，他们还牢牢控制着种植业、采矿业急需的劳工移民。欧洲人的商业活动主要局限在新加坡和槟榔屿。到了19世纪最后的10年，欧洲公司开始将华人之间的传统友好关系扩展为更加正式的商贸合作关系，以期能涉足半岛内陆的商贸体系。①

但无论如何，新加坡的海洋贸易枢纽地位不断夯实，而且，新加坡作为英国殖民统治者面向中国的殖民贸易中心，其繁荣更是与鸦片贸易须臾不离。从19世纪20年代开始，英属新加坡对中国贸易中，鸦片越来越重要，甚至成为唯一重要的东西。鸦片、橡胶等物产出口中国，换回中国的茶叶、瓷器等商品，以满足欧洲的需要，辅以自由、开放的海洋贸易体系，新加坡的繁荣势不可挡。由此，华人移民及华商大量汇聚，多重因素共同作用，促成了新加坡的海洋贸易攀上高峰，而华商也雨露均沾。

据此，我们认为，中国与环苏门答腊岛海洋贸易的兴起与发展有如下几个主要原因：①中国华南地区与该地区在商品上存在着很大的互补性。这种互补性具体表现在中国的商品，如瓷器、雨伞、金银纸、丝绸、蜜饯、茶叶等，不仅深受该地域人民的青睐，而且倍受早已定居在环苏门答腊岛地区的华人的欢迎，同时中国对该地域的产品如香料、胡椒、大米、橡胶等商品也有很大

① 〔英〕康斯坦丝·玛丽·滕布尔：《新加坡史（1819~2005）》，欧阳敏译，中国出版集团东方出版中心，2013，第129页。

环苏门答腊岛的海洋贸易与华商网络

的需求。②华人在这个区域贸易中起着举足轻重的作用，一方面是因为他们对东南亚地区及中国华南地区两边的情况都极为熟悉，从商品的采购到航运再到销售，他们占有得天独厚的条件，另一方面，中国在18～19世纪的造船和航海技术远远高于东南亚国家，使得中国华南地区与东南亚的贸易主要由华侨和中国大陆人来完成，有些地方的对外贸易如越南，几乎完全由华侨和大陆人所垄断。③东南亚各地的首领或国王普遍热衷于对华贸易也是促进该区域贸易发展的一个重要因素。因为这种贸易能够为国王及其国库带来财富和税收。国王或首领从人民那里征收的实物税，只要通过海洋贸易，就能转变为更大的财富。④欧洲人介入该区域的贸易也促进了中国华南与东南亚贸易区的发展壮大。①这恰是以移民为主体的东南亚华商，在13～19世纪中期长达600年的历史岁月中不断经营之成果。

港口变迁、商品要素的交替出现，由此而蕴含的利润，是促使华人前往东南亚贸易的原因。贸易带动大量的移民侨居南洋，并因此而成为中国商品与东南亚商品的生产者或中介商。而且葡萄牙、荷兰人东来之后，其中介作用随着港口的依次崛起，人口和规模又不断扩大。大量的华侨商人尤其是小商人和流动小商贩，活跃在东南亚的海洋贸易网络中。他们具备的种种中介优势，即他们"熟悉中国方面的生产与商业情况，在与西方商人和其他亚洲商人的日常交涉中也熟悉他们的贸易需求，可以为祖乡海商提供贸易需求及交易方面的信息，因此可以大大降低中国海商和西方与其他亚洲商人贸易过程中的交易成本和信息成本，提高中国商人的利润，减少了贩运商品的盲目性。这在依仰季候风和潮流为海洋航海动力的中国海商来说无疑显得尤其重要。中国海商所载的货物到达贸易港口时，不仅本地华商以最短的时间将其从中国运来的货物卖予西方商

---

① 侯松岭：《华侨华人：移民南洋及其影响》，《东南亚研究》2000年第2期，第24页。

贾和其他亚洲商人，而且可以从本地华商或西方批发商那里尽快买到当地土特产和其他货物。"① 因而，各大港埠活跃着大量的华商移民，他们成为当地互通有无的海洋贸易、市场统一乃至国家建构不可或缺的力量。

环苏门答腊岛的海洋贸易与华商网络

---

① 杨国桢等编著《明清中国沿海社会与海外移民》，高等教育出版社，1997，第 49 页。

第二节　海洋贸易、华商网络与海洋中国

一　海洋贸易与中国的海洋政策

中国是一个陆海兼备的国度。中国先民在向大陆深处开疆拓土的同时，也曾于波涛万里的海上建功立业。

东起日本、西至西亚非欧的东西方海上航线，从公元前直到新大陆发现，始终是最伟大的国际航线。它是连接中国、印度、阿拉伯三大古代文明，沟通亚、非、欧三大洲往来主要通道。其东端是中国的口岸诸如广州、宁波、泉州、漳州等，西达印度南部、中东北非及东非沿岸。论航程之远、航行时间之长和运输量之大，是无与伦比的。因而其间形成了大大小小的很多中间站，供远航船只停泊候风、修理、补给、转运和贸易，其大者也成为国际海洋贸易中心。其中，环绕印尼苏门答腊岛而交错崛起的各种商贸港口，展现的海洋贸易图景，是古代海上丝绸之路的重要构成。其交错更迭的港口，既牵动着区域政治的合纵连横，也与世界海洋贸易格局的时空变动密切相关。其中，作为古代世界海洋贸易重要一端的中国，或可称发起者，其参与世界海洋贸易的历程，不仅改写着世界海洋贸易的历史，而且牵一发而动全身，是世界海洋贸易的主变量。

虽然中国有着漫长的海岸线，古代也不乏向海洋谋求民生利益

的卓越人物，但中国人的海上航行，汉代以前主要限于"裨海"。[①]
《史记·货殖列传》提及的番禺（广东）的"珠玑、犀、玳瑁、
果、布"等，便是经由近海商路流传到中原的。故当 9 世纪的印度
船、波斯船和昆仑船被频繁地提及时，中国船只却似乎很少出现在
东南亚航海上。[②] 此时间正是中国唐朝盛世。古代波斯人和阿拉伯
人在印度洋和南中国海贸易圈中十分活跃，他们成为唐朝海外贸易
的主要经营者。而唐朝中国海外贸易之所以兴盛，不仅有着当时中
国经济迅速发展的内因，而且还有着不可忽略的外部因素，即阿巴
斯王朝时期的海外贸易迅速发展，东南亚海岛地区室利佛逝帝国的
崛起并成为扼守马六甲海峡和巽他海峡的海上强国。正因为如此，
阿拉伯人能够在短时间内就将自己的航海贸易势力从波斯湾向东一
路扩展到了中国，多达十来万的波斯和阿拉伯商贾寓居在唐朝时期
的中国广州。唐朝广州成为"万国衣冠，络绎不绝"的著名外贸港
口。[③] 据统计，在广州市舶贸易中，贸易量最大的是阿拉伯，其次
是苏门答腊岛和爪哇岛，而阿拉伯船只前往中国需在三佛齐境内的
港口中转和补给。因此，"海上丝绸之路"的繁荣又使得三佛齐王
国与唐宋王朝的交往从质和量上较以往历史时期都有很大的提高。[④]
内在需求与外力带动，这是唐朝进入世界海洋贸易的主要驱动力。
这也标志着中国与世界海洋文明广泛交融的开端。

尤其是宋朝时期，特别是宋廷南渡之后，中国与环苏门答腊岛
区域古代诸国的海洋往来，在隋唐的基础上得到了进一步的发展。
首先，双方高层人物对此都很重视，宋朝时由于北方大陆的"丝绸
之路"受辽夏金元之阻，因而积极拓展东南海上商路。对外贸易的

---

① 即近海、内海，战国末年阴阳家邹衍把近海、内海称"裨海"，把外洋称"大瀛海"。
见《史记·孟子荀卿列传》。

② 〔澳〕韦杰夫（Geoff Wadde）：《18 世纪以前中南半岛与马来世界之间的海上航线》，
杨芹译，《海洋史研究》第五辑，社会科学文献出版社，2013，第 78 页。

③ 脱脱：《宋史》，中华书局，1977，第 4558 页。

④ 廖国一、郭健新：《从出土出水文物看唐宋时期中国对印尼的影响》，《广西师范大学
学报》（哲学社会科学版）2015 年第 4 期，第 4 页。

重点，已由过去的陆路转为海路。赵氏王朝为了增加商税收入和皇室权贵群体的享受，鼓励对外互市贸易，并在广州、杭州、明州、泉州、秀州等地设立市舶司，作为常设机构，设置专门人员，管理对外贸易事务，负责征收关税。宋廷还制定政策，欢迎外国商人来华贸易，鼓励国人外出经商。其次，南宋时期，我国政治经济中心逐步南移，沿海各省得到迅速开发，瓷业、纺织业特别发达。城市繁荣，商业兴隆。泉州对外贸易的发展势头超过广州。当时我国已拥有世界一流、外国无与伦比的航海技术和造船工艺、指南浮针应用在航海上，解决了远航的定向问题。此时我国已能造出长达十余丈、宽二丈、装有多根桅杆和摇橹的大型海船，可载货数百吨、载人数百。中国商船从广州出发，顺风而下，二十多天可达三佛齐，一个月左右即抵阇婆。这样，减少了远航风险，缩短了往返时间，为对外贸易的发展提供了更为有利的条件。① 宋朝自身的商品经济发展、海洋科技与海洋意识成长，促成有宋一代秉持"开洋裕国"理念，主动拓展面向东南亚的海洋贸易。中国迅速成长为世界海洋贸易的开拓者和建构者。

在唐、宋海外贸易的基础上，元朝更为积极地鼓励海外贸易，海外交通、海洋贸易的范围、规模及影响力度均超越前朝。元朝的海外航线，北至日本诸岛，经海南，南下东南亚、印度洋各地，包括锡兰、印度、波斯湾和阿拉伯半岛，甚至达到非洲的索马里，延续并进一步繁荣了著名的海上丝绸之路。日本学者杉山正明认为，以忽必烈为首的元朝继承了南宋的造船能力、航海技术及海洋相关的知识信息等，开始有意识有计划地打造海洋帝国，使得元朝具有了游牧国家、农耕国家与海洋国家的性质。或许我们可以说，在"大航海时代"到来以前，元朝的航海技术与海洋贸易的繁荣程度代表着当时世界海洋文明的最高水平，更是中国历史上海洋立国的

---

① 马冠武：《论华商在宋钱流入印尼古代诸国中的作用》，《广西金融研究》2004 年增刊，第 53～54 页。

巅峰。①

　　当然，宋元时期，对环苏门答腊岛周边地域香料及其他奢侈品的消费追求，也使得中国商人更加积极主动地对接已经活跃在东亚和东南亚区域的阿拉伯商人、波斯商人、印度商人、马来商人等。当然，宋元时期中国积极的海洋贸易态势，也决定着当时苏门答腊岛海上帝国——室利佛逝的兴衰、灭亡。按照史蒂文·德拉克雷在《印度尼西亚史》中所言，室利佛逝的灭亡，最大的问题或许是没有能力维持其对中国贸易的垄断，因为公元 12 世纪中国商人开始直接进行区域贸易。② 由此，中国海洋与世界紧紧联系在一起了。

　　而与中国海洋贸易深度对接的东南亚各海域的贸易，是一个逐渐发展、活跃的过程。这主要表现在近代东南亚区内 5 个贸易圈的渐次形成。公元前，马六甲海峡还没有被广泛用于贸易，人们的活动主要是在中南半岛沿岸进行。因此，在海上贸易最活跃的地方——马来半岛北部和越南南部沿海地区形成了第一个贸易圈。公元 2～3 世纪，在小巽他群岛、马鲁古、加里曼丹东海岸、爪哇和苏门答腊南端海岸广大海域有很多可供出口的商品如沉香、檀香和丁香等商品，马来水手在爪哇海活动频繁，第二个贸易圈——爪哇海贸易圈随之出现。5 世纪，随着爪哇海香料贸易和航海技术、造船技术的发展，东西方贸易开始频繁经由马六甲海峡进行。马六甲海峡地区成为海上贸易的主要活动区域，第三个贸易圈诞生。11～12 世纪，菲律宾海域在中国商人的刺激下活跃起来了，这是东南亚第四个贸易圈。与此同时，由于缅甸蒲甘王朝和吴哥王朝重视发展海上贸易，尤其是与印度洋对岸地区的贸易，孟加拉湾的贸易迅速发展，在后室利佛逝时代，孟加拉湾贸易圈也出现了。因此，到 13 世纪

---

① 黄二宁：《元代的海洋经略与元人的海上游历》，《文史知识》2015 年 11 月第 11 期，第 20～26 页。

② 〔澳〕史蒂文·德拉克雷：《印度尼西亚史》，郭子林译，商务印书馆，2009，第 13 页。

时，菲律宾海域，爪哇海域，马六甲海域，孟加拉湾和马来半岛北部、暹罗湾、越南南部沿海等东南亚近代 5 个海上贸易圈都先后形成并活跃起来了。[1] 而到宋元时期，中国及中国商人，从零散介入到深度嵌入，并逐渐成为贸易圈的构建者和引领者，形塑了亚洲贸易易一体化的格局。

特别是明清之际（1513～1793 年），中国的海洋贸易成为世界上具有划时代意义的经济活动。中外贸易随着 15 世纪末新大陆的发现与海上东航路的开辟而扩大，5 大贸易圈透过华商及华人移民的联结，形成紧密的跨国互动网络，奠定了亚洲的海洋贸易格局。而当时中西商品交流与航海贸易的利润，直接加速西欧资本主义的原始积累。在双方贸易发展的过程中，除加强了东西方航海交通之外，还不断地突破民族的界限和区域的藩篱，而使不少国家卷入国际性的环球经济体系中，并产生连锁的反应，更有助于中国与海外世界市场的互相渗透与互相影响的历史进程，加速中外文化的交流。[2] 这一时期又是我国官方性质的海洋贸易，即朝贡贸易进入一个转折或下行时期，陷入开海与禁海的循环往复之中，从而错失中国走向海洋强国的机会。但此时，我国民间的自由海洋贸易迅速发展，更成为我国海洋贸易事业的主体。朝贡体系对东南亚经济模式虽仍存有影响，但已经式微。然而，朝贡体系和东南亚国家关系为华人的移民提供了优越的政治和经济环境和条件，一则东南亚属朝贡体系的保护国，华人移民在东南亚地区深受欢迎和得到格外的优待；二则朝贡体系下的朝贡贸易所留下的贸易空间为华商移民东南亚提供了强大的经济刺激。[3]

---

[1]　Kenneth R. Hall, *Maritime Trade and Sate Development in Early Southeast Asia* (Honolulu: University of Hawall Press, 1985), pp. 20–25.

[2]　李木妙：《海上丝路与环球经济——以 16 至 18 世纪中国海外贸易为案例》，载《三条丝绸之路比较研究学术讨论会论文集》，2001，第 218～219 页。

[3]　龙向阳：《朝贡体系中的华侨华人（1000～1500 年）：一种世界体系视野的分析》，《南洋问题研究》2004 年第 4 期，第 24 页。

就明清之际的海洋贸易来说，东（南）亚既是中国市场与世界市场的交汇地带，又是中国商品销售于欧洲及拉丁美洲的中继站，与新的世界海洋贸易市场形成及其发展过程中，曾起过特殊重要的作用。溯源自地理以及东航路发现以后，国际的贸易格局大为改观，它不但使欧洲传统的内陆江河和沿海商业发展为远届大西洋、印度洋和太平洋的世界性贸易，更突破历来孤立而又同时发展的四个航海贸易区的界限，把波罗的海、北海、地中海、印度洋和西太平洋等贸易区域贯穿起来，连成统一的国际市场。可是当时欧洲的生产力，无法满足突然扩大的国际市场对于商品日益增长的需求，加以东南亚与欧洲距离遥远，物质补给十分困难。西方殖民势力不得不转向东方，寻找新的供应货源。随着欧洲人武装贸易的推进，长期以来活跃于各个贸易圈的不少商群，陆续销声匿迹或沦为次要海商群，唯独华商在东亚水域里始终扮演着主要海商群的角色，直至 18 世纪末，欧洲人在东亚的海上贸易仍居于次要地位。虽然西方列强凭借武力在东南亚确立殖民统治，但他们在经济上还没有牢固地控制殖民市场和开发当地资源的力量，而中国却以雄厚的经济实力和在东南亚地区的传统影响，不失时机地推进商贸，出乎意料，西方列强在该地区的殖民活动不是削弱而是助长了中国商业贸易的发展，不是阻止而是扩大了中国移民的机会。①

这个新的经济因素（经济全球化、兴盛的世界海洋贸易），对晚明以来的中国并未造成太大的影响，中国仍约略维持在自身的"剧情主线"，缓慢向前；毕竟对外贸易额占国内生产总值仅微小份额。除此之外，晚明政府和民间对此一新情势的回应，实际上也不能算是很糟。官员实际的回应相当机警、弹性和有效，中国商人、工匠、海员非常积极参与新世界的贸易，并在南海建

① 李木妙：《海上丝路与环球经济——以 16 至 18 世纪中国海外贸易为案例》，载《三条丝绸之路比较研究学术讨论会论文集》，2001，第 236～237 页。

立起聚居地。① 但明清两朝政府时常实行"海禁"政策，禁止华商出洋兴贩。虽然"海禁"并不能完全有效地制止男性华人流往海外，然而确实在政治层面上消除了中国统治政权扩展到海外的华人社区。不仅如此，华人贸易商也的确无须像西方商人那样以武力来使自己立足于海外。因为中国的商品为海外所需，华商在海外各地广受欢迎。因此，明清时期的华人海洋贸易商与西方殖民主义商人最本质的区别就在于：他们没有任何军事手段，也缺少必要的资本支撑自己的海外自治政府。为了使东南亚当地统治者对他们保持善意，华人社区的领袖们通常是通过履行一种专门的贸易管理职能而与当地统治集团建立有效的合作关系，这是明清时期海外华商采取的一种灵活并富有建设性的长期战略。②

私人业主不顾中国政府禁止而越来越富想象力和大胆地进行海上商业。他们沿着中国东海岸，特别是长江三角洲到广州一带经商，如果他们能得到国家的支持和赞助，像 15 ~ 16 世纪他们的欧洲同行那样，他们会取得什么样的成就呢？③

17 世纪初，中国的确成为全球海洋贸易的中心。历史上西方殖民列强在东南亚的殖民贸易基地，大多是因为有华人、华商的参与才得以形成和发展起来的。清政府对东南来贸易的禁令，给沿海地区人民造成的损失是不能低估的，为澳门外籍商人提供的机遇又完全出乎葡萄牙殖民者的预料。正是在这期间，葡萄牙商人利用通商的机会，在巴达维亚购买船只，迅速地扩大了澳门商船队的海运能力。澳门港脚商人把这个时期称为"令人兴奋的年代"。其实，葡萄牙商人买船资金的来源主要依靠广州商人的预垫资本。葡萄牙商

① J. E. Wills, Jr., "Relations with Maritime Europeans, 1514 – 1662," in D. Twitchett and F. W. Mote, eds., *The Cambridge History of China* (*Vol. 8*): *The Ming Dynasty* 1368 – 1644 (*Part*2) (Cambridge: Cambridge University Press, 1988), pp. 333 – 375.

② 聂德宁：《明清海外贸易史与海外华商贸易网络研究的新探索——包乐史著〈巴达维亚华人与中荷贸易〉评介》，《中国社会经济史研究》2000 年第 3 期，第 88 页。

③ 牟复礼、崔瑞德：《剑桥中国明代史》，中国社会科学出版社，1992，导言第 9 页。

船的货载，也必须靠中国商人提供。他们对中国商人收取的运费远高于其对本国商人所收的费用。特别是茶叶的运费，高达每担 9 pardaos（葡萄牙的一种货币单位）。虽然广州商人曾想迫使葡商将茶叶运费减到每担 4 pardaos，但是未能成功。中国商人抱怨他们遭受的损失太大了，即使现在免费运他们的茶叶到巴达维亚，也难以弥补以前的亏损。一位葡萄牙人这样写道："如果没有中国人的投资和货运业务，澳门港脚贸易的资金，最多只够装备两条船。"① 然而，本应该他们得到的利润，却被葡萄牙商人拿走了。《白银资本：重视全球化中的东方》一书证明，欧洲是如何利用他从美洲获得的金钱强行抢占了亚洲的生产、市场和贸易的好处，简言之，从亚洲在世界经济中的支配地位中谋取好处，欧洲从亚洲的背上往上爬，然后暂时站到了亚洲的肩膀上。②

当英国商人憧憬来到中国时，他们发现面临着如何才能打开中国市场的难题。中国的海洋贸易是在朝贡体系下进行的。中国市场对来自西方的产品一点也不感兴趣，只对有着传统的朝贡贸易往来的国家开放。英国商人为了实现同中国开展直接或间接贸易的目的，利用东南亚作为开展对华贸易的桥梁。东南亚是中国的友好近邻，长期以来同中国形成了紧密的经济联系，成为中国对外贸易中不可缺少的一部分。英国商人利用了这种经济联系和区位优势，介入到中国的海洋贸易之中。万丹、巴达维亚、明古连、槟榔屿和新加坡等一个个对华贸易据点的形成，折射出英国对华贸易的发展轨迹。英国就是以东南亚港口为依托逐步打开中国市场的大门，进而改变了东亚及东南亚经济圈既定的格局。在欧洲人向亚洲的商务扩张史上，引人注目的特点之一就是从贸易商向领地统治者的转化。

① George Bryan, *Souza The Survival of Empire*, p. 135. 转引自吴建雍《清前期中国与巴达维亚的帆船贸易》，《清史研究》1996 年第 3 期，第 34 页。
② 〔德〕弗兰克：《白银资本：重视全球化中的东方》，刘北成译，中央编译出版社，2001，第 26 页。

环苏门答腊岛的海洋贸易与华商网络

无论是葡萄牙人、西班牙人还是后来的荷兰人及英国人都在亚洲建立了一系列具有定居性质的殖民地，如马六甲、马尼拉、巴达维亚和以后的新加坡。

古老的东方世界在近代西方人眼中充满巨大诱惑，丝绸、瓷器、茶叶等中国商品更是他们梦寐以求的东西，中国成为许多西方商人渴望到达的神秘地方。此时的中国，凭借其大量生产的丝织品和瓷器，把包括欧洲殖民者在内的全球贸易商都吸引到亚洲来。中国生产的丝织品和瓷器在全球贸易中占主导地位，以及世界各地生产的白银因此而大量流入中国的事实，亦充分说明了中国在当时的全球贸易中完全居于支配地位，成为全球贸易的中心。[1] 中国海洋贸易从 18 世纪 60 年代每年 25 艘货船的规模，发展到 1800 年每年 70 艘的规模，其中许多货船在东南亚多个港口停靠并因此影响了这些国家和地区。中国与马尼拉、巴达维亚、马六甲及后来的新加坡等港口的经济关系密不可分，而帆船就成了这一经济体的核心纽带。中国政策的改变无疑会深刻影响到整个经济体的运作。[2] 当时中国哪怕增加锡制品或胡椒的进口税或调整一下港口的泊位费，便能够彻底改变当时整个东南亚贸易的格局。假设若中国政府在 18 世纪意识到这一点并加强自身的势力和影响从而改变全球贸易的格局，今日书写的定将是完全不同的一部历史。[3] 但此时的中国，在对待航海贸易的思想基本一致，持君临天下、唯我独尊的恩赐主义态度。政府内部对海洋贸易的具体对策虽有不同主张，却也一直无人能冲破这一基本思想框架。除了对技术变革熟视无睹，中国对海洋贸易影响东南亚邻国的现状也不闻不问。中国和欧洲对于海洋商

---

① 李金明：《17 世纪初全球贸易在东亚海域的形成与发展》，《史学集刊》2007 年第 6 期，第 39 页。

② 〔美〕范岱克（Paul A. Van Dyke）：《18 世纪广州的新航线与中国政府海上贸易的失控》，孙岳译，《全球史评论》第 3 辑，中国社会科学出版社，2010，第 323 页。

③ 〔美〕范岱克（Paul A. Van Dyke）：《18 世纪广州的新航线与中国政府海上贸易的失控》，孙岳译，《全球史评论》第 3 辑，中国社会科学出版社，2010，第 323 页。

业、海洋贸易、海权态度上的差异（保守和进取），甚至文化上的不同，一定程度上，可以说明是中国为何被西方超越，为何从海洋退守进而溃败的重要原因。

二 华商网络与海洋中国建设

古代"丝绸之路"起源于文明的差异性。远古时代的人类在不同的地理环境下，发展出不同文明，形成不同的思想与文化，创造不同的生产与生活方式，生产不同的产品。古代东西方之间虽然交往困难，但毕竟通过种种直接与间接的渠道相互知晓，进而相互吸引。外来文化带动了异域产品输入，如香料的输入及其在中国使用的普及化；中国的产品，如陶瓷、丝绸等，被海外市场所发现。而实现商品和文化的沟通，最重要的是人。中国与环苏门答腊岛周边地域的互通，得益于华人移民赖以生存和贸易而构建的广泛网络。

自汉朝始，中国人就陆续往来于环苏门答腊岛周边地域各港口，既有佛法交流而停驻，也有商贸往来，但只是零星的，并无大规模出现，定居的情况就更少。而唐宋以后，苏门答腊岛南部以巨港为中心的室利佛逝帝国崛起，及其后的三佛齐帝国，垄断着东西方的海洋贸易，并建立起与中国唐宋王朝的密切往来。而此时中国民间商品经济的崛起，海洋贸易的繁盛，使得以华商为主体的中国人开始散居于以巨港为主的各商贸港口，开始有了华人移民的定居。华商、华人开始有了分工合作，并逐步有了互动。元朝时期的远征则为中国移民定居印尼群岛创造了条件，并有了华人移民参与当地商业和农业的记载。零星散于各地的华人移民，不时地接收到华商的信息，并积极参与到与中国海洋贸易的互动中。

到了明朝，郑和下西洋，进一步地推动了华人前往东南亚的海上贸易及迁徙活动。依靠集结于沿海地区的国内商业，华商便开始派遣大型帆船利用季节风定期往返于朝鲜半岛、日本、东南亚及印度的海港之间。这样，拥有 100 名乃至 10000 名中国人的殖民地便开始分布于越南、高丽、爪哇、泰国、占婆、巨港、加里曼丹等地。根据《东西洋考》，由福建出海的华商先后到过东、西洋凡四十三个国家或地区贸易，其中以与吕宋（马尼拉港及其附近）的贸易为最。[①] 以此为开端，到了 16 世纪，海外华商逐渐成为大航海时代亚洲航海网和通商网的领航员。然而，我国明朝因倭寇猖獗，长期实行海禁，未意识到民间的海洋活动是国家影响的延伸，视华人赴海外谋生为自弃王化，对遭受西班牙屠杀的华人不采取保护措施，对海外华人政权听其自生自灭，致使千百年来中国在海外积累形成的海外利益，在西方殖民者东来之后损失大半。[②] 华人网络也未能得到明朝政府的充分重视，反而成为明朝与葡萄牙、西班牙殖民者达成交易的工具。

等到葡萄牙在占据马六甲，从而正式影响环苏门答腊岛的海洋贸易的时候，华人的马六甲中心网络开始受到破坏，但华人，包括华商从马六甲而分散各地，却又间接地扩散了华人移民网络的规模。因而，接之而来的荷兰商人，通过掌握长距离航运业而控制长距离的贸易，主导了东西方贸易，一些华人贸易网络与欧洲人日渐联系在一起，促成了西欧各国商人，经西太平洋转运货物到非洲和欧洲的长距离贸易繁荣。例如，17 世纪荷兰人在爪哇进行的中转贸易就很繁荣，中国史书记载："福建商人岁给引往大泥、吕宋及咬溜巴者，和兰人就诸国转贩，未敢窥中国也。"[③] 在这些地方，"港内常云集船舶达二、三十只"。[④] "中华及诸番商，辐辏其地，宝货填溢。"[⑤] 中国移民及其华商贸易，成为荷兰殖民者得以长久延续的重要推动力之一。

① 李木妙：《海上丝路与环球经济——以 16 至 18 世纪中国海外贸易为案例》，载《三条丝绸之路比较研究学术讨论会论文集》，2001，第 173 页。
② 刘迎胜：《丝绸之路的缘起与中国视角》，《江海学刊》2016 年第 2 期，第 156 ~ 168 页。
③ 《明史》列传 213，"外国六"。
④ 〔荷〕威·伊·邦特库：《东印度航海记》，姚楠译，中华书局，1982，第 76 页。
⑤ 《明史》列传 212，"外国五"。

因而，自 17 世纪以来，关于贸易紧跟着国旗出现的说法在东印度实际上是等于说中国人的贸易紧跟着荷兰在殖民地的拓展而进行。这一点非常清楚地表现为在荷属印尼群岛拓展贸易，扩大其权力的情况。凡是建立起政府的民政机构或军事机构的地方，总是立即随之有以中国商人跟进的新的贸易中心的兴起。虽然促使东印度政府同意建立这些新政府机构的动机，肯定不是希望看到中国人贸易的扩展，但是荷兰东印度公司的政策常常是有意或无意地导致这样的结果，并经常对中国人在中介商业和零售商业方面的利益给予相当的考虑。公司是把中国人的零售商业看作处理其输入物资的销售机构。① 因而，在 17 世纪中叶，海外华商网络大抵沿贸易航线的港口组构而成，华商主要活动范围在闽粤东南沿海和台湾西岸港口、殖民者东来建立的巴达维亚、马尼拉、澳门和马六甲，以及日本的长崎和东南亚土著政权控制下的沿海港口及其附近地区，并与荷兰殖民者的繁荣而合作共赢。由于中国移民规模的扩大和华商在东南亚的活动从商贸向产业渗透，海外华商网络也从沿海渗入内陆地区。中国移民在东南亚内陆地区从事的种植业、矿业、手工业，也纳入华商网络的经营范围，很多产业本身即由华商开发，从而使华商网络从沿海渗入内地。而华商在内陆产业的发展又吸引了更多的移民。②

华人移民数量的增加又支持了海外华商网络的扩大和产业经营的多元化。而自欧洲人主导的世界贸易网络的形成，更进一步地使东亚、东南亚海外华商网络得到前所未有的发展机会。17 世纪以后，华商网络已成为欧洲人主导的东西方贸易网络的组成部分，两者虽时有冲突，但更多时候是呈共生互动之势。在此期间，西太平

---

① 〔英〕W. J. 凯特：《中国人在荷属东印度的经济地位》（序），《南洋问题资料译丛》1963 年第 3 期，第 6 页。

② 庄国土：《论 15 ~ 19 世纪初海外华商经贸网络的发展——海外华商网络系列研究之二》，《厦门大学学报》（哲学社会科学版）2000 年第 2 期，第 66 页。

洋传统贸易区域内的航路网更加发达，网络性更强，并被强制性地逐渐拉入太平洋航海体系。中国、日本同南洋群岛的海上贸易航道，中日间的南北航道，都与环太平洋航路联成一气。因而，到18世纪中叶以后，环太平洋航路网也已基本形成。[1]

明后期东南亚华人从事的经济活动首先是商业，其次是手工业，最后是农业。移民主体是商贩，其中零售商贩在南洋市场营销网中分布最广，占的比重也最大。他们虽然销售当地货品、西方商品或其他亚洲商人的舶来品以及当地华人生产的手工业制品，但他们也销售大量中国商船的舶来品，诸如丝织品、瓷器以及各类日常生活用品等。他们不仅在港埠或商业城区设市、开店、摆摊棚出售中国产品，而且常以流动货郎、小贩的形式深入乡间内地，推销中国货。他们不仅促进了东南亚城乡市场的一体化的建设，而且对形塑东南亚国家与民族意识有着莫大的贡献。同时，不断增长的华商群体，也承担了使中国海洋商业伸向南洋的功能，推动了中国东南沿海陆地的商品化经营向海洋商品经济转化，而海外移民又进一步促使海洋商品经济向世界性商品经济转化。南洋移民散居网推动了中国海洋社会经济与世界经济的连接，也为中国发展商品经济拓展了更广阔的海外消费市场。因此可以说，"华人对东南亚的扩张，是一种富有生命力的跨文化贸易网络"。[2]

许多华商在侨居国从事商业活动，负责管理海外贸易，收购当地特产和销售该国货物的工作，形成一个沟通中国海外贸易的侨居地商业网络。侨领除了管理社区内务，还有可能参与管理华侨商人、中国海商。如巴达维亚甲必丹，"司汉人贸易"，越南华侨刘清，曾任"管理洋货该该府"之职。有的华侨则充当征税人，如越

[1] 艾周昌、许斌：《试论16至18世纪中叶太平洋航海贸易》，《史学月刊》1989年第6期，第85页。
[2] 聂德宁：《明清海外贸易史与海外华商贸易网络研究的新探索——包乐史著〈巴达维亚华人与中荷贸易〉评介》，《中国社会经济史研究》2000年第3期，第87页。

南华侨郑獻，曾任"艚监""收商舶税"。华侨在各地为当地政府所倚重，暹罗王室贸易对华人的依赖甚至达到这样的程度，"以致如果没有他们，宫廷什么买卖也做不成"。"凡属南洋土产，或为输入新加坡及其他马来商港之外国商品，莫不由华商采买贩卖。""婆罗洲华侨之社会组织较苏岛、爪哇方面尤优，故其势力亦大；大都小埠之商业几尽为中国人所掌握。"华侨商贩凭借着自己丰富的经营经验，把触角深入到穷乡陋邑，促进当地居民与邻近地方，甚至世界各地商业直接或间接地连在一起，进而逐渐把东南亚地区的经济与处于上升阶段的世界资本主义市场相连通，推动了东南亚社会经济的发展。①

当时，中国与东南亚的贸易关系呈现以下三个特征。一是中国是东南亚地区生活必需品的重要供给地，品类众多的中国商品中，棉布大量输入吕宋、爪哇等地，瓷器更遍销东南亚；中国商品源源不断地进入东南亚市场，加以中国移民的居间作用，使这种商业贸易活动延伸到东南亚的僻远村落。二是东南亚成为中国了解世界市场的窗口，这主要通过华商和海外移民的沟通信息，一方面大量出口西方人所喜爱的中国商品，另一方面适时地调整工艺结构，开始生产并输出仿制的欧洲产品；而掌握信息渠道，除华商对东南亚市场实地进行考察和试探之外，则是外移侨民回籍介绍情况。三是东南亚的特殊地位系促使当时中国与东南亚海上贸易频繁的因素。如由菲岛马尼拉转运中国商品，交换美洲的白银；而巴达维亚则转运中国的茶叶和瓷器等销往欧洲；由此可见东南亚实际上是个双向转运站，即中国商品通过它大量流向欧洲和美洲，而欧美的白银等亦透过它输入中国。②

---

① 转引自李萍《16—18世纪华侨在中国与东南亚政治经济交往中的地位和作用》，《东南亚纵横》1999年第5~6期，第59页。

② 沈定平：《论16至18世纪中国与东南亚的贸易关系》，《学术研究》1987年第3期，第54~59页。

尽管西方殖民者东来时，亚洲内部的贸易已经非常发达，但是这些贸易主要是互通有无和易货贸易。欧洲人的到来，改变了亚洲贸易的一些性质。由于欧洲人的贸易是具有较强竞争性质的国际贸易，他的强势介入，使亚洲贸易与世界贸易联系在一起，成为世界贸易的一部分，并丰富了亚洲贸易的内容。因本地贸易需要有广泛的收购网和销售网，华人及其他亚洲人在当地拥有各种优势，如网络的存在、长期的贸易习惯和传统等，为他们在亚洲内部贸易提供了有效的手段和方式。因此，亚洲人虽面临欧洲人的强势介入，但他们在同西方人竞争中仍占据上风，是亚洲内部贸易的主导者。因此，西方与东南亚的香料贸易基本由西方商人控制，而亚洲内部的香料贸易由华商控制，并没因西方殖民者的到来而发生很大的改变。[1] 葡萄牙、荷兰殖民者在环苏门答腊岛区域把大量中国商品转运到欧洲市场和拉丁美洲市场的过程，并没有摆脱对华商的网络依赖，且顺势就把中国—东南亚贸易纳入了欧洲市场和拉丁美洲市场。因此可以说，明后期，中国—东南亚贸易已是世界贸易网络的一部分。按照亚洲交易圈理论，当欧洲在进军亚洲时，很大程度上是加入固有的亚洲交易圈。同时，其背景是当时东亚、东南亚贸易中占压倒性优势的中国商人的存在。[2] 可以说，东亚、东南亚海域的主要贸易城市，还找不出一个没有以华人移民为主的国家贸易海港城市。

明清时期，中国是当时东南亚生活用品的生产基地，而东南亚的土产则供应中国市场的消费。华商便成了东南亚区域与中国的主要经销商，而华船成为东亚货物的运输工具，欧洲人除葡萄牙人可到广州贸易外，西班牙人或是荷兰人必须等待华船前来殖民地贸

---

① David Bulbeck, Anthony Reid, Lay Cheng Tan, YiqiWu, eds., *Southeast Asia Exports Since the 14th Century: Cloves, Pepper, Coffee and Sugar* (Singapore: Institution of Southeast Asian Studies, 1998).

② 〔日〕古田和子:《上海网络与近代东亚》，王小嘉译，中国社会科学出版社，2009，第 218 页。

易，同样本地商埠如会安和长崎等，也要等待华船前来贸易。可以说，华商维系着中国与环苏门答腊岛地区的主要跨国经济贸易网，补充了朝贡贸易并进一步加强了两个地区间的联系。尤其是明朝月港开放后，"这些华人商舶遍历东西洋的 47 个国家，西班牙、葡萄牙、荷兰也各自通过其贸易转运港马尼拉、澳门和西爪哇的万丹与月港间接贸易。多达 116 种外国商品及更大量的中国产品（多是手工业品），通过华商在月港进出口"。① 若是打开一幅亚洲地图，便可清楚地看出以闽南商人为主导的华商在近代早期亚洲海域的活动范围。因此，当葡萄牙人、荷兰人和英国人在 1600 年前后来到东南亚群岛地区购买胡椒等热带土特产品时，方突然醒悟，福建商人在亚洲海域早已奋斗、经营了数个世纪，建立起了自己的贸易网络，散布在南中国海域各不同港埠的贸易市场实际上早已被福建商人所控制。② 他们必须厕身该网络，方能成为亚洲海洋贸易的游戏参与者。

到了 18 世纪，东南亚华商网络经营多样化与当地化是华商网络革命性的发展。贸易网络也并不是海外华商唯一的组织关系网。散布在各地侨居的闽粤移民，还拥有其他类型的关系网络，例如，家庭关系网络、宗族关系网络、同乡会、同业公会以及最基本的网络——人脉关系。他们将传统中国社会的各种纽带和网络移植、重建于海外侨居社区，建立起了各种不同的关系网络。③ 以往的华商网络是以中国商品、中国帆船和中国市场为主要依托。而 18 世纪后期至 19 世纪初，华商网络已能依托庞大的东南亚华人移民社会，不但拥有远东水域的航运和批发、零售网络，而且部分掌握东南亚地区的商品生产和加工。华商又有不少工业商产品系利用进口原料

---

① 庄国土：《华侨华人与中国的关系》，广东高等教育出版社，2001，第 96 页。
② 钱江：《古代亚洲的海洋贸易与闽南商人》，亚平、路熙佳译，《海交史研究》2011 年第 2 期，第 30 页。
③ 钱江：《古代亚洲的海洋贸易与闽南商人》，亚平、路熙佳译，《海交史研究》2011 年第 2 期，第 30 页。

进行加工，然后再出口，如把进口的棉花加工成棉布，再出口到东南亚；从日本进口铜，加工成器皿或铸成铜钱，自东南亚输入锡制成锡箔，从暹罗进口红木、乌木制成家具后，再运销东南亚各地。[①]

尤其值得一提的是，华商网络不仅是华人自身立足海外的基点，而且是马来亚内地的开发先驱。新加坡在 19 世纪 70 年代因马来亚的开发而迅速发展，它的繁荣基本依靠自身的经济政策和马来半岛、荷属东印度的开发，而不是作为英国工业品的销售港口。华商贸易网络向马来亚内地延伸，为新加坡的发展拓展了腹地，也为新加坡成为东南亚和亚洲的经济中心奠定了基础。"整个东南亚，中国人是国际贸易上的大中人，进口货物都先经过他们之手，才得到达内地的消费者，出口货物也是先由他们买下，才转售实际出口商人。"[②] 与此同时，东南亚区域内部生产日益专业化，形成了专门出产锡和橡胶等欧美国际市场急需的工业原料的新兴产业带，和专门供应这一产业带劳工生活必需的大米等食品供应带。前者以马来亚的大型橡胶种植园和锡矿闻名于世，后者以曼谷、仰光和西贡三大米市而著称。区域内劳动分工的加强，保证了国际市场的需求，同时也促使区域内部市场日趋活跃。西方各大企业集团垄断着工业原料和工业制品的洲际贸易，无暇顾及区域内部的市场。华人商贸网络便越出国境，扩大到东南亚全境。如新加坡、马来亚和印尼等地的福建商人掌握了区域内橡胶和锡的收购业务；泰国、新加坡和马来亚的潮州人则控制了大米的加工和贸易。

期间，虽然华商网络出现过中介化（或边缘化），但它的发展还是显示出自身的规律。华商网络并没有因为西方殖民者的到来而夭折，而是继续发展：网络规模和承载内容不断扩大。如新加坡的华人汇款网络在西方资本渗透前已经形成，并未因西方势力的进入

---

① J. W. Cushman, *Fields from the Sea: Chinese Junk Trade with Siam During the Late Eighteenth and Early Nineteenth Centuries* (Cornell University, 1994), pp. 121 – 123.

② 〔美〕雷麦：《外人在华投资》，蒋学楷译，北京商务印书馆，1959，第 134 页。

萎缩，而是与西方银行相协调，得到了更大发展。西方银行纷纷在华人聚集的地方设立分行吸引华人汇款，成为汇款网络的重要一环；香料贸易、锡矿业亦如此。这些颇耐人寻味。因此我们认为：主要面向西方市场的华商网络中介化、依附性特点比较明显；而主要面向亚洲市场的网络保持了相对独立性。且亚洲内部贸易的增长速度甚至远远超过亚洲与欧洲之间贸易增长的速度。[①] 由此显示出华商网络在东南亚的强大生命力和韧性。而这使他们易于同中国保持密切联系，又便于同那里的土著及欧洲殖民者保持良好的合作关系，适宜于做两地贸易的中介，这不仅为中国、南洋土著和欧洲殖民者带来了经济利益，而且为自己在侨居地创造了更好的生存环境。[②]

历史上，华人移民是世界移民大军的一个组成部分，它是劳动力在国际劳动市场中的流动，是与商品、资本的国际流动密切相关的。数百万居住于东南亚的华商构建了一股强大的贸易纽带和建设力量，形成了一个跨国、跨区域的华人经贸网络。从纵向发展的角度来讲，它与华人传统的社会与行业组织（如地缘性会馆与商会）有密切关系；从横向发展的角度来讲，它又借此活动进一步加强了华人同其祖籍地的文化与情感联系。[③] 在全球化时代，这一特点还将延续，只是东南亚华人的经济活动范围将比以往任何时期更广阔，已不再局限于亚洲区域，而是整个世界。华人对东南亚的海洋贸易的拓展以及华商海外贸易网络的形成，不仅是一个自发的过程，而且为当时东南亚的政治组织所欢迎和利用。[④]

① 〔日〕杉原薰：《亚洲间贸易之形成与构造》，载《社会经济史学》第51卷第1号，1985，转引自戴一峰《近代环中国海跨国华商网络研究论纲》，《中国社会经济史研究》2001年第1期。

② 郭立珍：《论明朝后期南洋华侨华人在中国—南洋贸易中的地位和作用》，硕士学位论文，郑州大学，2001，第39页。

③ 刘宏：《战后新加坡华人社会的嬗变：本土情怀·区域网络·全球视野》，厦门大学出版社，2003，第191页。

④ 聂德宁：《明清海外贸易史与海外华商贸易网络研究的新探索——包乐史著〈巴达维亚华人与中荷贸易〉评介》，《中国社会经济史研究》2000年第3期，第88页。

环苏门答腊岛的海洋贸易与华商网络

近几个世纪以来，他们在东南亚各个地区、殖民地和国家中，都一直起着中介商、经纪人的作用。强大的商业活动不仅促进了东南亚经济的发展，而且促进了东南亚近代国家的形成。然而，对东南亚华人却从来没有得到足够重视。海外华人很大程度上仍可被称为"没有历史"的群体。[①] 因而，他们的历史地位、社会价值及对中国与东南亚地区的作用并没有得到真正认可。他们的网络价值、海洋特性一直遮蔽于居住国历史，也不为中国陆地文化主导的政治所认识。这使中国的海洋特性，中国与东南亚的海洋共性一直处于睡眠状态，错失良机。

---

① 〔荷〕包乐史：《头家的遗言—荷印初期巴城华商杨昆传略》，庄国土译，《南洋资料译丛》1990 年第 2 期，第 68 页。

结　语

　　环顾苏门答腊岛及其周边的海洋区域，从印度尼西亚群岛到马来半岛，长达数百英里的海岸线上都没有政治中心，只有一连串繁荣的小港口彼此独立存在着。然而，梳理它们发展的历史，却可以发现它们彼此之间充满着关联和互动，并交替繁荣。而这恰恰得力于该区域的贸易商品和人——散居在亚洲海域各港埠的华商。华商之间的来往和互通音信，及其构建的贸易网络，通过服务于中国贸易，形塑了该区域互相关联的一体化格局。他们在不同时期的活力毫无疑问来源于广大沿海地区，及其腹地所蕴藏的丰富资源和市场，而这一切都源自东方的中国和西方世界的互通有无。

　　更为重要的，环苏门答腊岛的广大沿海地区，扼守着印度洋和太平洋的重要通道，是世界海洋贸易的中转站和枢纽，以及欧洲、南亚、西亚等地与中国之间交流和贸易的集散地。历史上，无论是官方性质的海洋贸易即朝贡贸易，还是私人民间海洋贸易，都使中国从这里得到矿产、木材、香料、黄金、白银、珠宝和大米，而通过向该区域出口或转口，中国的瓷器、丝绸、茶叶、造船技艺等渗透到东南亚，走向世界。由此，中国与东南亚的海洋活动紧密联系在一起，中国主导的"中国－东南亚海洋安全体系"建立起来，从而为中国建立了一个巨大的战略缓冲区。这得益于宋元以来中国商人的海洋开拓精神及对海洋权益的重视。虽然郑和的远航体现了中国最高统治者试图将东南亚纳入自己宗藩体系的意图，但中华文明的海洋哲学精髓及郑和本人对海洋的认知，使得中国近 30 年的海洋事业达到一个高峰，却未能为中国创造一个"海洋帝国"时代。

地理大发现以后，随着海洋贸易的拓展，欧洲殖民者来到东方，充分利用了华商在中国与东南亚之间的海洋贸易网络，深度渗透并驻扎在这一区域，力图垄断海洋贸易。奇怪的是，此时中国与该区域诸国的海洋交通，不但较从前频繁，而且交往范围空前扩大。特别是随着海上贸易越发活跃，中国的丝绸、瓷器、茶叶等商品亦大量出口，使得日臻成型的"海上丝绸之路"不断延伸。传统的跨越南洋、印度洋的海上航线，透过欧洲人的衔接，进一步贯通至西欧，如"荷兰 - 印尼 - 中国"及其后的"中国 - 新加坡 - 英国"长距离海洋贸易。在中荷、中英之间的海洋贸易中，货物在巴达维亚、新加坡等地停留中转，或者直接到达英、荷等国，华商均起到了不可或缺的中介作用。他们成为中国深度开拓印度洋，迈向中东、西欧的不可替代的探索者，互联互通的实践者。2011 年，加拿大、澳大利亚等的多家著名大学与研究机构，联合开展了一项名为"第一个全球性经济体系与人类——环境互动关系"的多学科国际合作项目，提出 9～13 世纪，印度洋已经形成一个以南印度海域为中心的"世界体系"，这个体系持久地向东非、西亚、东南亚、中国沿海地区长距离输出商品、观念、技术与劳动力，构筑起古代世界第一个"全球经济体系"。这一时代，贯通阿拉伯、印度与中国的海路交往特别频繁，海上丝绸之路臻于鼎盛，对世界历史发展影响深远。①

进入 21 世纪，印度洋海域以其特殊的地理位置和战略支点吸引了全世界的目光，印度洋沿岸经济体自然而然成为世界关注的焦

---

① 张君荣：《海上丝绸之路研究呈现新思路——专访广东省社会科学院研究员李庆新》，中国社会科学网，http://www.cssn.cn/zf/zf_dh/201512/t20151202_2738370.shtml，2015.11.30。

点。而印度洋地区的十多个国家，将不可避免地影响整个世界的政治格局与经济发展。而横跨印度洋与太平洋的印度尼西亚苏门答腊岛及其周边地区，则有着多重角色的价值。一方面，它可以衔接中国与印度尼西亚的发展，有望成为中国来往印度洋与太平洋的新国际贸易路线的航运中心及经济增长中心，还能成为海洋事业、渔业与造船业中心。① 另一方面，这一地区被公认为与"古代海上丝绸之路"关系最密切，有必要深入思考它在中国走向印度洋的海上丝绸之路战略中将承担何种角色，具有什么样的战略地位，并应做好规划和决断。因而，透过对环苏门答腊岛周边地域海洋贸易与华商网络的研究，或许可以得到些许线索。譬如，透过移民及其"起源"，研究其在这些港市中的流动方向，审视环苏门答腊岛区域港市如何兴起、发展及它们之间的联系和分类等。观察华人移民在这种发展和联系中的本土化或区域化进程，研究该区域国家议程（State Agenda）与华商群体的能动性（Agence）及其相互依赖程度，思考这个过程如何涉及政治平衡与动荡、国防与疆域开拓、铸币与财政、商贸网络与国家竞争等重要议题。更重要的，借助这种考察，或许能找到建设中国"21 世纪海上丝绸之路"的通途，走上海洋强国战略的康庄大道。

正如黑格尔所说："平凡的土地和平原河流，可以把人类束缚在一片广袤的土地上，使人们对土地产生无限的依恋性，而大海，则可以呼唤人们超越土地的限制。"只有面向大海，我们才有广阔的未来。而中国历史中的海洋世界，恰是寻找当代海洋中国的缘起，可使我们走向海洋的步伐更加坚实、有保障。

环苏门答腊岛的海洋贸易与华商网络

---

① 《印尼前部长：通过填海造地爪哇北岸能取代新加坡成亚洲商贸枢纽》，联合早报网，http://www.zaobao.com/special/newsletter/story20160420 – 607416，2016.04.20。

参考文献

一 中文文献

(一) 论著类

[1]〔美〕芭芭拉·沃森·安达娅、伦纳德·安达娅：《马来西亚史》，黄秋迪译，中国大百科全书出版社，2010。

[2]〔英〕巴素：《东南亚之华侨》，郭湘章译，台北"国立"编译馆，1974。

[3]〔英〕巴素：《马来亚华侨史》，刘前度译，光华日报出版社，1950。

[4]〔荷〕包乐史：《中荷交往史》，庄国土、程绍刚译，路口店出版社，1989。

[5]〔荷〕包乐史：《巴达维亚华人与中荷贸易》，庄国土译，广西人民出版社，1997。

[6]〔日〕滨下武志：《近代中国的国际契机——朝贡贸易体制与近代亚洲经济圈》，中国社会科学出版社，1999。

[7]〔日〕滨下武志：《香港大视野：亚洲网络中心》，马宋芝译，香港：商务印书馆，1997。

[8]〔英〕查尔斯·达维南特：《论英国的公共收入与贸易》，朱泱、胡企林译，商务印书馆，1995。

［9］〔马来西亚〕陈剑虹：《槟榔屿华人史图录》，Areca Books，2007。

［10］〔马来西亚〕陈剑虹：《走进义兴公司》，Taman Desaria, Sungai Ara, 11900 Penang, Malaysia，2015。

［11］〔马来西亚〕陈剑虹、黄木锦：《槟城福建公司》，槟城福建公司，2014。

［12］〔马来西亚〕陈秋平：《移民与佛教：英殖民时代得槟城佛教》，南方学院出版社，2004。

［13］〔马来西亚〕陈耀威：《甲必丹郑景贵的慎之家塾与海记栈》，Pinang Peranakan Mansion Sde. Bhd，2015。

［14］〔英〕崔瑞德、〔美〕牟复礼：《剑桥中国明代史》，中国社会科学出版社，1992。

［15］〔日〕村上直次郎原译《巴达维亚城日记》，郭辉中译，南投：台湾省文献委员会，1970。

［16］〔法〕费尔南·布罗代尔：《15 至 18 世纪的物质文明、经济和资本主义》第三卷，顾良、施康强译，生活·读书·新知三联书店，1993。

［17］〔印尼〕费缪伦：《红溪惨案本末》，李平等译，翡翠文化基金会，1961。

［18］〔法〕费琅：《苏门答腊古国考》，冯承钧译，中华书局，1955。

［19］〔德〕弗兰克：《白银资本：重视全球化中的东方》，刘北成译，中央编译出版社，2001。

［20］〔日〕古田和子：《上海网络与近代东亚——19 世纪后半期东亚的贸易与交流》，王小嘉译，中国社会科学出版社，2009。

［21］〔法〕G. 赛代斯：《东南亚的印度化国家》，蔡华、杨保筠译，商务印书馆，2008。

［22］〔英〕霍尔：《东南亚史》，中大东南亚历史研究所译，商务印书馆，1982。

［23］〔新加坡〕柯木林主编《新加坡华人通史》，新加坡宗乡会馆

环苏门答腊岛的海洋贸易与华商网络

联合总会，2015。

［24］〔新加坡〕柯木林：《新华历史人物列传》，新加坡宗乡会馆联合总会、教育出版私营有限公司，1995。

［25］〔英〕康斯坦丝·玛丽·滕布尔：《新加坡史（1819～2005）》，欧阳敏译，中国出版集团东方出版中心，2013。

［26］〔英〕K. S. 桑德赫：《早期的马来西亚》（K. S. Sandhu, Early Malaysia），P. 惠德礼（P. Wheatloy）注释，新加坡大学教育出版社，1973。

［27］〔美〕雷麦：《外人在华投资》，蒋学楷译，商务印书馆，1959。

［28］〔英〕理查德·温斯泰德：《马来亚史》，姚梓良译，商务印书馆，1974。

［29］〔意〕利玛窦、金尼阁：《利玛窦中国札记》，李申译，中华书局，1983。

［30］〔马来西亚〕林博爱编《南洋名人集传》，点石斋印刷承印，1924。

［31］〔印尼〕林天佑：《三宝垄历史——自三保时代至华人公馆的撤销》，李学民、陈龚华译，暨南大学华侨研究所，1984。

［32］〔新加坡〕刘宏：《战后新加坡华人社会的嬗变：本土情怀·区域网络·全球视野》，厦门大学出版社，2003。

［33］〔美〕马士：《东印度公司对华贸易编年史》卷3，区宗华译，中山大学出版社，1991。

［34］〔澳〕梅·加·李克莱佛斯：《印度尼西亚史》，周南京译，商务印书馆，1993。

［35］〔日〕木村康一：《中国制陶技术》，载薮内清等《天工开物研究文集》，章熊、吴杰译，商务印书馆，1961。

［36］〔英〕M. M. 波斯坦、D. C. 科尔曼、彼得·马赛厄斯：《剑桥欧洲经济史》第四卷，王春法译，经济科学出版社，2003。

［37］〔新〕尼古拉斯·塔林主编《剑桥东南亚史》第一卷，贺圣达等译，云南人民出版社，2003。

[38]〔美〕诺埃尔:《葡萄牙史》,南京师范学院教育系翻译组译,江苏人民出版社,1974。

[39]〔新加坡〕潘翎主编《海外华人百科全书》,崔贵强编译,香港:三联书店,1998。

[40]〔美〕彭慕兰:《大分流:欧洲、中国及现代世界经济的发展》,史建云译,江苏人民出版社,2003。

[41]〔美〕皮特・N. 斯特恩斯等:《全球文明史》,赵轶峰等译,中华书局,2006。

[42]〔澳〕史蒂文・德拉克雷:《印度尼西亚史》,郭子林译,商务印书馆,2009。

[43]〔日〕桑原骘藏:《蒲寿庚考》,陈裕菁译,中华书局,1954。

[44]〔新加坡〕宋旺相:《新加坡华人百年史》,叶书德译,新加坡中华总商会,1993。

[45]〔美〕唐纳德・F. 拉赫、埃德温・J. 范・克雷:《欧洲形成中的亚洲》(第三卷第一册)(上),许玉军译,人民出版社,2012。

[46]〔英〕托比・马斯格雷夫、威尔・马斯格雷夫:《改变世界的植物》,董晓黎译,太原希望出版社,2005。

[47]〔新加坡〕王赓武:《南海贸易与南洋华人》,姚楠编译,香港:中华书局,1988。

[48]〔新加坡〕王赓武:《南洋华人简史》,张奕善译,(台北)水牛出版社,1988。

[49]〔荷〕威・伊・邦特库:《东印度航海记》,姚楠译,中华书局,1982。

[50]〔英〕窝雷斯:《马来群岛游记》(上册),吕金录译,商务印书馆,1933。

[51]〔新加坡〕吴华:《狮城掌故》,教育出版社私营有限公司,1981。

[52]〔印尼〕吴世磺:《印度史话》,椰城世界出版社,1951。

[53]〔英〕W. G. 赫夫:《新加坡的经济增长:20 世纪里的贸易与

环苏门答腊岛的海洋贸易与华商网络

发展》，牛磊、李洁译，中国经济出版社，2001。

[54] 〔英〕W. J. 凯特：《荷属东印度华人的经济地位》，王云翔、蔡寿康等译，厦门大学出版社，1988。

[55] 〔马来西亚〕谢诗坚编著《槟城华人两百年》，马来西亚韩江学院韩江华人文化馆，2012。

[56] 〔印度〕辛哈·班纳吉：《印度通史》，张若达等译，商务印书馆，1964。

[57] 〔泰〕许茂春编著《东南亚华人与侨批》，泰国国际邮票有限公司编辑部，2008。

[58] 〔印尼〕许天堂：《政治漩涡中的华人》，周南京译，香港社会科学出版有限公司，2004。

[59] 〔美〕约翰·F. 卡迪：《东南亚历史发展》，姚楠、马宁译，上海译文出版社，1988。

[60] 〔英〕约瑟夫·库利舍尔：《欧洲近代经济史》，石军、周莲译，北京大学出版社，1990。

[61] 〔马来西亚〕张少宽：《南溟胜谈——槟榔屿华人史随笔新集》，南洋田野研究室出版，2007，第145页。

[62] 〔马来西亚〕张少宽：《槟榔屿丛谈》，南洋田野研究室，2005。

[63] （明）马欢：《瀛涯胜览》，冯承钧校注，商务印书馆，1935。

[64] （清）王韬：《漫游纪略》，《笔记小说大观（第17册）》，江苏（扬州）广陵古籍刻印社，1983。

[65] （清）谢清高：《海录》，中华书局，1985。

[66] （清）薛福成：《出使四国日记》卷三，湖南人民出版社，1981。

[67] （清）薛福成：《薛福成日记》，蔡少卿整理，吉林文史出版社，2004。

[68] 蔡仁龙：《印尼华侨与华人概论》，香港南岛出版社，2000。

[69] 陈碧笙：《世界华侨华人简史》，厦门大学出版社，1991。

[70] 陈达：《南洋华侨与闽粤社会》，长沙商务印书馆，1937。

［71］ 陈国栋：《东亚海域一千年：历史上的海洋中国与对外贸易》，山东画报出版社，2006。

［72］ 陈翰笙：《华工出国史料》第四辑，中华书局，1981。

［73］ 陈荆和、陈育崧编著《新加坡华文碑铭集录》，香港中文大学出版部，1970。

［74］ 陈希育：《中国帆船与海外贸易》，厦门大学出版社，1991。

［75］ 范金民：《明清江南商业的发展》，南京大学出版社，1998。

［76］ 樊树志：《晚明史》上卷，复旦大学出版社，2003。

［77］ 方豪：《中西交通史》（二），台北华冈出版公司，1977。

［78］ 费成康：《澳门四百年》，上海人民出版社，1988。

［79］ 傅衣凌：《明清时代商人及商业资本》，人民出版社，1980。

［80］ 傅无闷编《南洋年鉴》，新加坡南洋商报出版部，1951。

［81］ 福建师范大学历史系华侨史资料选辑组：《晚清海外笔记选》，海洋出版社，1983。

［82］ 巩珍：《西洋番国志》，中华书局，1961。

［83］ 郭家宏：《日不落帝国的兴衰——英国与英帝国史的研究》，北京师范大学出版社，2012。

［84］ "国立"故宫博物院编辑委员会编《宫中档雍正朝奏折》第8辑，"国立"故宫博物院，1982。

［85］ "国立"故宫博物院编辑委员会编《宫中档雍正朝奏折》第10辑，"国立"故宫博物院，1982。

［86］ "国立"故宫博物院编辑委员会编《宫中档雍正朝奏折》第23辑，"国立"故宫博物院，1982。

［87］ 韩槐准：《南洋遗留的中国古代外销陶瓷》，新加坡青年书局，1960。

［88］ 郝玉麟编《朱批谕旨》，上海点石斋本，1887。

［89］ 黄书海主编《忘不了的岁月》，世界知识出版社，2003。

［90］ 黄尧编《星马华人志》，香港明鉴出版社，1966。

［91］金应熙：《菲律宾史》，河南大学出版社，1990，第168页。

［92］力钧：《槟榔屿志略》，《双镜庐集字板排印》，光绪十七年，第7册。

［93］李长傅：《中国殖民史》，商务印书馆，1998。

［94］李德霞：《17世纪上半叶东亚海域的商业竞争》，云南出版集团公司，2009。

［95］李金明：《明代海外贸易史》，中国社会科学出版社，1990。

［96］李金明、廖大珂：《中国古代海外贸易史》，广西人民出版社，1995。

［97］李良溪：《泉州侨批业史料》，厦门大学出版社，1994。

［98］李学民、黄昆章：《印尼华侨史》，广东高等教育出版社，1987。

［99］李学民、黄昆章：《印尼华侨史》（古代至1949年），广东高等教育出版社，2005。

［100］李钟钰：《新加坡风土记》，新加坡南洋编译所，1947。

［101］林金枝主编《华侨华人与中国革命和建设》，福建人民出版社，1993。

［102］林金枝、庄为玑：《近代华侨投资国内企业资料选辑》福建卷，福建人民出版社，1985。

［103］林有壬：《南洋实地调查录》，商务印书馆，1918。

［104］林远辉、张应龙：《新加坡马来西亚华侨史》，广东高等教育出版社，1991。

［105］刘焕然：《荷属东印度概览》，新加坡南洋报社，1930。

［106］刘石吉：《明清时代江南市镇研究》，中国社会科学出版社，1987。

［107］鲁白野：《马来散记》，新加坡星洲世界书局有限公司，1958。

［108］马欢：《瀛涯胜览校注》，冯承钧校注，中华书局，1955。

［109］南洋商报编纂《新加坡一百五十年》，南洋商报，1969。

［110］潘醒农：《马来亚潮侨通鉴》，新加坡南岛出版社，1950。

［111］屈大均：《广东新语》，卷二十七，蔗语，中华书局，1997。

[112] 饶宗颐:《选堂集林·史林》（下），香港:中华书局，2012。

[113] 单岩基:《南洋贸易论》，上海《申报》馆，1943。

[114] 书蠹编《槟榔屿开辟史》，顾因明、王旦华译，台湾商务出版社，1969。

[115] 宋濂等:《元史》，中华书局，1976。

[116] 宋哲美:《马来西亚华人史》，香港中华文化事业公司，1964。

[117] 苏文菁:《福建海洋文明发展史》，中华书局，2010。

[118] 唐苏民:《马来亚华侨志》，台北华侨协会，1959。

[119] 田汝康:《中国帆船贸易与中国对外关系史论集》，杭州人民出版社，1987。

[120] 温广益、蔡仁龙等编著《印度尼西亚华侨史》，海洋出版社，1985。

[121] 温雄飞:《南洋华侨通史》，上海东方印书馆，1929。

[122] 王拱辰:《中国移民论》，（出版社不详），1937。

[123] 王任叔:《印度尼西亚古代史》，中国社会科学出版社，1987。

[124] 王彦威、王亮编《清季外交史料》第74卷，1932年铅印本。

[125] 王锡祺:《小方壶斋舆地丛钞》第十帙（二），台湾学生书局，1975。

[126] 汪大渊:《岛夷志略校释》，苏继庼校译，中华书局，1981。

[127] 吴凤斌主编《东南亚华侨通史》，福建人民出版社，1994。

[128] 吴凤斌:《契约华工史》，江西人民出版社，1988。

[129] 厦门市志编纂委员会:《近代厦门社会经济概况》，厦门鹭江出版社，1990。

[130] 夏东元:《郑观应集》下册，上海人民出版社，1988。

[131] 向达:《两种海道针经》，中华书局，1982。

[132] 谢国桢:《明代社会经济史料选编》（中册），福建人民出版社，1981。

[133] 谢清高口述、杨炳南笔录《海录校释》，安京校释，商务印

书馆，2002。

[134] 徐松：《宋会要辑稿·刑法》，中华书局，1957。

[135] 许云樵、许直编《新嘉坡工商业全貌》，新加坡华侨出版社，1948。

[135] 杨国桢：《闽在海中》，江西高校出版社，1998。

[137] 杨国祯等：《明清中国沿海社会与海外移民》，高等教育出版社，1997。

[138] 杨建成主编《侨汇流通之研究》，台北中华学术研究院南洋研究所，1984。

[139] 姚贤镐：《中国近代对外贸易史资料（1840—1895）》第一册，中华书局，1962。

[140] 叶文程：《中国古外销瓷研究论文集》，北京紫禁城出版社，1988。

[141] 叶苔痕、吴允德：《槟榔屿大观》，槟城海角出版社，1950。

[142] 郁树锟主编《南洋年鉴》第十篇"华侨"，吉隆坡南洋报社有限公司，1951。

[143] 姚楠：《马来亚华侨经济概况》，南京南洋经济协进会，1946。

[144] 张本英：《自由帝国的建立——1815～1870年的英帝国研究》，安徽大学出版社，2009。

[145] 张国刚：《从中西初识到礼仪之争——明清传教士与中西文化交流》，人民出版社，2003。

[146] 张礼千：《马六甲史》，商务印书馆，1941。

[147] 张天泽：《中葡早期通商史》，香港：中华书局，1988。

[148] 张维华：《明代海外贸易简论》，上海人民出版社，1956。

[149] 张维华：《中国对外关系史》，高等教育出版社，1993。

[150] 张相时：《华侨中心之南洋》（上卷）《荷属东印度》，琼州海口海南书局印行，1927。

[151] 张荫桐译述《南洋华侨与经济之现势》，上海商务印书馆，1946。

[152] （明）张燮：《东西洋考》卷11，"艺文考"，谢方校注，中

华书局，2000。

［153］（宋）赵汝适：《诸蕃志校释》，杨博文校释，中华书局，2000。

［154］郑光耀：《中国古代对外贸易史》，广东人民出版社，1985。

［155］周凯：《厦门志》上册，（南投）台湾省文献委员会，1993。

［156］周去非：《岭外代答校注》，杨武泉校注，中华书局，1999。

［157］庄国土：《中国封建政府的华侨政策》，厦门大学出版社，1989。

［158］庄国土：《华侨华人与中国的关系》，广东高等教育出版社，2001。

（二）古籍类

［1］李延寿：《南史》卷78，"海南诸国、西南夷列传"。

［2］姚思廉：《梁书》卷54，"诸夷、海南诸过列传"。

［3］《新唐书》卷222下，"室利佛逝传"。

［4］《新唐书》卷43下，"地理七下"，中华书局，1975。

［5］义净：《大唐求法高僧传》卷下。

［6］义净：《南海寄归内法传》卷1。

［7］韩愈：《送郑尚书序》，《昌黎先生全集》卷21。

［8］《宋书》卷5，"文帝纪"。

［9］《宋书》卷97，"夷蛮列传"。

［10］（元）脱脱：《宋史》卷186，"食货志下八·互市舶法"。

［11］《宋史》卷489，"三佛齐传"。

［12］戴埴：《鼠璞》，文渊阁四库全书本，卷上。

［13］（宋）洪迈：《夷坚丁志》卷6，泉州杨客，第2册，中华书局，1981。

［14］（宋）洪迈：《夷坚甲志》，卷7。

［15］《建炎以来系年要录》卷155。

［16］吴自牧：《梦粱录》卷12。

［17］周去非：《岭外代答》卷3。

［18］汪大渊：《岛夷志略》，中华书局，1981。

［19］《萍洲可谈》卷2。

[20]《诸蕃志》卷上，"大食国"。

[21]《明宪宗实录》卷19，"成化元年七月甲申"。

[22]《明英宗实录》卷43，"正统三年六月己未"。

[23]《明史》卷51，"食货志·坑冶"。

[24]《明实录·武宗正德实录》卷59。

[25]《明史》卷81"食货五"。

[26]《明实录·宪宗成化实录》卷97。

[27]《明英宗实录》卷113，"正统九年二月己亥"。

[28]《明太祖实录》卷134。

[29]《明孝宗实录》卷172，"弘治十四年三月壬子"。

[30]《明史》列传卷212，"外国五"。

[31]《明史》列传卷213，"外国六"。

[32]《明史》列传第230，"外国六"。

[33]《明史》卷323，"琉球传"。

[34]《明史》卷324"外国五"。

[35]《明史》卷325。

[36] 费信：《星槎胜览》，"满剌加国"。

[37] 黄衷：《海语》卷8，"岭南遗书本"。

[38]《江陵张文忠公全集》，"请停取银两疏"。

[39] 罗曰聚：《咸宾录》卷6，"爪哇"。

[40] 茅瑞征：《皇明象青录》卷5，"吕宋"条。

[41] 马欢：《瀛涯胜览》，满剌加条。

[42]《明经世文编》卷280，《冯养虚集》。

[43]《明崇祯长编》卷41。

[44]（明）王在晋：《皇明海防纂要》，《万历四十一年刊》，扬州古旧书店据万历本油印。

[45]（明）王世愚：《闽部疏》

[46]（明）谢肇淛：《五杂俎》卷4，地部2。

[47] 张燮:《东西洋考》卷4,"哑齐"条。

[48] (明)郑晓:《皇明四夷考》卷上。

[49] 蔡永兼:《西山杂志》,"林銮观"条。

[50] 陈伦炯:《海国闻见录》卷上,《钦定四库全书》文渊阁影印本,《史部352·地理》。

[51] 德福:《闽政领要》卷中,清乾隆二十二年本。

[52]《皇朝经世文编》卷83。

[53] 姜辰英:《海防篇》,《中外地舆图说集成》卷93。

[54]《清朝文献通考》卷26。

[55] (清)徐继畬:《瀛环志略》卷2。

[56] 王大海:《海岛逸志》,载《小方壶斋舆地丛钞》第十帙。

[57] 魏源:《海国图志》,卷9。

(三)论文

1. 期刊论文

[1] 〔荷〕包乐史:《荷兰东印度公司时期中国对巴达维亚的贸易》,温广益译,《南洋资料译丛》1984年第4期。

[2] 〔荷〕包乐史:《1619年~1740年的巴达维亚:一个华人殖民城的兴衰》(上),熊卫霞、庄国土译,《南洋资料译丛》1992年第1期。

[3] 〔荷〕包乐史:《头家的遗言——荷印初期巴城华商杨昆传略》,庄国土译,《南洋资料译丛》1990年第2期。

[4] 〔英〕布莱司:《马来亚华侨劳工简史》,王陆译,《南洋问题资料译丛》1957年第2期。

[5] 〔英〕布赛尔:《东南亚的中国人》,徐平、王陆译,《南洋问题资料译丛》1958年第2~3期合刊。

[6] 〔日〕长冈新治郎:《十七、十八世纪巴达维亚的糖业与华侨》,罗晃潮译,《南洋资料译丛》1983年第3期。

[7] E.M. 勒布、R. 汉·格顿:《苏门答腊民族志》,林惠祥译,

《南洋问题资料译丛》1960 年第 3 期。

[8] 弗美仑：《巴达维亚的中国人与 1740 年的骚乱》，新加坡《南洋学报》1953 年第九卷第一辑。

[9] 〔印度〕K. A. 尼暹干达·沙斯千利：《印度尼西亚古代史上的室利佛逝》（上），韩振华译，《南洋问题资料译丛》1957 年第 2 期。

[10] 〔印尼〕林瑞志：《爪哇华侨仲介商》，吴世璜译，《南洋资料译丛》1957 年第 4 期。

[11] N. J. 赖安：《十六世纪的马来亚》，桂光华译，《南洋资料译丛》1983 年第 2 期。

[12] 〔印尼〕甫榕·沙勒：《在荷兰东印度公司以前居住印度尼西亚的中国人》，廖崑殿译，《南洋问题资料译丛》1957 年第 2 期。

[13] 〔印尼〕甫榕·沙勒：《荷兰东印度公司成立后在印度尼西亚的中国人》，陈伟译，《南洋问题资料译丛》1957 年第 3 期。

[14] 〔日〕松浦章：《清代福建的海外贸易》，郑振满译，《中国社会经济史研究》1986 年第 1 期。

[15] 〔日〕杉原熏：《亚洲间贸易之形成与构造》，《社会经济史学》1985 年第 51 卷第 1 号。

[16] 〔马来西亚〕T. H. Silock：《马来亚的经济》，黄文端译，《南洋问题资料译丛》1959 年第 3 期。

[17] 〔英〕W. J. 凯特：《中国人在荷属东印度的经济地位》（序），黄文端、王云翔等译，《南洋问题资料译丛》1963 年第 3 期。

[18] 〔日〕岩生成一：《下港（万丹）唐人街盛衰变迁》，刘聘业译，《南洋问题资料译丛》1957 年第 2 期。

[19] 〔日〕岩生成一：《论安汶岛初期的华人街》，李述文译，《南洋问题资料译丛》1963 年第 1 期。

[20] 〔日〕竹林勋雄：《印尼华侨发展史概况》，李述文译，《南洋

问题资料译丛》，1963 年第 1 期。

[21] 安焕然：《论潮人在马来西亚柔佛麻坡的开拓》，《汕头大学学报》（人文社会科学版）2002 年第 2 期。

[22] 艾周昌、许斌：《试论 16 至 18 世纪中叶太平洋航海贸易》，《史学月刊》1989 年第 6 期。

[23] 池鲁：《室利佛逝古国初探》，《史学月刊》1982 年第 5 期。

[24] 池齐：《论麻喏巴歇的兴盛》，《铁道师院学报》（社会科学版）1985 年第 1 期。

[25] 陈伟明：《明清粤闽海商的海外贸易与经营》，《中国社会经济史研究》2001 年第 1 期。

[26] 陈荆和：《清初华舶之长崎贸易及日南航运》，《南洋学报》1957 年第 13 卷第一辑（新加坡南洋学会）。

[27] 陈训先：《论侨批的起源》，《华侨华人历史研究》1987 年第 3 期。

[28] 陈春声：《近代华侨汇款与侨批业的经营——以潮汕地区的研究为中心》，《中国社会经济史研究》2004 年第 4 期。

[29] 陈炎：《略论海上丝绸之路》，《历史研究》1982 年第 3 期。

[30] 蔡振翔：《十七至十八世纪巴达维亚华侨的蔗糖业》，《八桂侨史》1991 年第 1 期。

[31] 杜桂芳：《义务与权利——以强烈的心理需求为特征的家族观念》，《华侨华人历史研究》1995 年第 4 期。

[32] 戴一峰：《近代环中国海跨国华商网络研究论纲》，《中国社会经济史研究》2001 年第 1 期。

[33] 傅吾康、陈铁凡：《最近在文莱发现的一块公元 1264 年的中文墓碑的初步报告》，温广益译，《泉州文史》1986 年第 9 期。

[34] 傅衣凌：《厦门海沧石塘〈谢氏家乘〉有关华侨史料》，《华侨问题资料》1981 年第 1 期。

[35] 傅宗文：《刺桐港史初探》，《海交史研究》1991 年第 2 期。

[36] 冯立军:《略论 17 – 19 世纪望加锡在马来群岛的贸易角色》,
《东南亚研究》2010 年第 2 期。

[37] 顾海:《试论印尼古国室利佛逝的政治、经济及其社会性
质》,《厦门大学学报》(哲学社会科学版) 1987 年第 2 期。

[38] 桂光华:《室利佛逝王国兴衰试析》,《南洋问题研究》1992
年第 2 期。

[39] 桂光华:《马六甲王国的兴亡及其与中国的友好关系》,《南
洋问题研究》1985 年第 2 期。

[40] 桂光华:《二十世纪初期印尼苏东烟草种植园的契约华工》,
《南洋问题研究》1984 年第 1 期。

[41] 郭立珍、索秋平:《明末清初中国与荷属东印度贸易对巴达
维亚华侨社会的影响》,《洛阳大学学报》2003 年第 3 期。

[42] 郭蕴静:《浅论康熙时期的对外贸易》,《求是学刊》1984 年
第 4 期。

[43] 关汉华:《明代南洋华侨初探》,《广东社会科学》1989 年第
1 期。

[44] 何凤瑶:《马六甲建国初期中马关系二题》,《上海大学学报》
(社科版) 1998 年第 3 期。

[45] 黄光成:《郑和下西洋对东南亚华人移民的影响》,《东南亚》
1996 年第 4 期。

[46] 黄盛璋:《明代后期船引之东南亚贸易港及其相关的中国商
船、商侨诸研究》,《中国历史地理论丛》1993 年第 3 期。

[47] 黄盛璋:《明代后期海禁开放后海外贸易若干问题》,《海交
史研究》1988 年第 1 期。

[48] 黄成仁:《新加坡的甘蜜和胡椒种植业》,《新社季刊》1970
年第 1 期。

[49] 黄二宁:《元代的海洋经略与元人的海上游历》,《文史知识》
2015 年 11 月第 11 期。

[50] 黄麟根:《新加坡的贸易,1819～1869年》,《皇家亚洲学会马来分会会刊》1960年第33卷第4部分。

[51] 侯松岭:《华侨华人:移民南洋及其影响》,《东南亚研究》2000年第2期。

[52] 贺圣达:《17～18世纪的荷兰—印尼—中国贸易与多元文化交流》,《广西师范大学学报》(哲学社会科学版)2015年第4期。

[53] 黑婴(张又君):《费振东在南洋》,《侨史资料》1987年4月第2期。

[54] 焦天龙:《南海南部地区沉船与中国古代海洋贸易的变迁》,《海交史研究》2014年第2期。

[55] 江醒东:《元代中国与印度尼西亚的关系》,《学术研究》1986年第2期。

[56] 孔远志:《从印尼的中国陶瓷看中印(尼)文化交流》,《东南亚》1990年第3期。

[57] 孔远志:《伊斯兰教在印尼》,《东南亚研究》1993年第1～2期合刊。

[58] 李炳东:《广西对外贸易的历史概述》,《广西社会科学》1994年第1期。

[59] 李金明:《唐代中国与阿拉伯的海上贸易》,《南洋问题研究》1996年第1期。

[60] 李金明:《明代海外朝贡贸易中的华籍使者》,《南洋问题研究》1986年第4期。

[61] 李金明:《17世纪初全球贸易在东亚海域的形成与发展》,《史学集刊》2007年第6期。

[62] 李庆新:《1550～1640年代澳门对东南亚贸易》,《广东社会科学》2004年第2期。

[63] 李萍:《16～18世纪华侨在中国与东南亚政治经济交往中的

地位和作用》,《东南亚纵横》1999 年第 5～6 期。

[64] 李小燕:《新加坡民信业的兴衰》,《五邑大学学报》(社会科学版) 2009 年第 1 期。

[65] 李昊:《十世纪爪哇海上的世界舞台——对井里汶沉船上金属物资的观察》,《故宫博物院院刊》2007 年第 6 期。

[66] 李柏槐:《古代印度洋的交通与贸易》, 《南亚研究季刊》1998 年第 2 期。

[67] 林金枝:《明代中国与印度尼西亚的贸易及其作用》,《南洋问题研究》, 1992 年第 4 期。

[68] 林家劲:《两宋与三佛齐友好关系略述》,《中山大学学报》1962 年第 4 期。

[69] 林泉:《麻喏巴歇帝国衰亡原因浅析》,《东南亚纵横》1996 年第 3 期。

[70] 林仁川:《论十七世纪中国与南洋各国海上贸易的演变》,《中国社会经济史研究》1994 年第 3 期。

[71] 廖大珂:《室利佛逝王国社会经济初探》,《南洋问题研究》1993 年第 2 期。

[72] 廖国一、郭健新:《从出土出水文物看唐宋时期中国对印尼的影响》,《广西师范大学学报》(哲学社会科学版) 2015 年第 4 期。

[73] 陆芸:《明初我国与东南亚的伊斯兰联系》,《广西社会科学》2005 年第 8 期。

[74] 陆宇生:《试论 1786—1826 年英国殖民者在槟榔屿新加坡的华侨政策》,《中山大学东南亚学刊》1988 年第 12 期。

[75] 龙向阳:《朝贡体系中的华侨华人 (1000—1500 年):一种世界体系视野的分析》,《南洋问题研究》2004 年第 4 期。

[76] 芦敏:《近代新马华人甘蜜种植业的兴衰》, 《八桂侨刊》2005 年第 1 期。

[77] 刘勇：《论 17 世纪初到 19 世纪末南洋群岛华商当地化的进程》，《南洋问题研究》2000 年第 3 期。

[78] 刘勇：《论 1757～1794 年荷兰对华贸易中巴达维亚的角色》，《南洋问题研究》2008 年第 3 期。

[79] 刘迎胜：《丝绸之路的缘起与中国视角》，《江海学刊》2016 年第 2 期。

[80] 马冠武：《论华商在宋钱流入印尼古代诸国中的作用》，《广西金融研究》2004 年增刊。

[81] 聂德宁：《明朝与满者伯夷王朝的交往关系》，《南洋问题研究》1992 年第 3 期。

[82] 聂德宁：《明末清初中国帆船与荷兰东印度公司的贸易关系》，《南洋问题研究》1994 年第 3 期。

[83] 聂德宁：《明清海外贸易史与海外华商贸易网络研究的新探索——包乐史著〈巴达维亚华人与中荷贸易〉评介》，《中国社会经济史研究》2000 年第 3 期。

[84] 聂德宁：《近代中国与荷属东印度的贸易往来》，《南洋问题研究》1995 年第 1 期。

[85] 聂德宁：《〈槟榔屿志略〉与槟城华侨史料》，《华侨华人历史研究》2000 第 3 期。

[86] 聂德宁：《中国与新加坡的早期贸易往来》，《近代史研究》1997 年第 1 期。

[87] 聂德宁：《二战前中马贸易关系中的华侨因素》，《东南亚研究》2007 年第 5 期。

[88] 彭家礼：《19 世纪开发西方殖民地的华工》，《世界历史》1980 年第 1 期。

[89] 彭家礼：《十九世纪七十年代后中国劳力资源外流和"猪仔"贩卖的高潮》，《中国经济史研究》1987 年第 4 期。

[90] 钱江：《古代亚洲的海洋贸易与闽南商人》，亚平、路熙佳

译，《海交史研究》2011 年第 2 期。

[91] 钱江：《十七至十八世纪中国与荷兰的瓷器贸易》，《南洋问题研究》1989 年第 1 期。

[92] 钱江：《从马来文〈三宝垄纪年〉与〈井里汶纪年〉看郑和下西洋与印尼华人穆斯林社会》，《华侨华人历史研究》2005 年第 3 期。

[93] 钱江：《马来西亚槟城福建五大姓氏与传统中国乡土社会在海外之重建》，《南洋学报》2002 年第 56 期。

[94] 钱江：《1570~1760 年中国和吕宋贸易的发展及贸易额的估算》，《中国社会经济史研究》1986 年第 3 期。

[95] 饶宗颐：《星马华文碑刻系年》（纪略），（新加坡大学文化学会）《中文学会学报》1969 年第 10 期。

[96] 宋经纶、杜小军：《浅析明代香料的进口贸易》，《社科纵横》2016 年第 2 期。

[97] 沈燕清：《槟城福建华人五大姓氏饷码经营探析》，《八桂侨刊》2013 年第 4 期。

[98] 沈定平：《从国际市场的商品竞争看明清之际的生产发展水平》，《中国史研究》1988 年第 3 期。

[99] 翁惠明：《早期殖民者对马六甲海峡的争夺（1511~1824）》，《东岳论丛》2001 年第 5 期。

[100] 王元林、林杏容：《十四至十八世纪欧亚的西洋布贸易》，《东南亚研究》2005 年第 4 期。

[101] 王连茂：《明、清时期闽南两个家族的人口移动》，《海交史研究》1991 年第 1 期。

[102] 王炜中：《试论侨批的跨国属性——以潮汕侨批为例》，《广东档案》2012 年第 1 期。

[103] 王付兵：《清代福建人向海峡殖民地的移民》，《南洋问题研究》2009 年第 2 期。

[104] 吴伟明：《17世纪的在日华人与南洋贸易》，《海交史研究》2004年第1期。

[105] 吴建雍：《18世纪的中西贸易》，《清史研究》1995年第1期。

[106] 吴建雍：《清前期中国与巴达维亚的帆船贸易》，《清史研究》1996年第3期。

[107] 吴凤斌：《郑成功父子时代与东南亚华侨》，《南洋问题研究》1983年第1期。

[108] 魏建峰：《早期马来西亚柔佛潮人商业网络探析——以柔佛新山为例》，《东南亚纵横》2010年第7期。

[109] 武桂馥：《转口贸易在新加坡近代经济发展中的复兴与作用》，《东南亚》1984年第3期。

[110] 夏时华：《宋代上层社会生活中的香药消费》，《云南社会科学》2010年第5期。

[111] 许云樵译《马来纪年》，（新加坡）《南洋杂志》1947年第1卷第8期。

[112] 许云樵点校《开吧历代史记》，（新加坡）《南洋学报》1953年第九卷第1辑。

[113] 熊仲卿：《亚洲香料贸易与印尼马鲁古群岛的社会文化变迁》，《中山大学学报》（社会科学版）2015年第3期。

[114] 熊孝梅：《马来亚殖民经济中的华人》，《广西师院学报》（哲学社会科学版）2000年第2期。

[115] 杨国桢：《十六世纪东南中国与东亚贸易网络》，《江海学刊》2002年第4期。

[116] 杨国桢：《十七世纪海峡两岸贸易的大商人——商人Hambu-han文书试探》，《中国史研究》2003年第2期。

[117] 杨进发：《新加坡殖民时期林秉祥与和丰集团的建立》，（新加坡）《亚洲文化》2004年第28期。

[118] 余思伟:《马六甲港在十五世纪的历史作用》,《世界历史》
1983 年第 6 期。

[119] 闫彩琴:《17 ~ 18 世纪越南海外贸易中的华商及其构成初
探》,《八桂侨刊》2012 年第 1 期。

[120] 严小青、张涛:《郑和与明代西洋地区对中国的香料朝贡贸
易》,《中国经济史研究》2012 年第 2 期。

[121] 颜清湟:《张煜南与潮汕铁路(1904—1908):华侨从事中
国现代企业的一个实例研究》,吴凤斌译,《南洋资料译丛》
1986 年第 3 期。

[122] 姚寄鸿:《荷印糖业及华侨糖商》,《华侨经济季刊》1941 年
第 3 期。

[123] 赵新图:《明初苏麻离青考》,《西南科技大学学报》(哲学
社会科学版)2007 年第 1 期。

[124] 赵文红:《试论早期东南亚海上贸易的发展与特点》,《东南
亚纵横》2009 年第 4 期。

[125] 赵文红:《试论 16 世纪葡萄牙以马六甲为支点经营的海上贸
易》,《红河学院学报》2011 年第 5 期。

[126] 赵文红:《1595 ~ 1670 年荷兰经营下的东南亚与阿姆斯特丹
远程贸易》,《学术探索》2012 年第 3 期。

[127] 赵文红:《17 世纪初期荷兰在东南亚的贸易成就》,《海交史
研究》2012 年第 2 期。

[128] 赵文红:《1619 ~ 1669 年荷兰人的巴达维亚与印度—阿拉伯—
波斯贸易述论》,《思茅师范高等专科学校学报》2012 年第 1 期。

[129] 赵璐:《16 ~ 17 世纪望加锡的发展与华人活动》,《东南亚纵
横》2016 年第 1 期。

[130] 周中坚:《南海熙熙五百年——古代泉州港兴盛时期与东南
亚的往来》,《南洋问题研究》1993 年第 2 期。

[131] 周中坚:《马六甲:古代南海交通史上的辉煌落日》,《广西

文史》2014 年第 1 期。

[132] 郑一钧、蒋铁民：《郑和下西洋时期伊斯兰文化的传播对海上丝绸之路的贡献》，《中国海洋大学学报》（社会科学版）1997 年第 2 期。

[133] 郑文彬：《郑和下西洋到过新加坡》，《福建论坛》（文史哲版）1993 年 3 期。

[134] 张应龙：《郑和下西洋与满剌加的中国移民》，《学术论坛》2006 年第 3 期。

[135] 张廷茂：《关于 16～17 世纪初华商在东南亚活动的西方文献》，《中国史研究》2004 年第 2 期。

[136] 张国刚：《宋元时代南海香瓷之路》，《南风窗》2015 年第 22 期。

[137] 张德昌：《清代鸦片战争前之中西沿海通商》，《清华学报》1935 年第 10 卷第 1 期。

[138] 庄国土：《16～18 世纪白银流入中国数量估算》，《中国钱币》1995 年第 3 期。

[139] 庄国土：《茶叶、白银和鸦片：1750～1840 年中西贸易结构》，《中国经济史研究》1995 年第 3 期。

[140] 庄国土：《清初鸦片战争前夕南洋华侨的人口分析》，《南洋问题研究》1992 年第 1 期。

[141] 庄国土：《海贸与移民互动：17～18 世纪闽南人移民海外原因分析——以闽南人移民台湾为例》，《华侨华人历史研究》2001 年第 1 期。

[142] 庄国土：《论 15—19 世纪初海外华商经贸网络的发展——海外华商网络系列研究之二》，《厦门大学学报》（哲学社会科学版）2000 年第 2 期。

[143] 庄礼伟：《槟城琐记——全球化进程中的东方故事》，《南风窗》2002 年第 9 期（上）。

环苏门答腊岛的海洋贸易与华商网络

[144] 庄为玑：《文莱国宋墓考释》，《华侨华人历史研究》1991年第1期。

[145] 李培德：《族群与帮权——胡文虎的跨界商业网络》，2010年中国福州"首届闽商国际研讨会"会议论文。

2. 论文集论文

[1] 〔美〕安乐博：《南洋风云：活跃在海上的海盗、英雄、商人》，张兰馨译，载《海洋史研究》第一辑，社会科学文献出版社，2010。

[2] 〔荷〕包乐史：《荷兰在亚洲海权的升降》，邓海琪、冯洁莹等译，载《海洋史研究》第七辑，社会科学文献出版社，2005。

[3] 〔美〕范岱克：《18世纪广州的新航线与中国政府海上贸易的失控》，孙岳译，载《全球史评论》第3辑，中国社会科学出版社，2010。

[4] 〔美〕范岱克：《1630年代荷兰东印度公司在东亚经营亚洲贸易的制胜之道》，李庆新译，载《海洋史研究》第七辑，社会科学文献出版社，2015。

[5] 〔英〕克尼尔·辛格·桑杜：《华人移居马六甲》，梁英明译，载姚楠主编《中外关系史译丛》第3辑，上海译文出版社，1986。

[6] 〔法〕玛丽-西比尔·德·维也纳：《十七世纪中国与东南亚的海上贸易》，杨保筠译，载《中外关系史译丛》第三辑，上海译文出版社，1986。

[7] 〔德〕普塔克：《1600至1750年前后的华南港口和亚洲海上贸易》，杨芹译，载《海洋史研究》第一辑，社会科学文献出版社，2010。

[8] 〔德〕普塔克：《明正德嘉靖年间的福建人、琉球人与葡萄牙人：生意伙伴还是竞争对手》，赵殿红译，载《暨南史学》第2辑，暨南大学出版社，2003。

[9] 〔法〕苏尔梦：《碑铭所见南海诸国之明代遗民》，罗焱英译，载《海洋史研究》第四辑，社会科学文献出版社，2012。

［10］〔澳〕韦杰夫（Geoff Wadde）：《18世纪以前中南半岛与马来世界之间的海上航线》，杨芹译，载《海洋史研究》第五辑，社会科学文献出版社，2013。

［11］〔日〕西川求林斋辑《增补华夷通商考》，收入泷本诚一编《日本经济大典》卷四，株式会社明治文献，1966。

［12］樊卫国：《近代外贸类型分析及其对中国工业化的影响（1900～1937）》，载张东刚《世界经济体制下的民国时期经济》，中国财政经济出版社，2005。

［13］〔新加坡〕柯木林：《新加坡侨汇与民信局研究》，载吴振强、〔新加坡〕柯木林主编《新加坡华族史论集》，新加坡南洋大学毕业生协会，1972。

［14］李木妙：《海上丝路与环球经济——以16至18世纪中国海外贸易为案例》，载《三条丝绸之路比较研究学术讨论会论文集》，2001。

［15］李金明：《明代后期私人海外贸易的发展与华侨出国高潮的形成》，载《华侨史论集》第一集，华侨大学华侨研究所，1986。

［16］李庆新：《莫久、莫天赐与河仙政权》，载《海洋史研究》第一辑，社会科学文献出版社，2010。

［17］李业霖：《中国帆船与早期的新加坡》，载〔新加坡〕柯木林、吴振强编《新加坡华族史论集》，新加坡出版社，1977。

［18］林孝胜：《开埠初期的新华社会》，载《新加坡华商与华社》，新加坡亚洲学会，1995。

［19］梁初鸿、郑民：《华侨华人史研究集》第2辑，海洋出版社，1989。

［20］潘醒农：《回顾新加坡柔佛潮人甘蜜史》，载《汕头侨史论丛》第一辑，汕头华侨历史学会出版，1986。

［21］钱江：《波斯人、阿拉伯商贾、室利佛逝帝国与印尼Belitung海底沉船：对唐代海外贸易的观察和讨论》，载《国家航海》

环苏门答腊岛的海洋贸易与华商网络

第一辑，上海古籍出版社，2012。

[22] 许序雅、林琳：《17 世纪荷兰东印度公司在亚洲的区间贸易》，载《中外关系史论文集——新视野下的中外关系史》第 14 辑，甘肃人民出版社，2010。

[23] 杨芹：《王添顺〈10~14 世纪中国与马来地区的贸易和外交〉评介》，载《海洋史研究》第四辑，社会科学文献出版社，2012。

[24] 张彬村：《十六至十八世纪华人在东亚水域的贸易优势》，载张炎宪主编《中国海洋发展史论文集》第三辑，（台北）"中央研究院"中山人文社会科学研究所，1988。

[25] 郑良树：《论潮州人在柔佛的开垦和拓殖》，载郑良树主编《潮州学国际研讨会论文集》（下册），暨南大学出版社，1994。

[26] 中山大学东南亚历史研究所编《东南亚历史论丛》，中山大学东南亚历史研究所，1979 年第 2 辑。

3. 硕士、博士论文

[1] 郭立珍：《论明朝后期南洋华侨华人在中国—南洋贸易中的地位和作用》，硕士学位论文，郑州大学，2001。

[2] 高丽珍：《马来西亚槟城地方华人移民社会的形成与发展》，博士学位论文，台湾师范大学地理学系，2010。

[3] 焦建华：《19 世纪 20 年代至 20 世纪前 10 年的新中经贸关系》，硕士学位论文，厦门大学，2002。

[4] 卢虹：《试析英国在马来半岛的殖民扩张（1824~1874）》，硕士学位论文，苏州科技学院，2014。

[5] 林诗维：《西爪哇华人产业分布与发展》，硕士学位论文，暨南大学，2011。

[6] 周勤淑：《民国时期的中新贸易（1912~1941 年）》，硕士学位论文，广西师范大学，2004。

（四）网络资料

[1]《华侨成印尼棉兰地区开发功臣》，海外网，http://www. hai-

wainet. cn/n/2012/0802/c232660 – 17313714. html，2012. 08. 12。

[2]〔新加坡〕柯木林：《战后初期的新加坡侨汇与民信业》，ht-tp://blog. sina. com. cn/s/blog_5de4db230100z1zf. html，2012. 02. 02。

[3] 梅井：《历史上槟城华人社会的变迁》，孝恩杂志网，http://www. xiao – en. org/cultural/magazine. asp？cat = 34&loc = zh – cn&id = 624，2003. 05. 18。

[4] 丘濂、刘畅：《穿越马六甲海峡，有船只，还有历史》，《三联生活周刊》2015 年第 30 期，http://www. dooland. com/maga-zine/article_710508. html，2015. 07. 28。

[5] 丘峰：《近代东南亚客商开拓史略述》，http://blog. mzsky. cc/u/9033/blog_209056。

[6] 王琛发：《故国不堪回首月明中 从马六甲三宝山义塚看荷殖时代东南亚明末遗民的民族情结》，孝恩杂志网，http://www. xiao – en. org/cultural/magazine. asp？cat = 34&loc = zh – cn&id = 113。

[7] 王琛发：《潮人开拓马来亚事迹（三）——柔佛的潮人》，孝恩杂志网，http://www. xiao – en. org/cultural/magazine. asp？cat = 34&loc = zh – cn&id = 648，2002. 10. 20。

[8] 王琛发：《从全球化与区域性的视野重构槟城历史》，孝恩杂志网，http://www. xiao – en. org/cultural/magazine. asp？cat = 34&loc = zh – cn&id = 561，2002. 01. 09。

[9] 王琛发：《潮人开拓马来亚事迹（二）——星加坡的潮人》，孝恩杂志网，http://www. xiao – en. org/cultural/magazine. asp？cat = 34&loc = zh – cn&id = 647，2003. 10. 06。

[10] 杨进发：《马来西亚华人历史与人物——陈嘉庚》，马来西亚华裔族谱中心网站，http://www. mychinesefamilytree. net/ppl/wellknown/549. html，2010. 04. 03。

[11]《英暹时期东南亚北马地区华人家族历史与权力关系：1857～1916》，北京大学历史学系网站，http://www. hist. pku. edu. cn/

环苏门答腊岛的海洋贸易与华商网络

news/Article/ShowArticle. asp？ ArticleID = 1643，2004. 03. 02。

[12] 《印尼前部长：通过填海造地 爪哇北岸能取代新加坡成亚洲商贸枢纽》，联合早报网，http：//www. zaobao. com/special/newsletter/story20160420 - 607416，2016. 04. 20。

[13] 郑和祥：《南暹和吉兰丹古今纵横谈》，孝恩杂志网，http：//www. xiao - en. org/cultural/magazine. asp？ cat = 34&loc = zh - cn&id = 557，2001. 10. 31。

[14] 张君荣：《海上丝绸之路研究呈现新思路——专访广东省社会科学院研究员李庆新》，中国社会科学网，http：//www. cssn. cn/zf/zf_dh/201512/t20151202_2738370. shtml，2015. 11. 30。

（五）未刊稿、访谈及报刊资料

1. 未刊稿资料

[1] 黄健大：《棉兰》，棉兰亚洲国际友好学院陈民生先生提供资料。

[2] 刘结平：《日里区与日里河》，未刊稿，棉兰刘结平先生提供资料整理。

[3] 吴奕光：《苏岛闻人录》，2009。

[4] 谢则直：《当代事业大家张公鸿南传略》，载《张耀轩博士拓殖南洋三十年纪念册》，未刊稿，第1页。

2. 访谈资料

[1] 2008 年 3 月 17 日于棉兰鹅城慈善基金会采访董事成员卢萌德记录整理。

[2] 2008 年 3 月 16 日根据林来荣访谈记录整理。

3. 报刊资料

[1] 〔印尼〕《印华日报》2015 年 7 月 14 日。

[2] 〔印尼〕《国际日报》2009 年 08 月 21 日。

[3] 〔印尼〕《印广日报》2004 年 3 月 27 日。

[4] 书蠹编《槟榔屿开辟史续篇》，曾松华、〔马来西亚〕陈剑虹译，马来西亚槟城《星槟日报》1981 年 3 月 29 日。

[5]《一座道观，藏住半部莆田史》，《莆田晚报》2016 年 10 月 11 日。

（六）其他

[1]《荷印布告汇编》卷一，1636 年 2 月 27 日。

[2]《荷印布告汇编》卷二，1654 年 6 月 23 日。

[3]《官方信件》，卷五，1692 年 1 月 31 日。

[4]《荷印布告汇编》卷六，1754 年 7 月 9 日。

[5] NANFC 76, Daily Record of the Supercargoes, 16 December 1767。

[6] 中国委员会结总督和王子的信件，1759 年 10 月 10 日（KA3878）。

[7]《荷属东印度糖业档案》（Archief der Suikerindustrie Van Ned. Indie）1923 年第 1 卷。

[8]《印度尼西亚共和国诞生前的雅加达》，载《雅加达建城 429 周年纪念集》，1956。

[9] 槟州华人大会堂特刊编辑委员会：《槟州华人大会堂庆祝成立一百周年纪念特刊》，马来西亚槟州，1983。

[10]《三宝垄殖民地展览材料》，厦大南洋研究院藏《资料辑存》第 596 期。

[11] 刘结平主编《棉中建校 60 周年纪念特刊》，2005。

[12]《印尼苏北客属联谊会五周年纪念特刊》，2006 年 3 月。

[13] 寒潭：《华侨民信局小史》，载《南洋中华汇业总会年刊》，1947。

二 外国文献

1. 著作

[1] Albert Hyma, *The Dutch in the Far East* (Ann Arbor, Michigan: George Wahr, 1942).

[2] Albert S. Bickmore, *Travels in the East Indian Archipelago* (Oxford: Oxford University Press, 1991).

[3] A. J. Sargent, *Anglo - China Commerce and Diplomacy* (Oxford: The Clarendon Press, 1907).

环苏门答腊岛的海洋贸易与华商网络

[4] Anthony Farrington, "English East India Company Documents Rela-
ting Pho Hien and Tonkin," in Pho Hien, ed. , *The Centre of In-
ternational Commerce in the XVIIth – XVIIIth Centuries* (Hanoi:
The Gioi Publishers, 1994) .

[5] Armando Cortesno, *The Suma Oriental of Tomes Pires: An Account
of the East, From the Red Sea to Japan, Written in Malacca and
India in* 1512 – 1515, Vol. 2 (Laurier Books Ltd. , 1990) .

[6] Barbara Watson Andaya, *Melaka under the Dutch* (University of
Hawaii Press, 2001) .

[7] Charles Burton Buckley, *An Anecdotal History of Old Times in Sin-
gapore* (Singapore: Fraser and Neave Ltd. , 1902) .

[8] C. E. Wurtzburg, *Raffles of the Eastern Isles* (London: Hodder &
Stoughton, 1954) .

[9] City Council of George Town Penang, *Penang Past and Present:
1786 – 1963* (Ganesh Printing Press, 1966) .

[10] C. J. A. Jorg, *Porcelain and the Dutch China Trade* (The Hague:
Martinus Nijhoff, 1982) .

[11] C. G. F. Simkin, *The Traditional Trade of Asia* (London: Oxford
University Press, 1968) .

[12] C. R. Boxer, *The Great Ship from Amacon: Annals of Macao and
the Old Japan Trade* 1550 – 1640 (Lisbon: Centro de Estudos
Historicos Ultramarines, 1959) .

[13] C. R. Boxer, *The Dutch Seaborne Empire: 1600 – 1800* (Penguin
Books, 1989) .

[14] Carl. A. Trocki, *Prince of Pirates: The Temenggongs and the Devel-
opment of Johor and Singapore* 1784 – 1885 (Singapore University
Press, 1979) .

[15] Clare Le Corbeiller, *China Trade Porcelain: Patterns of Exchange*

(New York: Graphic Society Press, 1974).

[16] C. W. Turnbull, *A History of Singapor*, 1819 – 1975 (Oxford: Oxford University Press, 1977).

[17] David Bulbeck, Anthony Reid, Lay Cheng Tan, YiqiWu, *Southeast Asia Exports Since the 14th Century: Cloves, Pepper, Coffee and Sugar* (Singapore: Institution of Southeast Asian Studies, 1998).

[18] Dipetik dari, *Sejarah Medan Tempo Doeloe*, *oleh Tengku Luckman Sina SH* (Perpustakaan Museum Negeri Sumatera, 1911).

[19] Els M. Jacobs, *Koopman in Azie de handel van de Verenigde Oost – Indische Compagnie tijdens de 18de eeuw* (Zutphen: Walburg Pers, 2000).

[20] Fraser & Neave. *A Short History of the Port of Singapore: With particular Reference to the Undertakings of the Singapore* (Singapore: Harbour Board Raffles Liabrary, 1922).

[21] Femme S. Gaasstra, *The Dutch India Company* (Zutphen: Walburg Press, 2003).

[22] Furnivall, *Netherlands India: A Study of Plural Economy* (Cambridge University Press, 1944).

[23] G. C. Allen, and Audrey G. Donnithorne, *Western Enterprise in Indonesia and Malaya: A Study in Economic Development* (New York: The Macmillan Company, 1957).

[24] G. W. Earl, *The Eastern Seas: Or Voyages and Adventures in the Indian Archipelago*, *in* 1832 – 33 – 34 (London: British Library, 2011).

[25] G. R. Tibbetts, *A Study of the Arabic Texts Containing Material on South – East Asia* (Leiden: E. J. Brill, 1979).

[26] G. S. P. Freeman-Grenville, *The East Africa Coast* (Oxford: Clar-

endon Press, 1962).

[27] H. B. Morse, *The Chronicles Of The East India Company Trading To China.*, 1635 – 1834, Vol. 1 (Oxford University Press, 1966).

[28] H. H. Lindsay, *Report of Proceedings on a Voyage to the Northern Ports of China, In the Ship Lord Amherst (1834)* (Kessinger Publishing Co., 1834).

[29] Howard Dick, "A Fresh Approach to Southeast Asian History," in John Butcher and Howard Dick eds., *The Rise and Fall of Revenue Farming: Business Elite and the Emergence of the Modern State in Southeast Asia* (London: The Micmillan Press Ltd., 1993).

[30] J. C. Van Leur. *Indonesian Trade and Society Eaasys Asian Social and Economic History* (The Hague: W. van Hoeve Publishers Ltd., 1955).

[31] J. Crawfurd, *History of Indian Archipelago*, Vol. 3 (Edinburgh: Archibald Constable and Co., 1820).

[32] J. Kennedy, *A History of Malaya* (New York, 1962).

[33] J. Kennedy, M. A, *A History of Malaya*, A. D. 1400 – 1959 (Macmillan, 1970).

[34] Jonathan I. Israel, *Dutch Primacy in World Trade* 1585 – 1740 (Oxford University Press, 1989).

[35] John Crawfurd, *History of the Indian Archipelago*, Vol. III (Edinburgh: Archibald Constable, 1820).

[36] Jackson, James C, *Planters and speculators: Chinese and European agricultural enterprise in Malaya*, 1786 – 1921 (Kuala Lumpur: University of Malaya Press, 1968).

[37] J. C. Jackson, *Planters and Speculators: Chinese and European Agricultural Enterprise in Malaya* 1786 – 1921 (Kuala Lumpur and Singapore: University of Malaya Press, 1968).

[38] J. D. Vaughan, "Notes on the Chinese of Pinang," in James Richardson Logan ed. , *Journal of the Indian Archipelago and Eastern Asia* (1854) .

[39] Jennifer W. Cushman and Michael R. Godley, "The Khaw Concern," in John Butcher and Howard Dick eds. , *The Rise and Fall of Revenue Farming: Business Elite and the Emergence of the Modern State in Southeast Asia* (London: The Macmillan Press Ltd, 1993) .

[40] J. W. Cushman, *Fields from the Sea: Chinese Junk Trade With Siam During the Late Eighteenth and Early Nineteenth Centuries* (Cornell University, 1994) .

[41] J. E. Wills, "Relations with Maritime Europeans 1514 – 1662," in D. Twitchett and F. W. Mote eds. , *The Cambridge History of China* (Vol. 8) – *The Ming Dynasty* 1368 – 1644 (Part2) (Cambridge: Cambridge University Press, 1988) .

[42] John Phipps, *Practical Treaties on the China and Eastern Trade* (Calcutta, 1836) .

[43] J. P. Coen, H. T. Colenbrander, L. E. Volkenkunde, et al. , *Coen: Bescheiden omtrent zijn bedrijf in Indi?* (Martinus Nijhoff, 1919) .

[44] J. W. Cushman, *Family and State: the Formation of a Sino – Thai Tin – mining Dynasty* 1797 – 1932 (Singapore: Oxford University Press, 1991) .

[45] K. J. Leonard, *Wei Yuan and China's Rediscovery of the Maritime World* (Cambridge, MA, 1984) .

[46] Kenneth R. Hall, *Maritime Trade and Sate Development in Early Southeast Asia* (Honolulu: University of Hawall Press, 1985) .

[47] K. N. Chaudhuri, *The Trading World of Asia and the English East India Company* 1600 – 1760 (Cambridge, 1978) .

[48] K. N. Chaudhuri, *Trade and Civilization in the Indian Ocean – An Economic History From the Rise of Islam to* 1750 (Cambridge: Cambridge University Press, 1985).

[49] K. G. Tregonning, *Straits Tin: A Brief Account of the First Seventy – five Yeas of the Strait Trading Company Ltd.* 1887 – 1962 (Singapore, 1962).

[50] L. A. Mills, *British Malay* 1824 – 1867, I (London: Oxford University Press, 1966).

[51] Leonard Blusse, *Strange Company. Chinese Settlers Mestizo Women and the Dutch in VOC Batavia* (Dordrecht, 1986).

[52] L. Hicks George, *Overseas Chinese Remittances from Southeast Asia* 1910 – 1940 (Singapore: Pet. Ltd, 1993).

[53] Liu Yong, *The Dutch East India Company's Tea Trade with China* 1757 – 1781 (Leiden & Boston: Brill Academic Publishers, 2007).

[54] Louis Dermigny, *La Chine et l'Occident. Le Commerce a Canton au XVIIIe Siecle* 1732 – 1883, Vol. 2 (Paris: S. E. V. P. E. N. , 1964).

[55] MAP Meilink – Roelofsz, *Asian Trade and European Influence in the Indonesian Arehipllago Between* 1500 *and about* 1630 (Hague: Martinus Nijjoff, 1962).

[56] Michael J. Montesano and Patrick Jory, eds. , *Thai South and Malay North: Ethnic Interactions on a Plural Peninsula* (NUS Press, 2008).

[57] M. L. Wynne, Triad and Tabut, *A Survey of the Origin and Diffusion of Chinese and Mohamednn Secret Soecieties in the Malay Peninsula* 1800 – 1935 (Singapore: Government Printing Office, 1941).

[58] Newbold, *Political and Statistical Account of the British Settlements in*

the Straits of Malacca, Vol. I (London: Oxford University Press, 1971).

[59] Nordin Hussin, Trade and Society in the Straits of Melaka (Singapore: NUS Press, 2007).

[60] Niels Steensgaard, The Aisan Trade Revolution of the Seveteenth Century: The East India Commpanies and the Decline of the Caravan Trade (The University of Chicago and London, 1973).

[61] Nicholas Tarling, British Policy in the Malay Peninsula and Archipelago 1824 – 1871 (Kuala Lumpur, Singapore: Oxford University Press, 1969).

[62] Ota Atsushi, Changes of Regime and Social Dynamics in West Java: Society, State and the Outer World of Banten 1750 – 1830 (Leiden & Boston: Brill Academic Publishers, 2006).

[63] Rajeswary Ampalavanar Brown, Capital and Entrepreneurship in Southeast Asia (Hampshire Britain: Macmillan Press Ltd., 1994).

[64] R. Mukherjee, The rise and fall of the East India Company (New York & London, 1974).

[65] Reinout Vos. Gentle Janus, Merchant Prince (Leiden: KITLV Press, 1993).

[66] R. Montgomery Martin, History of the colonies of the British Empire in the Asia, Vol. 1, Possession (London: Cochrane and M'Crone [or] James Cochrane and Co. , 1834).

[67] R. M. Martin, China: Political, Commercial and Social (London: James Madden, 1847).

[68] Tengku Luckman Sinar, The History of Medan in the Olden Time (Percetakan Perwira Medan, 2005).

[69] Thee Kian Wee, Plantation Agriculture and Export Growth: an E-

conomic History of East Sumatra 1863—1942 (Ph. D. diss. , University of Wisconsin, 1969) .

[70] T. Volker, *Porcelain and the Dutch East India Company*, 1602 – 1682 (Leiden: E. J. Brill, 1954) .

[71] Thomas Forrest, *A Voyage to New Guinea, And the Moluccas, From Balambangan, Including an Account of Magindano, Sooloo, And Other Islands and Illustrated with Thirty Copperplates, Performed in the Tartar Galley, Belonging to the East India Company, During the Years* 1774, 1775 and 1776 (London: G. Scott, 1780) .

[72] Victor Purcell, *The Chinese in Malaya* (Kuala Lumpur: Oxford University Press, 1967) .

[73] W. D. Hussy, *The British Empire and Commonwealth* 1500 – 1961 (Cambridge: Cambridge University Press, 1963) .

[74] Woodrow Wilson Borah, *See The Early Colonial Trade and Trade and Transport in Mexico and Pereu California*, 1954.

[75] Yen Ching – hwang, *A Social History of the Chinese in Singapore and Malaya*, 1800 – 1910 (Oxford University Press, 1980) .

[76] Yen Ching – hwang, *The overseas Chinese and the* 1911 *revolution, with special reference to Singapore and Malaya* (Oxford University Press, 1976) .

2. 期刊论文

[1] Christopher Airriess, "Port – Center Transport Development in Colonial North Sumatra," *Indonesia* 59 (1995) .

[2] C. R. Boxer, "Notes on Chinese Abroad in the Late Ming and Early Manchu Periods Compiled from Con – temporary Sources (1500—1750)," *Tien Hisa Monthly* 9 (1939) .

[3] C. M. Turnbull, "The Johore Gambier and Pepper Trade in the Mid –

19th Century," *Journal of South Seas Society* 15 (1959).

[4] K. Glamann, "Dutch Asiatic Trade, 1620—1740," *Economic History Review* 12 (1981).

[5] Leonard Blusse, "Testament to a Towkay: Jan Con, Batavia and the Dutch China Trade," *Itinerario* 9 (1985).

[6] Li Tana, P. A. Van Dyke, "Canton, Cancao, and Cochinchina: New Data and New Light on Eighteenth – Century Canton and the Nanyang," *Chinese Southern Diaspora Studies* 1 (2007).

[7] Mak Lau – Fong, "Chinese Subcommunal Elites in 19th Century Penang," *Southeast Asian Studies* 25 (1987).

[8] O. W. Wolters, "Early Indonesia Commerce: A Study of the Origins of SirVijaya," *Journal of Asian History* 1 (1969).

[9] Ruursje Laarhoven, "The Chinese at Maguindanao in the Seventeenth Century," *Phillippine Studies* 35 (1987).

[10] Ruth McVey, "Change and Continuity in Southeast Asian Studies," *Journal of Southeast Asian Studies* 26 (1995).

[11] Tan Ee Leong, "The Chinese Banks Incorporated in Singapore and the Federation of Malay," *Journal of the Malayan Branch of the Royal Asiatic Society* 26 (1953).

[12] William A. Callahan, "Diaspora, Cosmopolitanism, and Nationalism: Overseas Chinese and Neo – nationalism in China and Thailand," *Southeast Asian Research Centre Working Papers Series* 35 (2002).

[13] Yeetuan Wong, "The Big Five Hokkien Families in Penang 1830s – 1890s," *Chinese Southern Diaspora Studies* 1 (2007).

[14] Wang Lin Ken, "The Trade of Singapore, 1819 – 69," *Journal of the Malayan Branch, Royal Asiatic Society* 33 (1960).

[15] Wong Lin Ken, "The Trade of Singapore with China, 1819 –

1869," *Journal of Malayan Branch of the Royal Asiatic Society* 33   *479*
(1960).

[16] Webster, Anthony, "Gentlemen Capitalists: British Imperialism in Southeast Asia," *Tauris Academic Studies*, http://en. wikipedia. org/ wiki/Treaty_of_London, 1998.

参
考
文
献

索　引

图书在版编目（CIP）数据

环苏门答腊岛的海洋贸易与华商网络 / 杨宏云著
. -- 北京：社会科学文献出版社，2016.12
（海上丝绸之路与中国海洋强国战略丛书）
ISBN 978 - 7 - 5201 - 0076 - 2

Ⅰ. ①环… Ⅱ. ①杨… Ⅲ. ①苏门答腊岛 - 沿岸 - 对
外贸易 - 研究②苏门答腊岛 - 沿岸 - 华人 - 企业家 - 对外
贸易 - 研究 Ⅳ. ①F753.42

中国版本图书馆 CIP 数据核字（2016）第 297016 号

海上丝绸之路与中国海洋强国战略丛书
环苏门答腊岛的海洋贸易与华商网络

著　　者 / 杨宏云

出 版 人 / 谢寿光
项目统筹 / 陈凤玲
责任编辑 / 陈凤玲　关少华

出　　版 / 社会科学文献出版社·经济与管理出版分社（010）59367226
　　　　　　地址：北京市北三环中路甲 29 号院华龙大厦　邮编：100029
　　　　　　网址：www. ssap. com. cn
发　　行 / 市场营销中心（010）59367081　59367018
印　　装 / 三河市尚艺印装有限公司

规　　格 / 开 本：787mm × 1092mm　1/16
　　　　　　印 张：31　字 数：409 千字
版　　次 / 2016 年 12 月第 1 版　2016 年 12 月第 1 次印刷
书　　号 / ISBN 978 - 7 - 5201 - 0076 - 2
定　　价 / 128.00 元

本书如有印装质量问题，请与读者服务中心（010 - 59367028）联系